Datenbankentwicklung mit PostgreSQL 9

© 2010 by
TEIA AG - Interner Akademie und Lehrbuch Verlag
Salzufer 13/14
10587 Berlin

Tel. 030/726 298 - 515
Fax 030/726 298 - 510

www.teialehrbuch.de
buero@teia.de

Alle Rechte vorbehalten. Kein Teil dieses Buches darf in irgendeiner Form (Druck, Fotokopie, oder einem anderen Verfahren) ohne schriftliche Genehmigung des Herausgebers reproduziert oder unter Verwendung elektronischer Systeme verarbeitet oder vervielfältigt werden. Widerrechtliche Nutzung oder Vervielfältigung des Materials sind strafrechtlich verboten. Die Angaben in diesem Werk wurden mit größter Sorgfalt erstellt. Dennoch kann für den Inhalt keine Gewähr übernommen werden.

ISBN 978-3-942151-06-1

Ioannis Papakostas
Datenbankentwicklung mit PostgreSQL 9

INTERNET
AKADEMIE
LEHRBUCH
VERLAG

Vorwort

Aufgabe dieses Kurses ist es, den Leser mit einer Reihe wichtiger Komponenten zur Anwendung des Open Source relationalen Datenbanksystems PostgreSQL vertraut zu machen. Hier wird Ihnen gezeigt, wie Sie mit der strukturierten Datenbanksprache PostgreSQL Datenbanken und Tabellen anlegen, ändern und löschen, Daten selektieren, löschen und gruppieren. Erfahrene Datenbankentwickler werden die weitergehenden Möglichkeiten von PostgreSQL kennenlernen, um eigene Applikationen mit Hilfe von Prozeduren und Triggern zu entwickeln.

Die Beispiele und die Aufgaben sind sowohl für den Einsatz in einem von einem Datenbanktrainer geleiteten Kurs, als auch für das Selbststudium geeignet.

Im ersten Kapitel *Datenbanken* werden einige fundamentale Begriffe aus der Datenbankwelt erläutert, die für das Verständnis des Buches von Bedeutung sind. Sie lernen die Aufgaben von Datenbankverwaltungssystemen kennen und befassen sich mit dem Entwurf eines relationalen Datenmodells, welches die Grundlage für das zu implementierende Datenbanksystem darstellt. Da im relationalen Datenbanksystem die Daten in Tabellenform gespeichert werden, müssen diese Tabellen geplant und beschrieben werden. Sie erfahren dabei, wie Tabellen normalisiert und Beziehungen zwischen den Tabellen aufgebaut werden können.

Im zweiten Kapitel *Datenbank anlegen* erarbeiten Sie eine komplette Datenbankanwendung. Sie erfahren, wie man Schritt für Schritt eine Datenbank plant und sämtliche Datenbankobjekte einrichtet. Hier wird geklärt, wie man Tabellen anlegen, erweitern oder löschen kann, und wie die Beziehungen zwischen Tabellen zu definieren sind. Dabei werden die wichtigsten Datentypen für die Tabellenspalten beschrieben. Sie erlernen, wie man die Datenintegrität durch den Einsatz von Integritätsbedingungen (Constraints) realisieren kann.

Das dritte Kapitel *Abfragen* beschäftigt sich mit den Anwendungsmöglichkeiten der Datenbanksprache SQL. Am Anfang befassen Sie sich mit einfachen Abfragen, die zunächst nur in eine Tabelle durchgeführt werden. Sie erfahren auch die vielfältigen Möglichkeiten, die PostgreSQL zur Spalten- und Zeilenauswahl, zur Sortierung und Gruppierung von Daten bereitstellt. Um die Lösung von komplizierten Abfragen einfacher zu gestalten, ist es vorteilhaft, die Unterabfragen einzusetzen. Da in der Praxis häufig vorkommt,

Vorwort

nach Daten zu suchen, die in mehreren Tabellen abgelegt sind, wird hier die Verknüpfung (Join) von Tabellen beschrieben.

Im vierten Kapitel *Standardfunktionen* geht es um eine Reihe von eingebauten PostgreSQL-Funktionen, die Sie direkt in SQL-Anweisungen verwenden können.

Für die Definition und Verwaltung von Tabellen wird eine Reihe von Datenbankbefehlen benötigt, die uns ermöglichen, Daten in die Tabellen einzugeben sowie Daten zu ändern und zu löschen. Im fünften Kapitel *Datenaktualisierung* erfahren Sie, wie Sie dies mit PostgreSQL-Befehlen erreichen.

Möchten Sie selektierte Daten aus einer oder mehreren Tabellen entsprechend einer gewünschten Sichtweise zusammenstellen, dann können Sie es durch die Definition von Sichten (Views) erreichen. Das sechste Kapitel bietet Ihnen einen Überblick über die *Sichten*, die zur weiteren Vereinfachung der Arbeit mit SQL und zur Sicherheit privater Daten definiert werden.

Nach der allgemeinen Einführung in PostgreSQL erfahren Sie im siebten Kapitel *Funktionen*, wie Sie die PostgreSQL-Sprache zur Programmierung von benutzerdefinierten Funktionen einsetzten.

Das Kapitel *Kontrollstrukturen* befasst sich mit der prozeduralen Spracherweiterung von PostgreSQL, die bestimmte Konstrukte wie z.B. Verzweigungen, Case-Anweisungen und Schleifenstrukturen enthält, welche aus den traditionellen Programmiersprachen bekannt sind.

Erfahrene SQL-Benutzer werden selbstverständlich die Cursor-Technik kennenlernen, um mehrere Zeilen eines Auswahlergebnisses verarbeiten zu können. Das neunte Kapitel *Cursor* erläutert die Definition und die Verwendung verschiedener Cursortypen, die PostgreSQL unterstützt.

Manchmal muss dem Entwickler einer Datenbank möglich sein, in seine Datenbank Automatismen zu integrieren, die auf die SQL-Operationen Einfügen, Ändern und Löschen von Daten reagieren. Sie erfahren im zehnten Kapitel *Trigger*, wie PostgreSQL zur Programmierung von Triggern verwendet werden kann.

Im elften Kapitel *Transaktionen* geht es um das Transaktionskonzept, welches bei der Änderung von Daten die Erhaltung der Datenkonsistenz sicherstellt.

Das zwölfte Kapitel *Datenbankoptimierung* beschäftigt sich mit der Fragestellung, wie ein optimaler Zugriff zu den geforderten Daten einer Datenbank ermittelt werden kann. Sie können unter Verwendung des Befehles EXPLAIN die ausgeführten SQL-Anfragen analysieren und auswerten.

In dreizehnten Kapitel *SQL/XML* erfahren Sie, wie PostgreSQL mit XML umgeht.

Die Übungsaufgaben erlauben Ihnen, das erlernte Anwendungswissen zu erproben. Die Verständnisfragen ermöglichen Ihnen, Ihr erworbenes Wissen aus dem jeweiligen Kapitel zu überprüfen.
Im Anhang finden Sie die Schemata der Beispieldatenbanken, die Tabellen der Datenbanken, die Datensätze der Tabellen, die Lösungen zu den Übungen sowie die Lösungen der Verständnisfragen.
Viel Spaß beim Lernen und Nachschlagen wünscht Ihnen
Lutz Hunger

Inhalt

1 Datenbanken 13
   1.1 Datenbanksysteme 13
   1.2 Relationale Datenbanksysteme 17
   1.3 Entwurf von Datenbanken 21
   1.4 Normalisierung von Tabellen 26
   1.5 Beziehungen zwischen Tabellen 38
   1.6 Beschreibung der Tabellen 44
   1.7 Übungsaufgaben 49
   1.8 Verständnisfragen 51

2 Datenbank anlegen 53
   2.1 Planung einer Datenbank 54
   2.2 Tabellen der Beispieldatenbank erstellen 65
   2.3 Datentypen 70
   2.4 Integritätsbedingungen 76
   2.5 Referentielle Integrität 78
   2.6 Ausnahmeregeln bei Aktualisierungsanweisungen 82
   2.7 Constraints nach der Tabellendefinition einfügen 84
   2.8 Tabellen nachträglich erweitern und löschen 86
   2.9 Übungsaufgaben 87
   2.10 Verständnisfragen 89

3 Abfragen 91
   3.1 Einfache Abfragen 91
   3.2 Die WHERE-Klausel 95
   3.3 Die ORDER-Klausel 98
   3.4 Der LIKE-Operator 101
   3.5 Der IN-Operator 103
   3.6 Der BETWEEN-Operator 105
   3.7 Der NULL-Operator 108
   3.8 Spaltenfunktionen 110
   3.9 Die GROUP BY-Klausel 114
   3.10 Die HAVING-Klausel 116
   3.11 Komplexe Abfragen 117
   3.12 Der EXIST-Operator 122
   3.13 Der IN-Operator 126
   3.14 Der ANY-Operator 128
   3.15 Der ALL-Operator 131
   3.16 Besonderheiten der Mengenoperatoren EXISTS und IN 134
   3.17 Joins (Verbunde) 136
   3.18 Inner-Join 136
   3.19 Self-Join 141
   3.20 Outer-Joins (äußere Verbunde) 142
   3.21 Common Table Expressions (CTEs) und Recursive Queries . 149
   3.22 Übungsaufgaben 154
   3.23 Verständnisfragen 162

4 Standardfunktionen 165
    4.1 Mathematische Funktionen 165
    4.2 Zeichenkettenfunktionen 169
    4.3 Datums- und Uhrzeitfunktionen 176
    4.4 DateTime-Arithmetik 189
    4.5 Übungsaufgaben 193
    4.6 Verständnisfragen 197
5 Datenaktualisierung 199
    5.1 INSERT – Dateneinführung 199
    5.2 UPDATE-Datenveränderung 206
    5.3 DELETE- Datenlöschung 210
    5.4 Übungsaufgaben 215
    5.5 Verständnisfragen 217
6 Sichten (Views) 219
    6.1 Eine Sicht aus einer oder mehreren Tabellen erstellen 219
    6.2 Eine Sicht innerhalb einer anderen Sicht 223
    6.3 Sichten mit Subselect 225
    6.4 Ändern von Sichten 226
    6.5 Übungsaufgaben 230
    6.6 Verständnisfragen 233
7 Funktionen 235
    7.1 PL/pgSQL-Funktionen mit Eingabeparametern und Rückgabewert .. 237
    7.2 PL/pgSQL-Funktionen mit einer Tabelle als Eingabeparameter 240
    7.3 PL/pgSQL-Funktionen mit einer Tabelle als Rückgabewert 242
    7.4 PL/pgSQL-Funktionen mit Datenaktualisierungsbefehlen 245
    7.5 PL/pgSQL-Funktionen ohne Eingabeparameter und ohne Rückgabewert 247
    7.6 Übungsaufgaben 249
    7.7 Verständnisfragen 251
8 Kontrollstrukturen 253
    8.1 Verzweigungen 253
    8.2 CASE-Anweisung 258
    8.3 CASE-Kurzformen 265
    8.4 Schleifen 267
    8.5 Übungsaufgaben 278
    8.6 Verständnisfragen 283
9 Cursor 285
    9.1 Struktur des Cursors 285
    9.2 Der Cursor in Schleifen 291
    9.3 Cursor zurückgeben 303
    9.4 Blättern durch die Ergebnistabelle 308
    9.5 Übungsaufgaben 312
    9.6 Verständnisfragen 317
10 Trigger 319
    10.1 Definition eines Triggers und einer Triggerfunktion 320
    10.2 Übungsaufgaben 340
    10.3 Verständnisfragen 347

11 Transaktionen 349
  11.1 Transaktionskonzept 349
  11.2 Sicherungspunkte 356
  11.3 Übungsaufgaben 359
  11.4 Verständnisfragen 363
12 Datenbankoptimierung 365
  12.1 Auswahl von EXPLAIN 366
  12.2 Wirkung von EXPLAIN 370
  12.3 EXPLAIN bei eingeschränkten Bedingungen 373
  12.4 EXPLAIN bei komplexen SELECT-Abfragen 376
  12.5 Übungsaufgaben 382
  12.6 Verständnisfragen 385
13 SQL/XML 387
  13.1 Funktionen zum Erzeugen vom XML-Inhalt 388
  13.2 Übungsaufgaben 397
  13.3 Verständnisfragen 399
Anhang A Verwendete Datenbankschemata 401
  A.1 Schema der Datenbank Direktbestellung01 401
  A.2 Tabellen der Datenbank Direktbestellung01 402
  A.3 Datensätze für die Tabellen der Datenbank Direktbestellung01 406
Anhang B Lösungen zu den Aufgaben 416
  B.1 Lösung Aufgabe 1 416
  B.2 Lösung Aufgabe 2 416
  B.3 Lösung Aufgabe 3 417
  B.4 Lösung Aufgabe 4 418
  B.5 Lösung Aufgabe 5 421
  B.6 Lösung Aufgabe 6 421
  B.7 Lösung Aufgabe 7 421
  B.8 Lösung Aufgabe 8 421
  B.9 Lösung Aufgabe 9 422
  B.10 Lösung Aufgabe 10 422
  B.11 Lösung Aufgabe 11 422
  B.12 Lösung Aufgabe 12 422
  B.13 Lösung Aufgabe 13 423
  B.14 Lösung Aufgabe 14 423
  B.15 Lösung Aufgabe 15 423
  B.16 Lösung Aufgabe 16 423
  B.17 Lösung Aufgabe 17 423
  B.18 Lösung Aufgabe 18 424
  B.19 Lösung Aufgabe 19 424
  B.20 Lösung Aufgabe 20 424
  B.21 Lösung Aufgabe 21 424
  B.22 Lösung Aufgabe 22 425
  B.23 Lösung Aufgabe 23 425
  B.24 Lösung Aufgabe 24 425
  B.25 Lösung Aufgabe 25 426
  B.26 Lösung Aufgabe 26 427

B.27 Lösung Aufgabe 27 428
B.28 Lösung Aufgabe 28 428
B.29 Lösung Aufgabe 29 429
B.30 Lösung Aufgabe 30 430
B.31 Lösung Aufgabe 31 430
B.32 Lösung Aufgabe 32 431
B.33 Lösung Aufgabe 33 432
B.34 Lösung Aufgabe 34 432
B.35 Lösung Aufgabe 35 433
B.36 Lösung Aufgabe 36 434
B.37 Lösung Aufgabe 37 434
B.38 Lösung Aufgabe 38 434
B.39 Lösung Aufgabe 39 435
B.40 Lösung Aufgabe 40 436
B.41 Lösung Aufgabe 41 436
B.42 Lösung Aufgabe 42 436
Anhang C Lösungen zu den Verständnisfragen 437
Index 438

1 Datenbanken

In der heutigen Datenbanktechnologie gibt es eine sehr große Anzahl an Datenbanksystemen, die sich in vielerlei Hinsicht unterscheiden wie beispielsweise im Umfang der Funktionen, in der Geschwindigkeit der Verarbeitung, beim Service oder beim Preis. Hier das richtige Datenbanksystem für die eigenen Anforderungen zu finden scheint nicht immer leicht. Während in den neunziger Jahren wenige kommerzielle Hersteller von Datenbanksoftware faktisch den Markt beherrschten (z.B. IBM-DB2, IBM-Informix, Oracle und Microsoft SQL-Server für Windows), erlangen nach der Jahrtausendwende die offenen (freien) Datenbanksysteme eine immer größere Bedeutung. Vor allem die Datenbanksysteme MySQL und PostgreSQL erzielten signifikante Marktanteile.

1.1 Datenbanksysteme

Ein Datenbanksystem ist ein computergestütztes System, welches eine oder mehrere Datenbanken und sämtliche Programme enthält. Die Datenbank beschreibt einen Ausschnitt der Realität und die Programme regeln den Zugriff auf die Datenbank. Die Datenbank ist eine systematische Sammlung von Daten, die zentral gespeichert und verwaltet werden. Zur Verwaltung und Bearbeitung von Datenbanken dient eine Software, die als Datenbankverwaltungssystem oder Database-Management-System (DBMS) bezeichnet wird. Über das DBMS erfolgt jeder Zugriff auf die Datenbankdaten. Die Datenbank und das Datenbankverwaltungssystem bilden zusammen das Datenbanksystem. Das Datenbanksystem ist die interaktive Benutzungsoberfläche für die Definition und Manipulation von Daten (ohne Programmierkenntnisse). Das folgende Bild zeigt die Architektur einer Datenbank. Das DBMS stellt eine Datendefinitionssprache (DDL = Data Definition Language) zur Strukturierung und Definition der Datenbank bereit und ermöglicht die Selektion und Manipulation von Daten mittels einer Datenmanipulationssprache (DML = Data Manipulation Language). Datenbanksysteme bieten auf physischer Seite komplexe Speicher- und Indexstrukturen, die gewährleisten, dass große Datenbestände effizient gespeichert und Daten schnell aufgefunden werden.

Datenbanken

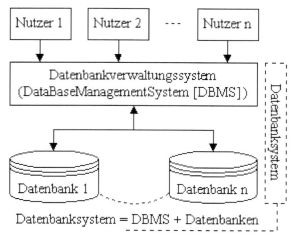

Abb 1 *Architektur einer Datenbank*

Die wichtigsten Eigenschaften eines DBMS sind folgende:

1. Redundanzfreiheit: Jedes Datenelement soll nur einmal gespeichert werden.
2. Datenkonsistenz: Die Daten sollen widerspruchsfrei und korrekt sein.
3. Mehrbenutzerfähigkeit: Mehrere Benutzer können gleichzeitig und störungsfrei auf eine Datenbank zugreifen.
4. Datensicherung: Das DBMS gewährleistet den Schutz gegen Hard- und Softwarefehler sowie eine Konsistenzerhaltung der Daten bei Programm- oder Systemabsturz und macht eine Wiederherstellung der Daten bei Fehlern möglich.

Ein wichtiges Datenbankziel ist die Datenunabhängigkeit. Sie soll einerseits gewährleisten, dass Änderungen der Speicherstruktur (auf der physischen Ebene der Datenbank) keine Änderung der Anwendungsprogramme verursachen (physische Datenunabhängigkeit). Anderseits sollen neue Anwendungen und Sichten auf eine bestehende Datenbank keinen Einfluss auf die vorhandenen Anwendungen haben (logische Datenunabhängigkeit).

Die Datenunabhängigkeit ermöglicht den Anwendungsprogrammen auf der Nutzerebene eine Benutzung der Datenbankdaten, ohne Details zur systemtechnischen Realisierung zu kennen. Eine Datenunabhängigkeit kann durch die Trennung der physischen Speicherung und der Verwaltung der Daten von den Anwendungsprogrammen erreicht werden. Zu dieser Abgrenzung dient in der Architektur von Datenbanksystemen das Drei-Ebenen-Modell von ANSI/SPARC.

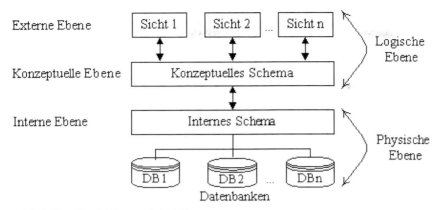

***Abb 2** Das Drei-Ebenen-Modell*
Das amerikanische Standardinstitut (ANSI) veröffentlichte im Jahr 1975 eine Studie bzgl. der Architektur von Datenbanksystemen als standardisierten Rahmen. Das Konzept von SPARC (Standard Planning and Requirenment Commitee einem Unterschuss von ANSI) sieht die Existenz von 3 Ebenen (oder Schemata) vor:

Externe Ebene

Auf der obersten Ebene befinden sich die Benutzer (Sichten), die das Datenbanksystem mit einer Datenmanipulationssprache oder ihren eigenen Anwendungsprogrammen nutzen. Hier wird die enge funktionale Abhängigkeit zwischen Daten und Funktionen modelliert. Für jede Benutzergruppe wird mittels einer Datendefinitionssprache eine spezielle anwendungsbezogene Sicht der Daten spezifiziert. Der Zugriff auf Daten, das Hinzufügen sowie das Verändern oder Löschen von Daten erfolgt mit Hilfe einer Datenmanipulationssprache.

Konzeptuelle Ebene

Auf der konzeptuellen Ebene wird das der Datenbank zugrunde liegende Datenmodell (d.h. die datenmäßige Abbildung eines bestimmten Ausschnitts der realen Umwelt) beschrieben. In ihm wird, unabhängig von allen Anwendungsprogrammen, die Gesamtheit aller Daten und deren Beziehungen untereinander festgelegt. Auf dieser logischen Ebene erfolgt eine detaillierte Systemanalyse unabhängig vom physischen Datenbanksystem. Das konzeptionelle Model repräsentiert die relevanten Informationsobjekte in abstrahierter Form und dokumentiert die benötigten Daten und ihre Verwendung. Das Ergebnis ist das konzeptuelle Schema, auch Datenbankschema genannt.

Hinweis: Die obigen zwei Ebenen stellen die logische Struktur der Datenbank (auch logische Ebene genannt) dar.

Interne Ebene

Auf der dritten Ebene wird festgelegt, in welcher Form die logisch beschriebenen Daten im Speicher abgelegt werden und welche Zugriffsmöglichkeiten auf die Daten bestehen sollen. Hier werden die physischen Objekte, d.h. die Daten und Programme eines Datenbanksystems, definiert. Dabei werden der Aufbau der Datensätze, die Darstellung der Datenbestandteile, die Datenorganisation und Zugriffspfade geregelt. Das Ergebnis ist das interne Schema. Diese Ebene mit den Speicherungsformen der Daten bildet die physische Struktur der Datenbank.

1.2 Relationale Datenbanksysteme

Heute werden überwiegend nur relationale Datenbanksysteme eingesetzt, weil sie für strukturierte Daten und flexiblen Umgang mit Daten besonders geeignet sind. Bekannte Datenbanken sind z.b. DB2, Oracle, mySQL und Microsoft Access. Bei einem relationalen Datenbanksystem werden die Daten in Form von Tabellen dargestellt und gespeichert, welche dann miteinander verbunden werden. Sie werden in Relation zu einander gestellt. Zur Definition der Datenstruktur, zum Pflegen und zur Abfrage der Daten steht die relationale Abfragesprache SQL (Structured Query Language) zur Verfügung.

Die Datenbanksprache SQL verfügt über eine Menge von Standardsprachkonstrukten, welche die Tabellendefinition, Tabellenmanipulation und die Datenkontrolle für relationale Datenbankverwaltungssysteme ermöglichen. Edgar F. Codd entwickelte 1970 mit dem relationalen Datenmodell eine erste Definition einer passenden Abfragesprache. Durch ANSI (Amerikanisches Normierungsinstitut) gab es einige Überarbeitungen von SQL, die sich im Laufe der Jahre immer mehr verbesserten. Da SQL durch ANSI und ISO standardisiert wurden, ist die Portabilität auf alle bisherigen relationalen Datenbanken sichergestellt. Die, bis jetzt, endgültigen Standards SQL92 und SQL99 werden von den meisten relationalen Datenbanksystemen unterstützt.

Einige Anbieter fügen ihren relationalen Datenbanken objektorientierte Eigenschaften hinzu und nennen diese dann objektrelationale Datenbanken. Diese sind jedoch nicht zur direkten Abbildung von Objekten der Programmiersprache vorgesehen. Zur Nutzung des Konzepts der Vererbung bei Definition und Abfrage von Tabellen werden ähnliche Feldstrukturen genutzt. Dies vereinfacht die Handhabung von objektorientierten Datenbanken.

PostgreSQL ist ein weitverbreitetes objektrelationales Datenbanksystem im Bereich der freien Software (Open Source). Die Open Source Software steht unter einer von der Open Source Initiative (OSI) anerkannten Lizenz. Die Open Source Initiative wendet den Begriff Open Source auf all die Software an, deren Lizenzverträge den folgenden drei charakteristischen Merkmalen entsprechen:

1. Die Software liegt in einer für den Menschen lesbaren und verständlichen Form vor. In der Regel handelt es sich hierbei um eine höhere Programmiersprache.
2. Die Software darf beliebig kopiert, verarbeitet und genutzt werden. Für Open Source Software gibt es bzgl. der Anzahl von Benutzern und Instal-

lationen keine Nutzungsbeschränkung. Mit der Vervielfältigung und der Verbreitung von Open Source Software sind auch keine Zahlungsverpflichtungen gegen einen Lizenzgeber verbunden.
3. Die Software darf verändert und in der veränderten Form weitergegeben werden. Open-Source-Software ist auf die aktive Beteiligung der Anwender an der Entwicklung geradezu angewiesen. So bietet sich Open-Source-Software zum Lernen, Mitmachen und Verbessern an.

PostgreSQL ist neben MySQL die populärste Datenbank im Bereich der freien Software (Open Source). Die Datentypen und Abfragen der ANSI-Standards SQL92, SQL99 und SQL2003 werden weitgehend von PostgreSQL unterstützt. PostgreSQL unterstützt seit langer Zeit Programmierungskonstrukte wie gespeicherte Prozeduren, Trigger und Cursor und verfügt über Schnittstellen zu allen modernen Programmiersprachen und Scriptsprachen (wie Java, C/C++, PHP, Perl und Python).

Die Leistung und Flexibilität von PostgreSQL kann in vielen Bereichen mit denen von kommerziellen Datenbanken (wie IBM DB2 oder Oracle) verglichen werden. Zu den Benutzern gehören weltweit bekannte Firmen wie Cisco, Sony, Apple, BASF, NASA, die UNO, zahlreiche Regierungsorganisationen und Hochschulen. Wegen der liberalen OpenSource-Lizenz kann der Quellcode sowohl innerhalb von Open Source als auch innerhalb kommerzieller Systeme modifiziert werden.

PostgreSQL erlaubt es den Benutzern, das System um selbstdefinierte Datentypen, Operatoren und Funktionen zu erweitern. Zu den Leistungsmerkmalen von PostgreSQL gehören auch die Unterstützung der referentiellen Integrität bei der Verknüpfung von Tabellen, sowie die Definition von Triggern, mit denen Zugriffe auf Datenbankobjekte gesteuert werden können. Es gibt unterschiedliche Datenbanken im Open Source Bereich. Einige davon sind MySQL, PostgreSQL, MaxDB, Firebird und Ingres r3.

PostgreSQL Geschichte

PostgreSQL ist das wahrscheinlich am weitesten entwickelte Open-Source-System im Internet. Es ist aus einer Datenbankentwicklung (Ingres-Projekt) an der University of California in Berkeley entstanden. Im Jahr 1986 begann die Weiterentwicklung von Ingres unter dem Namen Post-Ingres. Dieser Name veränderte sich während der Überarbeitung in Postgres und bekam auch eine andere Codebasis als die des ursprünglichen Ausgangssystems. Im Jahr 1989 wurde die erste Version von Postgres fertig gestellt und der Öffentlichkeit präsentiert. Im Jahr 1994 wurde es um einen SQL-Interpreter ergänzt und unter dem Namen Postgres95 als Open-Source-System veröffentlicht. Die Umbenennung in PostgreSQL kam 1996, als auch die Weiterentwicklung durch die zusammenarbeitenden Programmierer aus der ganzen Welt begann. Im Jahr 2005 wurde die Version 8 veröffentlicht, die erstmals das Betriebssystem Windows von Microsoft unterstützt und zahlreiche Verbesserungen der Systemleistung enthält. Die ersten professionellen Neuerungen (Benchmarks) vom August 2007 zeigten, dass PostgreSQL gegenüber Oracle nur ca. 12% langsamer ist, dies jedoch bei deutlich geringeren Entwicklungs- und Wartungskosten. Kostenlose Open Source Datenbanken werden im professionellen Bereich immer beliebter, da sie einen ähnlichen Funktionsumfang bieten wie kommerzielle Systeme. Die Datenbank von PostgreSQL wird heute nicht nur von kleinen Dienstleistern sondern auch von einigen großen IT-Firmen weiter entwickelt.

Client/Server System

Offene Datenbanktechnologien ermöglichen den Austausch des Server-DBMS gegenüber der unabhängigen Client-Applikation. PostgreSQL arbeitet nach dem Client/Server-Konzept. Es realisiert ein funktional verteiltes System, in dem zwei unabhängige Prozesse (z.B. zwei Programme) über eine definierte Schnittstelle miteinander kommunizieren.

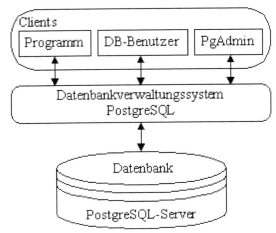

Abb 3 *Client/Server System*
Das Datenbankverwaltungssystem ist die Schnittstelle zwischen Clients und Server. Der Server-Prozess (PostgreSQL-Server) läuft permanent am Datenbankserver, auf dem die eigentlichen Datenbankdateien gespeichert sind. Der Datenbankserver stellt Dienstleistungen zur Verfügung und die Clients

nutzen die Serverdienste. Eine Datenbankanwendung (Client) nimmt z.B. durch eine Datenbankanfrage Dienste des PostgreSQL-Servers in Anspruch. Der Datenbankserver führt die Abfrage über die Datenbank aus und sendet eine selektierte Datenmenge an den Client zurück.

Der Serverprozess koordiniert den parallelen Zugriff mehrerer Benutzer auf die Datenbank und sorgt dafür, dass die Daten immer konsistent bleiben. Clients können z.B. Programme sein. Der grafische Administrator pgAdmin von PostgreSQL fungiert auch als PostgreSQL Client. Auch Webapplikationen oder beliebige Programme, welche die ODBC (Open Database Connectivity) oder JDBC Schnittstellen unterstützen (z.B. Office Software), können als Clients agieren. Server und Clients können auf gleichen oder (in der Regel) auf unterschiedlichen Rechnern unter unterschiedlichen Betriebssystemen laufen. Im zweiten Fall erfolgt dann die Kommunikation über Netzwerkverbindungen (TCP-IP). Der PostgreSQL-Serverprozess (postmaster) hat am TCP-IP die Portadresse 5432.

Hinweis

ODBC ist der internationale (Pseudo-) Standard für die Verarbeitung relationaler Daten aus beliebigen relationalen DBMS unter Verwendung der Syntax von SQL.

1.3 Entwurf von Datenbanken

Unter dem Begriff Datenbank versteht man eine Sammlung großer und komplexer zusammenhängender Daten, welche in Tabellen zentral gespeichert und durch das Datenbankverwaltungssystem verwaltet werden. PostgreSQL ist ein relationales Datenbanksystem, mit dem größere Datenbestände schnell und komfortabel in Datenbanken verwaltet werden. Die Daten und damit die Tabellen selbst befinden sich innerhalb einer Datenbank in Beziehung (in Relation) zueinander.
Eine Datenbank kann als eine Abbildung eines Teils der realen Welt betrachtet werden. So bildet z.b. eine Datenbank zur Bearbeitung eines Kundenauftrages alle realen Objekte (Kunden, Kundenadresse, Bestellungen, Artikel usw.) ab, welche zu einem Auftrag gehören. Bei der Entwicklung einer Datenbank ist der Datenbankentwurf eine der wichtigsten Aufgaben, weil hier wichtige Fragen (wie z.b. welche Daten werden benötigt, wie sollen die Daten auf welche Tabellen verteilt werden, wie sind die verschiedenen Tabellen miteinander zu verknüpfen) zu beantworten sind. Ein zu Beginn schlecht aufgebautes Datenbankmodell kann später zu einer aufwändigen Datenpflege führen. Wichtig beim Datenbankentwurf ist es, dass nicht alle Daten in einer einzigen Tabelle gespeichert werden. Bei einer solchen Tabelle kommt es immer wieder vor, dass einige Tabellenspalten mehrfach dieselben Daten enthalten. Außerdem befinden sich in dieser Tabelle Kunden-, Artikel- sowie Adressdaten, also Daten aus unterschiedlichen Bereichen, die die ganze Struktur der Tabelle unübersichtlich machen. In diesem Fall müssen die Daten auf unterschiedliche Tabellen verteilt werden. Bei relationalen Datenbanken besteht von Anfang an keine starre Verknüpfung zwischen den Daten, die an verschiedenen Stellen gespeichert sein können. Diese verteilten Daten können Sie zu einem späteren Zeitpunkt miteinander verknüpfen und in Verbindung bringen. Die Verknüpfung von zwei Tabellen wird über ein gemeinsames Feld, welches in beiden Tabellen vorkommt, aufgebaut. Somit können Daten, die in verschiedenen Tabellen gespeichert werden, in einen Zusammenhang gebracht werden.
Als Ausgangslage für den Datenbankentwurf dient folgende Problemstellung:
1. Die Geschäftsführung des Verlags "Stadtlupe" möchte den Verkauf von Büchern durch den Einsatz eines Datenbankverwaltungssystems effektiver gestalten. Hauptziel des Verlags ist, dass der Geschäftsprozess "Bestellen von Artikeln" online abgewickelt werden soll. Das Bestellungssystem besteht aus einem auf EDV-Lehrmaterialien spezialisierten Buchverlag, der sein Angebot in einer zentralen Datenbank verwalten lässt.

2. Dieser Geschäftsprozess bietet den Kunden die Möglichkeit sich über ein Onlineportal beim Verlag verschiedene EDV-Lehrmaterialien zu bestellen. Die Kunden, die in der Regel Studenten oder Firmen sind, müssen sich am Anfang im Ornlineportal registrieren. Dabei geben sie ihre E-Mail-Adresse an und legen ein eigenes Passwort fest.
3. Um aus der großen Anzahl von Fachbüchern schnell die gewünschte Gruppe herauszufinden, werden die gespeicherten Bücher jeweils einer Kategorie bzw. einem Fachgebiet zugeordnet.
4. Die Kunden wählen die gewünschten Bücher aus dem Katalog des Verlags aus und bestellen sie online.
5. Der Kunde kann bei einer Onlinebestellung zwei verschiedene Adressen, eine Rechnungsadresse und eine Lieferadresse, angeben. Falls die Lieferadresse fehlt, wird die Rechnungsadresse standardmäßig verwendet.
6. Der Verlag, der gleichzeitig der Lieferant ist, versendet dann die bestellten Bücher und die Rechnung an den Kunden.

Für den Verlag *Stadtlupe* soll eine Datenbank entwickelt werden, die alle Kunden mit den von ihnen bestellten bzw. gekauften Büchern enthält. Die dazu notwendige Datenbank soll jetzt gestaltet werden. Um ein Schema für die Datenbank zu erstellen, müssen zunächst alle für die Datenbank relevanten Daten gesammelt werden. Vom Bestellungsprozess ausgehend, bei dem ein Kunde die gewünschten Artikel mit einem Bestellauftrag vom Verlag bestellt, lässt sich leicht erkennen, dass die Daten aus den Bereichen Kunde, Anschrift, Bestellung, Artikel und Verlag stammen.

Tabelle 1 *Felder für den Datenbankentwurf*

Attributname	Bedeutung
KundenNr	Kundennummer des Auftraggebers
Anrede	Anrede für den Kunden (Herr, Frau)
Titel	Titel des Kunden (Dr., Prof., Dipl. Ing.)
Firma	Name der Firma
Name	Nachname des Kunden
Vorname	Vorname des Kunden
eMail	E-Mail-Adresse des Kunden

Tabelle 2 Felder für den Datenbankentwurf

Attributname	Bedeutung
Passwort	Passwort des Kunden
KundeSeit	Datum der ersten Kundenbestellung
BestellNr	Bestellnummer
Bestelldatum	Datum der Bestellung
ArtikelNr	Artikelnummer
ISBN	ISBN-Code
Titel	Titel des Buches
Untertitel	Untertitel
Satuscode	Lagerstatus des Artikels (z.B. AV = available, OP = out of print, IP = in preparation, OR = on request)
Statusname	Name des Status (z.B. lieferbar, vergriffen, in Vorbereitung, auf Anfrage)
KategorieNr	Nummer der Kategorie zu der der Artikel gehört (z.B. 1, 2, 3, 4)
Kategoriename	Name der Kategorie (z.B. Internet, MS Office, Management, Wirtschaft)
Verlagscode	Kürzel des Verlegers
Artikelpreis	Einzelpreis in EURO
Bestand	Bestand eines bestimmten Artikeltyps
Erscheinungstermin	Termin der Veröffentlichung eines Buches
Seitenanzahl	Anzahl der Seiten eines Buches
Beschreibung	kurze Beschreibung des Artikels

Tabelle 3 Felder für den Datenbankentwurf

Attributname	Bedeutung
Strasse	Strasse des Verlags
Plz	Postleitzahl des Verlags
Ort	Ort des Verlags
Telefon	Telefonnummer des Verlags
Telefax	Telefax
eMail	E-Mail-Adresse
URL	Internet-Adresse des Verlags
AdressID	1 für Rechnungsadresse, 2 für Lieferadresse
Bezeichnung	Rechnungsadresse, Lieferadresse
Name	Name für Rechnungs- und Lieferadresse
Vorname	Vorname
Firma	Firma, an die die Rechnung und Bücher geschickt werden
Strasse	Straße für Rechnungs- und Lieferadresse
Plz	Postleitzahl
Ort	Ort für Rechnungs- und Lieferadresse
Landescode	Landeskürzel
Bestimmungsland	Name des Landes

Im Mittelpunkt des Entwurfs eines relationalen Datenbankmodells steht die Tabelle, die durch einen eindeutigen Namen gekennzeichnet wird. Die Tabelle ist eine Konstruktion aus Spalten und Zeilen, wobei die Spalten (oder Attribute) Attributswerte enthalten. Jedem Attribut wird ein bestimmter Datentyp zugeordnet, der den Wertebereich des Attributs bildet. Innerhalb einer Tabelle bildet die Zusammenfassung aller Attribute eine Zeile (genannt auch Datensatz oder Tupel). Beim Entwurf einer Datenbank sind folgende Regeln zu berücksichtigen:

1. Für jeden Bereich sollte *eine Tabelle* angelegt werden, um eine Datenredundanz zu minimieren oder zu vermeiden. Unter Datenredundanz versteht man das mehrfache Vorkommen von gleichen Daten an verschiedenen Stellen einer Datenbank. Ein Beispiel dafür wäre, wenn Sie den Vor- und Nachnamen in ein einziges Datenfeld schreiben würden, und den Nachnamen an anderer Stelle in derselben Tabelle nochmals als Datenfeld oder in einer weiteren Tabelle dieser Datenbank definiert hätten. Redundante Felder belegen unnötigen Speicherplatz und führen bei Aktualisierung des Datenbestandes (z.B. des Nachnamens) zur Dateninkonsistenz (d.h. Daten sind nicht mehr aktuell).

2. Jedes Tabellenfeld soll einen *Datentyp* haben, der den Typ der Werte bestimmt, die der Benutzer im Feld speichern kann (z.B. Artikelnummer als Integer).

3. Jedes Feld soll nur eine Art von Daten enthalten, damit gezielt nach bestimmten Daten gesucht werden kann. Speichern Sie beispielsweise Name und Nachname als ein Feld zusammen, dann können Sie die Kunden immer nach Namen suchen und nicht nach Nachnamen. Eine spätere Aufteilung kann kompliziert und aufwendig sein.

4. Jede Tabelle muss einen *Primärschlüssel* enthalten, der aus einem Attribut oder einer minimalen Attributkombination besteht. Durch den Wert des Primärschlüssels kann jeder Datensatz einer Tabelle eindeutig identifiziert werden. Felder, wie Artikelnummer oder Kundennummer, eignen sich am besten als Primärschlüsselfelder. Ein Feld, wie das zur Speicherung des Namens, eignet sich daher nicht als Primärschlüsselfeld.

5. Eine Tabelle kann keine bis beliebig viele Zeilen enthalten, die den gleichen Aufbau haben. Der Inhalt der Zeilen muss immer unterschiedlich sein, d.h. es gibt keine zwei Tupel, die exakt gleich sind. Tupel unterscheiden sich in mindestens einem Attributwert, d.h. in dem Primärschlüssel (z.B. Kundennummer).

1.4 Normalisierung von Tabellen

Ein großes Problem beim Entwurf einer Datenbank ist die Datenredundanz. Die Nachteile der Datenredundanz liegen in der unnötigen Speicherplatzbelegung und in der komplexen und unübersichtlichen Aktualisierung der Datenbestände. So kann z.B. beim Löschen eines bestimmten Kunden die dazugehörige Bestellung verloren gehen (Löschanomalie). Mehrfach gespeicherte Attribute zwingen zur mehrfachen Änderung des Sachverhaltes (Änderungsanomalie). Weiterhin kann z.B. das Hinzufügen eines neuen Kunden, der kein Artikel bestellt hat, dazu führen, dass leere Felder entstehen, für die Speicherplatz verschwendet wird. Außerdem kann einem solchen Attribut (z.B. Artikelnummer) kein Wert zugewiesen werden, so dass beim Suchen dieses Datensatzes Fehler auftreten können (Einfügeanomalie).

Zur Vermeidung der Datenredundanz ist die Normalisierung von Tabellen erforderlich. Dabei werden übergreifende Informationseinheiten so lange in kleinere zerlegt, bis eine Doppelspeicherung von Daten so weit wie möglich ausgeschlossen ist. Die Zerlegung der Tabellen dient außerdem der übersichtlichen Darstellung, die eine einfache Datenpflege zulässt. Der Normalisierungsprozess umfasst mehrere Normalformen, wobei hier nur die ersten drei behandelt werden:

1. Um später gezielt Daten nutzen zu können, muss man dafür sorgen, dass in jedem Feld einer Tabelle nur eine Eintragung existiert, d.h. das Feld ist atomar. Die Tabelle befindet sich dann in der ersten Normalform (1NF), wenn jedes Feld einen elementaren Wertebereich enthält, der nicht mehr sinnvoll in weitere Einheiten zerlegbar ist.
2. Alle Daten in den Feldern der Tabelle sollen eindeutig sein und nur einmal gespeichert werden. Ändern Sie z.B. die Kundenadresse, muss die alte Adresse nur an einer Stelle innerhalb der Tabelle geändert werden. Andernfalls können Sie später nicht herausfinden, welche Adresse die richtige ist. Da die Daten nicht mehr konsistent sind, muss zu jedem Themenbereich eine getrennte Tabelle angelegt werden. Die Verbindung zwischen den Tabellen wird dann über ein gleiches Feld aufgebaut. Die Tabellen befinden sich in der zweiten Normalform (2NF).
3. Sind darüber hinaus einige Nichtschlüsselfelder von weiteren Nichtschlüsselfeldern abhängig, dann entstehen indirekte Abhängigkeiten, die zu vermeiden sind. Bestimmt beispielsweise die Kundennummer (als Primärschlüssel) die Postleitzahl und die Postleitzahl den Ort, dann sagt man, dass die Kundennummer auch den Ort indirekt bestimmen kann. Solche Sachverhalte sollten durch zusätzliche Tabellen dargestellt wer-

den, die dann über ein gleiches Feld miteinander verbunden werden. Die Tabellen liegen dann in der dritten Normalform (3NF) vor.

Hinweis

Die Erläuterung der ersten drei Normalformen wird an der Tabelle *Bestellung-NNT* durchgeführt, welche folgende Struktur (oder Relationsschema) hat.

```
Bestellung-NNT(BestellNr, KundenNr, Anrede, Titel, Firma,
    Name, Vorname, eMail, Passwort, KundeSeit,
    Bestelldatum, ArtikelNr, ISBN, Titel,
    Untertitel, Statuscode, Statusname,
    KategorieNr, Kategoriename, Verlagscode,
    Artikelpreis, Bestand, Erscheinungstermin,
    Seitenanzahl, Beschreibung, Strasse, Plz,
    Ort, Telefon, Telefax, eMail, URL)
```

Da die Kunden bei der Bestellung ihrer Artikel zwei Adressen eingeben können, eine Rechnungsadresse und eine Lieferadresse, wird die Differenzierung dieser Adressarten in Abhängigkeit von den Kundendaten behandelt. Die nicht normalisierte Tabelle *Adresse* hat folgende Struktur.

```
Adresse-NNT(KundenNr, AdressID, Bezeichnung, Name, Vorname,
    Firma, Strasse, Plz, Ort, Landescode,
    Bestimmungsland)
```

- Der Primärschlüssel des Relationsschemas wird *kursiv* dargestellt.

1.4.1 Beispiel 1: Nicht-normalisierte Tabelle analysieren

1. Als Ausgangstabelle für den Normalisierungsprozess dient die folgende nicht normalisierte Tabelle (*Bestellung-NNT*) des Online-Bestellsystems, die Daten über Kunden, Bestellungen und Artikel enthält. Eine Tabelle heißt *nicht normalisiert*, wenn sie weiter zerlegt werden muss und redundante Felder beinhaltet. In unserem Beispiel umfasst die Tabelle exemplarisch nur einige Attribute und Zeilen (Tupel) und soll der einfacheren Beschreibung des Normalisierungsprozesses dienen.

BestellNr	Kunden-Nr	Name	Artikel-Nr	Kategorie-Nr	Kategoriename	Status	Statusname	Bestellmenge
1001	100	Mueller	11, 12	2, 2	MS Office, MS Office	OP, AV	vergriffen, lieferbar	10, 40
1002	101	Schulz	13	1	Internet	OP	vergriffen	20
1003	101	Schulz	11, 12, 13	2, 2, 1	MS Office, MS Office, Internet	AV, AV, OP	lieferbar, lieferbar, vergriffen	30, 50, 20
1004	102	Meyer	11, 18	2, 3	MS Office, Wirtschaft	AV, IP	liferbar, in Vorbereitung	50, 20
1005	103	Beta Design	12	2	MS Office	AV	lieferbar	30
1006	104	Lange	11, 13	2, 1	MS Office, Internet	AV, OP	lieferbar, vergriffen	40, 20
1007	104	Lange	17	4	Management	OR	auf Anfrage	30

Abb 4 *Bestellung-NNT: Ausgangstabelle mit Bestellungsdaten (Auszug)*

2. Das Tupel <1001, 100, Mueller, (11,12), (2,2), (MS Office, MS Office), (OP, AV), (vergriffen, lieferbar), (10, 40)> besagt, dass die Bestellung mit *BestellNr* 1001 von Mueller mit *KundenNr* 100 aufgegeben wurde. Bestellt werden 10 Artikel der Kategorie MS Office vom *Status* OP mit *ArtikelNr* 11 und 40 Artikel wiederum aus der Kategorie MS Office vom *Status* AV mit *ArtikelNr* 12.

3. Wenn sich die Zeilen der Relation nur mit dem Attribut *BestellNr* eindeutig identifizieren lassen, dann stellt dieses Attribut den Primärschlüssel dar. In Verbindung mit einem bestimmten Schlüsselwert z.B. 1001 können mehrere Werte eines anderen Attributes wie beispielsweise *ArtikelNr* 11 und 12 aufgeführt werden. Außerdem wird z.B. die *ArtikelNr* 12 oder der *Kategoriename* 'MS Office' redundant festgehalten.

4. Da in dieser Tabelle die Attribute *ArtikelNr*, *KategorieNr*, *Kategoriename*, *Status*, *Statusname* und *Bestellmenge* mehr als einen Wert besitzen, d.h. nicht atomar sind und folglich nicht leicht zu handhaben sind, muss diese Relation in die 1. Normalform überführt werden.
Hinweis: Der Primärschlüssel einer Tabelle mit Testdaten wird durch einen durchgezogenen Unterstrich gekennzeichnet.

1.4.2 Beispiel 2: Tabelle so zerlegen, dass jedes Feld atomar ist (1. Normalform)

1. Das Ziel der Normalisierung ist es, für nicht weiter zerlegbare Daten zu sorgen und die mehrfache Datenspeicherung zu vermeiden.
2. Die nicht normalisierte Relation ist so zu strukturieren, dass jedes Feld atomar ist, d.h. nur einen Wert enthält.
3. Da in unserem Beispiel einer Kundenbestellung mehrere Artikel gehören, besitzen einige Attribute wie z.B. *ArtikelNr*, *KategorieNr*, *Kategorie*, *Status*, *Statusname* und *Bestellmenge* in der nicht normalisierten Form mehr als einen Wert. Solche Wiederholungsgruppen, die für einen Datensatz mehrfach belegt sind, müssen aufgelöst werden. Das kann dadurch erreicht werden, dass die einzelnen Zeilen mit nicht atomaren Attributen in mehrere Zeilen überführt werden. Nach diesem ersten Normalisierungsschritt entsteht folgende Tabelle *Bestellung-1NF*.

Bestell-Nr	Kunden-Nr	Name	Artikel-Nr	Kategorie-Nr	Kategorie	Status	Statusname	Bestell-menge
1001	100	Mueller	11	2	MS Office	OP	vergriffen	10
1001	100	Mueller	12	2	MS Office	AV	lieferbar	40
1002	101	Schulz	13	1	Internet	OP	vergriffen	20
1003	101	Schulz	11	2	MS Office	AV	lieferbar	30
1003	101	Schulz	12	2	MS Office	AV	lieferbar	50
1003	101	Schulz	13	1	Internet	OP	vergriffen	20
1004	102	Meyer	11	2	MS Office	AV	lieferbar	50
1004	102	Meyer	18	3	Wirtschaft	IP	in Vorbereitung	20
1005	103	Beta Design	12	2	MS Office	AV	lieferbar	30
1006	104	Lange	11	2	MS Office	AV	lieferbar	40
1006	104	Lange	13	1	Internet	OP	vergriffen	20
1007	104	Lange	17	4	Management	OR	auf Anfrage	30

Abb 5 *Bestellung-1NF*

4. In jedem Tabellenfeld steht nur noch ein Wert. Die Tabelle ist in die erste Normalform gebracht.
5. Bei der Überführung in die erste Normalform wird der Primärschlüssel *BestellNr* mehrdeutig. Die Tabelle ist erstmalig mit SQL-Befehlen bearbeitbar, hat jedoch immer Probleme. Das Hinzufügen eines neuen Kunden, der kein Artikel bestellt hat, führt dazu, dass leere Felder entstehen, für die Speicherplatz verschwendet wird. Außerdem kann einem solchen Attribut kein Wert zugewiesen werden, so dass beim Suchen dieses Datensatzes Fehler auftreten können. Beim Löschen einer bestimmten Bestellung (z.B. mit *BestellNr*=1003) aus einer Zeile gehen auch die dazugehörigen Artikel (mit *ArtikelNr* 11, 12 und 13) verloren. Mehrfach gespei-

cherte Attribute (z.B. Name Schulz) zwingen zur mehrfachen Änderung des Sachverhaltes.
6. Diese Probleme zwingen uns zur Überführung von der ersten Normalform (1NF) in die zweite (2NF). Daher ist es üblich, beim ersten Normalisierungsschritt die redundanten Daten auszugliedern und in einer neuen Tabelle zusammenzulegen.
7. Die Tabelle enthält nun atomare Daten, d.h. dass für jede Bestellnummer ein eigenes Tupel gebildet wird. Da aber dadurch der Primärschlüssel *BestellNr* seine Eindeutigkeit verliert, muss die Eindeutigkeit des Primärschlüssels durch seine Erweiterung erreicht werden. In unserem Beispiel müssen wir mit einem zusammengesetzten Primärschlüssel bestehend aus *BestellNr* und *ArtikelNr* arbeiten, der jede Tabellenzeile eindeutig identifiziert.
8. Das Relationsschema, welches alle Attribute enthält, sieht in der ersten Normalform wie folgt aus:

```
Bestellung-1NF(BestellNr, KundenNr, Anrede, Titel, Firma,
               Name, Vorname, eMail, Passwort, KundeSeit,
               Bestelldatum, ArtikelNr, ISBN, Titel,
               Untertitel, Statuscode, Statusname,
               KategorieNr, Kategoriename, Verlagscode,
               Artikelpreis, Bestand, Erscheinungstermin,
               Seitenanzahl, Beschreibung, Strasse, Plz,
               Ort, Telefon, Telefax, eMail, URL)
```

1.4.3 Beispiel 3: Bildung der Tabellen mit Schlüsselfeldern (2. Normalform)

1. In der zweiten Normalform werden die Daten auf mehrere Tabellen aufgeteilt. Um die zusammengehörenden Daten weiterhin als Einheit behandeln zu können, also die Datenintegrität zu wahren, müssen die Tabellen untereinander in Beziehung gesetzt werden. Dazu benötigen wir in jeder Tabelle einen eindeutigen Primärschlüssel, der einen Datensatz eindeutig identifiziert. In der Tabelle *Bestellung-1NF* besteht nun der Primärschlüssel aus den beiden Attributen *BestellNr* und *ArtikelNr*.
2. Die erste Normalform erzwingt damit eine Gruppierung der Attribute in einer Tabelle nach Sachgebieten und eliminiert dadurch Redundanzen. Dabei werden alle Nichtschlüsselattribute untersucht, ob sie entweder von gesamtem Primärschlüssel oder von einem Teil des Primärschlüssels funktional abhängig sind.

Hinweis: Ein Attribut B einer Relation R(A,B,C) heißt funktional abhängig vom Attribut A der Relation R, wenn zu jedem Wert in A genau ein Wert von B existiert. Mit anderen Worten kann das Attribut A alle anderen Attribute bestimmen.

3. Daher sind die der Bestellung angehörenden Attribute *KundenNr, Anrede, Titel, Firma, Name, Vorname, eMail, Passwort, KundeSeit* und *Bestelldatum* nur vom Schlüsselteil *BestellNr* funktional abhängig. Sie werden extrahiert und in eine neue Tabelle *Bestellung-2NF* mit *BestellNr* als Primärschlüssel zusammengelegt.

```
Bestellung-2NF(BestellNr, KundenNr, Anrede, Titel, Firma,
       Name, Vorname, eMail, Passwort,
       KundeSeit, Bestelldatum)
```

4. Die artikelrelevanten Felder *ISBN, Titel, Artikelpreis*, etc. hängen ebenfalls nur vom Schlüsselbestandteil *ArtikelNr* ab und sind daher auszulagern und in eine neue Tabelle *Artikel-2NF* mit dem Primärschlüssel *ArtikelNr* zu bringen.

```
Artikel-2NF(ArtikelNr, ISBN, Titel, Untertitel, Statuscode,
       Statusname, KategorieNr, Kategoriename,
Verlagscode,
       Verlag, Strasse, Plz, Ort, Telefon, Telefax, eMail,
       URL, Artikelpreis, Bestand, Erscheinungstermin,
       Seitenanzahl, Beschreibung)
```

5. Die *Bestellmenge* eines Artikels hingegen ist vom gesamten Primärschlüssel (*BestellNr+ArtikelNr*) funktional abhängig. Aus diesem Nichtschlüsselattribut und dem zusammengesetzten Primärschlüssel wird die Tabelle *Bestellposition* gebildet.

```
Bestellposition(BestellNr, ArtikelNr, Bestellmenge)
```

6. Der Primärschlüssel kennzeichnet jeden Datensatz einer Tabelle eindeutig und kann mit Daten in anderen Tabellen verknüpft werden. Das Feld *BestellNr* in der Relation *Bestellung-2NF* repräsentiert den Primärschlüssel, während das gleiche Attribut in der Relation *Bestellposition* den Fremdschlüssel repräsentiert. Das Gleiche gilt auch für die *ArtikelNr*

7. *Hinweis*: Ein Fremdschlüssel ist ein Nichtschlüsselattribut einer Relation, falls das gleiche Attribut als Primärschlüssel in einer anderen Relation existiert. Die Beziehung zwischen den Tabellen wird über den Primär- und Fremdschlüssel erreicht.

8. Aufgrund dieser Analyse ergeben sich aus der Ausgangstabelle *Bestellung-1NF* (Bsp. 2, Abb 5) mit ihren Beispieldaten folgende drei Tabellen:

Bestellung-2NF

BestellNr	KundenNr	Name
1001	100	Mueller
1002	101	Schulz
1003	101	Schulz
1004	102	Meyer
1005	103	Beta Design
1006	104	Lange
1007	104	Lange

Bestellposition-2NF

BestellNr	ArtikelNr	Bestellmenge
1001	11	10
1001	12	40
1002	13	20
1003	11	30
1003	12	50
1003	13	20
1004	11	50
1004	18	20
1005	12	30
1006	11	40
1006	13	20
1007	17	30

Artikel-2NF

ArtikelNr	KategorieNr	Kategoriename	Status	Statusname
11	2	MS Office	OP	vergriffen
12	2	MS Office	AV	lieferbar
13	1	Internet	OP	vergriffen
18	3	Wirtschaft	IP	in Vorbereitung
17	4	Management	OR	auf Anfrage

Abb 6 *Tabellen in der 2. Normalform (2NF)*

1.4.4 Beispiel 4: Bildung der Tabellen Bestellung und Kunden mit Schlüsselfeldern (3. Normalform)

1. Ein Problem der zweiten Normalform ist die Existenz von weiteren Datenredundanzen und versteckten Abhängigkeiten, die zu einer weiteren Normalisierung zwingen. Ausgangspunkt zur Erklärung der dritten Normalform dient folgende Relation (Bsp. 3).

```
Bestellung-2NF(BestellNr, KundenNr, Anrede, Titel, Firma,
       Name, Vorname, eMail, Passwort,
       KundeSeit, Bestelldatum)
```

2. In unserem Beispiel sind folgende Gründe beschrieben, die zur Datenredundanz führen. In der Tabelle *Bestellung-2NF* wird eine bestimmte Bestellung aufgrund eines Tupels repräsentiert. Dieses Tupel enthält unter anderem die Nummer des Kunden, der die Bestellung aufgegeben hat. Da ein Kunde mehrere Bestellungen aufgeben kann, muss eine bestimmte Kundennummer in mehreren Zeilen aufgeführt werden. Da jeder Kunde nur einen Namen aufweist, müssen wir mit einem bestimmten Wert der Kundenummer immer den gleichen Kundennamen aufführen. In diesem Fall ist also der *Name* vom Nichtschlüsselattribut *KundenNr* funktional abhängig und die *KundenNr* vom Primärschlüssel *BestellNr*. Somit ist der *Name* indirekt (d.h. transitiv) über *KundenNr* vom Primärschlüssel *BestellNr* abhängig.

Hinweis: Eine transitive Abhängigkeit entsteht, wenn ein Nichtschlüsselattribut von einem weiteren Nichtschlüsselattribut funktional abhängig ist. Transitive Abhängigkeiten verursachen Datenredundanz und Dateninkonsistenz und müssen deswegen beseitigt werden.

3. Die Tabelle *Bestellung-2NF* muss in die Tabellen *Bestellung* und *Kunden* aufgeteilt werden. Das Attribut *KundenNr* existiert in der Tabelle *Kunden* als Primärschlüssel, in der Tabelle *Bestellung* aber als Fremdschlüssel. Damit wird die Beziehung zwischen den beiden Tabellen definiert.

4. Wenn Sie die logisch zusammengehörigen Attribute der Tabelle *Bestellung-2NF* betrachten, dann sind die Attribute *Anrede*, *Titel*, *Firma*, *Name*, *Vorname*, *eMail*, *Passwort* und *KundeSeit* vom Nichtschlüsselattribut *KundenNr* direkt funktional abhängig. Sie werden daher zusammen mit der *KundenNr* als Primärschlüssel in eine eigene Tabelle *Kunden* zusammengelegt.

```
Kunden(KundenNr, Anrede, Titel, Name, Vorname, eMail,
       Passwort, KundeSeit)
```

5. Das Feld *Bestelldatum*, welches durch die *BestellNr* bestimmt wird, wird aus der Tabelle *Bestellung-2NF* entfernt und zusammen mit der *BestellNr* (als Primärschlüssel) und *KundenNr* in der neuen Tabelle *Bestellung* gruppiert. Das übernommene Fremdschlüsselfeld *KundenNr* sorgt für die Verbindung zwischen den Tabellen *Kunden* und *Bestellung*.

```
Bestellung(BestellNr, KundenNr, Bestelldatum)
```

6. Aufgrund dieser Analyse ergeben sich aus der Tabelle *Bestellung-2NF* (Bsp. 3, Abb 6) zwei Tabellen, die sich in der dritten Normalform befinden:

Bestellung-2NF

BestellNr	KundenNr	Name
1001	100	Mueller
1002	101	Schulz
1003	101	Schulz
1004	102	Meyer
1005	103	Beta Design
1006	104	Lange
1007	104	Lange

Tabellen in 3NF

Bestellung

BestellNr	KundenNr
1001	100
1002	101
1003	101
1004	102
1005	103
1006	104
1007	104

Kunden

KundenNr	Name
100	Mueller
101	Schulz
102	Meyer
103	Beta Design
104	Lange

Abb 7 *Die Tabellen Bestellung und Kunden in der 3.Normalform (3NF)*

1.4.5 Beispiel 5: Planung der Tabellen Adresse, Kunden und Adresstyp (Bildung 2NF und 3NF)

1. Der Kunde kann bei einer Onlinebestellung zwei verschiedene Adressen angeben. Um zu unterscheiden, um welche Art der Adresse (Liefer-, Rechnungsadresse) es sich handelt, wird die Tabelle *AdressTyp* verwendet.

```
AdressTyp(AdressID, Bezeichnung)
```

2. Wenn der Kunde zwei Adressen eingibt und ein Adresstyp (z.B. eine Rechnungsadresse) von mehreren Kunden benutzt wird, dann liegt zwischen den Tabellen *Kunden* und *AdressTyp* eine N:M-Beziehung vor. Um dieses Problem mit geringstmöglicher Datenredundanz zu lösen, wird die Beziehungstabelle *Adresse-2NF* eingefügt, die sich in der zweiten Normalform befindet.

```
Adresse-2NF(KundenNr, AdressID, Name, Vorname, Firma,
            Strasse, Plz, Ort, Landescode, Bestimmungsland)
```

3. Da die Rechnungs- und Lieferadresse nicht die Adresse des Kunden sein muss, kommen die Attribute wie z.B. *Name, Vorname* usw. in beiden Tabellen *Kunden* und *Adresse-2NF* vor. Wenn die Lieferadresse fehlt, wird die Rechnungsadresse auch als Lieferadresse angenommen. In die Tabelle *Adresse-2NF* werden die beiden Primärschlüssel der grundlegenden Tabellen *Kunden* und *AdressTyp* eingefügt, die nun den zusammengefassten Primärschlüssel bilden. Aus der Tabelle *Adresse-2NF* geht eindeutig hervor, welche Adressen ein Kunde eingibt bzw. von welchen Kunden ein Adresstyp benutzt wird.

4. Zwischen den Tabellen *Kunden* und *Adresse-2NF* gibt es eine 1:N-Beziehung, da zu einem Satz in der Tabelle *Kunden* eventuell zwei Sätze in *Adresse*-Tabelle gehören, die die betreffende Kundennummer enthalten. Zu jedem Satz in Adresse gehört jedoch genau ein Satz in Kunden, da darin jede Kundennummer nur einmal vorkommt. Das Gleiche gilt -bezogen auf die Adressarten- für die Beziehung zwischen den Tabellen *AdressTyp* und *Adresse-2NF*.

5. Sie erkennen leicht, dass die Tabelle *Adresse-2NF* bezüglich des Feldes *Bestimmungsland* eine gewisse Redundanz aufweist, die durch eine Zerlegung der Tabelle eliminiert werden kann. Hierzu können die Felder *Landescode* (als Primärschlüssel) und *Bestimmungsland* in eine weitere Tabelle mit dem Namen *Land* ausgelagert werden. Die Verknüpfung beider Tabellen erfolgt dann über den Fremdschlüssel *Landescode*. Aus der Tabel-

le *Adresse-2NF* ergeben sich folgende zwei Tabellen, die sich in der 3NF befinden:

```
Adresse(KundenNr, AdressID, Name, Vorname, Firma,
        Strasse, Plz, Ort, Landescode)
Land(Landescode, Bestimmungsland)
```

1.4.6 Beispiel 6: Planung der Tabellen Artikel, Status, Kategorie und Organisation (3. Normalform)

1. Betrachtet man die Struktur der Tabelle *Artikel-2NF*, so könnte hier ein Verstoß gegen die dritte Normalform vorliegen, weil einige Nichtschlüsselfelder von anderen Nichtschlüsselfeldern funktional abhängig sind.

```
Artikel-2NF(ArtikelNr, ISBN, Titel, Untertitel, Satuscode,
         Statusname, KategorieNr, Kategoriename,
         Verlagscode, Verlag, Strasse, Plz, Ort, Telefon,
         Telefax, eMail, URL, Artikelpreis, Bestand,
         Erscheinungstermin, Seitenanzahl, Beschreibung)
```

So ist das Nichtschlüsselfeld *Statusname* von dem Nichtschlüsselfeld *Statuscode* funktional abhängig und muss in eine neue Relation mit *Statuscode* als Primärschlüssel ausgegliedert werden. Der *Kategoriename* ist ebenfalls vom Nichtschlüsselfeld *KategorieNr* funktional abhängig und muss zusammen mit dem Feld *KategorieNr* als Primärschlüssel eine neue Tabelle bilden.

Analoge Überlegungen bzgl. der restlichen Nichtschlüsselfelder führen dazu, dass die Tabelle *Artikel-2NF* in die Tabellen *Artikel*, *Organisation*, *Status* und *Kategorie* aufgeteilt werden muss. Die einzelnen Tabellen haben den folgenden Aufbau:

```
Artikel(ArtikelNr, ISBN, Titel, Untertitel, Statuscode,
        KategorieNr, Verlagscode, Artikelpreis, Bestand,
        Erscheinungstermin, Seitenanzahl, Beschreibung)
Status(Statuscode, Statusname)
Kategorie(KategorieNr, Kategoriename)
Organisation(Verlagscode, Verlag, Strasse, Plz, Ort,
             Telefon, Telefax, eMail, URL)
```

2. Der *Statuscode* der Tabelle *Status*, die *KategorieNr* der Tabelle *Kategorie* und der *Verlagscode* der Tabelle *Organisation* sind Primärschlüsselfelder.

3. Die Felder *Statuscode*, *KategorieNr* und *Verlagscode* in der *Artikel*-Tabelle sind Fremdschlüsselfelder.

4. Die Beziehungen zwischen der Tabelle *Artikel* und den Tabellen *Kategorie*, *Status* und *Organisation* werden über diese Schlüsselfelder erreicht.
5. Durch die Zerlegung der Ausgangstabelle *Artikel-2NF* mit ihren Beispielwerten (Bsp. 3, Abb 6) ergeben sich folgende drei Tabellen:

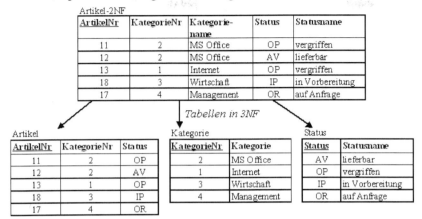

Abb 8 *Die Tabellen Artikel, Kategorie und Status in der 3.Normalform (3NF)*

1.5 Beziehungen zwischen Tabellen

Zwischen Datensätzen, die aufgrund der Normalisierung in verschiedenen Tabellen verteilt sind, kann es unterschiedliche Typen von Beziehungen geben. Bei relationalen Datenbanken sind drei Beziehungen möglich:

1. **1:1-Beziehung** (eins-zu-eins): Diese einfache Beziehung bedeutet, das zu jedem Datensatz der einen Tabelle genau ein zugehöriger Datensatz in der zweiten Tabelle existiert. Bei dieser Beziehung müssen beide Tabellen den gleichen Primärschlüssel besitzen, d.h. Feldname, Felddatentyp und die Feldgröße müssen identisch sein.
2. **1:N-Beziehung** (eins-zu-viel): Mit jedem Datensatz in der Mastertabelle (oder Primärschlüsseltabelle) stehen mehrere Datensätze in der Fremdschlüssel-Tabelle in Beziehung. Dieser Beziehungstyp wird häufig verwendet.
3. **N:M-Beziehung** (viel-zu-viel): In einer M:N-Beziehung können einem Datensatz einer Tabelle mehrere Datensätze aus einer zweiten Tabelle zugeordnet sein und gleichzeitig einem Datensatz der zweiten Tabelle auch mehrere Datensätze aus der ersten Tabelle zugeordnet sein.

Hinweis: Eine N:M-Beziehung kann nur durch eine Auflösung in zwei 1:N-Beziehungen implementiert werden.

Durch den Prozess der Normalisierung von der ersten bis zur dritten Normalform haben sich folgende zehn Tabellen ergeben, die alle miteinander in Beziehung stehen. Diese verknüpften Tabellen bilden das Datenbankmodell unserer Beispieldatenbank *Direktbestellung01*.

Die Beziehungen zwischen den Tabellen werden durch Linien dargestellt. An jeder Linie befinden sich die Kardinalitäten (1, unendlich), welche die Häufigkeit der Teilnahme einer Tabelle an einer Beziehung angeben. Die Tabellen auf der 1-Seite sind die Haupttabellen, auf denen sich die entsprechenden Primärschlüssel (fett gekennzeichnet) befinden. Die Tabellen, bei denen das unendliche Zeichen (für viel) steht, sind die abhängigen Tabellen mit den Fremdschlüsseln.

Hinweis: Bei der Erklärung der Beziehungen wird an Stelle des unendlichen Zeichens der Buchstabe N bzw. M verwendet.

N:M-Beziehungen, die beispielsweise zwischen *Kunden* und *AdressTyp* oder zwischen *Bestellung* und *Artikel* vorkommen, werden in zwei 1:N-Beziehungen aufgelöst und durch eine zusätzliche Beziehungstabelle (wie *Adresse* und *Bestellposition*) ersetzt.

Um Ihnen einen besseren Überblick über die Gesamtdatenbank zu verschaffen, werden hier die Tabellen und deren Beziehungen kurz geklärt.

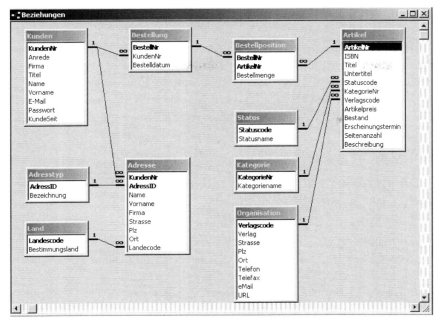

Abb 9 *Datenbankmodell des Online-Bestellsystems*

In der Tabelle *Kunden* werden alle Daten über die Kunden gespeichert. Diese Tabelle steht mit der Tabelle *Bestellung* in Beziehung, um die Kunden den Bestellungen, die sie aufgegeben haben, zuordnen zu können.

Da man wissen möchte, von welchem Kunden die Bestellung erstellt worden ist, werden die Bestellungen des Kunden in der Tabelle *Bestellung* gespeichert.

Um den Kunden gezielt die bestellten Bücher mit den Rechnungen zukommen zu lassen, werden die Kundenadressen (Rechnungsadresse und Lieferadresse) in der *Adresse*-Tabelle gespeichert. Falls die Lieferadresse fehlt, wird die Rechnungsadresse auch als Lieferadresse angenommen. Um zu differenzieren, an welche Adresse eine Bestellung geschickt wird, wird die Tabelle *AdressTyp* angelegt, die mit der Tabelle *Adresse* in Beziehung steht. Um das Land des jeweiligen Kunden schnell herausfinden zu können, wird die Tabelle *Adresse* mit der Tabelle *Land* verknüpft.

Sobald ein Kunde einen Artikel bestellt, wird eine entsprechende Bestellung erzeugt. Bestellungen werden einzeln mit Bestelldatum und Bestellnummer in der Tabelle *Bestellung* gespeichert. Jede Bestellung besteht aus einzelnen Bestellungspositionen (Tabelle *Bestellpositionen*), die sich aus Artikeln zusammensetzen. Diese Tabelle ist eine Bezugstabelle und wird einerseits mit der Tabelle *Bestellung* und andererseits mit der Tabelle *Artikel* verknüpft.

In der Artikeltabelle befinden sich die Artikelstammdaten. Da jedes Lehrmaterial nur von einem Verlag organisiert und entwickelt wird, steht die Tabelle *Artikel* mit der Tabelle *Organisation* in Beziehung. Die Tabelle *Organisation* enthält die Adressdaten des Verlags Stadtlupe. Jeder Artikel ist einer Artikelkategorie und einem Artikelstatus zugeordnet. Die verschiedenen Kategorien und Statuscodes werden in den Tabellen *Kategorie* und *Status* entsprechend gespeichert.

1.5.1 Beispiel 7: 1:N-Beziehungen zwischen zwei Tabellen

1. Der 1:N-Beziehungstyp wird am häufigsten verwendet und kommt in unserem Beispiel mehrmals vor. Die Beziehungen zwischen den Tabellen werden durch einen Fremdschlüssel hergestellt, der sich auf einen Primärschlüssel bezieht.
2. In einer 1:N-Beziehung befinden sich beispielsweise die Tabellen *Kunden* und *Bestellung*, die über das gemeinsame Feld *KundenNr* miteinander verbunden sind. Auf der Seite der Primärschlüssel-Tabelle *Kunden* (1) gibt es immer genau einen Datensatz, dem mehrere Datensätze aus der Fremdschlüssel-Tabelle *Bestellung* (N) zugeordnet sind.

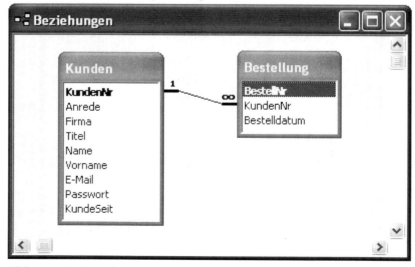

Abb 10 *1:M-Beziehung zwischen Kunden und Bestellung*

3. Die *KundenNr* stellt den Fremdschlüssel von der Tabelle *Bestellung* dar, da *KundenNr* Primärschlüssel von *Kunden-*Tabelle ist.
4. Der Primärschlüssel ermöglicht die eindeutige Identifikation eines Datensatzes in einer Tabelle. Primärschlüssel werden benutzt, um Tabellen miteinander zu verbinden. In unserem Beispiel ist das Feld *KundenNr* in der Tabelle *Kunden* ein Primärschlüsselfeld, von dem aus die *Kunden-*Tabelle mit der Tabelle *Bestellung* verknüpft ist. In der Tabelle *Bestellung* gibt es auch das Feld *KundenNr*, das hier als Fremdschlüsselfeld bezeichnet wird.
5. In unserem Beispiel existieren weitere 1:N-Beziehungen auch zwischen den Tabellen-Paaren (*Status, Artikel*), (*Kategorie, Artikel*) und (*Verlag, Artikel*).
6. In der Tabelle *Artikel* gibt es drei Fremdschlüssel: Den *Statuscode*, der Werte annehmen darf, die als Primärschlüsselwerte in der Tabelle *Status* vorliegen; die *KategorieNr*, die gleichzeitig Primärschlüssel von der Tabelle *Kategorie* ist; den *Verlagscode*, dessen Wert als Primärschlüssel-Ausprägung in der Tabelle *Organisation* existiert.
7. Weitere 1:N-Beziehungen sind zwischen den Tabellen *Kunden* und *Adresse* vorhanden sowie zwischen den Tabellen *AdressTyp*, *Land* und der Tabelle *Adresse*.

1.5.2 Beispiel 8: N:M-Beziehungen zwischen zwei Tabellen

1. Die N:M-Beziehung kann nicht direkt realisiert werden. Eine Lösung ist möglich, wenn diese komplexe Beziehung in zwei 1:N-Beziehungen aufgelöst wird.
2. In unserem Beispiel besteht eine N:M-Beziehung zwischen den Tabellen *Bestellung* und *Artikel*, die besagt, dass in einer Bestellung viele Artikel enthalten sein können und ein Artikel in verschiedenen Bestellungen auftauchen kann. Durch die Auflösung erhalten wir als Ergebnis die drei Tabellen *Bestellung*, *Artikel* und die Verknüpfungstabelle *Bestellposition*.

Datenbanken

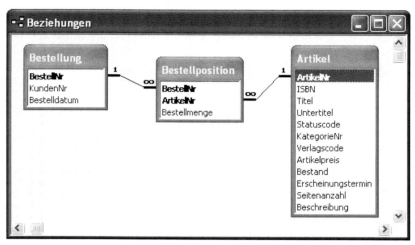

Abb 11 *N:M-Beziehung zwischen Bestellung und Artikel*

3. Die erste Beziehung wird vom Primärschlüssel *BestellNr* der Tabelle *Bestellung* (1) zum Fremdschlüssel *BestellNr* (N) der Verknüpfungstabelle *Bestellposition* eingerichtet.
4. Die zweite Beziehung wird vom Primärschlüssel *ArtikelNr* der Tabelle *Artikel* (1) zum Fremdschlüssel *ArtikelNr* (N) der Beziehungstabelle *Bestellposition* eingerichtet.
5. Somit stehen Bestellungen zu Artikel in einer N:M-Beziehung. In jedem Artikel kann jede Bestellung vorkommen und jeder Artikel kann in jeder Bestellung erscheinen. Die einzelnen Tabellen haben folgenden Aufbau:

```
Tabelle: Bestellung(BestellNr, KundenNr, Bestelldatum)
Bestellposition(BestellNr, ArtikelNr, Bestellmenge)
Artikel(ArtikelNr, ISBN, Titel, Untertitel, Statuscode,
        KategorieNr, Verlagscode, Artikelpreis, Bestand,
        Erscheinungstermin, Seitenanzahl, Beschreibung)
```

6. In der Tabelle *Bestellposition* gibt es zwei Fremdschlüssel, die gleichzeitig Bestandteil des aus zwei Attributen bestehenden Primärschlüssels (*BestellNr* und *ArtikelNr*) dieser Tabelle sind. Der Fremdschlüssel ist die *BestellNr*, dessen Werte mit den Primärschlüssel-Werten von der *Bestellung*-Tabelle übereinstimmen. Der zweite Fremdschlüssel *ArtikelNr* ist eine Referenz auf die *Artikel*-Tabelle und darf nur solche Werte annehmen, die als Primärschlüssel-Werte in Artikel vorhanden sind.
7. Eine zweite N:M-Beziehung liegt auch zwischen den Tabellen *Kunden* und *AdressTyp* vor, weil ein Kunde zwei Adressen eingeben kann und ein AdressTyp (z.B. eine Rechnungsadresse) von mehreren Kunden benutzt

wird. Die Beziehung wird durch die Beziehungstabelle *Adresse* ersetzt, wobei diese Tabelle von den Mastertabellen *Kunden* und *AdressTyp* abhängig ist. Die Struktur der einzelnen Tabellen sieht dann wie folgt aus:

```
Kunden(KundenNr, Anrede, Titel, Name, Vorname, eMail,
       Passwort, KundeSeit)
Adresse(KundenNr, AdressID, Name, Vorname, Firma,
        Strasse, Plz, Ort, Landescode)
AdressTyp(AdressID, Bezeichnung)
```

1.6 Beschreibung der Tabellen

Durch den Normalisierungsprozess sind in unserem Beispiel folgende zehn Tabellen entstanden: *Kunden, Adresse, AdressTyp, Land, Bestellung, Bestellposition, Artikel, Organisation, Status* und *Kategorie*.

Bevor in der Tabelle einer Datenbank Daten gespeichert werden können, muss dem Datenbanksystem die Struktur der Tabellen mitgeteilt werden. Die Tabellenstruktur enthält für jede Tabellenspalte einen Namen, den Datentyp und die Länge. Bei der Strukturdefinition ist darauf zu achten, ob die Daten numerisch, alphanumerisch oder Datumswerte sind, wie groß die Anzahl der zu reservierenden Speicherplätze ist und welche Felder als Primär- bzw. Fremdschlüsselfelder dienen. Die Bemerkung "erforderlich" deutet darauf hin, dass in diese Spalten unbedingt Werte eingefügt werden müssen. Bei Schlüsselspalten ist es üblich, dass in diesen Spalten Daten abgelegt werden müssen.

Tabelle Kunden

Die Tabelle *Kunden* enthält die persönlichen Daten eines Kunden. Der Kunde erhält zur eindeutigen Identifizierung eine Kundenummer und ein verschlüsseltes Passwort für den Kundenservicebereich. Zur Kontaktierung benötigen wir zudem die E-Mail-Adresse des Kunden. Beim Anlegen eines neuen Datensatzes ist i.d.R. jedes Feld auszufüllen. Im Fall von Titel ist dem nicht so, da nicht jeder Kunde einen akademischen Titel hat. Die Kundenattribute werden wie folgt in die *Kunden*-Tabelle integriert:

Feldname	Datentyp	Länge	Beschreibung; Bemerkung
KundenNr	Numerisch	4	Kundennummer (Primärschlüssel)
Anrede	Text	20	Anrede des Kunden (Herr, Frau)
Firma	Text	50	
Titel	Text	30	Titel des Kunden (Dr., Prof., Dipl. Ing.)
Name	Text	30	Nachname des Kunden; erforderlich
Vorname	Text	30	Vorname des Kunden
eMail	Text	50	E-Mail-Adresse des Kunden; erforderlich
Passwort	Text	8	Passwort des Kunden; erforderlich
KundeSeit	Datum		Erfassungsdatum des Kunden; erforderlich

Abb 12 *Tabelle Kundendaten*

Tabelle Adresse

Ein Kunde kann bei einer Onlinebestellung zwei verschiedene Adressen angeben, eine Rechnungsadresse und eine Lieferadresse. Falls die Lieferadresse fehlt, wird die Rechnungsadresse gleich als Lieferadresse verwendet. Da die *Adresse*-Tabelle von den Tabellen *Kunden* und *AdressTyp* abhängig ist, muss sie einen zusammengesetzten Primärschlüssel bestehend aus *KundenNr* und *AdressID* besitzen. In dieser Tabelle sind folgende Felder hinterlegt:

Feldname	Datentyp	Größe	Beschreibung; Bemerkung
KundenNr	Numerisch	4	Kundennummer (Teil des Primärschlüssels)
AdressID	Numerisch	4	Typ der Adresse (Teil des Primärschlüssels)
Name	Text	30	Name; erforderlich
Vorname	Text	30	Vorname; erforderlich
Firma	Text	30	Firma
Strasse	Text	30	Strasse; erforderlich
Plz	Text	10	Postleitzahl; erforderlich
Ort	Text	30	Ort; erforderlich
Landescode	Text	2	Länderkürzel; erforderlich

Abb 13 *Tabelle Adressdaten*

Tabelle AdressTyp

Um zu unterscheiden, um welche Art der Kundenadresse es sich handelt, existiert die Tabelle *AdressTyp*. Sie enthält eine Nummer zur eindeutigen Identifizierung der Adresse und eine Bezeichnung zum Adresstyp (Liefer-, Rechnungsadresse).

Feldname	Datentyp	Größe	Beschreibung; Bemerkung
AdressID	Numerisch	4	Identifikation der Adresse (Primärschlüssel)
Bezeichnung	Text	30	Art der Adresse (Rechnungs- oder Lieferadresse); erforderlich

Abb 14 *Tabelle AdressTyp-Daten*

Tabelle Land

Die Tabelle *Land* enthält ein Landeskürzel zur eindeutigen Identifizierung des Landes und den Namen des Landes.

Feldname	Datentyp	Größe	Beschreibung; Bemerkung
Landescode	Text	2	Landeskürzel (Primärschlüssel)
Bestimmungsland	Text	50	Name des Landes; erforderlich

Abb 15 *Tabelle Land-Daten*

Tabelle Bestellung

In der Tabelle *Bestellung* wird dem auftraggebenden Kunden eine Bestellnummer zugewiesen, sowie das Datum des Bestellzeitpunkts gespeichert. In dieser Tabelle dient die Bestellnummer als Primärschlüssel. Die Eigenschaften der Felder sehen somit wie folgt aus:

Feldname	Datentyp	Größe	Beschreibung; Bemerkung
BestellNr	Numerisch	4	Bestellnummer (Primärschlüssel)
KundenNr	Numerisch	4	Kundennummer des Auftraggebers
Bestelldatum	Datum		Datum der Bestellung; erforderlich

Abb 16 *Tabelle Bestellungsdaten*

Tabelle Bestellposition

Da zwischen den Tabellen *Bestellung* und *Artikel* eine N:M-Beziehung besteht, ist hier eine zusätzliche Tabelle erforderlich, welche die N:M-Beziehung in eine 1:M- und eine N:1-Beziehung auflöst. Dies geschieht in der Tabelle *Bestellposition*. In dieser Beziehungstabelle finden wir die Bestellnummer aus der Basistabelle *Kunde* sowie die Artikelnummer aus der Tabelle *Artikel* wieder, welche einen zusammengesetzten Primärschlüssel bilden. Hier wird auch die Anzahl der zu bestellenden Artikel festgesetzt. Dazu folgende Feldeigenschaften:

Feldname	Datentyp	Größe	Beschreibung; Bemerkung
BestellNr	Numerisch	4	Bestellnummer (Teil des Primärschlüssels)
ArtikelNr	Numerisch	4	Artikelnummer (Teil des Primärschlüssels)
Bestellmenge	Numerisch	4	Anzahl der bestellten Artikel; erforderlich

Abb 17 *Tabelle-Daten für die Bestellposition*

Tabelle Artikel

Die Tabelle *Artikel* enthält alle Daten, die zur Beschreibung eines Artikels (z.B. eines Buches oder Skriptes) erforderlich sind. In dieser Tabelle stellt das Feld *ArtikelNr* den Primärschlüssel dar. Des Weiteren werden die Felder *ISBN*-Code, *Titel*, *Untertitel*, *Artikelpreis*, *Bestand*, *Erscheinungstermin*, *Seitenanzahl* und *Beschreibung* benötigt. Die Kategorienummer (*KategorieNr*) einer Kategorie, den *Statuscode* eines Status und den *Verlagscode* sind hier ebenso wieder zu finden. Beim Anlegen eines neuen Artikeldatensatzes müssen i.d.R. alle Datenfelder ausgefüllt werden. Nicht so bei dem Untertitel, da nicht alle Artikel einen Untertitel haben. Die Attribute haben folgende Eigenschaften:

Feldname	Datentyp	Größe	Beschreibung; Bemerkung
ArtikelNr	Numerisch	4	Artikelnummer (Primärschlüssel)
ISBN	Text	17	ISBN bei Büchern; erforderlich
Titel	Text	64	Titel des Werkes; erforderlich
Untertitel	Text	64	Untertitel als Ergänzung des Titels
Statuscode	Text	2	Gibt den Lagerstatus des Artikels an; erforderlich
KategorieNr	Numerisch	4	Nummer der Kategorie zu der der Artikel gehört; erforderlich
Verlagscode	Text	10	Kürzel des Verlags; erforderlich
Artikelpreis	Numerisch	variabel	Preis des Artikels (mit 2 Nachkommastellen); erforderlich
Bestand	Numerisch	4	Artikelbestand; erforderlich
Erscheinungstermin	Datum		Erscheinungsdatum des Buches
Seitenanzahl	Numerisch	2	Anzahl der Seiten; erforderlich
Beschreibung	Text	2000	Beschreibung des Artikels

Abb 18 Tabelle Artikeldaten

Tabelle Organisation

In der Tabelle *Organisation* sind die Daten des Verlags hinterlegt. Der *Verlagscode* ist der Primärschlüssel.

Feldname	Datentyp	Größe	Beschreibung; Bemerkung
Verlagscode	Text	10	Kürzel des Verlags (Primärschlüssel)
Verlag	Text	50	Name des Verlags; erforderlich
Strasse	Text	30	Strasse; erforderlich
Plz	Text	10	Postleitzahl; erforderlich
Ort	Text	30	Ort des Verlags; erforderlich
Telefon	Text	20	Telefonnummer des Verlags; erforderlich
Telefax	Text	20	Fax-Nummer des Verlags; erforderlich
eMail	Text	50	E-Mail-Adresse; erforderlich
URL	Text	50	WWW-Adresse des Verlags; erforderlich

Abb 19 Tabelle Verlagsdaten

Tabelle Status

In der *Status*-Tabelle werden die verschiedenen Statusarten eines Artikels gespeichert. Die Tabelle enthält den zweistelligen Statuscode (z.b. AV, OP, IP und OR) zur eindeutigen Identifizierung des Status und den Statusnamen.

Feldname	Datentyp	Größe	Beschreibung; Bemerkung
Statuscode	Text	2	Statuscode (Primärschlüssel)
Statusname	Text	30	Name des Status (z.B. lieferbar, vergriffen, in Vorbereitung, auf Anfrage); erforderlich

Abb 20 Tabelle Statusdaten

Tabelle Kategorie

In der Tabelle *Kategorie* werden die verschiedenen Kategorien, zu denen die Artikel gehören, gespeichert. Jede Zeile dieser Tabelle enthält die Kategorienummer (z.B. 1, 2, 3, 4) zur eindeutigen Identifizierung der Kategorie und den Namen der Kategorie.

Feldname	Datentyp	Größe	Beschreibung; Bemerkung
KategorieNr	Numerisch	4	Kategorienummer (Primärschlüssel)
Kategoriename	Text	30	Name der Kategorie (z.B. Internet, MS-Office, Wirtschaft, Management); erforderlich

Abb 21 *Tabelle Kategoriedaten*
Hinweis: Die Tabellen sind jetzt in einer Weise definiert, dass sie in die Datenbank aufgenommen werden können.

1.7 Übungsaufgaben

Aufgabe 1: Planung einer neuen Datenbank Direktbestellung02
Aufgabe 2: Beziehungen in der Datenbank Direktbestellung02 festlegen

1.7.1 Aufgabe 1: Planung einer neuen Datenbank Direktbestellung02

1. Der Verlag Stadtlupe, der Lehrmaterial in begrenzter Menge entwickelt, möchte die Bestellungen von Büchern durch Kunden direkt über das Internet abwickeln. Dabei möchte er alle seine Daten mit Hilfe einer Datenbank leichter erfassen und verwalten. Die benötigten Daten sind folgende: *Bestellnummer, Kundennummer, Bestelldatum, Gesamtpreis, Bestellmenge, Buchnummer, Titel, Kategorienummer, Kategoriename, Kategoriebestand, Buchpreis, Bestand* und *Erscheinungstermin*.
2. Die Eigenschaften für diese Felder entnehmen Sie den bereits beschriebenen Tabellen für die Datenbank *Direktbestellung01* (vgl. Kap. 1.6 Beschreibung der Tabellen).
3. Planen Sie eine neue Datenbank *Direktbestellung02*, welche aus den Tabellen *Buch, Bestellung, Auftragsposition* und *Buchkategorie* bestehen soll. Diese Datenbank ist als eine Teilmenge der Datenbank *Direktbestellung01* anzusehen.
4. Ordnen Sie die angegebenen Daten (Felder oder Spaltenüberschriften) den entsprechenden Tabellen zu. Die Tabelle *Bestellung* könnte z.B. aus den Feldern *Bestellnummer, Kundennummer, Bestelldatum* und *Gesamtpreis* bestehen. Sie hat folgenden Aufbau:

```
Bestellung(Bestellnummer, Kundennummer, Bestelldatum,
           Gesamtpreis)
```

5. Welche Daten benötigen Sie für die restlichen Tabellen? (Bsp. 4, Bsp. 5)
6. Jede Tabelle soll unbedingt einen eigenen Primärschlüssel (wie z.B. *Bestellnummer*) haben. Dieser identifiziert jeden einzelnen Datensatz der Tabelle eindeutig und wird zur Verknüpfung mit anderen Tabellen verwendet. (Bsp. 6)
7. Kennzeichnen Sie (z.B. *kursiv*) die Felder, die in den Tabellen Primärschlüssel sind.
8. Speichern Sie die neue Datenbank unter dem Namen *Schema der Datenbank Direktbestellung02* ab.
9. Die Lösung dieser Aufgabe finden Sie unter *B.1 Lösung Aufgabe 1*.

1.7.2 Aufgabe 2: Beziehungen in der Datenbank Direktbestellung02 festlegen

1. Die Grundlage für die Entwicklung dieser Aufgabe bildet folgendes Anwendungsszenario: Kunden dürfen Bestellungen online aufgeben. Eine Bestellung besteht aus mehreren Auftragspositionen, die angeben, wie oft ein Buch gewünscht wird. Informationen über den Bestellauftrag, d.h. über das bestellende Buch und darüber, welches Buch bestellt wurde, müssen in die Tabelle *Auftragsposition* eingetragen werden. Hierbei ist *Buchnummer* der Fremdschlüssel aus der Tabelle *Buch* und *Bestellnummer* der Fremdschlüssel aus der Tabelle *Bestellung*.
2. In die Tabelle *Auftragsposition* werden die Primärschlüssel der grundlegenden Tabellen *Buch* und *Bestellung* eingefügt. Aus *Bestellung* geht hervor, welche Bücher eine Bestellung enthält bzw. von welchen Bestellungen ein Buch bezogen wird. Zu einem Satz in *Bestellung* gehören eventuell mehrere Sätze in *Auftragsposition*, welche die betreffende *Bestellnummer* enthalten. Zu jedem Datensatz in *Auftragsposition* gehört jedoch ein Satz in *Bestellung*, weil darin jede *Bestellnummer* nur einmal vorkommt. Analog ist auch die Beziehung zwischen *Buch* und *Auftragsposition* zu interpretieren.
3. Bücher werden in Kategorien aufgeführt. Mehrere Bücher können derselben Buchkategorie angehören. Da zu jedem Buch eine Buchkategorie gehört, wird die Kategorie mit ihrem Schlüssel in der *Buch*-Tabelle referenziert.
4. Welche Tabellen müssen miteinander verknüpft werden? Welche Felder werden zusätzlich in diesen Tabellen benötigt, um sie miteinander zu verknüpfen? (Bsp. 7)
5. In welchen Beziehungen stehen die Tabellen im endgültigen Datenbankmodell untereinander? (Bsp. 8)
6. Die Lösung dieser Aufgabe finden Sie unter *B.2 Lösung Aufgabe 2*.

1.8 Verständnisfragen

Frage 1: Welche Aussagen über Datenbanksysteme treffen zu? (2)

1. Eine Datenbank ist die Zusammenfassung von großen Datenmengen, die eine bestimmte Organisationsform haben und zentral gespeichert werden.
2. Auf die Datenbankdaten darf nur ein einziges Programm zugreifen.
3. Das Datenbankverwaltungssystem (DBVS) ist eine Software, die für die Verwaltung und Bearbeitung der Datenbankdaten verantwortlich ist.
4. Zur Definition und Manipulation einer Datenbank dient die Datendefinitionssprache (DDL).
5. Der Zugriff auf die Daten einer Datenbank erfolgt unabhängig vom DBMS.

Frage 2: Welche Aussagen über relationale Datenbanken treffen zu? (3)

1. Eine relationale Datenbank ist eine Zusammensetzung von redundanzfreien Daten, die in Tabellen organisiert sind. Die Tabellen stehen innerhalb der Datenbank in Beziehung zueinander (Relation).
2. SQL (Structured Query Language) ist eine deklarative Datenbanksprache zum Anlegen und Selektieren von Tabellen.
3. In PostgreSQL können neben Tabellen auch weitere Datenbankobjekte wie Funktionen und Trigger erstellt werden.
4. Das relationale Datenbanksystem kann im Prinzip nur eine Datenbank verwalten.
5. SQL ist eine universelle Datenbanksprache, die von jedem relationalen Datenbanksystem (auch von PostgreSQL) verstanden wird.

Frage 3: Welche Aufbauregeln bietet ein relationales Datenbanksystem für Tabellen? (3)

1. Jede Tabelle sollte einen Primärschlüssel enthalten, der jede Tabellenzeile eindeutig identifiziert. Der Primärschlüssel einer Tabelle kann aus einer oder mehreren Spalten bestehen und darf nicht Nullwerte besitzen.
2. Tabellen sollten berechnete Felder enthalten. Berechnete Felder sind Felder, deren Wert von existierten Daten in anderen Feldern einer Tabellenzeile berechnet werden kann.
3. Das mehrfache Vorhandensein identischer Daten ('sogenannte Redundanz') soll vermieden werden, weil dann Änderungen an mehreren Stellen angebracht werden müssen.
4. Es dürfen keine gleichen Spaltennamen innerhalb einer Tabelle existieren.

5. Redundante Daten verschwenden unnötigen Speicherplatz und haben bei Änderungen eines Eintrages an einem Platz kein Einfluß auf die Datenkonsistenz (d.h. zuverlässige Datenmenge).

***Frage 4:** Welche Aussagen über die Normalisierung von Tabellen treffen zu? (2)*

1. Tabellen mit übergreifenden Informationen werden so lange in kleinere Tabellen zerlegt, bis keine Doppelspeicherung von Daten mehr existiert.
2. Ziel der Normalisierung ist die Zerlegung sowie die mehrfache Speicherung (d.h. Redundanz) von Daten.
3. In der ersten Normalform werden die Daten so auf mehrere Tabellen verteilt, dass die zu einem Themenbereich gehörenden Daten immer in einer Tabelle stehen.
4. In der ersten Normalform sind alle Felder atomar, d.h. der Inhalt der Felder lässt sich nicht weiter zerlegen.
5. Die Daten in den Feldern sollen eindeutig und möglichst redundanzfrei sein. Für Felder, die logisch zusammengehören, müssen separate Tabellen angelegt werden. Um eine eindeutige Verbindung zwischen den Tabellen festlegen zu können, müssen beide Tabellen ein dafür gemeinsames Feld enthalten (2. Normalform).

***Frage 5:** Welche Aussagen über Beziehungen treffen zu? (3)*

1. Die Erstellung einer Beziehung zwischen zwei Tabellen erfolgt immer über zwei Schlüsselfelder, also über das Primärschlüsselfeld in der Mastertabelle und das Fremdschlüsselfeld in der Detailtabelle (oder abhängige Tabelle).
2. Die Feldnamen die an der Tabellenbeziehung beteiligten Schlüsselfelder müssen dieselben sein.
3. Die Schlüsselfelder, welche an einer Beziehung zwischen zwei Tabellen beteiligt sind, müssen dieselben Datentypen und Feldgrößen haben.
4. Eine unterschiedliche Feldgröße beim Primärschlüssel- und Fremdschlüsselfeld führt dazu, dass z.B. in einer Detailtabelle kein Datensatz angelegt werden kann, weil im Fremdschlüsselfeld ein Eintrag entsprechender Größe zur Referenzierung auf die Mastertabelle nicht möglich ist.
5. Die möglichen Beziehungen zwischen Tabellen sind folgende: 1:1, 2:4; 1:N, 2:M, N:M.

2 Datenbank anlegen

Aus dem relationalen Datenmodell soll mit Hilfe von SQL (Structured Query Language) eine Datenbank aufgebaut werden. SQL ist eine standardisierte Sprache für die Definition und Manipulation von relationalen Datenbanken, die auch prozedurale Elemente (wie Schleifen, Prozeduren, Trigger, etc.) besitzt. SQL umfasst drei Typen von Sprachen:

1. Data Definition Language (DDL): Sie enthält Anweisungen (wie CREATE, ALTER und DROP), welche der Definition und Verwaltung von Datenbankobjekten dienen. Zu den Datenbankobjekten gehören u.a. Tabellen, Views, Indexe, Funktionen und Trigger.
2. Data Manipulation Language (DML): In ihr befinden sich Anweisungen (wie SELECT, INSERT, DELETE und UPDATE) zur Bearbeitung der Datenbankobjekte.
3. Data Control Language (DCL): Sie enthält Anweisungen (wie GRANT und REVOKE) für die Verwaltung der Benutzer und Überprüfung von Zugriffsberechtigungen.

Die im vorhergehenden Kapitel beschriebenen Tabellen müssen Sie jetzt anlegen. Sie können die Tabellen im Abfrage-Editorfenster des PostgreSQL-Programms *PgAdmin* direkt über DDL-Anweisungen erstellen. Die erforderlichen Datensätze für die Tabellen finden Sie im Anhang.

Datenbank anlegen

2.1 Planung einer Datenbank

Der Verlag "Stadtlupe" hat sich die letzten Jahre schnell entwickelt und die Geschäftsleitung plant daher auf eine direkte Bestellung von Büchern überzugehen. Damit die gestiegenen Anforderungen auch in Zukunft gut gemeistert werden können, muss der elektronische Prozess von Bücherbestellung bei den Kunden durch eine neue Datenbank unterstützt werden. Die neue Datenbank soll alle Kunden mit den von ihnen bestellten bzw. gekauften Artikeln enthalten.

Ein Datenbankschema, das die beschriebene Aufgabestellung löst, können Sie im Anhang nachschlagen.

2.1.1 Beispiel 9: Das Anwendungsbeispiel - die Datenbank für die Online-Bestellung

1. Die Geschäftsführung des Verlags möchte den Verkauf von Büchern durch den Einsatz einer neuen Datenbank effektiver gestalten. Hauptziel des Verlags ist, dass die Bestellung von Büchern durch Kunden online abgewickelt werden soll.
2. Die Kunden -Studenten oder Firmen- wählen die gewünschten Bücher aus dem Katalog des Verlags aus und bestellen sie online. Es ist daher sinnvoll, zunächst die Kundenstammdaten (wie Namen, Adressen, usw.) in der Datenbank zu verwalten. Der Kunde kann bei einer Onlinebestellung zwei verschiedene Adressen, eine Rechnungsadresse und eine Lieferadresse, angeben. Falls die Lieferadresse fehlt, wird die Rechnungsadresse standardmäßig verwendet.
3. Damit der Bestellvorgang unterstützt werden kann, werden alle Daten zur Beschreibung des Artikels in der Datenbank abgelegt. Zum Artikel werden die Kategorienummer einer Kategorie, der Statuscode eines Status, der Preis, das Verlagskürzel und anderes mehr gespeichert. Artikel sind durch eine Artikelnummer gekennzeichnet.
4. Wichtig für den Verlag ist auch die Verwaltung der eingehenden Bestellaufträge, die auch erfasst und kontrolliert werden müssen. Zu den Aufträgen muss die Kundennummer des Auftraggebers und das Auftragsdatum und anderes mehr erfasst werden können.
5. Um aus der großen Anzahl von Fachbüchern schnell die gewünschte Gruppe herauszufinden, werden die gespeicherten Bücher jeweils einer Kategorie bzw. einem Fachgebiet zugeordnet.
6. Der Verlag, der gleichzeitig der Lieferant ist, versendet die bestellten Bücher und die Rechnung an den Kunden.

2.1.2 PostgreSQL - Werkzeuge

Zur Kommunikation mit dem Datenbankserver bietet PostgreSQL zwei Möglichkeiten an, die Textkonsole *psql* und die Benutzerschnittstelle *PgAdmin*. Mit *psql* erfolgt die Verbindung mit dem Server über *Start -> Programme -> PostgreSQL 9.0 -> SQL Shell (psql)*.

PgAdmin III ist ein freies Entwicklungs- und Verwaltungssystem für PostgreSQL-Datenbanken. Das Programm PgAdmin III enthält eine grafische Verwaltungsoberfläche, ein SQL-Query-Werkzeug, einen SQL-Editor für prozeduralen Code und weitere Werkzeuge, mit denen der Datenbankbenutzer seine Entwicklungs- und Verwaltungsaufgaben auf einfache Weise erledigen kann. Somit können Sie vom Kodieren einfacher SQL-Abfragen bis hin zur Entwicklung von komplexen Funktionen und Datenbanken unterstützt werden.

Hinweis: Sie können das Installationspaket von *www.postgres.org* herunterladen. Es steht u.a. für die Betriebssysteme Windows und Linux zur Verfügung und braucht zum Herunterladen einen Speicherbereich von ca. 35 MB. In diesem Paket ist u.a. das wichtige Verwaltungswerkzeug PgAdmin III enthalten.

Da PgAdmin eine der größten Stärken von PostgreSQL ist, möchten wir Ihnen hier einen Überblick über die Werkzeuge dieser grafischen Benutzeroberfläche geben.

Starten Sie das Programm PgAdmin III über *Start -> Programme -> PostgreSQL 9.0 -> pgAdmin III*.

Sie können mit einem Doppelklick auf den PostgreSQL-Datenbankserver die Verbindung zum Server aufbauen. Es erscheint das Hauptfenster von PgAdmin III, welches aus drei Bereichen besteht und die Struktur der Datenbank und alle Details der Objekte in ihr zeigt.

Die linke Seite des Hauptfensters, mit dem Titel Objektbrowser, zeigt die Hierarchiestruktur des Servers mit allen seinen Datenbankobjekten. In diesem Ojektbaum können Sie ansehen, welche Datenbanken, Tablespaces, Nutzergruppen und Nutzerrollen Ihr Server verwaltet. Sie haben noch die Möglichkeit neue Datenbanken, Tablespaces, Nutzer oder Gruppen anzulegen und vorhandene Tabellen, Funktionen und Trigger anzusehen oder anzulegen. In dieser hierarchischen Serverstruktur haben Sie vor allem das wichtige Objekt *Datenbanken* im Zugriff. Hier befinden sich neben den benutzerdefinierten Datenbanken auch Systemdatenbanken (wie z.B. postgres) im eigenen Ordner. Über die einzelnen Datenbanken erreichen Sie weitere Objekte wie Kataloge, Schemata und Replikationen.

Datenbank anlegen

Die *Kataloge* enthalten das Informationsschema und alle Systemkataloge von PostgreSQL. Im Ordner *Schemata* befinden sich die wichtigsten Datenbankobjekte, wie Tabellen, Funktionen, Triggerfunktionen und Sichten, die vom Datenbankbenutzer häufig verwendet werden.

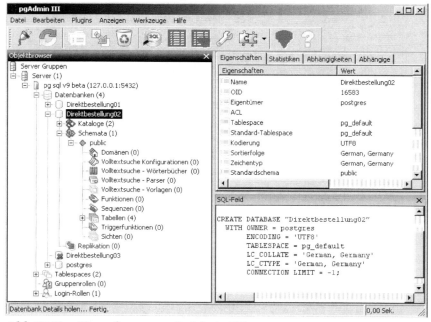

Abb 22 *Das Hauptfenster von PgAdmin III*

Die obere rechte Seite zeigt Details, wie z.B. Eigentümer, Objektidentifikator (OID), Kodierung, usw., einer ausgewählten Objektkategorie in der Objekthierarchie. Es gibt Objekte, die neben ihren Eigenschaften Statistiken und Abhängigkeiten haben.

Der untere rechte Teilbereich, das SQL-Feld, enthält ein SQL-Skript. Sie können das hier definierte SQL-Statement "CREATE ..." zu einem beliebigen Editor kopieren oder auf eine Datei mit "Speichern unter ..." aus dem Datei-Menü speichern oder als Vorlage für weitere SQL-Befehle verwenden.

Die Statuszeile unten zeigt einige Systeminformationen sowie die Ausführungszeit der aktuellen Aktion an.

PgAdmin hat sich als sehr komfortables Tool für den Umgang mit dem Datenbankserver von PostgreSQL herausgestellt. Sie können die meisten Aufgaben ausführen, indem Sie auf der linken Seite durch die Objekthierarchie navigieren und für das entsprechende Datenbankobjekt (mit der rechten Maustaste) ein Kontextmenü öffnen.

Neben den standardmäßig eingeblendeten Fenstern, können Sie nach Auswahl einer Objektkategorie weitere PostgreSQL-Werkzeuge starten. Einige Werkzeuge, welche vom Datenbankbenutzer oft verwendet werden, werden nachfolgend geklärt.

Einen neuen Datenbankserver einfügen

Der Datenbankserver ist i.d.R. eine laufende Datenbankmaschine auf einem Hostrechner. Wenn Sie mit mehreren Servern arbeiten möchten, müssen Sie diese über den Menübefehl *Datei -> Server hinzufügen* einfügen.

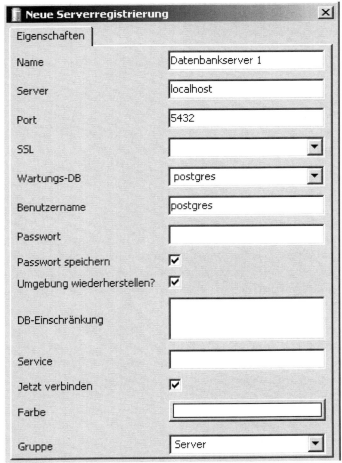

Abb 23 *Neue Serverregistrierung*
Sie können die Adresse *localhost* verwenden, wenn Ihr Datenbankserver auf dem gleichen Rechner wie PgAdmin läuft. Für weitere Server ist der Port

Datenbank anlegen

5432 erforderlich. Somit können alle Lokal-Anfragen auf diesen Port durch eine (verschlüsselte) SSL-Verbindung weitergeleitet werden.

Einen neuen Benutzer anlegen

Benutzer gelten global für einen Hostrechner. Sie möchten nun mit Hilfe von PgAdmin einen neuen Benutzer anlegen, den Sie später als Eigentümer für eine zu erstellende Datenbank verwenden. Wählen Sie im linken Hierarchiebaum den Ordner *Login-Rollen* aus und legen Sie einen neuen Benutzer (z.B. neuer_user) an.

Abb 24 *Neuer Benutzer*
Die Liste aller Benutzer wird auf dem Datenbankserver zu Grunde gelegt. Der Benutzer steht in Verbindung mit dem Datenbankserver und kann weitere Rechte besitzen, d.h. er kann eine neue Datenbank (mit CREATEDB) sowie einen neuen Benutzer (mit CREATEUSER) anlegen.

Eine neue Datenbank anlegen

Eine neue Datenbank wird in einem Tablespace angelegt. PostgreSQL hat zwei Tablespaces mit den Namen *pg_default* und *pg_global*. Die Datenbank wird in dem Tablespace pg_default angelegt. In pg_global sind weitere Datenbankobjekte (wie z.B. Funktionen) anzulegen, auf die mehrere Datenbankbenutzer zugreifen. Um eine neue Datenbank anzulegen, verwenden Sie eine der folgenden Varianten:

- Markieren Sie den Ordner *Datenbanken* im linken Objektbaum und wählen Sie im Kontextmenü den Befehl *Neue Datenbank...* aus.
- Klicken Sie den Ordner *Datenbanken* an und wählen Sie im Menü *Bearbeiten* den Befehl *Neues Objekt -> Neue Datenbank ...* aus.

Im geöffneten Dialogfenster tragen Sie den Namen für die neue Datenbank ein (z.B. neue_db).

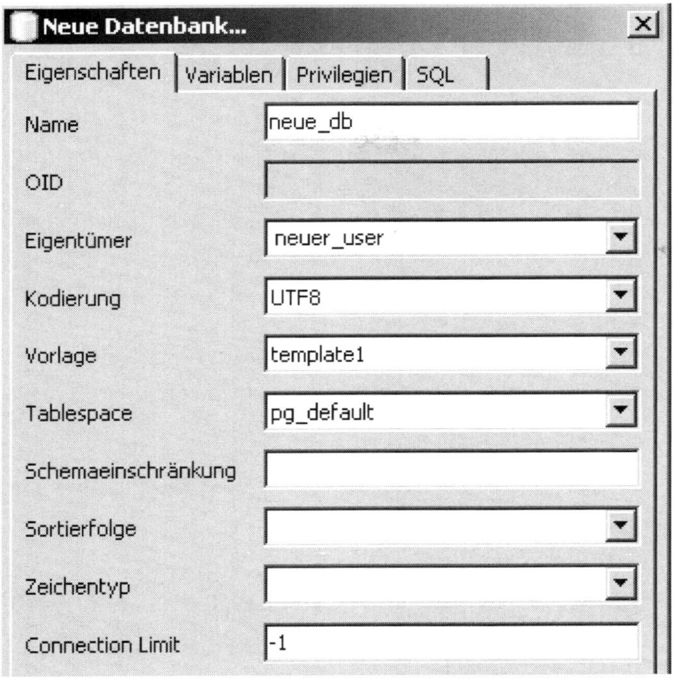

Abb 25 *Neue Datenbank*

Der Eigentümer (owner) ist in der Regel der aktuelle Benutzer, der die neue Datenbank angelegt hat und der mit der Datenbankmaschine in Verbindung war. Eine existierende Datenbank beruht auf einer Vorlage (*Template*). PostgreSQL verwendet die Systemdatenbank *Template1* als Vorlage. Hier wird die Programmiersprache PL/pgSQL installiert, die der Benutzer zur Erstellung von benutzerdefinierten Funktionen verwenden möchte. Alle Datenbanken dieser Vorlage verfügen dann über diese prozedurale Datenbanksprache.

Ein Schema anlegen

Ein Schema ist ein Verzeichnis, welches eine Menge von benannten Objekten, wie Funktionen, Sequenzen, Tabellen, Triggerfunktionen und Sichten enthält. Eine Datenbank kann mehrere Schemata umfassen, die es ermöglichen, dass mehrere Benutzer auf einer Datenbank Datenbankobjekte haben, welche voneinander abgegrenzt sind. So können viele Benutzer eine Datenbank verwenden, ohne dass sie sich gegenseitig stören. Man kann Datenbankobjekte logisch gruppieren, um sie besser organisieren zu können.

Um ein neues Schema zu erstellen, markieren Sie eine Datenbank und über das Menü *Bearbeiten* oder aus dem Kontextmenü wählen Sie *Neues Objekt -> Neues Schema...* aus.

Sie haben noch die Möglichkeit, eine Datenbank mit einem Doppelklick zu öffnen, den Unterordner *Schemata* zu markieren und analog wie vorher ein neues Schema anzulegen. Tragen Sie dann in die erste Zeile den Namen des neuen Schemas ein. Den Namen des dafür zuständigen Benutzers können Sie entweder aus der Eigentümer-Liste auswählen oder manuell in die Eigentümer-Zeile eintragen. Das neue Schema wird dann unter seinem Namen dem ausgewählten Ordner *Schemata* zugeordnet.

In PostgreSQL steht das Schema *public* zur Verfügung, auf welches alle Datenbankbenutzer zugreifen, die ein entsprechendes Zugriffsrecht dazu besitzen. Zugriffsrechte für ein Schema können mit Hilfe des Registers *Privilegien* festgelegt werden.

Sie haben die Alternative ein neues Schema über den SQL-Befehl *CREATE SCHEMA Name* anzulegen. Über den Namen können Sie dann auf jedes Element des Schemas zugreifen.

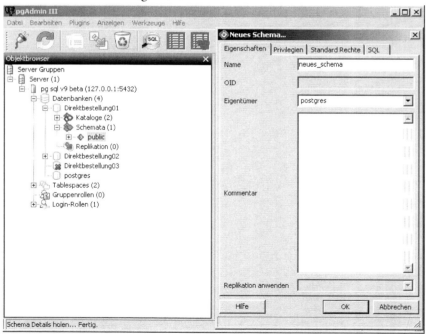

Abb 26 *Neues Schema*

Abfrage-Werkzeug (Query Tool)

Eine der wichtigsten Komponenten von PdAdmin ist der Abfrage-Editor, von dem aus die SQL-Befehle an den Server gesendet werden. Um ein Abfrage-Editorfenster zu öffnen, klicken Sie eine Datenbank im linken Objektbaum an und

- wählen Sie im Kontextmenü den Befehl CREATE Script oder
- wählen Sie im Menü *Werkzeuge* den Befehl *Abfragewerkzeug* oder
- drücken Sie die SQL-Schaltfläche *Beliebige SQL-Abfragen ausführen* in der Symbolleiste.

In der oberen Hälfte des Query-Fensters können Sie beliebige SQL-Befehle kodieren und ausführen. Die SQL-Statements können kopiert und in weiteren Abfragen verwendet oder in Dateien mit der Dateikennung *sql* abgespeichert werden. Das Ausgabefeld in der unteren Hälfte zeigt das Ergebnis der ausgeführten SQL-Anweisung an. In der Kopfzeile des Rasters befinden sich die Namen jeder Spalte zusammen mit dem Datentyp und der definierten Spaltengröße. Das Register 'Meldungen' enthält Informationen über die Anzahl der ausgeführten Tabellenzeilen und die Gesamtlaufzeit des SQL-Statements in Millisekunden (ms).

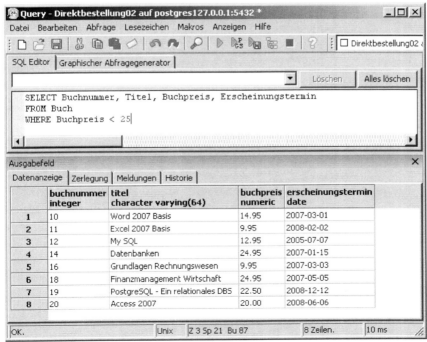

Abb 27 Das Fenster des Abfrage-Editors

Datenbank anlegen

Um eine Abfrage auszuführen
- betätigen Sie die Funktionstaste F5 oder
- drücken Sie die Schaltfläche *Abfrage ausführen* in der Symbolleiste oder
- wählen Sie aus dem Menü *Abfrage* die Funktion *Ausführen*.

Wenn sich im oberen Teil des Query-Fensters mehrere SQL-Statements befinden, markieren Sie ein bestimmtes SQL-Statement, welches ausgeführt werden soll.

Edit Data

Mit Hilfe des Werkzeugs *Edit Data* können Sie die Daten einer vorhandenen Tabelle anzeigen und ihren Inhalt bearbeiten. Wählen Sie die gewünschte Tabelle über *Datenbank -> Schemata -> Public -> Tabellen -> Buch*. Mit einem Rechtsklick auf die *Buch*-Tabelle wählen Sie aus dem geöffneten Kontextmenü die Funktion 'Daten anzeigen'. Folgendes Bild wird angezeigt.

	buchnummer [PK] integer	titel character varying(64)	kategorienummer integer	buchpreis numeric	bestand integer	erscheinungstermin date
1	10	Word 2007 Basis	1	14.95	30	2007-03-01
2	11	Excel 2007 Basis	1	9.95	35	2008-02-02
3	12	My SQL	3	12.95	20	2005-07-07
4	13	Rechnungswesen	3	57.60	50	2007-03-03
5	14	Datenbanken	1	24.95	60	2007-01-15
6	15	Personalmanagement	4	67.60	85	2008-02-02
7	16	Grundlagen Rechnungswesen	3	9.95	15	2007-03-03
8	17	Datenbanken und SQL-Standard	1	26.50	8	2008-01-05
9	18	Finanzmanagement Wirtschaft	3	24.95	20	2007-05-05
10	19	PostgreSQL - Ein relationales DBS	4	22.50	200	2008-12-12
11	20	Access 2007	2	20.00	65	2008-06-06
*						

Abb 28 Edit Data

Die Kopfzeile des Rasters enthält die Tabellenspalten mit den Datentypen, wobei die Primärschlüsselspalten zusätzlich durch die Abkürzung PK (Primary Key) gekennzeichnet sind. Um eine neue Zeile in die Tabelle zu schreiben, geben Sie die Daten in der letzten Zeile mit dem Sternchen ein. Für NULL-Spalten lassen Sie das Feld leer. Möchten Sie den Inhalt eines Feldes ändern, markieren Sie es und geben Sie den neuen Wert ein.

2.1.3 Beispiel 10: Eine neue Datenbank anlegen

1. Nach dem Abschluss der Planung müssen Sie eine neue Datenbank anlegen, bevor Sie mit dem Anlegen der Tabellen beginnen können.
2. Starten Sie nun das PostgreSQL-Programm.
   Hinweis: Voraussetzung für das Arbeiten unter PostgreSQL ist eine erfolgreiche Installation dieser Software. Wurde die Installation durchgeführt, haben Sie dann einen Datenbankserver, der eine Datenbankinstanz lokal verwaltet.
3. Klicken Sie auf pgAdmin III - PostgreSQL Werkzeuge.
4. Es öffnet sich das Hauptfenster von PgAdmin III. Sie können nun ansehen, welche Datenbanken, Nutzer und Nutzergruppen Ihr Server verwaltet. Sie haben die Möglichkeit neue Datenbanken, neue Tabellen, Nutzer oder Gruppen anzulegen.
   In diesem Einstiegsfenster befindet sich der Datenbankserver von PostgreSQL, den Sie mit einem Doppelklick öffnen können.

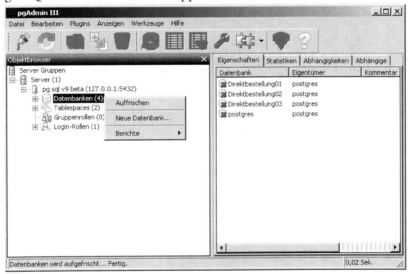

Abb 29 *Hauptfenster des grafischen PostgreSQL-Tools PgAdmin III*

5. In dem angezeigten Objektbaum sind die Ordner Datenbanken, Tablespaces, Gruppenrollen und Login-Rollen enthalten.
   Hinweis: Sie können die meisten Aufgaben ausführen, indem Sie auf der linken Seite durch den Objektbaum navigieren und für das entsprechende Objekt ein Kontextmenü öffnen.
6. Markieren Sie den Ordner Datenbanken, und wählen Sie im Kontextmenü mit der rechten Maustaste den Befehl Neue Datenbank... aus.

Datenbank anlegen

7. Im Dialog Neue Datenbank tragen Sie *Direktbestellung01* als Namen für die neue Datenbank ein.

Abb 30 *Die Datenabank Direktbestellung01 anlegen*

8. Wenn Sie möchten, können Sie einen Benutzer als Besitzer für die Datenbank angeben. Tun Sie das nicht und übernehmen Sie den Eintrag <postgres>, wird beim Anlegen *postgres* als Datenbankbesitzer übernommen.
9. Legen Sie die Datenbank an, indem Sie Ihre Eingaben mit der Schaltfläche OK abschließen.
10. Nach dem Erstellen der Datenbank erscheint das Datenbankfenster mit dem Titel Objektbrowser.
11. Die neue Datenbank wird dem Ordner für Datenbanken zugeordnet.

2.2 Tabellen der Beispieldatenbank erstellen

In einem relationalen Datenbanksystem werden die Daten in Tabellen gespeichert, wenn sie vorher definiert wurden. Zur Definition von Tabellen wird der SQL-Befehl CREATE TABLE verwendet. Jede Tabelle in einer Datenbank muss einen eindeutigen Namen haben. Die Tabellenstruktur wird durch eindeutig benannte Spalten beschrieben, die einen Datentyp und eine Längenangabe besitzen. Die Datentypen spezifizieren die Art der Speicherung von Daten in einer Spalte. In PostgreSQL werden oft Datentypen wie Integer (für ganze Zahlen), Numeric (für Zahlen mit Nachkommastellen), Text (für Zeichenketten), Date (für Datumsangaben), Time (für Zeitangaben) und Timestamp (Zusammenfassung von Date und Time) eingesetzt. Welche weitere Datentypen in PostgreSQL verfügbar sind, wird im nächsten Abschnitt beschrieben.

In den folgenden Beispielen werden exemplarisch die Tabellen *Kunden* und *Bestellung* eingerichtet, wobei die Tabelle *Bestellung* von der *Kunden*-Tabelle abhängig ist. Sie lernen dabei, wie man Feldnamen, Datentypen und Feldgrößen festlegt, und die Primärschlüssel sowie die Fremdschlüssel bestimmt.

Hinweis: Alle Tabellen der Beispieldatenbank sowie die Datensätze, mit denen die Tabellen gefüllt sind, befinden sich im Anhang.

2.2.1 Beispiel 11: Tabelle Kunden erzeugen

1. Sie möchten in der neu angelegten Datenbank *Direktbestellung01* eine Tabelle zur Verwaltung der Artikeldaten erstellen.
2. Starten Sie nun das PostgreSQL-Programm.
3. Klicken Sie auf pgAdmin III - PostgreSQL Werkzeuge.
4. Es öffnet sich das erste Menü mit dem gleichnamigen Titel. Hier befindet sich der Datenbankserver von PostgreSQL, den Sie mit einem Doppelklick öffnen können. Im geöffneten Kontextmenü starten Sie mit einem Doppelklick den Ordner Datenbanken. Diesem Ordner werden alle eingerichteten Datenbanken zugeordnet. Markieren Sie die neu angelegte Datenbank *Direktbestellung01*.
5. Öffnen Sie mit der rechten Maustaste die Datenbank und wählen Sie aus dem geöffneten Kontextmenü die Funktion CREATE Script. Es öffnet sich dann das Query-Programm, mit dem Sie Ihre SQL-Befehle kodieren können.
6. Hier sehen Sie den Namen der angelegten Datenbank *Direktbestellung01* und den Eigentümer der Datenbank. Sie können ein neues Fenster öffnen, in dem Sie jeden SQL-Befehl kodieren können.

Datenbank anlegen

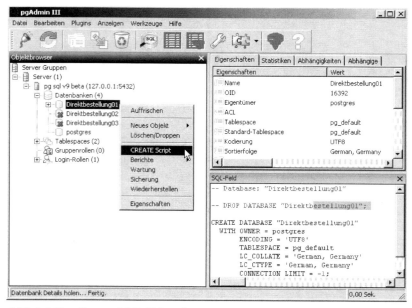

Abb 31 Das PostgreSQL-Editorfenster

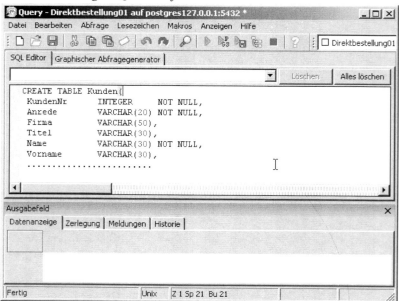

Abb 32 SQL-Befehl im PostgreSQL-Editorfenster erfassen

7. Eine Tabelle in der Datenbank wird mit dem Befehl CREATE TABLE erzeugt. Hinter dem Tabellennamen sind in Klammern die Spaltenna-

men jeweils mit dem Datentyp zu definieren. Die einzelnen Spaltenbeschreibungen werden durch Kommata getrennt.

8. Sie können in der Datenbank *Direktbestellung01* die Tabelle *Kunden* mit folgendem SQL-Befehl erstellen.

```
CREATE TABLE Kunden(
    KundenNr        INTEGER         NOT NULL,
    Anrede          VARCHAR(20)     NOT NULL,
    Firma           VARCHAR(50),
    Titel           VARCHAR(30),
    Name            VARCHAR(30)     NOT NULL,
    Vorname         VARCHAR(30),
    eMail           VARCHAR(50)     NOT NULL,
    Passwort        VARCHAR(8)      NOT NULL,
    KundeSeit       DATE            NOT NULL,
    CONSTRAINT PK_Kunden PRIMARY KEY (KundenNr));
```

9. Die Spalte *KundenNr* hat den Datentyp INTEGER; es handelt sich hierbei um eine Ganzzahlvariable mit einer Länge von 4 Bytes.
10. Der Datentyp VARCHAR(20) beschreibt eine Zeichenkette variabler Länge mit maximal 20 Zeichen. Hier werden nur die Zeichen gespeichert, die z.B. die Spalte *Anrede* tatsächlich hat. In dieser Tabelle kommt als weiterer Datentyp DATE für Datumsangaben hinzu.
11. Die Kennzeichnung NOT NULL legt eine zwingende Dateneingabe für die Spalte fest. In diesem Beispiel muss jeder Kunde eine Anrede, einen Namen, eine Email-Adresse, ein Passwort und ein Eintrittsdatum haben.
12. Das Tabellenfeld *KundenNr* ist der Primärschlüssel und wird durch die PRIMARY KEY-Klausel festgelegt. Der Name dieses so genannten Constraint ist PK_Kunden und hat keine Bedeutung für die Schlüsseldefinition an sich, sondern ist die Kennzeichnung des Primärschlüssels im Data Dictionary. Im Data Dictionary verwaltet das relationale Datenbanksystem seine Metadaten, d.h. Daten über Tabellen, Indexe, Schlüssel, Spalten usw., in Tabellen. Die Beschreibung der Tabellen und deren Spalten wird in einer Reihe von Systemtabellen festgehalten.
13. Führen Sie nun die CREATE-Anweisung aus. Die Ausführung eines SQL-Statements erfolgt direkt über die Funktionstaste *F5* oder über das Menü *Abfrage* und *Ausführen*. Beim Anlegen einer Tabelle wird für den definierten Primärschlüssel ein Index automatisch erstellt. Der Primärindex hat u.a. die Aufgabe bei großen Datenmengen die Ausführung von Abfragen zu beschleunigen.

Datenbank anlegen

14. Das Ergebnis einer korrekten Ausführung bestätigen folgende Meldungen, welche im Ausgabefeld der unteren Hälfte angezeigt werden:
    `NOTICE: CREATE TABLE / PRIMARY KEY` *will create implicit index "pk_kunden" for table "kunden".*
    Abfrage war erfolgreich nach 31 ms. Keine Zeilen geliefert.
15. *Hinweis*: Es ist zu beachten, dass nach der Ausführung der CREATE TABLE-Anweisung nur die Struktur einer Tabelle angelegt wird, die noch keine Daten enthält. Das Ausfüllen der Tabelle mit Daten erfolgt mit dem INSERT-Befehl (s. Anhang), der nach CREATE ausgeführt werden muss.

2.2.2 Beispiel 12: Die abhängige Tabelle Bestellung erzeugen

1. Sie möchten in der geöffneten Datenbank *Direktbestellung01* eine neue Tabelle zur Verwaltung der Bestelldaten erstellen.
2. Sie können entweder im aktuellen Fenster oder in einem neuen mit CREATE TABLE die Tabelle *Bestellung* erzeugen.

```
CREATE TABLE Bestellung(
    BestellNr      INTEGER NOT NULL,
    KundenNr       INTEGER NOT NULL,
    Bestelldatum   TIMESTAMP NOT NULL,
    CONSTRAINT PK_Bestellung PRIMARY KEY (BestellNr),
    CONSTRAINT FK_Ku_Be FOREIGN KEY(KundenNr)
                  REFERENCES Kunden(KundenNr));
```

3. Das Tabellenfeld *BestellNr* ist der Primärschlüssel, der durch die PRIMARY KEY-Klausel festgelegt wird. Danach wird das Primärschlüsselfeld in Klammern angegeben.
4. In der Tabelle *Bestellung* kommt als weiterer Datentyp TIMESTAMP für Datums- und Zeitangaben hinzu.
5. Des Weiteren wird ein Fremdschlüssel *KundenNr* auf die Tabelle *Kunden* definiert. Die Deklaration des Fremdschlüssels erfolgt mit der FOREIGN KEY-Klausel, gefolgt in Klammern von der Angabe des Attributs (*KundenNr*), welches den Fremdschlüssel darstellt. Danach ist die Tabelle mit dem Primärschlüssel anzugeben, auf den sich der Fremdschlüssel bezieht. Diese Referenzierung erfolgt über das Schlüsselwort REFERENCES gefolgt von der Primärschlüsseltabelle (*Kunden*) und dem Attribut (*KundenNr*).

2.3 Datentypen

Über den Felddatentyp legen Sie fest, welche Daten in einem Tabellenfeld gespeichert werden sollen. Die Verwendung eines Datentyps bestimmt, ob in eine Tabellenspalte Zahlen, Zeichenketten oder Datumswerte aufgenommen werden sollen. Neben der Angabe des Datentyps erwartet PostgreSQL beim Anlegen neuer Felder eine genaue Angabe über die Feldgröße. Sie bestimmen damit, wie viele Bytes auf der Festplatte für das entsprechende Feld reserviert werden. PostgreSQL stellt drei Kategorien von Datentypen zur Verfügung: Numerische Datentypen, Datentypen für Zeichenketten und Datentypen für Datums- und Zeitwerte.

PostgreSQL unterstützt alle numerischen Typen von ANSI/ISO-SQL92. Die folgende Tabelle zeigt die wichtigsten Datentypen dieser Kategorie.

Tabelle 4 Numerische Datentypen

Datentyp	Speichergröße	Wertebereich von bis	Beschreibung
SMALLINT	2 Bytes	von -32.768 bis +32.767	Ganzzahl mit kleinem Wertebereich.
INTEGER	4 Bytes	von -2.147.483.648 bis +2.147.483.647	Ganzzahl mit mittlerem Wertebereich.
SERIAL	4 Bytes	von 1 bis 2.147.483.647	Selbstzählende ganze Zahl.
BIGINT	8 Bytes	von -2^{63} bis 2^{63}	Ganzzahl mit großem Wertebereich.
NUMERIC(p,n), DECIMAL(p,n)	variabel	keine Begrenzung	NUMERIC und DECIMAL repräsentieren Festkommazahlen. Die Größe wird durch eine benutzerdefinierte Genauigkeit (p=precision) in Stellen und die

Datentyp	Speichergröße	Wertebereich von bis	Beschreibung
			darin enthaltenen Nachkommastellen (n) angegeben.
REAL, FLOAT	4 Bytes	von $-1E^{37}$ bis $+1E^{37}$ (mit 6 Kommastellen Genauigkeit)	REAL und FLOAT repräsentieren Fließkommazahlen. Die Genauigkeit ist variabel und kann nicht exakt dargestellt werden.
DOUBLE PRECISION	8 Bytes	von $-1E^{308}$ bis $+1E^{308}$ (mit 15 Kommastellen Genauigkeit)	Fließkommazahl mit doppelter (nicht exakter) Genauigkeit.

Der Datentyp NUMERIC(p,n) ermöglicht die Definition eines festgelegten Wertebereichs, in dem die Anzahl der zu speichernden Zahlen links und rechts vom Dezimalpunkt genau vorgegeben werden kann. Das Argument p legt die Gesamtzahl der signifikanten Dezimalziffern fest, die gespeichert werden. Das zweite Argument n bestimmt die Anzahl der Ziffern rechts vom Dezimalpunkt. Wenn das zweite Argument fehlt, dann werden null Nachkommastellen vorgesehen. Fehlt das erste Argument, dann erfolgt die Erzeugung einer Spalte, die Zahlen mit einer beliebigen Anzahl von Stellen links und rechts vom Dezimalpunkt aufnehmen kann. Dieser Datentyp wird für Werte benutzt, bei denen eine exakte Definition der Nachkommastellen (z.B. bei monetären Daten oder bei Messwerten) erforderlich ist.

Zahlen vom Datentyp REAL oder DOUBLE PRECISION können nicht exakt in das interne Format umgewandelt werden und werden als Annäherungen gespeichert, so dass sich die gespeicherte Zahl von der ausgelesenen Zahl leicht unterscheiden kann. Ist die Genauigkeit eines Wertes zu hoch, dann versucht PostgreSQL den Wert zu runden. Das Darstellungsformat ($-1E^{37}$ bis $+1E^{37}$) wird nach IEEE-Norm (Institut of Electrical and Electronics Engineers) in Vorzeichen, Mantisse und Exponent zerlegt.

In PostgreSQL werden zwei Charakter-Typen CHARACTER(n) und CHARACTER VARYING(n) definiert, die zum Speichern beliebiger Zeichenketten dienen. Der Parameter n ist eine positive ganze Zahl und gibt die maximale Länge der Zeichenkette an.

Tabelle 5 *Datentypen für Zeichenketten*

Datentyp	Synonym	Beschreibung
CHARACHTER(n)	CHAR(n)	Text mit fester Länge n (1-255 Bytes); fehlt die Länge, dann wird 1 Stelle angenommen.
CHARACHTER VARYING(n)	VARCHAR(n)	Text mit variabler Länge (1-4056 Bytes); eine veränderliche Zeichenkette mit höchstens n-Zeichen. Es wird nur die aktuelle Länge gespeichert.
TEXT		Variable Länge ohne Höchstgrenze.

Beim Datentyp CHAR(n) wird unabhängig von der aktuellen Länge des gespeicherten Strings immer die bei der Definition angegebene Länge gespeichert. Bei dem Datentyp VARCHAR(n) wird die tatsächliche Länge der Zeichenkette genommen. Tabellenfelder dieses Datentyps eignen sich besonders für die Speicherung von unterschiedlich langen Texten. PostgreSQL unterstützt auch den Datentyp TEXT, der Zeichenketten beliebiger Länge aufnehmen kann. Zur Speicherung von langen Strings (ohne Obergrenze) kann man TEXT oder VARCHAR ohne Längenangabe verwenden. Um Datums- und Zeitwerte zu speichern, werden folgende Datums- und Zeit-Datentypen mit den zulässigen Wertebereichen verwendet.

Tabelle 6 *Datentypen für Datums- und Zeitwerte*

Datentyp	Speichergröße	Wertebereich von bis	Beschreibung
DATE	4 Bytes	von 4713 v.u.Z. bis 32767 u.Z.	nur Datum

Datentyp	Speichergröße	Wertebereich von bis	Beschreibung
TIME	8 Bytes	von 00:00:00:00 bis 23:59:59:99	nur Tageszeit
TIMESTAMP	8 Bytes	von 4713 v.u.Z. bis 1465001 u.Z.	Datum und Zeit
INTERVAL	12 Bytes	von -178000000 Jahre bis 178000000 Jahre	Zeitspanne

Der Datentyp DATE legt das Kalenderdatum (Jahr, Monat, Tag) fest, wobei die Datumswerte zwischen 4713 (vor unserer Zeitrechnung) und 32767 (für unsere Zeitrechnung) sein müssen. Der TIMESTAMP-Typ legt das Datum und die Zeit fest und speichert entweder keine Zeitzone oder die Zeitzone. TIMESTAMP mit Zeitzone besteht aus einem Datum gefolgt von einer Zeitangabe und wahlweise einem BC (englisch vor unserer Zeitrechnung) oder AD (englisch für unsere Zeitrechnung). Diesen Datentyp können Sie benutzen, wenn SQL-Befehle wie INSERT und UPDATE mit dem aktuellen Datum gestempelt werden sollen. Für INTERVAL kann die Zeiteinheit in Sekunden (second), Minuten (minute), Stunden (hour), Tagen (day), Wochen (week), Monaten (month), Jahren (year), Jahrzehnten (decade) und Jahrhunderten (century) erfolgen. So entspricht z.B. das INTERVAL '5 08:09:10' dem Ergebnis "5 days 8 hours 9 min 10 sec".

Sie können für diese Datentypen verschiedene Formate eingeben, die kompatibel zu Postgres-, ISO-8601- und SQL-Formate sind. Die folgende Tabelle enthält diverse Beispiele mit gültigen Datums- und Zeitwerten für diese Datentypen.

Tabelle 7 Formate für Datums- und Zeitwerte

Datums-/Zeitwerte	Format	Ergebnis	Beschreibung
DATE-Werte			
2010-04-20	YYYY-MM-DD	2010-04-20	ISO-8601-Format (häufig benutztes Format)

Datenbank anlegen

Datums-/Zeit-werte	Format	Ergebnis	Beschreibung
20100420	YYYYMMDD	2010-04-20	ISO-8601; Jahr, Monat, Tag
100420	YYMMDD	2010-04-20	
20/04/10	DD/MM/YY	2010-04-20	20. April 2010 (US-Format)
May 20, 2010	Monat DD, YYYY	2010-05-20	ausgeschriebenes Datum (englisches Format)
TIME-Werte			
08:09	HH:MM	08:09:00	ISO 8601
08:09:10	HH:MM:SS	08:09:10	ISO 8601
080910	HHMMSS	08:09:10	ISO 8601
08:09 AM	HH:MM AM	08:09:00	identisch mit 08:09; AM ohne Einfluß
08:09 PM	HH:MM PM	20:09:00	identisch mit 20:09; Stunde muss <= 12 sein.
TIME WITH TIME ZONE-Werte			
08:09-11:00	HH:MM-HH:MM	08:09:00	ISO 8601
08:09:10-11:00	HH:MM:SS-HH:MM	08:09:10	ISO 8601
TIMESTAMP-Werte			
2010-04-20 08:09:10	YYYY-MM-DD HH:MM:SS	2010-04-20 08:09:10	ISO 8601

Datums-/Zeit-werte	Format	Ergebnis	Beschreibung
20100420	YYYYMMDD HHMMSS	2010-04-20 08:09:10	ISO 8601
MAY 20 08:09:10 2010 PST	YYYYMMDD HHMMSS	2010-05-20 08:09:10	verbreitetes Format unterstütz von PostgreSQL.

DATE-, TIME- und TIMESTAMP-Werte können als Zeichenketten (aber auch als Zahlen) mit verschiedenen Formaten definiert werden. Die als Zeichenketten definierten Datumswerte müssen in Apostrophen stehen. DATE kann als Zeichenkette mit Trennzeichen zwischen den Datumsanteilen im Format 'YYYY-MM-DD' oder ohne Trennzeichen im Format 'YYYYMMDD' stehen. Dies gilt auch für TIME und TIMESTAMP. Die Zeichenkette '20091320' ist unzulässig, weil sie einen Monatsanteil hat, der keinen Sinn ergibt.

Wenn z.B. die Zeichenkette TIME '2010-04-20 08:09:10' definiert wird, dann wird aus dieser Zeichenkette nur die Zeit 08:09:10 extrahiert und im angegeben Format ausgegeben. Die Zeichenketten TIMESTAMP '2010-04-20 08:09:10' und '20100420 080910' werden z.B. als '2010-04-20 08:09:10' interpretiert. Die Zeichenkette aber '20100420 0809100' ist unzulässig, weil sie einen falschen Sekundenteil (100) enthält.

Hinweis

PostgreSQL verwendet das Julianische Datum für Berechnungen mit Datums- und Zeitwerten. Es wird dabei angenommen, dass ein Jahr 365,2425 Tage lang ist.

2.4 Integritätsbedingungen

Sie können beim Erstellen von Tabellenspalten bestimmte Bedingungen (engl. Constraints) definieren, die zur Sicherung der Datenintegrität dienen. Constraints sind festgehaltene Regeln, die uns eine genaue Kontrolle über die Daten geben und bei der Datenmanipulation beachtet werden müssen. Sie können Constraints sowohl beim Erstellen einer Tabelle als auch zu einem späteren Zeitpunkt mit dem Befehl ALTER TABLE definieren. In PostgreSQL gibt es, wie in den meisten SQL-Versionen, folgende Constraints:

CHECK Constraint

> Mit einem CHECK werden Bedingungen festgelegt, die jeder Datensatz der Tabelle erfüllen muss. Damit erfolgt eine Überprüfung von Kriterien bei der Eingabe bzw. Änderung von Spaltenwerten.

NOT NULL Constraint

> Ein NOT NULL Constraint gibt an, dass für eine Spalte ein Nullwert verboten ist. Häufig sind die Spalten mit einer Spaltenbedingung NOT NULL angelegt, die sicherstellt, dass in diese Spalten immer Werte eingegeben werden müssen. NULL ist Standardwert.

UNIQUE Constraint

> Ein UNIQUE Constraint stellt sicher, dass die Werte in einer Spalte oder Spaltenkombination eindeutig sind.

PRIMARY KEY Constraint

> Ein PRIMARY KEY Constraint deklariert eine oder mehrere Spalten als Primärschlüssel, welcher jeden Datensatz in einer Tabelle eindeutig identifiziert. Dieser Constraint ist eine Kombination von UNIQUE und NOT NULL. Für jeden Primärschlüssel wird automatisch ein Index erstellt.

DEFAULT Constraint

> Default ist ein Standardwert für eine Spalte, wenn kein Wert eingegeben wird. Gibt man z.B. bei der Bestellung als Standardwert CURRENT_DATE an, so wird beim Einfügen eines neuen Datensatzes in die Tabelle automatisch das aktuelle Datum als Bestelldatum eingesetzt.

FOREIGN KEY Constraints

> Ein FOREIGN KEY Constraint definiert eine Spalte oder Spaltengruppe in einer Tabelle, die auf den Primärschlüssel in einer anderen Tabelle referenziert. Die Aufgabe des Fremdschlüssels ist die referentielle Inte-

grität (oder Integritätsbedingung) von zwei zusammenhängenden Tabellen sicherzustellen. Dies bedeutet, dass die Werte in einer Fremdschlüsselspalte mit den Werten in der Primärschlüsselspalte einer anderen Tabelle übereinstimmen müssen. Die Integritätsbedingungen beziehen sich immer auf zwei verknüpfte Tabellen, d.h. auf eine Mastertabelle (oder Primärschlüsseltabelle) und eine Detailtabelle (oder Fremdschlüsseltabelle) und werden bei der Definition der Detailtabelle festgelegt.

2.4.1 Beispiel 13: Constraints in einer Tabelle definieren

1. Sie möchten in einer neuen Tabelle *Artikel01* die Artikeldaten verwalten. Erstellen Sie die Tabelle mit dem Befehl CREATE TABLE und legen Sie für die Spalten dieser Tabelle Bedingungen (Constraints) fest.
2. Die erste Spaltenbedingung NOT NULL legt fest, dass in die entsprechende Spalte unbedingt ein Wert einzugeben ist.

```
CREATE TABLE Artikel01(
  ArtikelNr         INTEGER       NOT NULL,
  ISBN              VARCHAR(17)   NOT NULL,
  Statuscode        CHAR(02)      NOT NULL
                    CHECK(Statuscode IN('AV','OP','IP','OR'))
  KategorieNr       INTEGER       NOT NULL
                    CHECK(KatgorieNr >=0 AND KategorieNr <=4),
  Verlag            VARCHAR(30)   NOT NULL,
  Artikelpreis      NUMERIC       NOT NULL CHECK > 0,
  Bestand           INTEGER       NOT NULL,
  Erscheinungstermin DATE DEFAULT CURRENT_DATE,
  Seitenanzahl      INTEGER       NOT NULL,
  CONSTRAINT PK_Artikel PRIMARY KEY (ArtikelNr));
```

3. Möchten Sie für die Spalte *Statuscode* bestimmte Aufzählungstypen definieren, verwenden Sie neben NOT NULL zusätzlich folgende Prüfungsregel: CHECK(Statuscode IN('AV', 'OP', 'IP', 'OR'))
4. Sie können für die Spalte *KategorieNr* Unterbereichstypen definieren. Die Kategorienummer darf dann die Werte 1 bis 4 enthalten.
5. Möchten Sie einen Artikelpreis größer null erzwingen, dann erweitern Sie die Definition der Spalte *Artikelpreis* um den Constraint CHECK > 0.
6. Eine Spalte kann auch mehrere Constraints haben, die einfach hintereinander anzugeben sind. Dies zeigt folgende Spaltendefinition:
Artikelpreis NUMERIC NOT NULL CHECK > 0

Datenbank anlegen

7. Es ist auch möglich, Nullwerte für den Artikelpreis mit CHECK (Artikelpreis IS NOT NULL) zu vermeiden.
8. Sie können für ein Constraint einen Namen definieren, indem Sie das Schlüsselwort CONSTRAINT und dahinter den Name und die Definition des Constraints angeben. Betrachten Sie dazu folgenden Ausdruck: Artikelpreis NUMERIC CONSTRAINT ArtPreis_positiv CHECK > 0. Falls der Constraint geändert werden muss, kann man dann über diesen Namen auf den Constraint verweisen.
9. Möchten Sie den Erscheinungstermin mit dem aktuellen Datum vorbelegen, können Sie die Funktion CURRENT_DATE als Standardwert (DEFAULT) verwenden.
10. Sie können mit dem PRIMARY KEY-Constraint den Primärschlüssel entweder auf Tabellenebene (wie in unserem Beispiel) oder auf Spaltenebene direkt bei der Definition der Tabellenspalte *ArtikelNr* wie folgt festlegen: ArtikelNr INTEGER NOT NULL PRIMARY KEY
11. Die Festlegung des Primärschlüssels auf Tabellenebene erfolgt auch über PRIMARY KEY, gefolgt von einem Klammerpaar, in welchem das Attribut (oder die Attributkombination) erscheint, das den Primärschlüssel darstellt.

2.5 Referentielle Integrität

Die referentielle Integrität (oder auch FOREIGN KEY-Constraint) ist eine andere Bezeichnung für die Beziehung zwischen zwei Tabellen. Die Tabellen befinden sich in einer 1:N-Beziehung, wobei an der 1-Seite die Primärschlüsseltabelle (oder Mastertabelle) liegt und an der N-Seite die Fremdschlüsseltabelle (oder Detailtabelle). Die referentielle Integrität erzwingt, dass in die Fremdschlüsselspalte der abhängigen Tabelle Einträge, die in der Primärschlüsseltabelle existieren, eingefügt werden können. Andererseits verhindert die referentielle Integrität, dass ein Datensatz in der Primärschlüsseltabelle gelöscht oder geändert wird, wenn entsprechende Einträge in der abhängigen Fremdschlüsseltabelle vorhanden sind.

2.5.1 Beispiel 14: 1:N-Beziehung mit referentieller Integrität

1. Die Datenbank *Direktbestellung01* ist geöffnet. In diesem Beispiel verwenden wir die Tabellen *Kategorie* (Primärschlüsseltabelle) und *Artikel* (Fremdschlüsseltabelle), die sich in einer 1:N-Beziehung befinden.
2. In Beziehung mit referentieller Integrität soll PostgreSQL sicherstellen, dass zu jedem Datensatz in der Detailtabelle ein passender Datensatz in der Mastertabelle vorhanden ist. Auf unsere Beispiel-Tabellen bezogen bedeutet dies: Jeder in die *Artikel*-Tabelle eingefügte Datensatz muss eine gültige Kategorienummer besitzen. Es darf keine Kategorie gelöscht werden, zu der noch Artikel in der Datenbank vorliegen. Sobald zu einer Kategorie Artikel angelegt wurden, kann ihre Kategorienummer in der Mastertabelle nicht geändert werden.
3. Die Verbindung der beiden Tabellen wird über die in beiden Tabellen vorkommende Spalte *KategorieNr* hergestellt.
4. Um diese Referenzierung zu beschreiben, definieren wir in der abhängigen Tabelle *Artikel* einen Fremdschlüssel-Constraint, der sich auf die *Kategorie*-Tabelle bezieht. Dies erfolgt über das Schlüsselwort REFERENCES gefolgt von der Mastertabelle und dem Primärschlüsselfeld.

```
CREATE TABLE Kategorie(
  KategorieNr     INTEGER PRIMARY KEY,
  Kategoriename   VARCHAR(30));

CREATE TABLE Artikel(
  ArtikelNr       INTEGER PRIMARY KEY,
  ISBN            VARCHAR(17),
  KategorieNr     INTEGER REFERENCES Kategorie(KategorieNr),
  Verlag          VARCHAR(30),
  Artikelpreis    NUMERIC,
  . . .
);
```

5. Die Spalte *KategorieNr* in der *Artikel*-Tabelle stellt den Fremdschlüssel (also die Beziehungsspalte) dar, dessen Wert von dem Vorhandensein des gleichen Wertes in der Spalte *KategorieNr* der Tabelle *Kategorie* abhängig ist.

Hinweis: Die Primär- und Fremdschlüsselfelder werden bei der Beschreibung der entsprechenden Spalten definiert.

6. Die nachfolgenden CREATE-Statements zeigen, dass Sie die Deklarationen der Primär- und Fremdschlüssel auf Tabellenebene definieren können.

```
CREATE TABLE Kategorie(
  KategorieNr    INTEGER      NOT NULL,
  Kategoriename  VARCHAR(30),
  PRIMARY KEY (KategorieNr)
);

CREATE TABLE Artikel(
  ArtikelNr      INTEGER      NOT NULL,
  ISBN           VARCHAR(17),
  KategorieNr    INTEGER      NOT NULL,
  Verlagscode    VARCHAR(10),
  Artikelpreis   NUMERIC      NOT NULL,
  ...,
  PRIMARY KEY (ArtikelNr),
  FOREIGN KEY (KategorieNr) REFERENCES Kategorie(KategorieNr)
);
```

7. Die Deklaration des Fremdschlüssels erfolgt mit FOREIGN KEY, gefolgt in Klammern von der Angabe des Attributs (*KategorieNr*), welches den Fremdschlüssel darstellt. Danach ist die Tabelle *Kategorie* mit dem Primärschlüssel festzulegen, auf den der Fremdschlüssel referenziert. Dies erfolgt über das Schlüsselwort REFERENCES gefolgt von der Tabelle und dem Attribut.

2.5.2 Beispiel 15: Eine Verknüpfungstabelle für eine N:M-Beziehung einrichten

1. Das vorliegende Beispiel zeigt, dass man Fremdschlüssel-Constraints auch bei der Auflösung von N:M-Beziehungen zwischen Tabellen verwenden kann.
2. Die Tabellen *Bestellung* und *Artikel* sollen verknüpft werden. Da zu einem einzigen Artikel mehrere Bestellaufträge, aber auch in einem einzelnen Bestellauftrag mehrere Artikel vorkommen können, liegt eine N:M-Beziehung zwischen diesen Tabellen vor.
3. Sie müssen diese komplexe Beziehung durch eine Beziehungstabelle *Bestellposition* generieren. Diese Tabelle befindet sich dann in einer 1:N-Beziehung zu jeder der Umgebungstabellen *Bestellung* und *Artikel*.

4. Durch die Auflösung der N:M-Beziehung in zwei 1:N-Beziehungen kann man erreichen, dass eine Bestellung mehrere Artikel enthalten kann oder dass ein Artikel mehrmals bestellt werden kann. Dazu verwenden wir folgende Tabellenstrukturen:

```
CREATE TABLE Bestellung(
    BestellNr       INTEGER PRIMARY KEY,
    KundenNr        INTEGER,
    Bestelldatum    TIMESTAMP,
    . . .
);

CREATE TABLE Artikel(
    ArtikelNr       INTEGER PRIMARY KEY,
    KategorieNr     IMTEGER,
    Artikelpreis    NUMERIC,
    . . .
);

CREATE TABLE Bestellposition(
    BestellNr       INTEGER RFERENCES Bestellung(BestellNr),
    ArtikelNr       INTEGER REFERENCES Artikel(ArtikelNr),
    Bestellmenge    INTEGER,
    PRIMARY KEY (BestellNr, ArtikelNr)
);
```

5. In der Verknüpfungstabelle gehören zumindest die beiden Primärschlüsselfelder aus den verknüpften Tabellen *Bestellung* und *Artikel*.
6. Die Tabelle *Bestellposition* ist nun die abhängige Tabelle mit einem zusammengefassten Primärschlüssel (*BestellNr, ArtikelNr*), dessen Komponenten gleichzeitig als Fremdschlüssel für die Haupttabellen dienen. Jeder Fremdschlüssel (d.h. *BestellNr* bzw. *ArtikelNr*) darf nur Werte enthalten, die in der Primärschlüsselspalte der referenzierten Tabelle vorkommen.
7. *Hinweise*: Die Anzahl und die Reihenfolge der Spalten von Fremdschlüssel und referenziertem Primärschlüssel müssen identisch sein. Primär- und Fremdschlüssel müssen dieselben Datentypen und Feldgrößen haben, jedoch nicht dieselben Feldnamen.

2.6 Ausnahmeregeln bei Aktualisierungsanweisungen

Es bleibt noch zu untersuchen, welche Integritätsbedingungen bei Einfügen, Löschen und Ändern der Daten auf die abhängigen Tabellen wirken. Sie können zu den Regeln der referentiellen Integrität auch Ausnahmen über die Änderungs- und Löschweitergabe realisieren. Diese machen zwar Änderungen möglich, verletzen sie aber die definierten Integritätsbedingungen nicht. Man kann dazu in der abhängigen Tabelle Verarbeitungsregeln kodieren, denen sich die Integritätsbedingungen zuordnen lassen.

2.6.1 Beispiel 16: Ausnahmeregeln bei der Datenaktualisierung definieren

1. Die Datenbank *Direktbestellung01* ist geöffnet.
2. Sie möchten prüfen, wie die abhängige Tabelle *Bestellposition* reagiert, wenn in den Tabellen *Artikel* oder *Bestellung* Datensätze gelöscht (oder geändert) werden. Benutzen Sie dazu diese Tabellen aus unserem vorhergehenden Beispiel.
3. Die referentielle Integrität verhindert das Löschen bzw. Ändern von Bestellungen und Artikeln, zu denen noch Bestellpositionen in der Datenbank vorliegen. Da diese Einschränkungen die Arbeit unkomfortabel gestalten, müssen Ausnahmeregeln definiert werden.
4. Wegen der Verknüpfung der Tabellen sollen hier folgende Einschränkungen durch Integritätsregeln darstellen:
5. Wenn eine Bestellung über die Bestellposition einen Artikel noch verwendet, dann darf dieser Artikel nicht gelöscht werden.
6. Wenn eine Bestellung gelöscht wird, dann werden auch die dazugehörigen Artikel entfernt.
7. Um diese Einschränkungen an unserem Beispiel umzusetzen, werden in der abhängigen Tabelle *Bestellposition* die entsprechenden Regeln CASCADE und RESTRICT kodiert.

```
CREATE TABLE Bestellung(
  BestellNr       INTEGER PRIMARY KEY,
  KundenNr        INTEGER,
  Bestelldatum    TIMESTAMP,
);

CREATE TABLE Artikel(
  ArtikelNr       INTEGER PRIMARY KEY,
```

```
    KategorieNr     INTEGER,
    Artikelpreis    NUMERIC,
    . . .
);

CREATE TABLE Bestellposition(
    BestellNr       INTEGER RFERENCES Bestellung(BestellNr)
                        ON DELETE CASCADE,
    ArtikelNr       INTEGER REFERENCES Artikel(ArtikelNr)
                        ON DELETE RESTRICT,
    Bestellmenge    INTEGER,
    PRIMARY KEY (BestellNr, ArtikelNr)
);
```

8. ON DELETE CASCADE bewirkt, dass beim Löschen einer *BestellNr* in der Tabelle *Bestellung* alle Datensätze mit der entsprechenden *BestellNr* in der Tabelle *Bestellposition* automatisch gelöscht werden.
9. *Hinweis*: Die Löschweitergabe kann fatale Folgen haben, wenn beim Löschen eines Artikeldatensatzes unbemerkt auch die offenen Bestellungen gelöscht werden. Setzen Sie diese Möglichkeit also nur wohlüberlegt ein.
10. ON DELETE RESTRICT bewirkt, dass eine *ArtikelNr* in der Artikeltabelle nicht gelöscht werden darf, solange diese *ArtikelNr* als Fremdschlüssel in der Tabelle *Bestellposition* existiert.
11. Die Änderung des Primärschlüssels in der Mastertabelle wirkt sich auf drei Arten in der Fremdschlüsseltabelle aus:
12. CASCADE: Beim Ändern von Primärschlüsselwerten müssen alle abhängigen Elemente auch verändert werden.
13. RESTRICT: Ein Ändern von Primärschlüsselwerten ist nur erlaubt, wenn keine abhängigen Elemente existieren.
14. SET NULL: Beim Ändern bzw. Löschen eines Primärschlüsselwertes werden die entsprechenden Fremdschlüsselwerte der abhängigen Elemente auf NULL gesetzt (sofern zulässig).

Datenbank anlegen

2.7 Constraints nach der Tabellendefinition einfügen

Wird beim Anlegen einer Tabelle auf andere Tabellen über Fremdschlüssel referenziert, muss darauf geachtet werden, dass zunächst die Primärschlüsseltabellen angelegt werden. Möchten Sie z.B. die abhängige Tabelle *Bestellung* einrichten, müssen Sie zuerst die Mastertabelle *Kunden* anlegen. Diese Reihenfolge muss eingehalten werden, sonst liefert das Datenbankverwaltungssystem eine Fehlermeldung, da die Mastertabelle noch nicht existiert. Um solche Fehler zu vermeiden, deklarieren Sie die entsprechenden Constraints nach dem Anlegen der Tabellen mit dem Befehl ALTER TABLE.

2.7.1 Beispiel 17: Constraints nach dem Anlegen einer Tabelle definieren

1. Betrachten wir in unserem Beispiel die Tabellen *Kunden* (als Primärschlüsseltabelle) und *Bestellung* (als Fremdschlüsseltabelle). Versucht man zuerst die Tabelle *Bestellung* unter Angabe der Fremdschlüsselbeziehung anzulegen, liefert das Datenbankverwaltungssystem eine Fehlermeldung, da die Tabelle *Kunden* noch nicht existiert.
2. Aus diesem Grund legt man zunächst alle Tabellen ohne den Fremdschlüsselbezug FOREIGN KEY an. Der Vorteil in diesem Fall liegt darin, dass Sie beim Anlegen der Tabellen auf keine bestimmte Priorität achten müssen.

```
CREATE TABLE Kunden(
    KundenNr        INTEGER         NOT NULL,
    Anrede          VARCHAR(20),
    Firma           VARCHAR(50),
    Titel           VARCHAR(30),
    Name            VARCHAR(30)     NOT NULL,
    Vorname         VARCHAR(30),
    eMail           VARCHAR(50)     NOT NULL,
    Passwort        VARCHAR(8)      NOT NULL,
    KundeSeit       DATE            NOT NULL,
    PRIMARY KEY (KundenNr)
);

CREATE TABLE Bestellung(
    BestellNr       INTEGER         NOT NULL,
    KundenNr        INTEGER         NOT NULL,
```

```
Bestelldatum  TIMESTAMP,
PRIMARY KEY (BestellNr)
);
```

3. Sie können nachträglich in die vorhandene Tabelle *Bestellung* über den Befehl ALTER TABLE ein Constraint einfügen.

```
ALTER TABLE Bestellung
  ADD CONSTRAINT FK_BEST_KUNDE FOREIGN KEY (KundenNr)
    REFERENCES Kunden(KundenNr);
```

4. Die Struktur der Tabelle *Bestellung* wird nun geändert. Mit dem Zusatz ADD wird dem Datenbanksystem mitgeteilt, ein Constraint für den Fremdschlüssel *KundenNr* mit einer Referenz auf die Tabelle *Kunden* einzufügen.

2.8 Tabellen nachträglich erweitern und löschen

Sie können in eine vorhandene Tabellenstruktur mit der Anweisung ALTER TABLE eine neue Spalte einfügen. Beim Aufbau eines Datenbankschemas kann es natürlich auch erforderlich werden, dass Sie eingefügte Tabellen wieder löschen müssen. Die Struktur einer Tabelle (oder eines Datenbankobjektes) kann mit der Anweisung DROP TABLE gelöscht werden. Mit der Entfernung einer Tabelle werden alle Sichten (engl. Views) und Indexe gelöscht, die auf diese Tabelle verweisen.

2.8.1 Beispiel 18: Spalten einfügen, Tabelle löschen

1. Die Tabelle *Bestellung* der Datenbank *Direktbestellung01* ist geöffnet.
2. Erstellen Sie eine Kopie dieser Tabelle und speichern Sie sie unter dem Namen *Bestellung01*.
3. Sie möchten dieser Tabelle eine neue Spalte mit dem Namen *Bestand* vom Datentyp INTEGER hinzufügen. Kodieren Sie dazu folgendes ALTER TABLE-Statement.

```
ALTER TABLE Bestellung01
ADD Bestand INTEGER;
```

4. Die ALTER TABLE-Anweisung legt den Namen der Tabelle fest und weist gleichzeitig mit dem Schlüsselwort ADD das SQL-System an, die Spalte *Bestand* in die vorhandene Tabellenstruktur einzufügen. Die hinzugekommene Spalte wird die letzte Spalte in dieser Tabelle sein.
5. Sie können mit diesem Befehl auch die Zulässigkeitsprüfung des Wertes einer Spalte nachträglich definieren. Wenn Sie z.B. möchten, dass der Wert des Attributs *Bestand* größer Null ist, fügen Sie die CHECK-Prüfung hinzu.

```
ALTER TABLE Bestellung01
ADD Bestand INTEGER CHECK > 0;
```

6. Wenn Sie eine Tabelle nicht mehr benötigen, können Sie diese mit der DROP-Anweisung wieder löschen.

```
DROP TABLE Bestellung01
```

2.9 Übungsaufgaben

Aufgabe 3: Eine neue Datenbank Direktbestellung02 anlegen
Aufgabe 4: Constraints für die abhängigen Tabellen definieren

2.9.1 Aufgabe 3: Eine neue Datenbank Direktbestellung02 anlegen

1. Starten Sie das Programm *PostgreSQL*. Klicken Sie auf pgAdmin III-PostgreSQL Werkzeuge.
2. Im geöffneten Menü klicken Sie den Ordner Datenbanken an und wählen im Kontextmenü mit der rechten Maustaste den Befehl Neue Datenbank... aus.
3. Im Dialog Neue Datenbank tragen Sie *Direktbestellung02* als Namen für die neue Datenbank ein. Bestätigen Sie mit OK die Eingabe. Die Datenbank *Direktbestellung02* wird dem Ordner für Datenbanken zugeordnet.
4. Markieren Sie die angelegte Datenbank *Direktbestellung02*. Öffnen Sie mit der rechten Maustaste die Datenbank und wählen Sie aus dem geöffneten Kontextmenü die Funktion CREATE Script. Im geöffneten Query-Programm können Sie Ihre PostgreSQL-Befehle editieren.
5. Erstellen Sie nun mit dem Befehl CREATE TABLE die erste Tabelle *Bestellung*. Geben Sie dann die Felder *Bestellnummer*, *Kundennummer*, *Bestelldatum* und *Gesamtpreis* ein. (Bsp. 11)
6. Das Feld *Bestellnummer* ist der Primärschlüssel der Tabelle und hat den Datentyp INTEGER. (Bsp. 12)
7. Das Feld *Kundennummer* ist auch vom Typ INTEGER. Die weiteren Felder *Bestelldatum* und *Gesamtpreis* haben den Datentyp TIMESTAMP und NUMERIC entsprechend. Für alle Felder ist eine zwingende Eingabe (NOT NULL) erforderlich.
8. Erstellen Sie analog die restlichen Tabellen. Die Tabelle *Buchkategorie* enthält drei Felder, *Kategorienummer*, *Kategoriebestand* und *Kategoriename*, wobei die ersten zwei vom Typ INTEGER sind und das dritte Feld ein Textfeld der Länge 30 Byte ist. Alle drei Felder sind erforderlich. Definieren Sie die *Kategorienummer* als Primärschlüssel. (Bsp. 11)
9. Die Tabelle *Buch* enthält 6 Felder, nämlich *Buchnummer* (als Primärschlüssel), *Kategorienummer* und *Bestand* vom Typ INTEGER, den *Titel* als Textfeld mit einer Feldgröße 64 Byte, den *Buchpreis* vom Typ NUMERIC und den *Erscheinungstermin* vom Typ DATE (für Datumsangaben). Alle Felder dürfen keinen Nullwert besitzen.

10. Die Tabelle *Auftragsposition* enthält die Felder *Bestellnummer*, *Buchnummer* und *Bestellmenge*, alle drei vom Typ INTEGER. Die Bestellmenge ist zwingend erforderlich. Die anderen Felder (als Fremdschlüsselfelder) dürfen auch Nullwerte haben.

    Hinweis: Mittels der Tabelle *Auftragsposition* wird der N:M-Beziehungstyp als eigenständige Tabelle in der Datenbank *Direktbestellung02* realisiert. Hierdurch wird diese Beziehung auf zwei 1:N-Beziehungen reduziert. Es reicht in dieser Tabelle aus, die Primärschlüssel der Umgebungstabellen *Bestellung* und *Buch* zu verbinden.

11. Definieren Sie für jede Tabelle den richtigen Primärschlüssel. (Bsp. 15, Bsp. 16)
12. Die Lösung dieser Aufgabe finden Sie unter *B.3 Lösung Aufgabe 3*.

2.9.2 Aufgabe 4: Constraints für die abhängigen Tabellen definieren

1. Nachdem Sie alle vier Tabellen angelegt haben, erweitern Sie die abhängigen Tabellen *Buch* und *Auftragsposition* um die erforderlichen Constraints für Fremdschlüssel.
2. *Hinweis*: Sie können die FOREIGN KEY-Constraints entweder während der Tabellendefinition beschreiben oder nachträglich mit dem Befehl ALTER TABLE.
3. Die Tabelle *Buch* ist von der Tabelle *Kategorie* abhängig. Erstellen Sie die Verbindung dieser Tabellen mit Hilfe der in beiden Tabellen vorkommenden Spalte *Kategorienummer*. Definieren Sie diese Referenzierung mit einem Fremdschlüssel-Contstraint. (Bsp. 14, Bsp. 17)
4. Die Tabelle *Auftragsposition* ist von den Tabellen *Buch* und *Bestellung* abhängig, wobei diese Abhängigkeit durch die Fremdschlüsselfelder *Bestellnummer* und *Buchnummer* dargestellt wird. Kodieren Sie die Verknüpfungen zwischen diesen Tabellen mit Hilfe der Contstrainsts für FOREIGN KEYs. (Bsp. 15, Bsp. 16, Bsp. 17)
5. Speichern Sie die Tabellen mit ihren Constraints.
6. Nachdem Sie alle Tabellen mit CREATE angelegt haben, verwenden Sie den INSERT-Befehl zum Ausfüllen der Tabellen mit Daten.
7. Die Lösung dieser Aufgabe finden Sie unter *B.4 Lösung Aufgabe 4*.

2.10 Verständnisfragen

Frage 6: Welche Aussagen über Datentypen der Tabellenspalten treffen zu? (3)
1. In einem Feld vom Typ INTEGER können keine Buchstaben eingegeben werden.
2. Bei dem Felddatentyp VARCHAR(n) wird immer die tatsächliche Länge der Zeichenkette genommen.
3. Felder vom Typ CHAR(n) können bis zu 4056 alphanumerische Zeichen umfassen.
4. In Felder vom Typ TEXT können Zeichenketten beliebiger Länge aufgenommen werden.
5. Der Felddatentyp DATE ist für das Datum und die Tageszeit vorgesehen.

Frage 7: Welche der folgenden Aussagen über das Anlegen einer Tabelle treffen zu? (3)
1. Mit dem SQL-Befehl CREATE TABLE wird unter dem angegebenen Namen eine Tabelle angelegt.
2. Die Namen der einzelnen Spalten innerhalb einer Tabelle müssen eindeutig sein und für jede Spalte wird der Datentyp festgelegt.
3. Sobald eine Tabelle angelegt ist, können die Datentypen ihrer Spalten geändert werden.
4. Bei der Definition der Tabellenspalten wird bestimmt, ob eine Spalte leer sein darf (NULL) oder ob ein Wert vorhanden sein muss (NOT NULL).
5. Ein Hinzufügen von neuen Spalten ist nicht möglich.

Frage 8: Die referentielle Integrität verhindert, dass (2)
1. in die Fremdschlüsseltabelle (die sog. Detailtabelle) ein Datensatz eingefügt werden kann, wenn kein passender Datensatz in der Primärschlüsseltabelle (der sog. Mastertabelle) vorhanden ist.
2. es zu jedem Datensatz in der Mastertabelle einen passenden Datensatz in der Detailtabelle geben kann.
3. in der Mastertabelle der Wert des Primärschlüssels geändert wird, wenn für diesen Datensatz zugehörige Einträge in der Detailtabelle existieren.
4. in der Mastertabelle ein Datensatz gelöscht wird, wenn in der Detailtabelle ein Datensatz existiert, der sich auf den zu löschenden Datensatz der Mastertabelle bezieht.
5. zu jedem Datensatz in der Detailtabelle nicht unbedingt ein passender Datensatz in der Mastertabelle existieren soll.

Datenbank anlegen

Frage 9: Welche Aussagen über Constraints (oder Integritätsbedingungen) treffen zu? (3)
1. Constraints können für einzelne Spalten oder für die ganze Tabelle vereinbart werden.
2. NOT NULL gibt an, dass für eine Spalte auch ein NULL-Wert erlaubt ist.
3. Die Constraints PRIMARY KEY und NOT NULL müssen bei der Definition eines Primärschlüssels immer vereinbart werden.
4. Mit CHECK werden Gültigkeitsregeln für die Spaltenwerte einer Tabelle festgelegt, die durch das Datenbanksystem überprüft werden.
5. Eine Referenzierung zur Detailtabelle wird mit dem Constraint FOREIGN KEY erstellt.

Frage 10: Welche der folgenden Aussagen sind richtig? (2)
1. Nach dem Anlegen einer Tabelle muss für den festgelegten Primärschlüssel ein Index explizit angelegt werden.
2. Durch eine zusätzliche Bezugstabelle kann eine M:N-Beziehung zwischen Tabellen realisiert werden.
3. Ein Fremdschlüssel wird mit der FOREIGN KEY-Klausel innerhalb der Primärschlüsseltabelle definiert.
4. Mit dem Befehl DROP kann die Definition einer Tabelle gelöscht werden.
5. Mit ALTER TABLE kann in eine Tabelle nur ein Primärschlüssel eingefügt werden.

3 Abfragen

Zur Abfrage von Daten aus einer Datenbank dient der SQL-Befehl SELECT. Hiermit können Sie Daten aus einer oder mehreren Tabellen auswählen und das Resultat in einer Ergebnistabelle anzeigen. Als Ergebnis der Ausführung eines SELECT-Befehls wird dynamisch eine Ergebnistabelle erzeugt, die als Basis für weitere Bearbeitungsprozesse verwendet werden kann. In diesem Kapitel befassen wir uns zunächst mit einfachen Abfragen, die nur in einer Tabelle durchgeführt werden. Um Lösungen von komplexen Abfragen einfacher zu gestalten, setzen Sie später die Unterabfragen (Sub-SELECT) ein. Das Kodieren von komplexen Abfragen, die abgeleitete Tabellen innerhalb einer FROM-Klausel verwenden, wird ab der PostgreSQL-Version 8.4 durch die Verwendung von allgemeinen Tabellenausdrücken (Common Table Expressions, CTEs) bedeutend vereinfacht.

3.1 Einfache Abfragen

Der SELECT-Befehl verfügt über eine Reihe von Klauseln, die angeben, woher die Daten stammen und wie sie zu behandeln sind.

SELECT
> Die SELECT-Anweisung wird zur Anfrage an eine Tabelle und zur Auswahl von Daten, die bestimmte Kriterien zu erfüllen haben, benutzt. Die Namen, die dem SELECT-Schlüsselwort folgen, geben an, welche Spalten in der Ergebnisliste ausgegeben werden sollen. Ein Stern * hinter SELECT veranlasst die Selektion aller Tabellenspalten in der Reihenfolge, in der die Spalten physikalisch (d.h. mit CREATE TABLE) angelegt wurden. Die Angabe DISTINCT bewirkt, dass mögliche Duplikate unter den selektierten Sätzen nicht ausgegeben werden.

FROM
> Hinter FROM steht eine Angabe von durch Komma getrennten Namen, die Tabellen oder Views spezifizieren, aus denen Daten gelesen werden.

WHERE
> Die WHERE-Klausel legt die Suchbedingungen für die Auswahl der Daten fest. Eine Bedingung kann unter anderem formuliert werden als
> - einfache Bedingung mit den Vergleichsoperatoren =, <>, >, >=, < und <=
> - Mustervergleich in Textspalten mit dem Schlüsselwort LIKE 'maske'

- Bereichsabfrage mit der Angabe 'BETWEEN von AND bis'
- Abfrage nach einem Nullwert mit der Angabe IS NULL
- Mengenabfrage mit der Angabe IN (Menge)
- Existenzabfrage durch die Klausel EXISTS (SELECT ...)
- erweiterte Bedingung durch Verknüpfung der einfachen Bedingungen mit den Schlüsselworten AND, OR und NOT.

GROUP BY

Diese Klausel liefert Ergebnisse für Gruppen innerhalb einer Spalte oder einer Zeile von Spalten. Die Bildung einer Gruppe erfolgt für alle Spalten, die den gleichen Inhalt haben.

HAVING

HAVING spezifiziert die Suchbedingungen für gruppierte Spalten.

ORDER BY

Die ORDER BY-Klausel wird zur Sortierung bestimmter Spalten verwendet.

In einem SELECT-Befehl können Sie die zu lesenden Spalten, getrennt durch ein Komma, angeben. Die Anordnung der Spaltennamen bestimmt dabei die Reihenfolge der Spalten in der Ausgabe. Sie können neben den zu selektierenden Spalten auch Konstanten, arithmetisch errechnete Werte sowie Spaltenfunktionen vereinbaren.

Die SELECT-Anweisung weist einige Besonderheiten auf. Für numerische Spalten können an Stelle von Spaltennamen Rechenoperationen angegeben werden, die sich auf den Spalteninhalt beziehen. Möglich sind u. a.

- die vier Grundrechenarten +, -, *, /
- die Angabe von Spaltenfunktionen (oder Aggregatfunktionen)
- die Angabe von PostgreSQL-Standardfunktionen (wie mathematische Funktionen, Zeichenketten- und Datumsfunktionen). Als Beispiel nehmen wir die mathematische Funktion ROUND (Zahl, Rundungsstellen), die zur Rundung von Zahlen dient.

3.1.1 Beispiel 19: Eine einfache SELECT-Abfrage

1. Die Datenbank *Direktbestellung01* ist geöffnet.
2. Alle Felder aus der Kundentabelle sollen angezeigt werden.
3. Geben Sie als erstes die folgende SELECT-Anweisung ein:

```
SELECT *
FROM   Kunden
```

4. Führen Sie die Abfrage aus. Sie können dazu die Funktionstaste F5 verwenden.

	kundennr integer	anrede character	firma character	titel character v	name character	vorname character	email character varyin	passwort character	kundeseit date
1	100	Herr			Müller	Hans	hans@yahoo.de	Hannes	2006-01-01
2	101	Frau		Dr.	Schulz	Elfi	selfi@gmx.de	Schnee	2005-06-06
3	102	Herr			Meyer	Richard	richard@gmx.de	Fanta	2007-07-07
4	103		Firma		Beta Design		Beta-Design	bede	2008-07-07
5	104	Frau		Prof. Dr.	Lange	Anna	anlange@distel.de	Janna	2007-07-15
6	105	Herr			Meier	Bernd	bernd@yahoo.de	Abacus	2006-04-01
7	106		Firma		Damaschke		Damaschke-Kleber	******	2007-02-02
8	107	Herr			Beckman	Daniel	beda@fhw.de	Tiger	2007-02-10
9	108	Herr		Prof.	Wendtland	Hans	hans@gmx.de	Berth	2007-08-25
10	109	Frau			Herfert	Petra	herpe@gmx.de	Winwin	2007-10-10
11	110	Herr		Dr. Dipl. Ing.	Bieber	Peter	bieberp@gmx.de	Pitt	2008-11-10

Abb 33 *Ergebnis der Kunden-Tabelle*

5. Alle Felder und sämtliche Datensätze aus der Kundentabelle werden angezeigt. Mit anderen Worten, Sie öffnen die komplette Tabelle. Der Stern (*) teilt PostgreSQL mit, dass alle Felder angezeigt werden sollen.
6. Ersetzen Sie nun den Stern durch die Felder *KundenNr*, *Anrede*, *Titel*, *Name* und *KundeSeit*.
7. Geben Sie die Bedingung WHERE Anrede = 'Herr' an. Sie schränken durch eine Bedingung die angezeigten Datensätze auf die Anrede 'Herr' ein.

```
SELECT  KundenNr, Anrede, Titel, Name, KundeSeit
FROM    Kunden
WHERE   Anrede = 'Herr'
```

8. Führen Sie die Abfrage mit F5 aus.

	kundennr integer	anrede character varying(20)	titel character varying(30)	name character varying(30)	kundeseit date
1	100	Herr		Müller	2006-01-01
2	102	Herr		Meyer	2007-07-07
3	105	Herr		Meier	2006-04-04
4	107	Herr		Beckman	2007-02-10
5	108	Herr	Prof.	Wendtland	2007-08-25
6	110	Herr	Dr. Dipl. Ing.	Bieber	2008-11-10

Abb 34 *Ergebnisliste mit männlichen Kunden*

9. Wenn Sie bei der Eingabe keine Fehler gemacht haben, zeigt Ihnen PostgreSQL die Daten der männlichen Kunden an.

3.1.2 Beispiel 20: SELECT mit arithmetischen Operatoren

1. Die Datenbank *Direktbestellung01* ist geöffnet.
2. Kodieren Sie eine SELECT-Anweisung, die für eine bestimmte Artikelnummer (z.B. 12), den Artikelpreis und den Netto-Artikelpreis gerundet um zwei Nachkommastellen anzeigt.
   Hinweis: Im Artikelpreis sind Bruttopreis inkl. 19% MwSt. eingetragen.
3. Dabei sollen mit dem Schlüsselwort AS die entsprechenden Konstanten 'Brutto', 'Netto' und 'Rundung' ausgegeben werden.

```
SELECT Artikelnr, Artikelpreis AS Brutto, Artikelpreis/1.19
       as Netto, ROUND((Artikelpreis/1.19),2) AS Rundung
FROM   Artikel
WHERE  ArtikelNr = 12
```

4. Führen Sie die Abfrage aus.

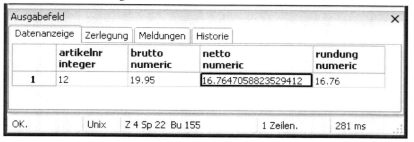

Abb 35 *Der Brutto- und gerundete Nettopreis eines Artikels*

5. Betrachten Sie das Ergebnis in der Ergebnistabelle. Sie sehen, dass nach der Ausführung der Rechenoperation '/' eine 16-stellige Nachkommazahl generiert wurde. Durch die Anwendung der ROUND-Funktion kann dann diese Stelligkeit um zwei Nachkommastellen gerundet werden.

3.2 Die WHERE-Klausel

Bei den meisten Abfragen sollen aus allen in einer Tabelle gespeicherten Datensätzen nur bestimmte Zeilen gesucht und ausgegeben werden. In diesem Fall ist eine Bedingung erforderlich, die durch die WHERE-Klausel eingeleitet wird. Eine Suchbedingung spezifiziert eine Bedingung für eine gegebene Zeile oder Gruppe, die wahr, falsch oder unbekannt sein kann. Sie setzt sich aus zwei Operanden (dem Spaltennamen und Vergleichswert) und einem Operator zusammen, der beide Operanden verbindet.

SQL verfügt über zwei Typen von Operatoren, die Vergleichsoperatoren (=, >, <, <>, <= und >=) und die logischen Operatoren (AND, OR und NOT), die einzelne Bedingungen verknüpfen. Besteht ein Vergleichswert aus einem Datum oder einer Zeichenkette, so muss er in Hochkommata eingeschlossen werden.

Die folgende Tabelle enthält Beispiele für Bedingungsvereinbarungen bei Textwerten, Zahlen und Datumswerten.

Tabelle 8 Varianten der WHERE-Bedingungen

WHERE-Klausel	Beschreibung
WHERE Bestelldatum <> '05.05.10'	Bestelldatum ist nicht gleich der Vorgabe.
WHERE NOT Bestelldatum = '05.05.10'	Alternative zum Beispiel vorab.
WHERE Bestelldatum IS NULL	Bestelldatum hat einen Nullwert.
WHERE LIKE 'SQL%'	String oder Teilstring ist gleich der Vorgabe.
WHERE Bestellmenge BETWEEN 5 AND 15	Datenwert liegt zwischen zwei Werten.
WHERE KategorieNr IN (1, 2, 3)	Wert ist gleich der Vorgabe-Wertauswahl.
WHERE Bestelldatum > '05.05.10' OR ArtikelNr = 12	Es soll zumindest eine der Bedingungen zutreffen.

Bestimmte Bedingungen in der WHERE-Klausel können durch die logischen Operatoren AND, OR und NOT miteinander verknüpft werden. Bei AND müssen beide Bedingungen des Ausdrucks erfüllt sein, bevor eine Zeile in die Ergebnistabelle aufgenommen wird. Bei OR hingegen muss eine der Bedingungen des Ausdrucks erfüllt sein, bevor eine Zeile in die Ergebnistabelle aufgenommen wird. Mit dem NOT-Operator wird eine Bedingung verneint. NOT kann in Kombination mit anderen einfachen Operatoren (wie <, >, =) und Ausdrücken eingesetzt werden. Anstelle von NOT können immer die anderen verneinenden Vergleichsoperatoren (statt = <> bzw. !=, statt <> =, statt > <= usw.) eingesetzt werden.

Kommt der NOT-Operator unmittelbar vor einem Vergleichsoperator (etwa wie NOT<, NOT=, NOT>) vor, so wird er als Teil des Vergleichsoperators interpretiert und somit mit ihm impliziert. In anderen Fällen wird NOT als Operator zum Negieren einer Bedingung betrachtet und damit nicht impliziert.

Die Reihenfolge der Ausführung von Bedingungen, die durch AND und OR verknüpft werden, können mit Hilfe von Klammern beeinflusst werden. Die in Klammern gesetzten Bedingungen werden zuerst ausgewertet. Die Auswertung erfolgt von links nach rechts. Bei der Verwendung von geschachtelten Klammern erfolgt die Auswertung von innen nach außen.

3.2.1 Beispiel 21: Daten mit WHERE und den logischen Operatoren auswählen

1. Die Datenbank *Direktbestellung01* ist geöffnet.
2. Erstellen Sie eine neue Abfrage mit mehreren Bedingungen, die durch die logischen Operatoren verknüpft werden sollen.
3. Selektieren Sie alle Artikel, deren *Artikelpreis* größer 100 Euro oder kleiner 20 sind und die kein aktuelles Erscheinungsjahr (z.B. Jahr 2006) haben. Beachten Sie die richtige Reihenfolge der Operatoren. Sicherheitshalber können Sie die Reihenfolge immer durch runde Klammern festlegen.
4. Dabei sind die Felder *ArtikelNr*, *Artikelpreis* und *Erscheinungstermin* auszugeben.
5. Das SELECT-Statement kann wie folgt aussehen:

```
SELECT ArtikelNr, Artikelpreis, Erscheinungstermin
FROM    Artikel
WHERE   (Artikelpreis > 100 OR Artikelpreis < 20)
AND NOT EXTRACT(YEAR FROM Erscheinungstermin) = 2006
```

6. Die Datumsfunktion EXTRACT(YEAR FROM Erscheinungstermin) extrahiert die Jahresangabe aus dem Datumsfeld *Erscheinungstermin*, damit dieses Feld mit dem Jahreswert 2006 verglichen werden kann.
7. Führen Sie diese Abfrage aus und betrachten Sie das Ergebnis.

	artikelnr integer	artikelpreis numeric	erscheinungstermin date
1	11	14.95	2007-03-01
2	12	19.95	2008-02-02
3	13	16.95	2005-10-10
4	14	12.95	2005-07-07
5	15	107.60	2007-03-03

Abb 36 *Ergebnis*

8. Sie können den logischen NOT-Operator durch einen entsprechenden verneinten (wie z.B. != oder <>) Vergleichsoperator folgendermaßen ersetzen: (WHERE... AND EXTRACT(YEAR FROM Erscheinungstermin) != 2006).
9. Führen Sie die geänderte Abfrage erneut aus.

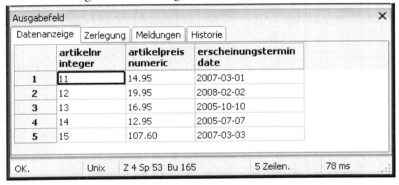

	artikelnr integer	artikelpreis numeric	erscheinungstermin date
1	11	14.95	2007-03-01
2	12	19.95	2008-02-02
3	13	16.95	2005-10-10
4	14	12.95	2005-07-07
5	15	107.60	2007-03-03

Abb 37 *Ergebnis*

10. Betrachten Sie die erstellte Ergebnistabelle. Das Ergebnis sollte in beiden Fällen identisch sein.
11. Schließen Sie die veränderte Abfrage und speichern Sie sie.

3.3 Die ORDER-Klausel

Zum Sortieren des Abfrageergebnisses kann die Klausel ORDER BY verwendet werden. Sie können eine oder mehrere Spalten festlegen, nach denen die Datensätze sortiert werden sollen. Dabei können Sie zu jedem Sortierfeld angeben, ob die Sortierreihenfolge aufsteigend (mit dem Schlüsselwort ASC = ASCEDING) oder absteigend (mit DESC = DESCEDING) erfolgen soll. ASC wird als Standardwert angenommen und kann deswegen optional eingesetzt werden. Sie können beide Sortierkriterien auf verschiedene Spalten anwenden, wenn Datensätze nach verschiedenen Kriterien sortiert werden sollten.

Die Reihenfolge, in der Sie hinter SELECT die Spaltennamen einsetzen, bestimmt die Spaltennummer. In diesem Fall können die Datensätze nach einer angegebenen Spaltennummer sortiert werden. Die folgende Tabelle gibt über die Sortiervarianten Auskunft.

Tabelle 9 *Die Sortierklauseln*

Die ORDER-Klausel	Beschreibung
ORDER BY Spalte ASC	Aufsteigende Sortierung nach dem Spalteninhalt.
ORDER BY Spalte DESC	Absteigende Sortierung nach dem Spalteninhalt.
ORDER BY Spalte1, Spalte2 DESC	Aufsteigende Sortierung nach dem Inhalt der Spalte1 und absteigende Sortierung nach dem Inhalt der Spalte 2.
ORDER BY Spaltennummer	Sortierung nach der Spaltennummer.

Hinweis: Die ORDER BY-Klausel steht immer am Ende eines SELECT-Befehls.

3.3.1 Beispiel 22: Daten mit ORDER BY sortieren

1. Die Datenbank *Direktbestellung01* ist geöffnet.
2. Erstellen Sie eine neue Abfrage zur Auswahl aller Rechnungsadressen aufsteigend nach Rechnungsort und innerhalb des Rechnungsortes nach Namen absteigend. Es sind die Felder *KundenNr*, *Name* und *Ort* auszugeben.
3. Geben Sie dazu folgende SELECT-Anweisung ein.

```
SELECT KundenNr, Name, Ort
FROM    Adresse
ORDER BY Ort, Name DESC
```

4. Führen Sie diese Abfrage aus.

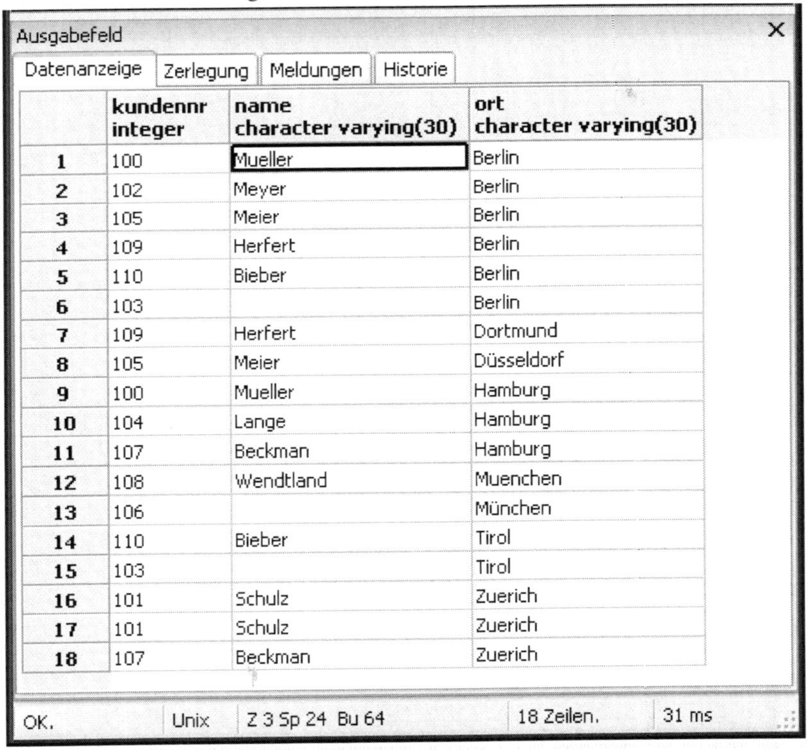

	kundennr integer	name character varying(30)	ort character varying(30)
1	100	Mueller	Berlin
2	102	Meyer	Berlin
3	105	Meier	Berlin
4	109	Herfert	Berlin
5	110	Bieber	Berlin
6	103		Berlin
7	109	Herfert	Dortmund
8	105	Meier	Düsseldorf
9	100	Mueller	Hamburg
10	104	Lange	Hamburg
11	107	Beckman	Hamburg
12	108	Wendtland	Muenchen
13	106		München
14	110	Bieber	Tirol
15	103		Tirol
16	101	Schulz	Zuerich
17	101	Schulz	Zuerich
18	107	Beckman	Zuerich

OK. Unix Z 3 Sp 24 Bu 64 18 Zeilen. 31 ms

Abb 38 *Sortierte Adressdaten*

5. Betrachten Sie das Ergebnis. Die Inhalte der Spalte *Ort* sind standardmäßig aufsteigend und die Namen innerhalb des Ort-Feldes absteigend sortiert.
6. Ersetzen Sie die Sortiernamen durch die entsprechenden Spaltennummern (z.B. ORDER BY 3, 2 DESC). Diese Sortierungsart ist vor allem wichtig, wenn Sie in der SELECT-Klausel benutzerdefinierte Namen einsetzen, die in keiner Tabelle existieren.
7. Führen Sie die geänderte Abfrage erneut aus und betrachten Sie das neue Ergebnis.
8. Sie können weitere Sortierkriterien testen.

Abfragen

3.3.2 Beispiel 23: Daten mit ORDER BY und Spaltennummer sortieren

1. Die Datenbank *Direktbestellung01* ist geöffnet.
2. Erstellen Sie eine neue Abfrage zur Auswahl aller Nettopreise, die kleiner als 20 Euro sind. Die Artikeldatensätze sind nach dem Feld Netto absteigend zu sortieren. Dabei sind die Felder *ArtikelNr*, *Artikelpreis* und *Nettopreis* auszugeben.
3. Kodieren Sie folgende SELECT-Anweisung, die anhand einer Formelbedingung (*Artikelpreis* / 1.19 < 20) die Artikeldaten nach einer benutzerdefinierten Spalte absteigend sortieren soll.

```
SELECT  ArtikelNr, Artikelpreis, ROUND(Artikelpreis/1.19,2)
                        AS Netto
FROM    Artikel
WHERE   Artikelpreis/1.19 < 20
ORDER BY Netto DESC
```

4. Führen Sie diese Abfrage aus.

	artikelnr integer	artikelpreis numeric	netto numeric
1	30	23,00	19,33
2	34	22,50	18,91
3	23	22,25	18,70
4	25	20,00	16,81
5	12	19,95	16,76
6	13	16,95	14,24
7	11	14,95	12,56
8	28	13,50	11,34
9	14	12,95	10,88
10	18	9,95	8,36

Abb 39 *Artikeldaten mit absteigend sortierten Netto-Artikelpreisen*

5. Betrachten Sie das Ergebnis. Die Nettowerte der dritten Spalte sind absteigend sortiert. PostgreSQL akzeptiert in diesem Fall als Sortierkriterium die Konstante 'Netto', was bei vielen Datenbanksystemen unzulässig ist.
6. Experimentieren Sie hier mit weiteren Sortierkombinationen.

3.4 Der LIKE-Operator

Der LIKE-Operator ermöglicht den Vergleich eines Textfeldes mit einem Textmuster (oder Maske). Das Textmuster wird zwischen zwei Anführungszeichen gestellt und hinter den Operator LIKE gesetzt. Im Textmuster können neben beliebigen Zeichen die Platzhalterzeichen '%' und '_' angegeben werden. Das Prozentzeichen '%' ersetzt eine beliebige Folge von 0 bis n Zeichen, die innerhalb der Tabellenspalte aufgesucht werden. Für genau ein Zeichen wird der Unterstrich '_' verwendet. Der Gleichheitsoperator darf bei dem Vergleich nicht verwendet werden. Mit NOT LIKE kann das Gegenteil von LIKE erreicht werden.

3.4.1 Beispiel 24: Daten mit dem LIKE-Operator vergleichen

1. Die Datenbank *Direktbestellung01* ist geöffnet.
2. Erstellen Sie eine Liste mit allen Artikeln deren *Titel* mit 'SQL' endet.
3. Verknüpfen Sie mit OR zwei weitere Bedingungen, um die Artikeltitel zu finden, in denen irgendwo innerhalb seines Feldinhaltes 'SQL' existiert oder an der sechsten Stelle im gesuchten Titel die Zahl 2 steht.

```
SELECT  Titel
FROM    Artikel
WHERE   Titel LIKE '%SQL'      OR
        Titel LIKE '%SQL%'     OR
        Titel LIKE '_____2%'
```

4. Führen Sie die Abfrage aus. Das Ergebnis sieht wie folgt aus.

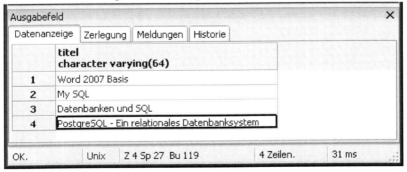

Abb 40 Das Ergebnis des LIKE-Operators

5. Kontrollieren Sie das Ergebnis. Sie sollten nur Titel sehen, die tatsächlich die festgelegten Bedingungen erfüllen.

3.4.2 Beispiel 25: Daten mit NOT LIKE vergleichen

1. Die Datenbank *Direktbestellung01* ist geöffnet.
2. Um die Wirkung von NOT LIKE aufzuzeigen, erstellen Sie eine neue Abfrage.
3. Diese Abfrage soll die Suche nach dem Rechnungsort aller nicht aus Berlin kommenden Kunden realisieren.
4. Verwenden Sie dazu die Tabelle *Adresse* und zeigen Sie die Felder *KundenNr*, *Name* und *Ort* an.

```
SELECT KundenNr, Name, Ort
FROM   Adresse
WHERE  Ort NOT LIKE 'Berlin'
```

5. Führen Sie diese Abfrage aus.

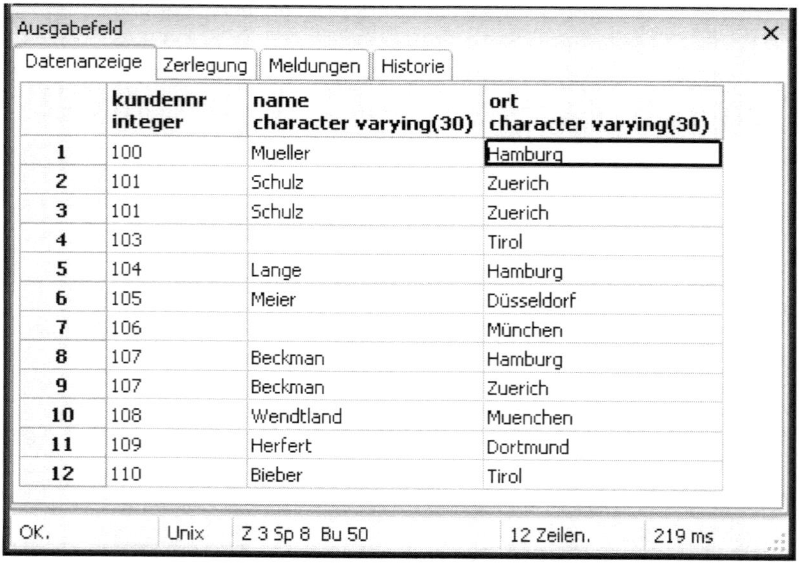

Ausgabefeld

Datenanzeige | Zerlegung | Meldungen | Historie

	kundennr integer	name character varying(30)	ort character varying(30)
1	100	Mueller	Hamburg
2	101	Schulz	Zuerich
3	101	Schulz	Zuerich
4	103		Tirol
5	104	Lange	Hamburg
6	105	Meier	Düsseldorf
7	106		München
8	107	Beckman	Hamburg
9	107	Beckman	Zuerich
10	108	Wendtland	Muenchen
11	109	Herfert	Dortmund
12	110	Bieber	Tirol

OK. | Unix | Z 3 Sp 8 Bu 50 | 12 Zeilen. | 219 ms

***Abb 41** Das Ergebnis des NOT LIKE-Operators*

6. Betrachten Sie das Ergebnis. Es werden alle Kunden angezeigt, welche die angegebene Bedingung erfüllen. Die Kunden aus Berlin, die die definierte Bedingung nicht erfüllen, werden nicht ausgegeben.

3.5 Der IN-Operator

Der Operator IN prüft, ob der Inhalt einer gesuchten Tabellenspalte mit dem Inhalt einer der angegebenen Suchbegriffe der Liste übereinstimmt. Hinter dem Schlüsselwort IN werden in runden Klammern die Sucharгumente, getrennt durch ein Komma, hintereinander aufgelistet. Dieser Operator ermöglicht eine kürzere und einfachere Formulierung der WHERE-Klausel. Anstatt "`WHERE Spalte = x OR Spalte = y OR Spalte = z`" ist bequemer zu schreiben "`WHERE Spalte IN (x, y, z)`".
Der IN-Operator kann auf Zeichenspalten, Datumsangaben und numerische Spalten angewendet werden.

3.5.1 Beispiel 26: Anwendung des IN-Operators auf Zeichenspalten

1. Die Datenbank *Direktbestellung01* ist geöffnet. Erstellen Sie eine Abfrage zur Auswahl aller Kunden, welche bei der Onlinebestellung als Adresse 'Berlin' oder 'Hamburg' oder 'München' angegeben haben.
2. Setzen Sie dazu folgende Anweisung ein.

```
SELECT KundenNr, Name, Ort
FROM   Adresse
WHERE  Ort IN ('Berlin', 'Hamburg', 'München')
```

3. Führen Sie diese Abfrage aus.

Ausgabefeld

Datenanzeige | Zerlegung | Meldungen | Historie

	kundennr integer	name character varying(30)	ort character varying(30)
1	100	Mueller	Berlin
2	100	Mueller	Hamburg
3	102	Meyer	Berlin
4	103		Berlin
5	104	Lange	Hamburg
6	105	Meier	Berlin
7	106		München
8	107	Beckman	Hamburg
9	109	Herfert	Berlin
10	110	Bieber	Berlin

OK. | Unix | Z 3 Sp 8 Bu 50 | 10 Zeilen. | 31 ms

***Abb 42** Das Ergebnis des IN-Operators*

4. Betrachten Sie das Ergebnis. Es wird das Feld 'Ort' auf Übereinstimmung mit allen Werten in der Liste geprüft. Wird ein Wert gefunden, ist das Ergebnis 'wahr'.
5. Sie sollten nur die Kunden mit den entsprechenden Kundennummern und Namen sehen, die aus einer der drei angegebenen Städten kommen.

3.5.2 Beispiel 27: Anwendung des IN-Operators auf numerische Daten

1. Die Datenbank *Direktbestellung01* ist geöffnet.
2. Es sollen die Bestellungen mit Bestellnummer und Bestelldatum ausgegeben werden, die in den Monaten Juni, August oder Oktober aufgegeben worden sind. Erstellen Sie dazu folgende Abfrage.

```
SELECT   BestellNr, Bestelldatum
FROM     Bestellung
WHERE    EXTRACT(MONTH FROM Bestelldatum) IN (06,08,10)
```

3. Führen Sie diese Abfrage aus.

Abb 43 *Ergebnisliste mit extrahierten Datumswerten*

4. Die Datumsfunktion EXTRACT(MONTH FROM Bestelldatum) extrahiert die Monatsangabe aus dem Datumsfeld *Bestelldatum*, damit der Monat mit den in der Liste aufgeführten Monatswerten (06, 08, 10) verglichen werden kann.
5. Beachten Sie, dass nur Bestellungen der angegebenen Monate angezeigt werden.

3.6 Der BETWEEN-Operator

Der BETWEEN-Operator wird eingesetzt, wenn Bereichsabfragen zu formulieren sind. Damit können Daten selektiert werden, die zwischen einem unteren und einem oberen Grenzwert liegen. Die festgelegten Grenzwerte werden in die Ergebnistabelle einbezogen. Das Komplement dieses Operators kann dadurch zur Verfügung gestellt werden, dass in der Bedingung bei der WHERE-Klausel ein NOT angegeben wird.
Die folgende Tabelle gibt Ihnen eine Übersicht der BETWEEN-Varianten:

Tabelle 10 Äquivalente Suchbedingungen für die BETWEEN-Klausel

Die BETWEEN-Klausel	Äquivalente Bedingung
WHERE Wert1 BETWEEN Wert2 AND Wert3	WHERE Wert1 >= Wert2 AND Wert1 <= Wert3
WHERE Wert1 NOT BETWEEN Wert2 AND Wert3	WHERE Wert1 < Wert2 OR Wert1 > Wert3
WHERE NOT(Wert1 BETWEEN Wert2 AND Wert3)	WHERE Wert1 < Wert2 OR Wert1 > Wert3

Der Zeilenoperator BETWEEN ersetzt für die Untergrenze den Operator >= und für die Obergrenze den Operator <=. Er kann auf Zeichenspalten, Datumsangaben und numerische Spalten angewendet werden

3.6.1 Beispiel 28: BETWEEN in einer Abfrage verwenden

1. Die Datenbank *Direktbestellung01* ist geöffnet.
2. Erstellen Sie eine neue Abfrage zur Selektion aller Artikel, deren Preis zwischen 15 und 50 Euro liegt.
3. Sie sollten aus der *Artikel*-Tabelle die Felder *ArtikelNr*, *Titel* und *Artikelpreis* ausgeben.

```
SELECT ArtikelNr, Titel, Artikelpreis
FROM   Artikel
WHERE  Artikelpreis BETWEEN 15 AND 50
```

4. Führen Sie die Abfrage aus.
5. Betrachten Sie das Ergebnis. Sie sollten nur Artikel sehen, deren Artikelpreise in dem angegeben Preisintervall liegen.

Abfragen

	artikelnr integer	titel character varying(64)	artikelpreis numeric
1	12	Excel 2007 Basis	19.95
2	13	AJAX - Frische Ansätze für das Web-Design	16.95
3	16	Datenbanken	24.95
4	19	Grundlagen Rechnungswesen & Datev	24.95
5	20	Datenbanken und SQL	26.50
6	21	Word und Excel 2003	35.50
7	23	Was ist Office?	22.25
8	24	Wirtschaft als Komplexum	34.9
9	25	Acess 2007	20.00
10	30	Rechnungswesen	23.00
11	31	Finanzmanagement Wirtschaft	24.95
12	34	PostgreSQL - Ein relationales Datenbanksystem	22.50

Abb 44 *Ergebnisliste der Artikel, deren Preis zwischen zwei Grenzwerten liegt*

6. Ändern Sie die Abfrage so, dass nur die Artikel ausgegeben werden, deren Artikelpreis nicht zwischen 15 und 50 Euro liegt. Sie können das Komplement des oben stehenden Artikelpreises erhalten, wenn Sie in der Bedingung bei der WHERE-Klausel ein NOT angeben.

```
SELECT ArtikelNr, Titel, Artikelpreis
FROM   Artikel
WHERE  Artikelpreis NOT BETWEEN 15 AND 50
--WHERE NOT(Artikelpreis BETWEEN 15 AND 50)
```

7. Führen Sie die geänderte Abfrage erneut aus und prüfen Sie das Ergebnis.

	artikelnr integer	titel character varying(64)	artikelpreis numeric
1	11	Word 2007 Basis	14.95
2	14	My SQL	12.95
3	15	Rechnungswesen	107.60
4	17	Personalmanagement	67.60
5	18	Grundlagen Rechnungswesen	9.95
6	28	HTML - Mit Aufgaben üben	13.50

Abb 45 *Das Ergebnis der NOT BETWEEN-Klausel*

8. Sie sollten nur Artikel sehen, deren Artikelpreise nicht mehr in dem alten Preisintervall liegen.

3.6.2 Beispiel 29: BETWEEN-Anwendung auf Datumsangaben

1. Die Datenbank *Direktbestellung01* ist geöffnet.
2. Erstellen Sie eine Abfrage, die alle Artikelpreise ausgeben soll, welche ab Juli 2007 bis Ende des Jahres 2008 gültig sind.
3. Verwenden Sie dazu als Vergleichsfeld den *Erscheinungstermin* und setzen Sie die Datumswerte in Anführungszeichen. Die Felder *Titel*, *Artikelpreis* und *Erscheinungstermin* sind auszugeben.

```
SELECT Titel, Artikelpreis, Erscheinungstermin
FROM   Artikel
WHERE  Erscheinungstermin BETWEEN '01.07.2007' AND '31.12.2008'
```

4. Führen Sie die Abfrage aus.

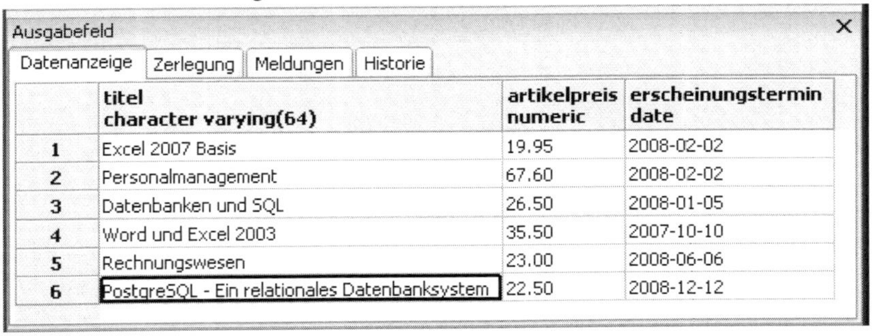

Ausgabefeld

Datenanzeige | Zerlegung | Meldungen | Historie

	titel character varying(64)	artikelpreis numeric	erscheinungstermin date
1	Excel 2007 Basis	19.95	2008-02-02
2	Personalmanagement	67.60	2008-02-02
3	Datenbanken und SQL	26.50	2008-01-05
4	Word und Excel 2003	35.50	2007-10-10
5	Rechnungswesen	23.00	2008-06-06
6	PostgreSQL - Ein relationales Datenbanksystem	22.50	2008-12-12

Abb 46 *Artikel mit Erscheinungstermin zwischen zwei Datumsgrenzen*

5. Überprüfen Sie das Abfrageergebnis. Beachten Sie, dass ausschließlich Datensätze für Artikel angezeigt werden, die tatsächlich im angegebenen Zeitraum liegen.
6. *Hinweis*: Das europäische Datumsformat TT.MM.YYYY wurde in das ISO/SQL-Standardformat YYYY-MM-TT umgewandelt.

Abfragen

3.7 Der NULL-Operator

Zur Behandlung der NULL-Felder einer Tabelle verfügt SQL über den NULL-Operator. Der Grund für ein NULL-Feld in einer Tabellenspalte ist, dass kein Datum zur Verfügung steht. NULL-Felder sind nicht ausgefüllte Felder. Damit sind keine Felder gemeint, die den Nullwert oder ein oder mehrere Leerzeichen enthalten. Der Nullwert kann mit IS NULL abgefragt werden. Ein arithmetischer Vergleich auf Nullwerte ist nicht möglich (z.B. = NULL), da NULL keinen Wert sondern einen Zustand darstellt. Wenn kein Feldinhalt geführt wird, sondern ein Nullwert, dann ist die Bedingung IS NULL wahr, ansonsten ist sie falsch. Die logische Nichtbedingung heißt IS NOT NULL.

Hinweis: Wenn mit SELECT DISTINCT auf Duplikate geprüft wird, dann werden die NULL-Felder als gleich angesehen, und es wird nur eine Zeile in die Ergebnistabelle geschrieben (z.B. SELECT DISTINCT(Untertitel) WHERE Untertitel IS NULL).

3.7.1 Beispiel 30: Untertitel in der Tabelle Artikel suchen

1. Die Datenbank *Direktbestellung01* ist geöffnet.
2. Schreiben Sie eine Abfrage, welche die Datensätze der Tabelle *Artikel* selektieren soll, wenn der Untertitel des Buches nicht vorgegeben (NULL) ist.
3. Die Tabellenfelder *ArtikelNr*, *Titel* und *ISBN* sind auszugeben.

```
SELECT  ArtikelNr, Titel, ISBN
FROM    Artikel
WHERE   Untertitel IS NULL
```

4. Führen Sie die Abfrage aus.
5. Betrachten Sie das Ergebnis. Hier werden nur die Artikel ausgegeben, die keinen Untertitel haben.
6. Ändern Sie die WHERE-Klausel so, dass die Artikeldatensätze ausgegeben werden, wenn der Untertitel des Buches vorgegeben ist.

```
SELECT  ArtikelNr, Titel, ISBN
FROM    Artikel
WHERE   Untertitel IS NOT NULL
```

7. Führen Sie die Abfrage erneut aus.

8. Überprüfen Sie das Abfrageergebnis. Beachten Sie, dass ausschließlich Artikel (ausgenommen der vorher angezeigten Artikel) mit Untertitel angezeigt werden.

	artikelnr integer	titel character varying(64)	isbn character varying(17)
1	13	AJAX - Frische Ansätze für das Web-Design	978-3-935539-26-5
2	14	My SQL	978-3-939520-00-9
3	15	Rechnungswesen	978-3-939520-73-7
4	16	Datenbanken	978-3-939520-20-7
5	17	Personalmanagement	978-3-939522-33-5
6	18	Grundlagen Rechnungswesen	978-3-935539-74-6
7	19	Grundlagen Rechnungswesen & Datev	978-3-939520-13-9
8	28	HTML - Mit Aufgaben üben	987-3-939522-40-5
9	31	Finanzmanagement Wirtschaft	978-3-939522-33-8

Abb 47 *Das Ergebnis der Artikel ohne Untertitel*

	artikelnr integer	titel character varying(64)	isbn character varying(17)
1	11	Word 2007 Basis	978-3-939520-21-4
2	12	Excel 2007 Basis	978-3-939520-42-9
3	20	Datenbanken und SQL	978-3-939520-50-9
4	21	Word und Excel 2003	987-3-939522-15-9
5	23	Was ist Office?	987-3-939522-22-7
6	24	Wirtschaft als Komplexum	978-3-939528-23-8
7	25	Acess 2007	978-3-939522-24-4
8	30	Rechnungswesen	987-3-939522-35-7
9	34	PostgreSQL - Ein relationales Datenbanksystem	978-3-939520-44-9

Abb 48 *Das Ergebnis der Artikel mit Untertitel*

Abfragen

3.8 Spaltenfunktionen

Spaltenfunktionen (oder Aggregatfunktionen) sind Funktionen, die aus einer Menge von Eingabewerten einen einzelnen Wert als Ergebnis zurückgeben. Eine Spaltenfunktion wird einmal auf alle Werte einer Spalte angewandt und berechnet einen Wert als Ergebnis. Der ermittelte Wert kann ausgegeben oder als Vergleichswert übergeben werden. Aggregatfunktionen werden in die SELECT- Klausel eingebaut und wirken nur auf eine Spalte. Eine Mischung von Spaltenangaben und Spaltenfunktionen in der SELECT-Klausel ist nicht zulässig. Alle Spaltenangaben in der SELECT-Klausel müssen Sie mit Spaltenfunktionen versehen (Ausnahme bei GROUP BY), sonst kann das SELECT-Statement nicht ausgeführt werden. Spaltenfunktionen dürfen nicht in der WHERE-Klausel vorkommen, weil WHERE auf Zeilenebene arbeitet, während Funktionen auf Spaltenebene arbeiten. Sie dürfen aber in der WHERE-Klausel innerhalb einer Unterabfrage oder in einer HAVING-Klausel auftreten.

Die folgende Tabelle gibt Ihnen eine Übersicht über die fünf eingebauten Spaltenfunktionen:

Tabelle 11 *Spaltenfunktionen*

Spaltenfunktion	Beschreibung
AVG(Spaltenname)	Bildet den Durchschnittswert der angegebenen Spalte.
MAX(Spaltenname)	Ermittelt den höchsten Wert der angegebenen Spalte.
MIN(Spaltenname)	Ermittelt den kleinsten Wert der angegebenen Spalte.
SUM(Spaltenname)	Berechnet die Summe der Werte der angegebenen Spalte.
COUNT(*)	Ermittelt die Anzahl aller Zeilen einer Tabelle.

AVG-Spaltenfunktion

Die Spaltenfunktion AVG berechnet den Durchschnitt aus einer Auswahl von Werten. AVG kann auf jede numerische Spalte oder Untermenge angewandt werden. Nicht vorhandene Zahlen werden bei der Berechnung des Mittelwertes ignoriert. Die Angabe DISTINCT eliminiert doppelte Werte.

MAX-/MIN-Spaltenfunktion

MAX liefert den größten und MIN den kleinsten Wert aus einer Auswahl von Werten. Die Vorgabe DISTINCT ist in beiden Funktionen ohne Wirkung. MIN und MAX können sowohl bei numerischen Spalten als auch bei Text- und Datumsspalten verwendet werden.

SUM-Spaltenfunktion

Sie berechnet die Summe aus einer Auswahl von Werten und ist auf numerische Spalten anwendbar. Nullwerte werden bei der Berechnung der Summe nicht ignoriert.

COUNT-Funktion

COUNT wird auf eine Spalte oder eine Tabelle angewendet und ermittelt die Anzahl der Felder in der Spalte oder die Zeilen in einer Tabelle. Das Ergebnis ist vom Datentyp INTEGER und kann nicht NULL sein. Zeilen mit Nullwerten werden bei COUNT(*) im Zähler mitgeführt. Die COUNT-Funktion tritt in drei Varianten auf:

Tabelle 12 COUNT-Varianten

COUNT-Funktion	Beschreibung
COUNT(*)	Zählt alle Zeilen in einer Ergebnistabelle inklusive der Leerzeilen.
COUNT(Spalte)	Liefert die Anzahl der Felder in einer Spalte, die keine Nullwerte haben.
COUNT(DISTINCT Spalte)	Wie die vorherige Alternative, aber ohne doppelte Felder.

3.8.1 Beispiel 31: Daten mit Spaltenfunktionen auswerten

1. Die Datenbank *Direktbestellung01* ist geöffnet.
2. Erstellen Sie eine neue SQL-Abfrage, die den Durchschnittswert der Artikelpreise aller Preise berechnet und ausgibt.
3. Außerdem legen Sie über das Schlüsselwort AS den Namen der angezeigten Spaltenüberschrift mit 'Durchschnittspreis' fest.
4. Führen Sie diese Abfrage aus

```
SELECT AVG(Artikelpreis) AS Durchschnittspreis
FROM    Artikel
```

5. Das gelieferte Ergebnis lautet '29.0527777777777778'.
   Die Zeilen der Tabelle *Artikel* werden in einer Zeile zusammengefasst und im Ergebnis wird nur eine berechnete Spalte 'Durchschnittspreis' ausgegeben. Der Spaltenwert in der einzigen Ausgabezeile wird als Mittelwert der Spalte *Artikelpreis* bzgl. aller Zeilen als Ausgangstabelle gebildet.
6. Erweitern Sie die SELECT-Anweisung um die restlichen Spaltenfunktionen MAX, MIN und SUM. Legen Sie über das Schlüsselwort AS den Namen der angezeigten Spaltenüberschriften mit 'MaxPreis', 'MinPreis' und 'Summe' fest.

```
SELECT AVG(Artikelpreis) AS Durchschnittspreis,
       MAX(Artikelpreis) AS MaxPreis,
       MIN(Artikelpreis) AS MinPreis,
       SUM(Artikelpreis) AS Summe
FROM Artikel
```

7. Führen Sie die Abfrage erneut aus und betrachten Sie die Ergebnisse der ausgeführten Standardfunktionen.

durchschnittspreis numeric	maxpreis numeric	minpreis numeric	summe numeric
29.0527777777777778	107.60	9.95	522.95

Abb 49 *Das Ergebnis Artikelpreis-Auswertung*

8. Speichern Sie die Abfrage unter dem Namen *ArtikelpreisAuswertung*.
9. Kodieren Sie das nachfolgende SELECT-Statement.

```
SELECT COUNT(*) AS Anzahl_Titel,
       COUNT(Untertitel) AS Anzahl_Untertitel
FROM   Artikel
```

10. Führen Sie die Abfrage aus und überprüfen Sie den Unterschied.

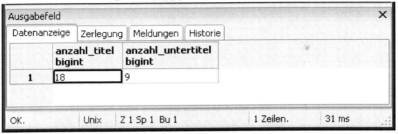

Abb 50 *Das Ergebnis der gezählten Titel und Untertitel*

11. COUNT(*) zählt alle Artikelzeilen, COUNT(Untertitel) dagegen zählt nur die Anzahl der Zeilen, die keine Nullwerte in der Untertitel-Spalte haben.

Abfragen

3.9 Die GROUP BY-Klausel

GROUP BY gruppiert alle Datensätze einer oder mehrerer Spalten, die den gleichen Inhalt haben. Die Ergebnistabelle enthält ausschließlich einmalige Zeilen.

Auf die gruppierten Daten lassen sich Spaltenfunktionen anwenden. In der GROUP BY-Klausel müssen alle Spalten aufgeführt, die hinter SELECT nicht mit den Spaltenfunktionen definiert worden sind. SELECT-Spalten mit Spaltenfunktionen werden nicht in der GROUP BY-Klausel angegeben. Diese Klausel steht im SELECT-Befehl nach FROM und WHERE und vor ORDER BY.

Die Verwendung der GROUP-BY-Klausel ist nur in Verbindung mit Spaltenfunktionen sinnvoll. Mittels Spaltenfunktionen kann aus den Daten einer Gruppe (mehrerer Tupel) ein aggregierter Wert berechnet werden. GROUP-BY kann z.B. jeweils eine Gruppe von Zeilen, die durch den gleichen Schlüssel definiert wird, zusammenfassen und als eine Ergebniszeile in die Ergebnistabelle ausgeben. In jeder Gruppe können die Spaltenfunktionen benutzt werden.

3.9.1 Beispiel 32: mit GROUP BY-Klausel

1. Die Datenbank *Direktbestellung01* ist geöffnet.
2. Geben Sie folgenden SELECT-Befehl mit der Klausel GROUP BY ein.

3. Führen Sie diese Abfrage aus.

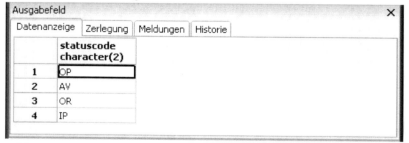

Abb 51 *Das Ergebnis der Artikel nach Statuscode gruppiert*

4. GROUP-BY teilt die Ergebnistabelle in kleinere Gruppen mit gemeinsamen Merkmalen. Die Artikeldatensätze werden nach dem *Statuscode* gruppiert ausgegeben.

5. Die Bedeutung der GROUP BY-Klausel in einem SELECT-Statement zeigt das folgende SELECT-Statement, mit dem neben dem *Statuscode* auch der maximale *Artikelpreis* selektiert werden soll.

```
SELECT Statuscode, MAX(Artikelpreis)
FROM   Artikel
```

6. Führen Sie diesen Befehl aus. Da Sie noch nicht angegeben haben, was mit dem *Statuscode* passieren soll, erhalten Sie folgende Fehlermeldung. *ERROR: column "artikel.statuscode" must appear in the GROUP BY clause or be used in an aggregate function.*
7. In einer SELECT-Anweisung mit Spaltenfunktion können keine weiteren Spaltenwerte angezeigt werden. Obige SELECT-Anweisung verstößt gegen diese Regel und ist somit falsch.
8. Um den *Statuscode* zu finden, müssen Sie eine GROUP BY-Klausel für ihn aufführen.

```
SELECT Statuscode, MAX(Artikelpreis)
FROM   Artikel
GROUP BY Statuscode
```

9. Führen Sie diese Abfrage erneut aus.

	statuscode character(2)	max numeric
1	OR	67,60
2	OP	35,50
3	AV	107,60
4	IP	22,50

***Abb 52** Maximaler Artikelpreis nach Statuscode gruppiert*

10. Überprüfen Sie das Ergebnis. In der ersten Ergebnisspalte werden die Statuscodes und in der zweiten Spalte der dazugehörige maximale Artikelpreis dargestellt.
11. Sie können den Statuscode mit dem maximalen Artikelpreis ohne Angabe der GROUP BY-Klausel finden, wenn Sie eine zweite Unterabfrage einbeziehen.

```
SELECT Statuscode, Artikelpreis
FROM Artikel
WHERE Artikelpreis = (SELECT MAX(Artikelpreis)
                      FROM Artikel)
```

3.10 Die HAVING-Klausel

Die Klausel HAVING ist ein zusätzlicher Filter, der nur in Verbindung mit GROUP BY benutzt werden darf. Sie wirkt nur auf die Gruppierungswerte und kann diese aufgrund bestimmter Inhalte von der Weiterverarbeitung ausschließen. HAVING enthält zusätzlich zur WHERE-Klausel Bedingungen für Gruppen. Für die Formulierung der HAVING-Bedingung gelten die gleichen Regeln wie bei der WHERE-Klausel. Alle Operatoren und Spaltenfunktionen sowie Unterabfragen können innerhalb einer HAVING-Bedingung eingesetzt werden.

3.10.1 Beispiel 33: mit HAVING-Klausel

1. Die Datenbank *Direktbestellung01* ist geöffnet.
2. Mit dem folgenden SELECT können Sie die Summe der Artikelpreise je Statuscode berechnen und die Summe mit einem Grenzwert vergleichen. Damit nur Statuscodes angezeigt werden, für die die Summe der Artikelpreise über 100 Euro liegt, ist eine HAVING-Klausel erforderlich.

```
SELECT Statuscode, SUM(Artikelpreis) AS Artikelpreis
FROM    Artikel
GROUP BY Statuscode
HAVING SUM(Artikelpreis) > 100
```

3. Führen Sie die Abfrage aus.

	statuscode character(2)	artikelpreis numeric
1	OP	128.85
2	AV	180.40
3	OR	125.50

Abb 53 Ergebnis Preissumme größer 100 Euro nach Statuscode gruppiert

4. Sie sollten jetzt nur diejenigen Artikelsätze sehen, die eine Preissumme größer 100 Euro haben.
5. HAVING ist die Bedingungsklausel für die Einbeziehung von Aggregaten in Vergleiche.
6. *Hinweis*: Eine Auswahl aus den gebildeten Gruppen kann man mit der HAVING-Klausel treffen. Die WHERE-Klausel bezieht sich immer nur auf eine Zeile einer Tabelle.

3.11 Komplexe Abfragen

SQL ermöglicht die Bildung von dynamischen Werten, die während der Ausführungszeit gebildet und dann bei einer Abfrage verwendet werden können. Die Bedingungen für diese Werte werden in Unterabfragen (Sub-SELECTs) formuliert und dann in die Hauptabfrage eingesetzt. Unterabfragen stellen eine übersichtliche und komfortable Technik dar, komplexere Abfragen innerhalb eines einzigen SQL-Statements zu implementieren.

Bei einer Unterabfrage handelt es sich um ein SELECT innerhalb einer WHERE-Klausel eines SELECTs oder eines anderen SQL-Befehls. Eine Unterabfrage wird eingesetzt, falls die WHERE-Bedingung vom Ergebnis einer anderen Abfrage abhängt. Die Syntax für eine Haupt- und Unterabfrage sieht wie folgt aus:

```
SELECT  Spaltenliste
FROM    Tabelle (n)
WHERE   Spalte Operator (Sub-SELECT)
```

Die Tabelle in der Unterabfrage kann entweder identisch mit der Tabelle in der Hauptabfrage oder eine andere Tabelle sein.

Die Unterabfrage ist ein Ausdruck der Form (SELECT ... FROM ... WHERE ...) und muss immer in Klammern stehen. Sie darf nur eine Spalte in der temporären Ergebnistabelle der Unterabfrage enthalten. Eine Unterabfrage kann genau einen Wert oder auch eine Menge von Feldinhalten ausgeben. Je nachdem, ob die Unterabfrage einen oder mehrere Werte liefert, muss der Operator gesetzt werden. Die Operatoren =, >, <, >= und <= liefern einen Ergebniswert, die Operatoren IN, ANY und ALL liefern dagegen mehrere Werte.

Mittels einer Unterabfrage können Bedingungen für die Selektion erstellt werden, die sich rekursiv auf die in der Hauptabfrage benannte Tabelle beziehen. So kann eine Unterabfrage als korrelierte (oder abhängige) Unterabfrage existieren, wenn sie sich auf eine Spalte bezieht, die in der Hauptabfrage angesprochen wird. Damit zwischen dem Tabellenzugriff in der Haupt- und in der Unterabfrage unterschieden werden kann, wird der Tabelle in der Hauptabfrage ein Alias-Name (oder Korrelationsname) zugewiesen. Als Korrelationsnamen werden Abkürzungen verwendet, die in der FROM-Klausel hinter den Tabellen angegeben werden. Alias-Namen werden häufig zur eindeutigen Spaltenbeschreibung anstelle des Tabellennamens verwendet.

Hat eine Unterabfrage keine Referenz auf die Hauptabfrage, spricht man von einer nicht korrelierten Unterabfrage. Die folgende Tabelle gibt Auskunft über den Ablauf von korrelierten bzw. nicht korrelierten Sub-SELECTs.

Tabelle 13 *Ablauf einer korrelierten bzw. unkorrelierten Unterabfrage*

Ablauf einer korrelierten Abfrage	Ablauf einer nicht korrelierten Abfrage
1. Zunächst wird die Tabelle in der Hauptabfrage einmal durchsucht.	1. Zunächst wird die Unterabfrage einmal durchgeführt und ein einzelner Wert (o. eine Menge) als Ergebnis in einer temporären Tabelle bereitgestellt.
2. Dann wird der Vergleich mit den Werten der Unterabfragen vorgenommen.	2. Dann wird die Hauptabfrage (äußere Abfrage) durchgeführt und
3. Die Verarbeitung der Tabelle in der Unterabfrage wiederholt sich für alle selektierten Zeilen der Tabelle in der Hauptabfrage.	3. jede Zeile der Hauptabfrage mit dem entsprechenden Ergebnis der Unterabfrage verglichen.

Ein Sub-SELECT kann eingesetzt werden:

- Direkt nach einem Vergleichsoperator (>, <, =, <>, >=, <=). In diesem Fall ist ein einziger Wert als Rückgabemenge zulässig.
- Nach EXISTS: Es wird eine Bedingung TRUE oder FALSE gesetzt.
- Nach dem IN-Operator: Es findet ein Vergleich mit einer Menge von Zeilen statt, die in einer temporären Ergebnistabelle durch die Unterabfrage gebildet wird.
- Nach dem ANY-Operator: Die Bedingung muss zumindest bei einer Ergebniszeile erfüllt sein. Eine leere Ergebnistabelle gilt als eine nicht erfüllte Bedingung.
- Nach dem ALL-Operator: Die Bedingung muss bei allen Ergebniszeilen der Unterabfrage erfüllt sein. Eine leere Resultattabelle gilt als erfüllte Bedingung.

3.11.1 Beispiel 34: Eine einfache Abfrage ohne Unterabfrage

1. Die Datenbank *Direktbestellung01* ist geöffnet.
2. Erstellen Sie eine Abfrage, die alle Artikel selektieren soll, deren Artikelpreis über dem Durchschnitt liegt.
3. Um diese Frage zu beantworten, müssen Sie den Wert des Durchschnittpreises kennen. Unter der Annahme, dass er 34.50 Euro beträgt, lässt sich die Selektion der entsprechenden Artikel mit der folgenden einfachen SELECT-Anweisung bewerkstelligen.

```
SELECT  ArtikelNr, Titel, Artikelpreis
FROM    Artikel
WHERE   Artikelpreis > 34.50
```

4. Führen Sie die Abfrage aus.

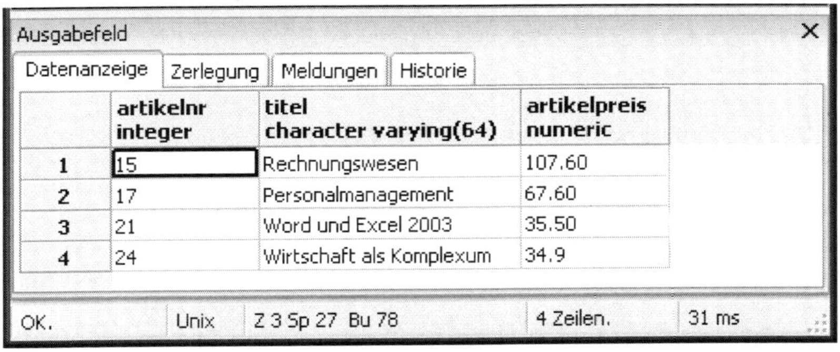

artikelnr integer	titel character varying(64)	artikelpreis numeric
15	Rechnungswesen	107.60
17	Personalmanagement	67.60
21	Word und Excel 2003	35.50
24	Wirtschaft als Komplexum	34.9

Abb 54 Das Ergebnis der Abfrage ohne Unterabfrage

5. Betrachten Sie das Ergebnis. Der Nachteil dieser Abfrage liegt darin, dass Sie den notwendigen Durchschnittspreis kennen müssen, der sich mit Veränderung der Artikelpreise ändert.
6. Dieses Problem können Sie mit der Berechnung des Durchschnittspreises in einer Unterabfrage lösen. Das folgende einfache Beispiel soll die Notwendigkeit des Einsatzes einer Unterabfrage verdeutlichen.

3.11.2 Beispiel 35: Eine WHERE-Klausel mit einer Unterabfrage

1. Die Datenbank *Direktbestellung01* ist geöffnet.
2. Erstellen Sie eine Abfrage, die die Felder *ArtikelNr*, *Titel* und *Artikelpreis* für alle Bücher anzeigt, welche einen größeren Artikelpreis haben als der Durchschnitt aller Preise.
3. Kodieren Sie dazu folgendes SELECT-Statement mit der Unterabfrage (Sub-SELECT).

```
SELECT  ArtikelNr, Titel, Artikelpreis
FROM    Artikel
WHERE   Artikelpreis > (SELECT AVG(Artikelpreis)
                        FROM Artikel)
```

4. Führen Sie diese Abfrage aus.

	artikelnr integer	titel character varying(64)	artikelpreis numeric
1	15	Rechnungswesen	107.60
2	17	Personalmanagement	67.60
3	21	Word und Excel 2003	35.50
4	24	Wirtschaft als Komplexum	34.9

Abb 55 *Das Ergebnis einer Abfrage mit Unterabfrage*

5. Betrachten Sie das Ergebnis. In der Unterabfrage wird der Durchschnittswert (29.05) aller Artikelpreise berechnet. Damit dieses Ergebnis mit dem Artikelpreis der jeweiligen Artikel verglichen werden kann, muss die Unterabfrage eine Tabelle mit einer einzigen Zeile und Spalte ergeben. Eine solche Tabelle kann als Wert interpretiert werden. Das Ergebnis verwenden Sie in der WHERE-Klausel, um Artikel zu selektieren, deren Preis über diesem Wert liegt.
6. Der Ablauf des SELECT-Statements sieht wie folgt aus: Zuerst wird die Unterabfrage ausgeführt und der Durchschnittspreis ermittelt. Zeilen mit Nullwerten werden ignoriert. Der ermittelte Durchschnittswert wird in die Hauptabfrage eingesetzt, die anschließend ausgeführt wird.

3.11.3 Beispiel 36: Mit einer korrelierten Unterabfrage suchen

1. Die Datenbank *Direktbestellung01* ist geöffnet.
2. Erstellen Sie eine Abfrage, die die Artikel mit dem Maximalartikelpreis pro Kategorie ausgibt. Zeigen Sie dazu die Felder *ArtikelNr*, *KategorieNr* und *Artikelpreis* an.
3. Kodieren Sie folgende SELECT-Anweisung. Da das Vergleichsfeld *KategorieNr* identisch ist, verwenden Sie zur eindeutigen Beschreibung die Korellationsnamen (oder Alias) a1 und a2, und geben diese Abkürzungen anstelle der Tabellennamen an.

```
SELECT  ArtikelNr, KategorieNr, Artikelpreis
FROM    Artikel a1
WHERE   Artikelpreis = (SELECT MAX(Artikelpreis)
                        FROM Artikel a2
                        WHERE a1.KategorieNr = a2.KategorieNr)
```

4. Führen Sie die Abfrage aus.

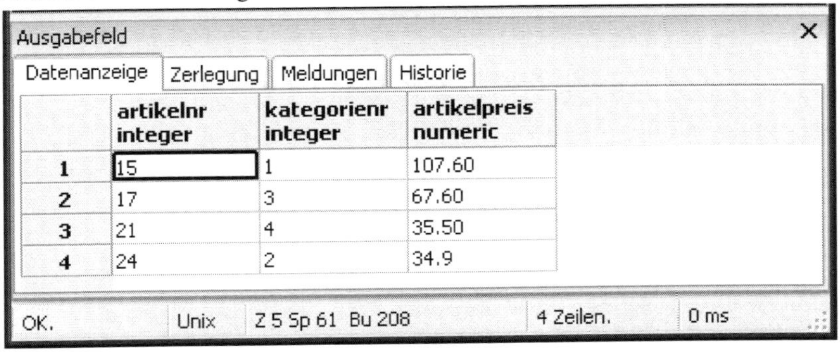

	artikelnr integer	kategorienr integer	artikelpreis numeric
1	15	1	107.60
2	17	3	67.60
3	21	4	35.50
4	24	2	34.9

Abb 56 Das Ergebnis einer Abfrage mit einer korellierten Unterabfrage

5. Betrachten Sie das Ergebnis. Hier ist die Unterabfrage mit der übergeordneten Abfrage korreliert. D.h., die Ergebniszeilen der Unterabfrage beziehen sich auf die jeweilige Ergebniszeile der Oberabfrage. Das entspricht einer Schleife, bei der für jeden Datensatz der Tabelle *a1* alle Datensätze der Tabelle *a2* durchlaufen werden. Dabei wird nur bzgl. der Datensätze der maximale Artikelpreis gebildet, die in der Kategorienummer übereinstimmen.

3.12 Der EXIST-Operator

Der EXISTS-Operator stellt fest, ob eine Unterabfrage überhaupt ein Ergebnis besitzt. EXISTS erzeugt prinzipiell keine Daten sondern nur die Bedingung wahr oder falsch. Die Verwendung von EXISTS ist nur dann sinnvoll, wenn Sie prüfen möchten, ob in der Unterabfrage gültige Vergleichswerte zum aktuellen Wert der Hauptabfrage existieren. EXISTS bzw. NOT EXISTS wird eingesetzt, wenn eine Ergebnistabelle nur Daten enthalten soll, die dem Vorhandensein bzw. Nichtvorhandensein von Ergebniszeilen aus der Unterabfrage entsprechen. Die folgende Syntax soll Ihnen einen kleinen Einblick in diesen Operator geben.

```
SELECT  Spaltenauswahl
FROM    Haupttabelle h
WHERE   [NOT] EXISTS (SELECT *
                FROM Untertabelle u
                [WHERE h.Vergleichsspalte =
                   u.Vergleichspalte])
```

EXIST bzw. NOT EXIST wird i.d.R. mit SELECT * eingeleitet. An Stelle des Sterns kann auch ein Spaltenname aus der Haupttabelle angegeben werden. Hinter FROM darf nur eine einzige Tabelle stehen, weil EXISTS keine Join-Bedingung zulässt. Vor EXISTS darf kein Spaltenname vorkommen, weil die Vereinbarung der Verknüpfung in der WHERE-Klausel der Unterabfrage erfolgt.

Der Ausdruck WHERE NOT EXISTS dient dazu, den Datensatz herauszufinden, auf den die Bedingung der Unterabfrage nicht zutrifft.

Hinweis: EXISTS bzw. NOT EXISTS wird häufig innerhalb einer korrelierten Unterabfrage eingesetzt.

3.12.1 Beispiel 37: Anzeige der Kunden mit Bestellungen

1. Die Datenbank *Direktbestellung01* ist geöffnet.
2. Welche in der Tabelle *Kunden* erfassten Kunden stehen auch in der Tabelle *Bestellung*?
3. Erstellen Sie eine Abfrage zur Auswahl derjenigen Kunden, die eine Bestellung aufgegeben haben. Geben Sie die Felder *KundenNr*, *Anrede*, *Name* und *eMail* aus.

```
SELECT  KundenNr, Anrede, Name, eMail
FROM    Kunden k
WHERE   EXISTS (SELECT *
                FROM Bestellung b
                WHERE k.KundenNr = b.KundenNr)
```

4. Führen Sie diese Abfrage aus.

	kundennr integer	anrede character varying(20)	name character varying(30)	email character varying(50)
1	100	Herr	Müller	hans@yahoo.de
2	101	Frau	Schulz	selfi@gmx.de
3	102	Herr	Meyer	richard@gmx.de
4	104	Frau	Lange	anlange@distel.de
5	105	Herr	Meier	bernd@yahoo.de
6	107	Herr	Beckman	beda@fhw.de
7	108	Herr	Wendtland	hans@gmx.de
8	109	Frau	Herfert	herpe@gmx.de
9	110	Herr	Bieber	bieberp@gmx.de

Abb 57 *Das Ergebnis der Kunden mit Bestellungen*

5. Betrachten Sie das Ergebnis und den Ablauf der internen Vorgehensweise.
6. Sie sehen, dass vor EXISTS keine Vergleichsspalte steht und folglich keine Verknüpfung zwischen Haupt- und Unterabfrage möglich ist. In diesem Fall wird die Verknüpfung in der WHERE-Klausel der Unterabfrage definiert.
7. Der Ablauf der internen Verarbeitung sieht wie folgt aus:
8. Zunächst wird die Hauptabfrage ausgeführt und ihr Ergebnis in temporärer Ergebnistabelle_1 bereitgestellt.
9. Aus der ersten Zeile der Ergebnistabelle_1 wird dann die Variable k.KundenNr übergeben und die Unterabfrage ausgeführt. Das Ergebnis wird in temporärer Ergebnistabelle_2 bereitgestellt.

10. Nun wird die Bedingung aufgrund der Ergebnistabelle_2 gesetzt und entschieden, ob die Zeile aus Ergebnistabelle_1 zur Verarbeitung herangezogen wird.
11. Die Schritte 8 und 9 sollen für alle Zeilen aus Ergebnistabelle_1 wiederholt werden.
12. Wenn Sie die WHERE-Bedingung in der Unterabfrage ignorieren, dann werden alle Zeilen aus der Tabelle *Kunden* angezeigt, was es natürlich nicht erwünscht ist.
13. Wegen der erforderlichen Verbindung gehört EXISTS zu den korrelierten Unterabfragen. D.h., dass EXISTS-Operatoren mehr Ausführungszeit in Anspruch nehmen als beispielsweise IN-Operatoren. Aus diesem Grund ist zweckmäßig, sie durch IN-Operatoren zu ersetzen, wie die folgende Abfrage zeigt.

```
SELECT  KundenNr, Anrede, Name, eMail
FROM    Kunden k
WHERE   k.KundenNr IN (SELECT KundenNr
                       FROM Bestellung b
                       WHERE k.KundenNr = b.KundenNr)
```

3.12.2 Beispiel 38: Mit NOT EXISTS fehlende Bestellungen suchen

1. Die Datenbank *Direktbestellung01* ist geöffnet.
2. Welche in der *Kunden*-Tabelle erfassten Kunden stehen nicht in der Tabelle *Bestellung*?
3. Ändern Sie die Abfrage im vorherigen Beispiel (Bsp. 37) so, dass nun alle Kunden angezeigt werden, die keine Bestellungen aufgegeben haben. Da zu den Kunden auch Firmen gehören, zeigen Sie auch dieses Feld an.
4. Verwenden Sie dazu den Ausdruck "`WHERE NOT EXISTS`", der dazu dient, den Datensatz herauszufinden, auf den die Bedingung "`WHERE k.KundenNr = b.KundenNr`" der Unterabfrage nicht zutrifft.
5. Verfahren Sie nun analog wie bei EXISTS.

```
SELECT KundenNr, Anrede, Firma, Name, eMail
FROM   Kunden k
WHERE  NOT EXISTS (SELECT *
                   FROM Bestellung b
                   WHERE k.KundenNr = b.KundenNr)
```

6. Führen Sie die Abfrage aus. Es werden also nur die Datensätze mit der *KundenNr* (103 und 106) angezeigt, die nicht in der Bestellung vorkommen. Das Feld *Anrede* ist leer, weil es sich um Firmen handelt.

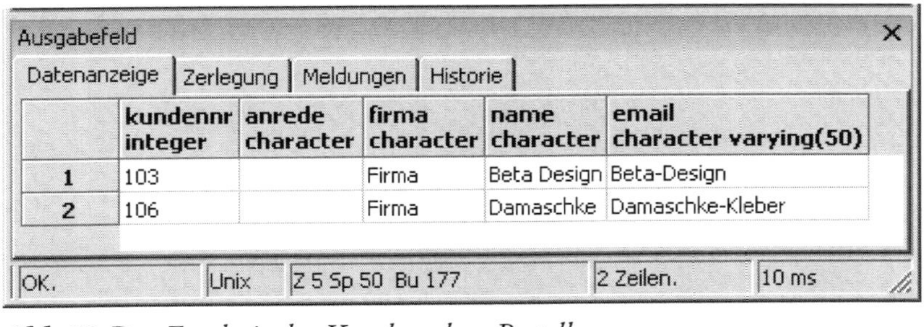
Ausgabefeld
Datenanzeige
Zerlegung
Meldungen
Historie
kundennr integer
anrede character
firma character
name character
email character varying(50)
1 103 Firma Beta Design Beta-Design
2 106 Firma Damaschke Damaschke-Kleber
OK.
Unix
Z 5 Sp 50 Bu 177
2 Zeilen.
10 ms

Abb 58 *Das Ergebnis der Kunden ohne Bestellungen*

7. Die Aliasnamen *k* für die Tabelle *Kunden* und *b* für die *Bestellung* sind freiwählbare Abkürzungen und dürfen in der WHERE-Bedingung anstelle der Tabellennamen verwendet werden, weil die Namen der Vergleichsspalten identisch sind.

3.13 Der IN-Operator

Der IN-Operator prüft innerhalb der Unterabfrage, ob eine Bedingung, die in der Hauptabfrage gestellt wurde, erfüllt wird. Der Operator IN wird verwendet, wenn eine Ergebnistabelle nur Daten enthalten soll, die den Bedingungen zumindest einer Ergebniszeile aus der Unterabfrage entsprechen.
Der Ablauf der internen Verarbeitung sieht wie folgt aus: Zuerst wird die Unterabfrage ausgeführt und das Ergebnis in einer Ergebnistabelle_1 bereitgestellt. Dann erfolgt die Ausführung der Hauptabfrage und die Bereitstellung des Ergebnisses in einer Ergebnistabelle_2. Jede Zeile aus der zweiten Ergebnistabelle wird mit allen Zeilen der ersten Ergebnistabelle verglichen. Die Bedingung ist erfüllt (IN), wenn mindestens ein übereinstimmender Wert gefunden ist. Bei NOT IN ist die Bedingung nicht erfüllt.

3.13.1 Beispiel 39: Mit dem IN-Operator in einer Unterabfrage suchen

1. Die Datenbank *Direktbestellung01* ist geöffnet.
2. Erstellen Sie eine Abfrage, die bestimmte Artikel mit einem Artikelpreis größer 30 Euro anzeigt. Die Felder *ArtikelNr*, *ISBN*, *Titel* und *Artikelpreis* sind auszugeben.
3. Kodieren Sie folgendes SELECT-Statement und verwenden Sie den IN-Operator, um ein Enthaltensein der gesuchten Preise in der Unterabfrage festzulegen.

```
SELECT  ArtikelNr, ISBN, Titel, Artikelpreis
FROM    Artikel
WHERE   ArtikelNr IN (SELECT ArtikelNr
                      FROM    Artikel
                      WHERE Artikelpreis > 30)
```

4. Führen Sie diese Abfrage aus.

	artikelnr integer	isbn character varying(17)	titel character varying(64)	artikelpreis numeric
1	15	978-3-939520-73-7	Rechnungswesen	107.60
2	17	978-3-939522-33-5	Personalmanagement	67.60
3	21	987-3-939522-15-9	Word und Excel 2003	35.50
4	24	978-3-939528-23-8	Wirtschaft als Komplexum	34.9

Abb 59 *Artikel, deren Preis mit IN in einer Unterabfrage gesucht werden*

5. Betrachten Sie das Ergebnis. Im Beispiel wird für jeden Wert aus der Vergleichsspalte *ArtikelNr* der Hauptabfrage geprüft, ob dieser Wert in der Vergleichspalte *ArtikelNr* der Unterabfrage steht. Wenn die passende Artikelnummer gefunden ist und der dazugehörige *Artikelpreis* den Wert 30 übersteigt, dann wird der Datensatz angezeigt.
6. Konzeptionell wird die Unterabfrage vor der Ausführung der Hauptabfrage ausgewertet. Dann wird für jede Zeile eine passende Artikelnummer im Ergebnis der Unterabfrage gesucht. Diese unkorrelierte Unteranfrage ist effizient, weil sie nur einmal ausgewertet wird.

3.13.2 Beispiel 40: Mit dem NOT IN-Operator in einer Unterabfrage suchen

1. Die Datenbank *Direktbestellung01* ist geöffnet.
2. Sie möchten die Kunden feststellen, welche nicht in der Tabelle *Bestellung* existieren. Verwenden Sie dazu den Operator NOT IN.
3. Erstellen Sie eine Abfrage mit diesem Operator und geben Sie die Felder *KundenNr, Anrede, Firma, Name* und *Email* aus.
4. Kodieren Sie folgende SELECT-Anweisung.

```
SELECT  KundenNr, Anrede, Firma, Name, eMail
FROM    Kunden k
WHERE   k.KundenNr NOT IN (SELECT KundenNr
                           FROM Bestellung b
                           WHERE k.KundenNr = b.KundenNr)
```

5. Führen Sie die Abfrage aus.

Abb 60 *Ergebnis: Kunden, die nicht in der Bestellung enthalten sind*

6. IN prüft nacheinander für jeden Wert aus der Vergleichsspalte *k.KundenNr* der Haupttabelle *Kunden*, ob diese Kundennummer nicht in der Vergleichsspalte *KundenNr* der Untertabelle *Bestellung* existiert. Die Vergleichsspalten in beiden Tabellen müssen gleich sein.
7. Möchten Sie die Unterabfrage um eine WHERE-Bedingung (z.B. WHERE *k.KundenNr = b.KundenNr*) erweitern, die wiederum das gleiche Ergebnis liefert, dann müssen Sie die Aliasnamen *k* und *b* verwenden.

3.14 Der ANY-Operator

Sie können in Unterabfragen, die einen oder mehrere Ergebniswerte liefern, die zwei speziellen Vergleichsoperatoren ANY und ALL einsetzen. Diese Operatoren werden zusammen mit den einfachen relationalen Operatoren <, >, <= und >= verwendet.
Wird der ANY-Operator eingesetzt, dann vergleicht PostgreSQL die Spalte aus der Haupttabelle mit jedem Einzelwert der Datenmenge aus der Unterabfrage. Über ANY können Sie feststellen, ob ein Vergleichswert größer (oder kleiner) als irgendein in der Unterabfrage vorkommender Wert ist. ANY wird verwendet, wenn eine Ergebnistabelle nur Daten enthalten soll, die den Bedingungen zumindest einer Ergebniszeile aus der Unterabfrage entsprechen.

3.14.1 Beispiel 41: Daten mit <ANY in einer Unterabfrage suchen

1. Die Datenbank *Direktbestellung01* ist geöffnet.
2. Die Geschäftsführung des Verlags Stadtlupe möchte alle Bücher haben, die im Jahr 2007 erschienen sind und nicht die teuersten waren.
3. Erstellen Sie eine Abfrage zur Selektion aller Artikel, die im Jahr 2007 erschienen sind und einen Preis haben, der kleiner ist als irgendein Artikelpreis (also der größte Artikelpreis) in der Gruppe mit Kategorienummer 2. Geben Sie die *ArtikelNr*, den *Titel*, den *Artikelpreis* und den *Erscheinungstermin* aus.

```
SELECT  ArtikelNr, Titel, Artikelpreis, Erscheinungstermin
FROM    Artikel
WHERE   EXTRACT(YEAR FROM Erscheinungstermin)= 2007
   AND  Artikelpreis < ANY (SELECT Artikelpreis
                            FROM Artikel
                            WHERE KategorieNr = 2)
```

4. Führen Sie die Abfrage aus.
5. Betrachten Sie das Ergebnis. Der Operator "< ANY" wählt aus der Vergleichsliste der Unterabfrage den größten Wert aus und zeigt mit der Hauptabfrage alle Zeilen mit geringeren Vergleichswerten an. In der Regel geht es um den Vergleich eines Wertes, der kleiner ist als irgendein Wert in der Vergleichsliste. Damit ist gemeint jeder Wert, der kleiner ist als der größte Wert in der Vergleichsliste der Unterabfrage.

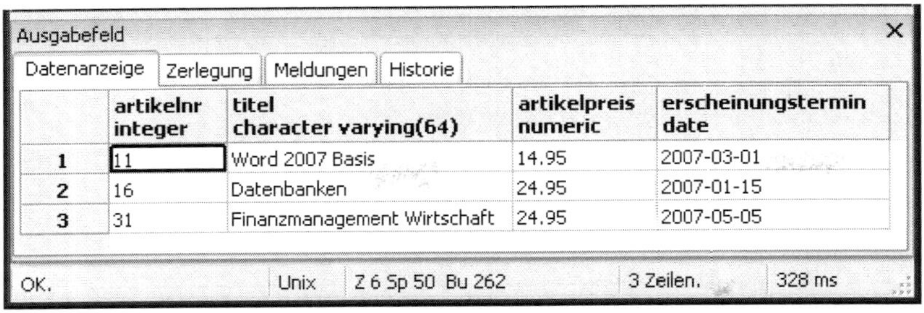
Ausgabefeld

Datenanzeige | Zerlegung | Meldungen | Historie

	artikelnr integer	titel character varying(64)	artikelpreis numeric	erscheinungstermin date
1	11	Word 2007 Basis	14.95	2007-03-01
2	16	Datenbanken	24.95	2007-01-15
3	31	Finanzmanagement Wirtschaft	24.95	2007-05-05

OK. | Unix | Z 6 Sp 50 Bu 262 | 3 Zeilen. | 328 ms

***Abb 61** Das Ergebnis der billigsten Artikel des Jahres 2007*

6. Die Hauptabfrage (links von < ANY) liefert aus allen Büchern, welche im Jahr 2007 erschienen sind, folgende Liste von Artikelpreisen {14.95, 107.60, 24.95, 35.50, 24.95, 34.90}.
7. Die Unterabfrage hinter ANY liefert aus allen Artikeln der Kategorie 2 folgende Artikelpreise {16.95, 24.95, 22.25, 34.90, 23.00}. Der Operator "< ANY" ermittelt aus dieser Vergleichsliste das Buch mit dem größten Artikelpreis (34.90) und gibt in der Hauptabfrage alle Artikelzeilen mit Artikelpreis kleiner als 34.90 Euro aus.

3.14.2 Beispiel 42: Daten mit >ANY in einer Unterabfrage suchen

1. Die Datenbank *Direktbestellung01* ist geöffnet.
2. Welche weiblichen Kunden sind noch später als der Kunde mit dem ältesten (niedrigsten) Eintrittsdatum in dem Verlag Stadtlupe Kunden geworden.
3. Erstellen Sie dazu eine Abfrage und geben Sie die Daten *KundenNr, Name, Vorname* und *KundeSeit* aus. Suchen Sie die Kundensätze innerhalb der Unterabfrage mit dem Mengenoperator "> ANY".

```
SELECT  KundenNr, Name, Vorname, KundeSeit
FROM    Kunden
WHERE   Anrede = 'Frau' AND KundeSeit > ANY(SELECT KundeSeit
                                            FROM Kunden)
```

4. Führen Sie diese Abfrage aus und überprüfen Sie das Ergebnis.

	kundennr integer	name character varying(30)	vorname character varying(30)	kundeseit date
1	104	Lange	Anna	2007-07-15
2	109	Herfert	Petra	2007-10-10

Abb 62 *Das Ergebnis der ältesten, weiblichen Kunden*

5. Der Operator "> ANY" wählt aus der Vergleichsliste der Unterabfrage den kleinsten Wert aus und zeigt mit der Hauptabfrage alle Zeilen mit größeren Vergleichswerten an. Hiermit wird in der Unterabfrage ein Wert gesucht, der größer ist als irgendein Wert in der Vergleichsliste. Damit ist jeder Wert gemeint, der größer ist als der kleinste Wert in der Vergleichsliste der Unterabfrage.
6. Die Unterabfrage hinter ANY liefert aus allen Kunden folgende Liste mit Datumswerten:
{2006-01-01, 2005-06-06, 2007-07-07, 2008-07-07, 2007-07-15, 2006-04-04, 2007-02-02, 2007-02-10, 2007-08-25, 2007-10-10, 2008-11-10}
7. Der Operator "> ANY" ermittelt aus dieser Vergleichsliste das älteste Datum (2005-06-06) und gibt in der Hauptabfrage alle Kundensätze mit dem *KundeSeit*-Wert aus, der junger als das älteste Vergleichsdatum ist.

3.15 Der ALL-Operator

Wird der ALL-Operator eingesetzt, dann vergleicht PostgreSQL die Spalte aus der Haupttabelle mit allen Werten der Datenmenge aus der Unterabfrage. Über ALL können Sie feststellen, ob ein Vergleichswert größer (oder kleiner) als alle in der Unterabfrage vorkommenden Werte ist. Der ALL-Operator wird verwendet, wenn eine Ergebnistabelle nur Daten enthalten soll, die den Bedingungen aller Ergebniszeilen aus der Unterabfrage entsprechen. Mit dem ALL-Operator können Sie z.B. in der Unterabfrage einen Vergleichswert aus einer Datengruppe abfragen.

3.15.1 Beispiel 43: Daten mit dem ALL-Operator suchen

1. Die Datenbank *Direktbestellung01* ist geöffnet.
2. Die Geschäftsführung des Verlags Stadtlupe will erfahren, welcher Artikel gleich viel oder mehr kostet, als der Artikel mit dem höchsten *Artikelpreis* in der Bücherkategorie ('MS Office') mit *KategorieNr* gleich 2.
3. Erstellen Sie eine entsprechende Abfrage und geben Sie die Artikelnummer (*ArtikelNr*), den *Titel*, den *Artikelpreis* und die Kategorienummer (*KategorieNr*) aus.

```
SELECT  ArtikelNr, Titel, Artikelpreis, KategorieNr
FROM    Artikel
WHERE   Artikelpreis >= ALL(SELECT Artikelpreis
                            FROM Artikel
                            WHERE KategorieNr = 2)
```

4. Führen Sie die Abfrage aus.

	artikelnr integer	titel character varying(64)	artikelpreis numeric	kategorienr integer
1	15	Rechnungswesen	107.60	1
2	17	Personalmanagement	67.60	3
3	21	Word und Excel 2003	35.50	4
4	24	Wirtschaft als Komplexum	34.90	2

Abb 63 Das Ergebnis der teuersten Artikel pro Kategorie

5. Betrachten Sie das Ergebnis. Der Operator ">= ALL" wählt aus der Vergleichsliste der Unterabfrage den höchsten Wert aus und zeigt mit der Hauptabfrage alle Zeilen mit größeren und gleichen Vergleichswerten an.

6. Die Unterabfrage hinter ALL liefert eine Ergebnistabelle mit den Artikelpreisen der Artikel in der Kategorienummer 2. Damit diese Tabelle mit dem Wert *Artikelpreis* verglichen werden kann, ist ALL notwendig. Damit wird festgelegt, dass Artikelpreis größer oder gleich aller Werte aus der Unterabfrage ist.
7. Der ALL-Operator ermittelt aus allen in der Kategorie 2 vorhandenen Artikelpreise (16.95, 24.95, 22.25, 34.9, 23.00) den höchsten (d.h. 34.9) Artikelpreis. Mit ">= ALL" werden in der Hauptabfrage alle Zeilen ausgewählt, in denen der Artikelpreis größer oder gleich 34.9 ist. Die gelieferten Artikel mit den Artikelnummern (15, 17, 21 und 24) haben einen Artikelpreis, der größer oder gleich 34.9 Euro ist.

3.15.2 Beispiel 44: Daten mit <ALL in Unterabfrage suchen

1. Die Datenbank *Direktbestellung01* ist geöffnet.
2. Erstellen Sie eine Abfrage zur Selektion aller Artikel, welche einen Artikelpreis kleiner als alle im Jahr 2007 erschienenen Artikel haben. Geben Sie die *ArtikelNr*, den *Titel*, den *Artikelpreis* und den *Statuscode* dieser Artikel aus.

```
SELECT ArtikelNr, Titel, Artikelpreis, Statuscode
FROM   Artikel
WHERE  Artikelpreis < ALL (SELECT Artikelpreis
                           FROM Artikel
                           WHERE EXTRACT(YEAR FROM
                                 Erscheinungstermin) = 2007)
```

3. Führen Sie diese Abfrage aus.

Ausgabefeld

Datenanzeige | Zerlegung | Meldungen | Historie

	artikelnr integer	titel character varying(64)	artikelpreis numeric	statuscode character(2)
1	14	My SQL	12.95	AV
2	18	Grundlagen Rechnungswesen	9.95	IP
3	28	HTML - Mit Aufgaben üben	13.50	IP

OK. | Unix | Z 5 Sp 80 Bu 228 | 3 Zeilen. | 16 ms

***Abb 64** Ergebnis der Artikel mit dem kleinsten Artikelpreis im Jahr 2007*

4. Der Operator "< ALL" wählt aus der Vergleichsliste der Unterabfrage den kleinsten Wert aus und zeigt mit der Hauptabfrage alle Zeilen mit geringeren Vergleichswerten an.
5. In dem Beispiel passiert folgendes: Die Unterabfrage hinter ALL liefert aus allen Artikeln, die im Jahr 2007 erschienen sind, die Menge folgender Artikelpreise {14.95, 167.60, 24.95, 35.50, 34.90, 24.95}. Der Operator "< ALL" ermittelt aus dieser Vergleichsliste den kleinsten Artikelpreis(14.95) und gibt in der Hauptabfrage solche Artikelzeilen aus, in denen der Artikelpreis kleiner als 14.95 Euro ist.

Abfragen

3.16 Besonderheiten der Mengenoperatoren EXISTS und IN

Die EXISTS- und NOT EXISTS-Operatoren werden häufig eingesetzt, wenn in Unterabfragen die Existenz bzw. Nicht-Existenz bestimmter Zeilen einer Tabelle überprüft werden soll. Der Operator IN kann durch den EXISTS ersetzt werden, wenn die Tabelle der Unterabfrage Nullwerte enthält. Der Unterschied zwischen den Wahrheitswerten 'falsch' und 'unbekannt' ist wichtig, wenn eine Negation (z.B. NOT IN) erfolgt. In diesem Fall müssen Sie die Nullwerte mit "WHERE...IS NOT NULL" abfragen. Sie können auch den EXISTS-Operator durch den IN-Operator ersetzen, wenn z.B. die Ausführungszeit einer Abfrage lang wird. Folgende Beispiele stellen diese Besonderheiten dar.

3.16.1 Beispiel 45: NOT EXISTS durch NOT IN ersetzen

1. Die Datenbank *Direktbestellung01* ist geöffnet.
2. Mit der folgenden Abfrage können Sie alle Kunden selektieren, welche zur Zeit keine Artikel bestellt haben. Geben Sie dabei die Felder *KundenNr*, *Name*, *Email* und *KundeSeit* aus.
3. Kodieren Sie dazu folgendes SELECT-Statement.

```
SELECT  k.KundenNr, Name, eMail, KundeSeit
FROM    Kunden k
WHERE   NOT EXISTS (SELECT b.KundenNr
                    FROM Bestellung b
                    WHERE b.KundenNr = k.KundenNr)
```

4. Führen Sie die Abfrage aus und betrachten das Ergebnis.

Abb 65 *Ergebnisliste der Kunden, für die keine Bestellung existiert*

5. Bei NOT EXISTS entsteht der Wahrheitswert 'unbekannt' innerhalb der Unterabfrage. Die Unterabfrage behandelt ihn dann wie 'falsch', d.h. sie gibt nichts aus.

6. Logisch gleichwertig ist auch die Abfrage nach dem Nicht-Enthaltensein in einer Menge. Ersetzen Sie den NOT EXISTS-Operator durch NOT IN und achten auf die WHERE-Bedingung, die nun die Vergleichsspalte *KundenNr* unbedingt enthalten soll.

```
SELECT  k.KundenNr, Name, eMail, KundeSeit
FROM    Kunden k
WHERE   k.KundenNr NOT IN (SELECT KundenNr
                           FROM Bestellung)
```

7. Führen Sie die neue Abfrage aus und vergleichen Sie die Ergebnisse, die identisch sein sollten.

3.16.2 Beispiel 46: NULL-Wert bei NOT IN explizit abfragen

1. Die Datenbank *Direktbestellung01* ist geöffnet.
2. Kodieren Sie folgende Abfrage, die den Landescode des jeweiligen Landes anzeigen soll, dem keine Adresse zugeordnet worden ist. Die Abfrage sollte zusätzlich zum *Landescode* auch das *Bestimmungsland* enthalten.

```
SELECT  Landescode, Bestimmungsland
FROM    Land
WHERE   Landescode NOT IN(SELECT Landescode FROM Adresse)
```

3. Die Anfrage funktioniert nicht, wenn sie mit NOT IN formuliert wird. Die Ergebnistabelle ist leer, weil in der Tabelle *Adresse* der Unterabfrage Nullwerte existieren. Es ist fast immer ein Fehler NOT IN mit einer Unterabfrage zu verwenden, die Nullwerte liefert.
4. Bei NOT IN entsteht der Wahrheitswert 'unbekannt' erst außerhalb der Unterabfrage. Zur Beseitigung solcher Fehler ist die Bedingung "WHERE...IS NOT NULL" in der Unteranfrage anzugeben.
5. Ändern Sie nun diese Abfrage wie folgt:

```
SELECT  Landescode, Bestimmungsland
FROM    Land
WHERE   Landescode NOT IN(SELECT Landescode
                          FROM Adresse
                          WHERE Landescode IS NOT NULL)
```

6. Führen Sie diese Abfrage aus und überprüfen Sie das Ergebnis.

Abfragen

	landescode character(2)	bestimmungsland character varying(50)
1	B	Belgien
2	DK	Dänemark
3	E	Spanien
4	F	Frankreich
5	GB	Großbritannien
6	GR	Griechenland
7	I	Italien

Abb 66 *Ergebnis der Länder ohne Landescode*

7. Die Ergebnistabelle enthält nur die Ländercodes (und Bestimmungsländer), die in der Tabelle *Adresse* tatsächlich nicht vorhanden sind.

3.17 Joins (Verbunde)

Bei relationalen Datenbanken werden die Daten auf mehrere, normalisierte und logisch zusammengehörige Tabellen verteilt. Um die gewünschten Informationen aus diesen Tabellen wieder zu erhalten, müssen die Daten in einer SQL-Abfrage so zusammengefügt werden, dass eine zufrieden stellende Ergebnismenge entsteht. Dies bedeutet, dass die an der Abfrage beteiligten Tabellen logisch in der richtigen Weise miteinander verknüpft werden müssen. Die Verknüpfung zwei oder mehrerer Tabellen wird als *Join* bezeichnet. Sie gelingt nur dann, wenn ein oder mehrere Felder miteinander verglichen werden. Die Vergleichsfelder stellen eine Join-Bedingung (WHERE-Bedingung) dar und sind meist die beim Datenbankentwurf definierten Primär- und Fremdschlüsselspalten. Die Datensätze der verknüpften Tabellen, die die Join-Bedingung erfüllen, werden in eine Ergebnistabelle aufgenommen. Im Hinblick auf die Join-Bedingungen gibt mehrere Join-Varianten, von denen hier folgende geklärt werden: Inner Join, Self Join, Outer-Joins (Left Outer und Right Outer).

3.18 Inner-Join

Ein Inner-Join verbindet genau die Datensätze von zwei Tabellen miteinander, die eine vorgegebene Join-Bedingung erfüllen. Dieser Join heißt auch Equal-Join, da die Realisierung der Verknüpfung mittels eines Gleichheitszeichens erfolgt. Joins sind standardmäßig Inner Joins. In der Tabelle *Bestellung* befindet sich z.B. ein Fremdschlüssel auf die *Kunden*-Tabelle. Möchte man Kundennamen zusammen mit zugehörigen Bestellungsdaten ausgeben, so geht das mit einem Inner-Join.

Wenn die Verknüpfung mehrerer Tabellen über mehrere gemeinsame Felder erfolgen soll, dann sind mehrere Join-Bedingungen notwendig, die dann mit Hilfe von logischen Operatoren (AND, OR) verknüpft werden. In diesem Fall werden zunächst zwei Tabellen mit dem ersten Inner-Join verknüpft, die eine Ergebnistabelle erzeugen. Diese wird über einen weiteren Inner-Join mit der nächsten Tabelle verknüpft usw. Bei der Verknüpfung von mehreren Tabellen können zur übersichtlichen Darstellung die einzelnen Teile eines Inner-Joins mit runden Klammern zusammengefasst werden.

3.18.1 Beispiel 47: Mit Inner-Join zwei Tabellen verknüpfen

1. Die Datenbank *Direktbestellung01* ist geöffnet.
2. Erstellen Sie eine Abfrage, die Daten aus den Tabellen *Kunden* und *Bestellung* abruft. Dabei sollen aus der Menge aller Kunden-Bestellungskombinationen nur diejenigen im Ergebnis erscheinen, bei denen die Kundennummern in beiden Tabellen übereinstimmen. Die Abfrage sollte aus der Tabelle *Kunden* die Felder *KundenNr*, *Name* und *KundeSeit* und aus der Tabelle *Bestellung* die Felder *BestellNr* und *Bestelldatum* enthalten.
3. Kodieren Sie dazu folgendes SELECT-Statement.

   ```
   SELECT k.KundenNr, Name, KundeSeit, BestellNr, Bestelldatum
   FROM Kunden k INNER JOIN Bestellung b
                 ON k.KundenNr = b.KundenNr
   ```

4. Betrachten Sie, wie die beiden Tabellen *Kunden* und *Bestellung* miteinander durch den Ausdruck INNER JOIN verknüpft werden. Da Inner-Join die Standardeinstellung ist, erhalten Sie dasselbe Ergebnis mit FROM Kunden JOIN Bestellung.
5. Die ON-Klausel leitet die Join-Bedingung ein, kategorisiert die Zeilen in übereinstimmend oder nicht übereinstimmend und vergleicht zwei Spalten mit ihren Werten. Die Join-Bedingung k.KundenNr = b.KundenNr gibt an, dass die Verknüpfung über das Feld *KundenNr* hergestellt wird, welches in beiden Tabellen enthalten ist. Ihre Aufgabe besteht darin, aus dem kartesischen Produkt der Tabellen *Kunden* und *Bestellung* die Zeilen herauszufinden, bei denen die Kundennummern übereinstimmen. Da die Join-Spalten aus den unterschiedlichen Tabellen den gleichen Namen haben, müssen den Spalten die Tabellennamen

Abfragen

vorangestellt werden. Zur Vereinfachung können Sie für den Tabellennamen ein Alias (wie z.b. k für *Kunden* und b für *Bestellung*) verwenden.

6. Führen Sie die Abfrage aus.

	kundennr integer	name character varying(30)	kundeseit date	bestellnr integer	bestelldatum timestamp without time zone
1	100	Müller	2006-01-01	1001	2007-03-03 00:00:00
2	101	Schulz	2005-06-06	1002	2007-04-04 00:00:00
3	101	Schulz	2005-06-06	1003	2007-05-04 00:00:00
4	102	Meyer	2007-07-07	1004	2007-07-07 00:00:00
5	102	Meyer	2007-07-07	1005	2008-07-07 00:00:00
6	104	Lange	2007-07-15	1006	2008-07-10 00:00:00
7	104	Lange	2007-07-15	1007	2008-07-15 00:00:00
8	105	Meier	2006-04-04	1008	2007-08-20 00:00:00
9	105	Meier	2006-04-04	1009	2007-08-25 00:00:00
10	107	Beckman	2007-02-10	1010	2008-10-10 00:00:00
11	108	Wendtland	2007-08-25	1011	2008-11-10 00:00:00
12	108	Wendtland	2007-08-25	1012	2009-02-02 00:00:00
13	108	Wendtland	2007-08-25	1013	2009-05-05 00:00:00
14	109	Herfert	2007-10-10	1014	2009-06-06 00:00:00
15	110	Bieber	2008-11-10	1015	2009-07-07 00:00:00

Abb 67 *Das Ergebnis aller Kunden und Bestellungen*

7. Überprüfen Sie das Abfrageergebnis. Da der Join nur die Zeilen im Ergebnis aufführt, die miteinander verbunden sind, tauchen nur Kunden in der Ergebnistabelle auf, die mindestens eine Bestellung aufgegeben haben. Sie sehen, dass einige Kunden wie beispielsweise der Kunde mit *KundenNr = 101* zwei Bestellungen aufgegeben haben. Wenn ein Kunde (wie z.B. mit *KundenNr* 103 und 106) keine Aufträge erteilt hat, ist die Bedingung nicht erfüllt und die Ergebnismenge enthält die Zeile für den betreffenden Kunden nicht.

8. Speichern Sie die Abfrage unter dem Namen *Kunden_mit_Bestellungen* ab.

9. Alternativ kann der Inner Join über die WHERE-Klausel erfolgen. Eine entsprechende Abfrage würde demnach folgendermaßen lauten:

```
SELECT  k.KundenNr, Name, KundeSeit, BestellNr, Bestelldatum
FROM    Kunden k, Bestellung b
WHERE   k.KundenNr = b.KundenNr
```

10. Der Join hier ist typisch, da der Fremdschlüssel *KundenNr* der Tabelle *Bestellung* mit dem Primärschlüssel *KundenNr* der anderen Tabelle *Kunden* in Beziehung gesetzt wird.

11. Den Inner-Join bezeichnet man auch als Equal-Join, weil die Verbundbedingung ein Gleichheitsprädikat hat. Das muss nicht immer der Fall sein. Verwenden Sie andere Join-Operatoren (wie z.B. <, <=, >, usw.), dann geht es um Non-Equal-Joins (oder Theta-Joins).

3.18.2 Beispiel 48: Mit Inner-Joins drei Tabellen verknüpfen

1. Erstellen Sie eine Abfrage, die Daten aus den Tabellen *Kunden*, *Bestellung* und *Bestellposition* abruft. Die Abfrage sollte aus der Tabelle *Kunden* die Felder *KundenNr*, *Name* und *KundeSeit*, aus der Tabelle *Bestellung* die Felder *BestellNr* und *Bestelldatum* und aus der Tabelle *Bestellposition* die *ArtikelNr* und die *Bestellmenge* enthalten. Die Datensätze in der Ergebnistabelle sollen nach *KundenNr* aufsteigend sortiert werden.
2. Das Kriterium, nach dem die zum gleichen Datensatz einer Tabelle gehörigen Daten aus den beteiligten Tabellen verknüpft werden, ist für das Tabellenpaar *Kunden-Bestellung* das Attribut *KundenNr* und für das Paar *Bestellung-Bestellposition* das Attribut *BestellNr*.
3. Zur Verknüpfung aller drei Tabellen kodieren Sie die Abfrage mit dem Inner-Join. Die Definition des Verbundes sollte so formuliert werden, dass aus dem kartesischen Produkt der drei beteiligten Tabellen nur diejenigen Datensätze für die Ergebnistabelle selektiert werden, die in jedem der beteiligten Tabellenpaare das gleiche Kriterium haben. D.h., dass aus der Menge aller Kunden-Bestellkombinationen nur diejenigen im Ergebnis erscheinen sollen, bei denen die Bestellzuordnung stimmt. Zusätzlich sollen in der Ergebnistabelle diejenigen Datensätze aus dem Tabellenpaar *Bestellung-Bestellposition* erscheinen, für die die Bestellnummer gleich ist.

```
SELECT k.KundenNr, Name, KundeSeit, b.BestellNr,
       Bestelldatum, Bestellmenge
FROM Kunden k
 INNER JOIN Bestellung b ON(k.KundenNr = b.KundenNr)
 INNER JOIN Bestellposition bp ON(b.BestellNr = bp.BestellNr)
ORDER BY 1
```

4. Betrachten Sie, wie die drei Tabellen miteinander durch die Ausdrücke INNER JOIN verknüpft werden. Zunächst werden zwei Tabellen mit dem ersten Inner-Join verknüpft, die unter Berücksichtigung der Joinbedingung k.KundenNr=b.KundenNr eine Ergebnistabelle erzeugen. Diese Ergebnistabelle wird wieder über einen weiteren Inner-Join mit der nächsten Tabelle verknüpft, so dass die endgültige Ergebnistabelle für die Zei-

Abfragen

len entsteht, die die Join-Bedingung `b.BestellNr=bp.BestellNr` erfüllen.
5. PostgreSQL führt in diesem Fall das Statement von links nach rechts aus, wobei jeder Join Tabellenausdrücke umfasst. So wird der Tabellenausdruck "Kunden k INNER JOIN Bestellung b" mit der Tabelle *Bestellposition* verknüpft. Dies bedeutet, dass *Kunden* und *Bestellung* verbunden sind und dass das Resultat weiterhin mit der *Bestellposition* verknüpft wird.
6. Führen Sie die Abfrage aus.

	kundennr integer	name character varying(30)	kundeseit date	bestellnr integer	bestelldatum timestamp without	bestellmenge integer
1	100	Müller	2006-01-01	1001	2007-03-03 00:00:00	2
2	101	Schulz	2005-06-06	1003	2007-05-04 00:00:00	4
3	101	Schulz	2005-06-06	1002	2007-04-04 00:00:00	3
4	102	Meyer	2007-07-07	1004	2007-07-07 00:00:00	5
5	102	Meyer	2007-07-07	1005	2008-07-07 00:00:00	5
6	104	Lange	2007-07-15	1007	2008-07-15 00:00:00	1
7	104	Lange	2007-07-15	1006	2008-07-10 00:00:00	7
8	105	Meier	2006-04-04	1009	2007-08-25 00:00:00	8
9	105	Meier	2006-04-04	1008	2007-08-20 00:00:00	13
10	107	Beckman	2007-02-10	1010	2008-10-10 00:00:00	6
11	108	Wendtland	2007-08-25	1011	2008-11-10 00:00:00	12
12	108	Wendtland	2007-08-25	1012	2009-02-02 00:00:00	5
13	108	Wendtland	2007-08-25	1013	2009-05-05 00:00:00	3
14	109	Herfert	2007-10-10	1014	2009-06-06 00:00:00	2
15	110	Bieber	2008-11-10	1015	2009-07-07 00:00:00	4

Abb 68 *Das Ergebnis aller Kunden mit Bestellungen und Bestellpositionen*

7. Überprüfen Sie das Verhalten der Abfrage in der Ergebnistabelle. Es werden nur die Kunden angezeigt, zu denen Bestellungen existieren. Von der Tabelle *Bestellposition* werden alle Daten angezeigt, weil diese als abhängige Tabelle nur dann existieren kann, wenn die Tabelle *Bestellung* vorhanden ist. Die Ausgabe wird nach Kundennummern sortiert.
8. Sie können die Joins durch eine äquivalente SELECT-Klausel (WHERE-Klausel) ersetzen, wie folgende Formulierung zeigt. Das Ergebnis der Ausführung ist gleich.

```
SELECT k.KundenNr, Name, KundeSeit, b.BestellNr, Bestelldatum,
       Bestellmenge
FROM   Kunden k, Bestellung b, Bestellposition bp
WHERE  K.KundenNr = b.KundenNr
  AND  b.BestellNr = bp.BestellNr
ORDER BY 1
```

9. Das Finden der Tabellen und der Join-Spalten über alle am Verbund beteiligten Tabellen war in diesem Beispiel sehr einfach. Der Grund liegt darin, dass die *Kunden*-Tabelle eine referentielle Integritätsbeziehung zur Tabelle

Bestellung über den Fremdschlüssel *KundenNr* besitzt. Ähnliches gilt auch für die Tabelle *Bestellposition*, die ebenfalls eine referentielle Integritätsbeziehung zur *Bestellung* über den Fremdschlüssel *BestellNr* hat.

10 Bei der Verknüpfung von mehreren Tabellen können zur übersichtlichen Darstellung die einzelnen Teile eines Inner-Joins mit runden Klammern zusammengefasst werden. Die Reihenfolge der Joins ist vor allem wichtig, wenn die Tabellenausdrücke Outer-Joins enthalten.

3.19 Self-Join

Ein Selbst-Join verknüpft eine Tabelle mit sich selbst, d.h. dass der Name der Tabelle in der FROM-Klausel zweimal aufgeführt wird. Um zweimal dieselbe Tabelle benutzen zu können, verwenden Sie zwei verschiedene Aliasnamen.

3.19.1 Beispiel 49: mit Selbst-Join

1. In diesem Beispiel geht es um einen Vergleich der Artikelpreise. Es ist daher notwendig die Tabelle *Artikel* mit sich selbst zu verbinden. Die Geschäftsführung des Verlags Stadtlupe möchte wissen, welche Bücher der Kategorie 'Internet-Technologie' (KategorieNr = 1) den gleichen Artikelpreis haben wie die Bücher der Kategorie 'MS-Office' (KategorieNr = 2).

2. Erstellen Sie eine Abfrage, welche Paare von Artikeldaten ausgibt, bei denen der Artikelpreis beider Kategorien gleich ist. Es werden nur die Preisvergleiche bezüglich der Kategorienummern '1' und '2' betrachtet. Kodieren Sie folgende Abfrage. Geben Sie die Felder *ArtikelNr*, *Titel* und *Artikelpreis* aus.

```
SELECT  a1.ArtikelNr, a2.ArtikelNr, a1.Titel, a2.Titel,
        a1.Artikelpreis, a2.Artikelpreis
FROM    Artikel a1, Artikel a2
WHERE   a1.KategorieNr = 1 AND
        a2.Kategorienr = 2 AND
        a1.Artikelpreis = a2.Artikelpreis
```

3. Betrachten Sie das SELECT-Statement. Da alle Informationen in der Tabelle *Artikel* stehen, wird die Tabelle in zwei Untertabellen aufgeteilt. Die *Artikel*-Tabelle muss deshalb zwei Mal innerhalb der FROM-Klausel auftauchen. Die logische Zuordnung der Tabellenzeilen zu den Untertabellen erfolgt mit den Bedingungen "a1.KategorieNr = 1" und

"a2.KategorieNr = 2". Um die Join-Spalten eindeutig bezeichnen zu können, werden die Aliasnamen a1 und a2 vergeben.
4. Führen Sie diese Abfrage aus.

artikelnr integer	artikelnr integer	titel character var	titel character varying(64)	artikelpreis numeric	artikelpreis numeric
1	16	19	Datenbanken	Grundlagen Rechnungswesen & Datev	24.95	24.95

Abb 69 *Das Ergebnis der Artikel mit gleichen Artikelpreisen*

5. Prüfen Sie das Abfrageergebnis. Es ist unschwer zu erkennen, dass Bücher aus der gleichen Kategorie oder aus unterschiedlichen Kategorien den gleichen Preis haben. So kostet z.B. ein Buch über 'Datenbanken' aus dem Bereich 'Internet-Technologie' (mit KategorieNr=1) genau so viel wie das Buch mit dem Titel 'Grundlagen Rechnungswesen & Datev' aus dem Bereich 'MS Office' (mit KategorieNr=2).

3.20 Outer-Joins (äußere Verbunde)

Joins, die als Inner- oder Standard-Joins bezeichnet werden, geben nur die Zeilen zurück, wenn sie Join-Bedingungen erfüllen. Wenn Sie aber alle Zeilen einer Tabelle benötigen, dann können Sie dies mit Hilfe von Outer-Joins erreichen. Neben den übereinstimmenden Informationen, die mit Hilfe von Inner-Joins verknüpft werden, werden auch nicht übereinstimmende Daten mittels Outer-Joins zusammengeführt. Outer-Joins werden eingesetzt, wenn man alle Daten einer Tabelle benötigt und diese um die Daten aus den verknüpften Tabellen erweitern will. Es gibt drei Formen äußerer Verbunde: den linken (Left Outer), rechten (Right Outer) und vollen Außenverbund (Full Outer).

- Ein *Left-Outer-Join* verbindet alle Datensätze von der linken Tabelle mit den übereinstimmenden Datensätzen der rechten Tabelle. Die Datenfelder der rechten Tabelle bleiben leer (d.h. sie werden mit NULL belegt), wenn kein passender Datensatz vorhanden ist. Verbinden Sie z.B. mittels Left-Outer-Join die *Kunden*-Tabelle mit der Tabelle *Bestellung*, dann werden von der ersten Tabelle alle Kunden-Zeilen übernommen, von der zweiten (rechten) Tabelle nur die dazugehörigen Bestelldatensätze.
- Ein *Right-Outer-Join* verbindet alle Datensätze der rechten Tabelle mit den übereinstimmenden Datensätzen der linken Tabelle. Die Datenfelder der linken Tabelle bleiben leer (d.h. NULL), wenn kein passender

Datensatz vorhanden ist. Von der rechten Tabelle werden alle Datensätze übernommen, von der linken Tabelle nur dazugehörige Datensätze.
- Eine Kombination der Funktionsweise von Left-Outer-Join und Right-Outer-Join heißt *Full-Outer-Join*. Er kombiniert alle Zeilen aus beiden Tabellen, d.h. dass die Zeilen der linken Tabelle mit den Zeilen der rechten verknüpft werden, die die festgelegten Bedingungen erfüllen. Zusätzlich werden die verbleibenden Zeilen beider Tabellen mit Nullwerten verknüpft.

3.20.1 Beispiel 50: Left-Join in einer Abfrage mit zwei Tabellen verwenden

1. Die Datenbank *Direktbestellung01* ist geöffnet.
2. Sie möchten sämtliche Kundensätze ausgeben, unabhängig davon ob es Bestellungen gibt oder nicht. Da Sie alle Kunden sehen möchten, benötigen Sie eine Spezialform des Verbundes, den so genannten äußeren Verbund.
3. Öffnen Sie die bereits angelegte Abfrage *Kunden_mit_Bestellungen* (Bsp. 47) und machen Sie aus dieser Abfrage eine Inklusionsabfrage. Ändern Sie dabei den Ausdruck INNER JOIN in LEFT OUTER JOIN:

   ```
   SELECT k.KundenNr, Name, KundeSeit, BestellNr, Bestelldatum
   FROM    Kunden k LEFT OUTER JOIN Bestellung b
                    ON k.KundenNr = b.KundenNr
   ```

4. Der Ausdruck "Kunden k LEFT OUTER JOIN Bestellung b" gibt an, dass die *Kunden*-Tabelle mit der Tabelle *Bestellung* verknüpft werden soll und dabei alle Kundensätze angezeigt werden, unabhängig davon, ob es zugehörige Bestellungen existieren oder nicht. Es wird deswegen ein linker Außenverbund angewendet (Left-Outer-Join).
5. Führen Sie die Abfrage aus.

Abfragen

	kundennr integer	name character varying(30)	kundeseit date	bestellnr integer	bestelldatum timestamp without time zone
1	100	Müller	2006-01-01	1001	2007-03-03 00:00:00
2	101	Schulz	2005-06-06	1003	2007-05-04 00:00:00
3	101	Schulz	2005-06-06	1002	2007-04-04 00:00:00
4	102	Meyer	2007-07-07	1005	2008-07-07 00:00:00
5	102	Meyer	2007-07-07	1004	2007-07-07 00:00:00
6	103	Beta Design	2008-07-07		
7	104	Lange	2007-07-15	1007	2008-07-15 00:00:00
8	104	Lange	2007-07-15	1006	2008-07-10 00:00:00
9	105	Meier	2006-04-04	1009	2007-08-25 00:00:00
10	105	Meier	2006-04-04	1008	2007-08-20 00:00:00
11	106	Damaschke	2007-02-02		
12	107	Beckman	2007-02-10	1010	2008-10-10 00:00:00
13	108	Wendtland	2007-08-25	1013	2009-05-05 00:00:00
14	108	Wendtland	2007-08-25	1012	2009-02-02 00:00:00
15	108	Wendtland	2007-08-25	1011	2008-11-10 00:00:00
16	109	Herfert	2007-10-10	1014	2009-06-06 00:00:00
17	110	Bieber	2008-11-10	1015	2009-07-07 00:00:00

Abb 70 Die Ergebnisliste aller Kunden mit und ohne Bestellungen

6. Überprüfen Sie das Ergebnis der Abfrage. Es werden alle Kunden angezeigt, deren Wert in der Spalte *KundenNr* mit Werten in der Spalte *KundenNr* aus der Tabelle *Bestellung* übereinstimmen. Von Kunden, zu denen keine Bestellung existiert, werden die Felder *Bestellnummer* und *Bestelldatum* nicht angezeigt.

7. Der *Left Outer Join* gibt alle Zeilen der vor ihm stehenden *Kunden*-Tabelle aus. Die Felder *BestellNr* und *Bestelldatum* aus der rechten Tabelle werden nur in den Zeilen ausgegeben, die verbunden sind. In allen anderen Zeilen bleiben diese Felder leer.

8. Speichern Sie die geänderte Abfrage unter dem neuen Namen *Alle_Kunden_mit_und_ohne_Bestellungen* ab.

3.20.2 Beispiel 51: Datensätze ohne Zuordnung mit Left-Join finden

1. Öffnen Sie die Abfrage *Alle_Kunden_mit_und_ohne_Bestellungen* (Bsp. 50). Sie möchten jetzt die Kunden ausgeben, die keine Bestellung aufgegeben haben. Wenn Sie sich das Ergebnis dieser Abfrage ansehen, stellen Sie fest, dass bei dem Kunden ohne Bestellung die Spalten *BestellNr* und *Bestelldatum* leer (d.h. NULL) sind.

2. Erweitern Sie obige Abfrage um die WHERE-Kalusel "BestellNr IS NULL". Die vollständige Abfrage sollte nun wie folgt aussehen.

```
SELECT  k.KundenNr, Name, KundeSeit, BestellNr, Bestelldatum
FROM    Kunden k LEFT OUTER JOIN Bestellung b
                    ON k.KundenNr = b.KundenNr
WHERE BestellNr IS NULL
```

3. Führen Sie diese Abfrage aus.

kundennr integer	name character varying(30)	kundeseit date	bestellnr integer	bestelldatum timestamp without time zone
103	Beta Design	2008-07-07		
106	Damaschke	2007-02-02		

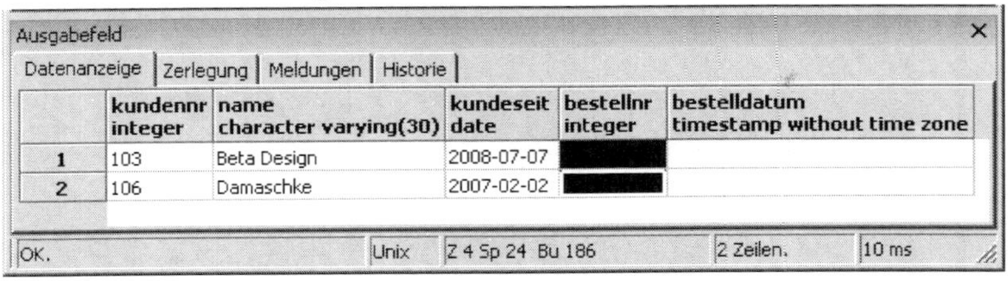

Abb 71 *Das Ergebnis aller Kunden ohne Bestellungen*

4. Betrachten Sie die Ergebnistabelle. Sie sehen jetzt ausschließlich Kunden, zu denen es keine Bestellung in der Datenbank gibt.
5. Speichern Sie die Abfrage unter dem Namen *Kunden_ohne_Bestellungen* ab.

3.20.3 Beispiel 52: Einen Left-Outer-Join in einen Right-Outer-Join umwandeln

1. Öffnen Sie die Abfrage *Alle_Kunden_mit_und_ohne_Bestellungen* (Bsp. 50).

```
SELECT  k.KundenNr, Name, KundeSeit, BestellNr, Bestelldatum
FROM Kunden k LEFT OUTER JOIN Bestellung b
                    ON k.KundenNr = b.KundenNr
```

2. Die Ausführung dieser Abfrage liefert alle Kunden mit und ohne Bestellungen.
3. Sie möchten jetzt den Left-Outer-Join in einen Right-Outer-Join umwandeln. Ersetzen Sie in diesem Fall nur den Left-Outer-Join durch einen Right-Outer-Join.

```
SELECT  k.KundenNr, Name, KundeSeit, BestellNr, Bestelldatum
FROM Kunden k RIGHT OUTER JOIN Bestellung b
                    ON k.KundenNr = b.KundenNr
```

4. Führen Sie diese Abfrage aus.

Abfragen

	kundennr integer	name character varying(30)	kundeseit date	bestellnr integer	bestelldatum timestamp without time zone
1	100	Müller	2006-01-01	1001	2007-03-03 00:00:00
2	101	Schulz	2005-06-06	1002	2007-04-04 00:00:00
3	101	Schulz	2005-06-06	1003	2007-05-04 00:00:00
4	102	Meyer	2007-07-07	1004	2007-07-07 00:00:00
5	102	Meyer	2007-07-07	1005	2008-07-07 00:00:00
6	104	Lange	2007-07-15	1006	2008-07-10 00:00:00
7	104	Lange	2007-07-15	1007	2008-07-15 00:00:00
8	105	Meier	2006-04-04	1008	2007-08-20 00:00:00
9	105	Meier	2006-04-04	1009	2007-08-25 00:00:00
10	107	Beckman	2007-02-10	1010	2008-10-10 00:00:00
11	108	Wendtland	2007-08-25	1011	2008-11-10 00:00:00
12	108	Wendtland	2007-08-25	1012	2009-02-02 00:00:00
13	108	Wendtland	2007-08-25	1013	2009-05-05 00:00:00
14	109	Herfert	2007-10-10	1014	2009-06-06 00:00:00
15	110	Bieber	2008-11-10	1015	2009-07-07 00:00:00

Abb 72 *Die Ergebnisliste aller Bestellungen von Kunden*

5. Prüfen Sie das Abfrageergebnis. Das Ergebnis, das anders aussieht als vorher, enthält nur die aufgegebenen Bestellungen. Der rechte Außenverbund gibt alle Zeilen der rechts von ihm stehenden Tabelle *Bestellung* aus. Von der *Kunden*-Tabelle werden nur die Kunden angezeigt, welche die Join-Bedingung erfüllen.
6. Möchten Sie wiederum das gleiche Ergebnis erreichen, welches der Left-Outer-Join liefert, müssen Sie den Left-Outer-Join durch den Right-Outer-Join ersetzen und gleichzeitig die Reihenfolge der Tabellen umdrehen. Dies zeigt folgende Abfrage.

```
SELECT k.KundenNr, Name, KundeSeit, BestellNr, Bestelldatum
FROM Bestellung b RIGHT OUTER JOIN Kunden k
                ON k.KundenNr = b.KundenNr
```

7. Das Ergebnis dieses Joins ist identisch mit dem im Beispiel 50 (*Alle_Kunden_mit_und_ohne_Bestellungen*).
8. Der rechte Außenverbund gibt alle Zeilen der rechts von ihm stehenden Tabelle *Kunden* aus. Die Attribute *BestellNr* und *Bestelldatum* aus der linken Tabelle werden nur in den Zeilen ausgegeben, die verbunden sind. In allen anderen Zeilen haben diese Felder einen NULL-Wert, was in der Ergebnistabelle als leere Felder gekennzeichnet sind.

3.20.4 Beispiel 53: Drei Tabellen mit Outer-Join verbinden

1. Die Geschäftsleitung wünscht eine Liste mit Daten aller Kunden, die bei der Bestellung von Büchern eine Lieferadresse (AdressID = 2) angegeben haben. Die Ergebnisliste sollte die Felder *KundenNr*, *Name*, *Firma*, *Ort* aus der *Kunden*-Tabelle und *Landescode* aus der Tabelle *Adresse* enthalten. Die Ergebnistabelle sollte nur Datensätze enthalten, deren Kundennummern nicht Null sind.
2. Öffnen Sie die Datenbank *Direktbestellung01* und erstellen Sie eine Abfrage mit Hilfe von Outer-Joins. Der Join verbindet über den Schlüssel *KundenNr* die Tabellen *Kunden* und *Adresse* und über den Schlüssel *Landescode* die Tabellen *Adresse* und *Land*. Kodieren Sie dazu folgendes SELECT-Statement.

```
SELECT k.KundenNr, k.Name, k.Firma, Ort, a.Landescode
FROM Kunden k
     LEFT OUTER JOIN Adresse a
          ON k.KundenNr = a.KundenNr AND AdressID = 2
     RIGHT OUTER JOIN Land l
          ON a.Landescode = l.Landescode
WHERE k.KundenNr IS NOT NULL
```

3. Führen Sie diese Abfrage aus.

	kundennr integer	name character varying(30)	firma character	ort character varying(30)	landescode character(2)
1	100	Müller		Hamburg	D
2	101	Schulz		Zuerich	CH
3	103	Beta Design	Firma	Berlin	D
4	107	Beckman		Zuerich	CH
5	109	Herfert		Dortmund	D
6	110	Bieber		Tirol	A

Abb 73 *Die Ergebnisliste aller Kunden mit einer Lieferadresse*

4. Prüfen Sie das Abfrageergebnis, das sich aus den nachfolgenden Zwischenergebnissen ergibt. Hier werden die Adressen der Kunden und zusätzlich alle Lieferadressen (AdressID = 2) ausgeschrieben.
5. Die obigen Joins können wie folgt interpretiert werden: Die Tabellen *Kunden* und *Adresse* werden durch den Left-Outer-Join verknüpft, wobei alle Zeilen in Tabelle *Kunden* beibehalten werden. Die Tabelle *Adresse* liefert neben den übereinstimmenden Zeilen auch die Nullwerte.

Abfragen

	kundennr integer	name character varying(30)	firma character varying(50)	ort character varying(30)	landescode character(2)
1	100	Müller		Hamburg	D
2	101	Schulz		Zuerich	CH
3	102	Meyer			
4	103	Beta Design	Firma	Berlin	D
5	104	Lange			
6	105	Meier		Berlin	
7	106	Damaschke	Firma		
8	107	Beckman		Zuerich	CH
9	108	Wendtland			
10	109	Herfert		Dortmund	D
11	110	Bieber		Tirol	A

Abb 74 *Zwischenergebnis der verknüpften Tabellen Kunden und Adresse (mit Left Outer)*

Die Tabelle *Land* wird mit den Ergebnissen des Left-Joins von Tabellen *Kunden* und *Adresse* verknüpft, wobei wegen des Right-Joins alle Zeilen in Tabelle *Land* beibehalten werden.

	kundennr integer	name character varying(30)	firma character varying(30)	ort character varying(30)	landescode character(2)
1	110	Bieber		Tirol	A
2					B
3	107	Beckman		Zuerich	CH
4	101	Schulz		Zuerich	CH
5	109	Herfert		Dortmund	D
6	103		Beta Design	Berlin	D
7	100	Mueller		Hamburg	D
8					DK
9					E

Abb 75 *Zwischenergebnis der verknüpften Tabellen Adresse und Land (mit Right Outer)*

6. Unter der Annahme, dass beide Joins vom selben Typ sind, wandeln Sie den Right-Outer-Join in einen Left-Outer-Join durch Umdrehung der Position der Tabellen in Right-Outer-Join um. Somit ergibt sich folgende Abfrage:

```
SELECT k.KundenNr, k.Name, k.Firma, Ort, a.Landescode
FROM Land l LEFT OUTER JOIN(Kunden k LEFT OUTER JOIN Adresse a
                   ON k.KundenNr = a.KundenNr)
        ON a.Landescode = l.Landescode AND AdressId = 2
WHERE k.KundenNr IS NOT NULL
```

7. Wenn Sie diese Abfrage ausführen, sehen Sie, dass das neue Ergebnis unverändert bleibt.
8. Die Joins in diesem Fall lassen sich analog wie oben interpretieren: Zunächst wird der verschachtelte Join (Left-Outer) ausgewertet, der die Tabellen *Kunden* und *Adresse* verknüpft. Dabei werden alle Zeilen in Tabelle *Kunden* beibehalten; die Tabelle *Adresse* liefert die Nullwerte für den verschachtelten Outer-Join. Die Tabelle *Land* wird mit den Ergebnissen des Joins von Tabellen *Kunden* und *Adresse* verknüpft, wobei alle Zeilen in Tabelle *Land* beibehalten werden.
9. Möchten Sie die Joins durch WHERE-Bedingungen ersetzen, dann verwenden Sie folgendes SELECT-Statement.

```
SELECT  k.KundenNr, k.Name, k.Firma, Ort, a.Landescode
FROM    Kunden k, Adresse a, Land l
WHERE   k.KundenNr = a.KundenNr
  AND   a.Landescode = l.Landescode
  AND   AdressId = 2
```

10. Die Ausführung liefert wiederum die gleiche Ergebnisliste.
11. Speichern Sie die (vollständige) Abfrage unter dem Namen *Daten_aus_drei_Tabellen_auswählen* ab.

3.21 Common Table Expressions (CTEs) und Recursive Queries

In einer Abfrage haben Sie die Möglichkeit eine abgeleitete Tabelle zu erstellen, in dem Sie die FROM-Klausel um eine SELECT-Anweisung erweitern. Für die abgeleitete Tabelle kann dann eine Abfrage genau so ausgeführt werden, wie für eine Tabelle. Abgeleitete Tabellen vereinen im Allgemeinen die Probleme, dass sie einerseits die Lesbarkeit einer Abfrage erschweren und andererseits ihre Verwendung nur innerhalb der zugrunde liegenden Abfrage möglich ist. Um diese Probleme zu lösen, verfügt PostgreSQL (ab Version 8.4) über *Common Table Expressions (CTE)*. Darunter ist eine temporäre Resultatmenge zu verstehen, die als allgemeiner Tabellenausdruck bekannt ist. Dieser CTE wird von einer Abfrage abgeleitet und innerhalb eines der SQL-Befehle SELECT, INSERT, DELETE und UPDATE verwendet. In einem CTE kann eine oder mehrere Unterabfragen (Sub-SELECTs) enthalten sein, wobei das Ergebnis der Unterabfragen die Basis für die eigentliche Abfrage darstellt. Das verbessert die Übersicht bei verschachtelten Unterabfragen und ermöglicht einen wiederholten Zugriff auf eine Unterabfrage, ohne dass sie erneut ausgeführt werden muss. Die Unterabfragen kann man sich als temporäre Tabellen vorstellen, von denen ein Ergebnis abgefragt werden kann.

Die Nutzung von CTEs ermöglicht dem Datenbankentwickler komplexe Abfragen einfacher zu formulieren und somit den Code zu verringern. Ein CTE kann von einem SELECT-Statement verwendet werden, das unmittelbar auf die CTE-Definition folgt.

Sie können ein CTE mit dem SQL-Befehl WITH erstellen.

Allgemeine Tabellenausdrücke können auch bei der Implementierung von rekursiven Algorithmen (die sich selbst aufrufen) verwendet werden. Dazu bietet PostgreSQL die Anweisung WITH RECURSIVE. Für einen rekursiven CTE sind zwei Abfragedefinitionen notwendig. Die erste Abfragedefinition definiert eine Abfrage, die beim Aufruf des CTEs ausgeführt wird und die zweite definiert eine Abfrage, die die Rekursion darstellt. Die Ergebnisse beider Abfragen werden dann durch die Nutzung des Befehls UNION ALL zusammengeführt.

3.21.1 Beispiel 54: Erstellen eines einfachen allgemeinen Tabellenausdrucks (CTEs)

1. Im folgenden Beispiel wird die Anzahl sowie der älteste Erscheinungstermin der Artikel angezeigt, die bei der Tabelle *Artikel* direkt den einzelnen Statuscodes unterstellt sind.
2. Dabei wird hier gezeigt, wie ein einfacher allgemeiner Tabellenausdruck (CTE) erstellt wird. Der CTE beginnt mit WITH gefolgt von dem CTE-Namen *Artikelbewertung* und der Liste mit den drei Aliasnamen *Statuscode*, *ArtikelNr* und *MinDatum*. Damit bestimmen wir, welche Felder das WITH-Statement zurückgeben soll. Die CTE-Liste ist optional.
3. Diese Aliasnamen entsprechen den Spalten *Statuscode*, *ArtikelNr* und *Erscheinungstermin* der Artikeltabelle, die von SELECT innerhalb der *Artikelbewertung* zurückgegeben werden.
4. Das Schlüsselwort AS steuert das (in Klammern eingeschlossene) SELECT-Statement, welches den CTE definiert.
5. Um den CTE *Artikelbewertung* verwenden zu können, müssen Sie ein SELECT-Statement mit einem Verweis auf den CTE schreiben, das unmittelbar nach der CTE-Definition stehen muss.

```
WITH Artikelbewertung (Statuscode, ArtikelNr, MinDatum) AS
(
  SELECT Statuscode, COUNT(ArtikelNr) as Artikelanzahl,
         MIN(Erscheinungstermin)
```

```
         FROM Artikel GROUP BY Statuscode
     )
     SELECT Statuscode, ArtikelNr, MinDatum
     FROM   Artikelbewertung
     GROUP  BY Statuscode, ArtikelNr, MinDatum
     ORDER  BY Statuscode
```

6. Direkt auf den CTE folgt das SELECT-Statement, das unter Verwendung der Aliasnamen auf den CTE *Artikelbewertung* verweist. Dabei wird auf das Ergebnis zugegriffen, indem hier als Tabelle der Name des CTEs *Artikelbewertung* angegeben wird.

   Hinweis: Durch den SELECT-Befehl, welcher der CTE-Definition folgt, ist ein mehrfacher Zugriff auf den Tabellenausdruck möglich.
7. Führen Sie diese Abfrage aus.

	statuscode character(2)	artikelnr bigint	mindatum date
1	AV	5	2005-07-07
2	IP	5	2008-12-12
3	OP	5	2005-10-10
4	OR	3	2007-05-05

Abb 76 Das CTE-Ergebnis

8. Die Ergebnistabelle zeigt zu jedem Statuscode die Anzahl der dazugehörigen Artikel sowie den ältesten Erscheinungstermin der Artikel an.

3.21.2 Beispiel 55: CTE und rekursive Abfragen

1. Das folgende Beispiel demonstriert, wie ein rekursiver allgemeiner Tabellenausdruck definiert wird.
2. Der rekursive CTE mit dem Namen *ArtikelListe* soll zur Zusammenstellung einer Liste der Statuscodes ('IP') sowie der Artikelnummer und Titel verwendet werden, die diesen Statuscodes unterstellt sind. Die Anzahl der zurückgegebenen Ebenen soll auf zwei Rekursionsebenen eingeschränkt werden.
3. Zuerst bestimmen wir, welche Felder das WITH-Statement zurückgeben soll (*Statuscode, Artikelnummer, Buchtitel, Artikelebene*).

```
     WITH RECURSIVE ArtikelListe (Statuscode, Artikelnummer,
```

```
                        Buchtitel, Artikelebene)
AS


--Definition des Ankerelements
(SELECT Statuscode, ArtikelNr, Titel, 1 as Artikelebene
FROM    Artikel
WHERE   Statuscode = 'IP'

UNION ALL

--Definition des rekursiven Elements
SELECT a.Statuscode, ArtikelNr, Titel, Artikelebene + 1
FROM Artikel a INNER JOIN ArtikelListe al
                    ON a.Statuscode = al.Statuscode
        AND Artikelebene < 3
)

--Verwendung des CTEs
SELECT * FROM ArtikelListe
WHERE Artikelebene < 3
```

4. Ein rekursiver CTE definiert zwei SELECT-Statements, die mit dem SQL-Befehl UNION bzw. UNION ALL zusammengeführt werden, wobei das erste Statement das Ankerelement darstellt und das zweite die Rekursion. Das Ankerelement definiert die Abfrage, welche beim Aufruf des CTEs ausgeführt wird. Das rekursive Element definiert eine Abfrage, die dieselben Daten zurückgibt wie das Ankerelement.

5. Der rekursive CTE *ArtikelListe* im Beispiel zeigt ein Ankerelement, das den Artikeldatensatz für den stellvertretenden Statuscode 'IP' erfasst. Die letzte Spalte des Ankerelements gibt einen Wert von 1 zurück, der ein Wert für die oberste Hierarchieebene ist. Das Ankerelement gibt also das Basisergebnis 1 zurück.

6. Das Ergebnis der ersten Abfrage bildet die Grundlage für den Befehl UNION ALL.

7. Die zweite Abfrage des rekursiven Elements erfasst die Liste der Artikel, welche dem vorherigen Statuscode unterstellt sind. Beim rekursiven Element werden auch dieselben Spalten abgerufen wie beim Ankerelement.

8. Das rekursive Element gibt die abhängigen Artikel des Statuscodes aus dem Basisergebnis des Ankerelements zurück. Dies wird durch die Verknüpfung der Tabelle *Artikel* und des CTEs *ArtikelListe* erreicht. Man

kann diese Verknüpfung als einen Verweis auf den CTE selbst verstehen, der den rekursiven Aufruf verursacht. Die Verknüpfung liefert den Ausgabewert 'Artikelebene + 1' zurück, der auf dem Statuscode im CTE *ArtikelListe* als Eingabe *Artikelebene* basiert.

9. Führen Sie nun die Definition zusammen mit der Verwendung des CTEs aus.

Ausgabefeld

Datenanzeige | Zerlegung | Meldungen | Historie

	statuscode character(2)	artikelnummer integer	buchtitel character varying(64)	artikelebene integer
1	IP	18	Grundlagen Rechnungswesen	1
2	IP	23	Was ist Office?	1
3	IP	25	Acess 2007	1
4	IP	28	HTML - Mit Aufgaben üben	1
5	IP	34	PostgreSQL - Ein relationales Datenbanksystem	1
6	IP	18	Grundlagen Rechnungswesen	2
7	IP	18	Grundlagen Rechnungswesen	2
8	IP	18	Grundlagen Rechnungswesen	2
9	IP	18	Grundlagen Rechnungswesen	2
10	IP	18	Grundlagen Rechnungswesen	2
11	IP	23	Was ist Office?	2
12	IP	23	Was ist Office?	2
13	IP	23	Was ist Office?	2

OK. | Unix | Z 8 Sp 25 Bu 245 | 30 Zeilen. | 10 ms

Abb 77 *Das Ergebnis des recursiven CTEs*

10. Jede Wiederholung des rekursiven Elements nutzt die Ergebnismenge des vorherigen Schritts als Eingabewert und gibt diese Ergebnismenge zurück. Dabei wird die Artikelebene um eins erhöht. Das rekursive Element wird immer wieder solange aktiviert, bis es eine leere Ergebnismenge zurückgibt und die Artikelebene kleiner 3 ist.

11. Die endgültige Ergebnismenge ist das Gesamtergebnis der UNION ALL-Anweisung aller Ergebnisse, die von den Ankerelementen und rekursiven Elementen erstellt wurde.

Abfragen

3.22 Übungsaufgaben

Aufgabe 5: Artikelauswahl mit zwei Bedingungen
Aufgabe 6: Lieferbare Artikel anzeigen
Aufgabe 7: Bestellwerte der einzelnen Bestellungen berechnen
Aufgabe 8: Daten gruppieren und mit COUNT zählen
Aufgabe 9: Kunden mit mehreren bestellten Artikeln anzeigen
Aufgabe 10: Artikel mit niedrigsten Artikelpreisen selektieren
Aufgabe 11: Kunden ohne Lieferadresse anzeigen
Aufgabe 12: Nicht-bestellte Artikel auswählen

3.22.1 Aufgabe 5: Artikelauswahl mit zwei Bedingungen

1. Die Datenbank *Direktbestellung01* ist geöffnet.
2. Erstellen Sie eine SQL-Abfrage mit allen Artikeln, welche der Kategorie 4 (für Management) angehören beziehungsweise über 50 Euro kosten. (Bsp. 21)
3. Lassen Sie sich die Felder *ArtikelNr*, *Titel*, *KategorieNr* und *Artikelpreis* anzeigen.
4. Sortieren Sie das Ergebnis nach dem Titel des Artikels. (Bsp. 22)
5. Vergleichen Sie Ihr Ergebnis mit der Abbildung. Enthält Ihre Lösung 6 Artikeldatensätze?

	artikelnr integer	titel character varying(64)	kategorienr integer	artikelpreis numeric
1	25	Acess 2007	4	20.00
2	18	Grundlagen Rechnungswesen	4	9.95
3	17	Personalmanagement	3	67.60
4	34	PostgreSQL - Ein relationales Datenbanksystem	4	22.50
5	15	Rechnungswesen	1	107.60
6	21	Word und Excel 2003	4	35.50

Abb 78 *Ergebnistabelle*

6. Speichern Sie die Aufgabe unter dem Namen *Artikelauswahl* ab.
7. Die Lösung dieser Aufgabe finden Sie unter *B.5 Lösung Aufgabe 5*.

3.22.2 Aufgabe 6: Lieferbare Artikel anzeigen

1. Die Datenbank *Direktbestellung01* ist geöffnet.
2. Die Geschäftsleitung des Verlags wünscht eine Liste mit den Titeln der lieferbaren Artikel und deren Kategoriezugehörigkeit.
3. Erstellen Sie dazu eine Abfrage und verwenden Sie die Tabellen *Kategorie*, *Artikel* und *Status*. Aus diesen Tabellen sollen die Felder *ArtikelNr*, *Kategoriename*, *Titel*, *Artikelpreis* und Erscheinungsjahr angezeigt werden. (Bsp. 47)
4. Das Jahr kann mit Hilfe der Funktion EXTRACT aus dem *Erscheinungstermin* extrahiert werden. (Bsp. 21)
5. Über den Schlüssel *KategorieNr* werden die Tabellen *Kategorie* und *Artikel* verbunden und über den Schlüssel *Statuscode* die Tabellen *Artikel* und *Status*. Da in dieser Abfrage eine Anzahl von Tabellen und Bedingungen erforderlich ist, achten Sie darauf, dass die Bedingungen in der richtigen Weise miteinander verknüpft und durch AND verbunden werden. (Bsp. 48)
6. Überprüfen Sie das Ergebnis anhand der Abbildung. Es sollten 4 Datensätze angezeigt werden.

	artikelnr integer	kategoriename character varying(30)	titel character varying(64)	artikelpreis numeric	jahr double precision
1	11	Internet-Technologie	Word 2007 Basis	14.95	2007
2	14	Wirtschaft	My SQL	12.95	2005
3	15	Internet-Technologie	Rechnungswesen	107.60	2007
4	19	MS Office	Grundlagen Rechnungswesen & Datev	24.95	2006

***Abb 79** Ergebnistabelle mit lieferbaren Artikeln*

7. Speichern Sie die Aufgabe unter dem Namen *LieferbareArtikel* ab.
8. Die Lösung dieser Aufgabe finden Sie unter *B.6 Lösung Aufgabe 6*.

3.22.3 Aufgabe 7: Bestellwerte der einzelnen Bestellungen berechnen

1. Die Datenbank *Direktbestellung01* ist geöffnet.
2. Erstellen Sie eine Abfrage, welche die Bestellwerte der einzelnen Bestellungen berechnet. Mit Hilfe der Funktion SUM soll die Summe des Ausdrucks *Bestellmenge * Artikelpreis* berechnet werden.
3. Die Abfrage bezieht sich auf Daten in den Tabellen *Bestellposition* und *Artikel*.
4. Um die Bestellwerte zu berechen, müssen die Tabellen über das Attribut *ArtikelNr* verknüpft werden, weil die *Bestellmenge* in der Tabelle *Bestellposition* und der *Artikelpreis* in der *Artikel*-Tabelle gespeichert sind.
5. Geben Sie die Tabellenfelder *BestellNr* und *Titel* sowie das berechnete Feld mit der Summe aus. (Bsp. 31)
6. Die Datensätze sollen nach der Bestellnummer und dem Titel gruppiert und nach Bestellnummer (aufsteigend) sortiert werden. (Bsp. 22) (Bsp. 32)
7. Berücksichtigen Sie in der WHERE-Klausel die Verknüpfungsbedingung und die Bedingung *BestellNr* < 1010. (Bsp. 21)
8. Es sollen nur die Datensätze der beiden Tabellen selektiert werden, welche die gleiche Artikelnummer besitzen.
9. Die Abbildung zeigt das Ergebnis der Abfrage. Vergleichen Sie dies mit Ihrem Ergebnis. Die Ergebnistabelle enthält 9 Datensätze.

	bestellnr integer	titel character varying(64)	Summe(Bestellmenge*Artikelpreis) numeric
1	1001	Word 2007 Basis	29.90
2	1002	AJAX - Frische Ansätze für das Web-Design	50.85
3	1003	Datenbanken	99.80
4	1004	Word 2007 Basis	74.75
5	1005	Excel 2007 Basis	99.75
6	1006	Grundlagen Rechnungswesen	69.65
7	1007	Personalmanagement	67.60
8	1008	Rechnungswesen	1398.80
9	1009	Excel 2007 Basis	159.60

Abb 80 *Ergebnistabelle*

10. Speichern Sie die Aufgabe unter dem Namen *BestellwerteBerechnung* ab.
11. Die Lösung dieser Aufgabe finden Sie unter *B.7 Lösung Aufgabe 7*.

3.22.4 Aufgabe 8: Daten gruppieren und mit COUNT zählen

1. Die Datenbank *Direktbestellung01* ist geöffnet.
2. Erstellen Sie eine Abfrage, die auf den Tabellen *Kunden* und *Bestellung* beruht. Es sollen nur Kunden angezeigt werden, die mindestens in zwei Bestellungen eingebunden sind.
3. Wählen Sie die Felder *KundenNr* und *Name* der Tabelle *Kunden* zur Anzeige aus. Die Datensätze sollen nach der Kundennummer und dem Namen gruppiert werden.
4. Eine Auswahl aus den gebildeten Gruppen trifft man mit der Klausel HAVING. In dieser Aufgabe werden beim Zählen der Bestellungen nur Bestellnummer betrachtet, in denen mindestens zwei Bestellungen (d.h. *BestellNr* >= 2) einen Kunden haben. (Bsp. 33)
5. Vergleichen Sie Ihr Ergebnis mit der Abbildung. Enthält Ihre Lösung 5 Datensätze?

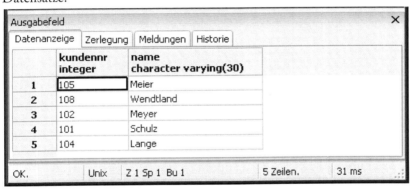

Abb 81 Ergebnistabelle

6. Speichern Sie die Aufgabe unter dem Namen *KundenBestellungen* ab.
7. Die Lösung dieser Aufgabe finden Sie unter *B.8 Lösung Aufgabe 8*.

3.22.5 Aufgabe 9: Kunden mit mehreren bestellten Artikeln anzeigen

1. Die Datenbank *Direktbestellung01* ist geöffnet.
2. Legen Sie eine Abfrage zur Selektion derjenigen Kunden an, welche nach dem '31.12.2007' eine Menge von mehr als 5 Artikeln bestellt haben.
3. Kombinieren Sie in Ihrer Abfrage die Tabellen *Kunden*, *Bestellung* und *Bestellposition* miteinander. Die Tabellen sollen über die Felder *KundenNr* und *BestellNr* miteinander verbunden werden. (Bsp. 47) (Bsp. 48)
4. Berücksichtigen Sie in der WHERE-Klausel die angegebenen Bedingungen.
5. Zeigen Sie die Felder *KundenNr*, *Name*, *BestellNr*, *Bestelldatum* und *Bestellmenge* an.
6. Überprüfen Sie Ihr Ergebnis mit der Ergebnistabelle. Es sollten 3 Datensätze angezeigt werden.

Abb 82 *Ergebnistabelle*

7. Speichern Sie diese Aufgabe unter dem Namen *ArtikelAuswahl* ab.
8. Die Lösung dieser Aufgabe finden Sie unter *B.9 Lösung Aufgabe 9*.

3.22.6 Aufgabe 10: Artikel mit niedrigsten Artikelpreisen selektieren

1. Die Datenbank *Direktbestellung01* ist geöffnet. Erstellen Sie eine Abfrage, die die Felder *ArtikelNr*, *Artikelpreis*, *Titel* und *KategorieNr* aus der Artikeltabelle anzeigt.
2. In der Ergebnistabelle sollen nur Artikel erscheinen, welche einen Artikelpreis kleiner als alle Artikel mit dem niedrigsten Artikelpreis in der Buchkategorie 'MS Office' (KategorieNr = 2) haben.
3. Lösen Sie diese Aufgabe mit Hilfe einer Unterabfrage und des ALL-Operators. (Bsp. 44)
4. Vergleichen Sie Ihr Ergebnis mit folgender Ergebnistabelle. Enthält Ihre Lösung 4 Datensätze?

	artikelnr integer	artikelpreis numeric	titel character varying(64)	kategorienr integer
1	11	14,95	Word 2007 Basis	1
2	14	12,95	My SQL	3
3	18	9,95	Grundlagen Rechnungswesen	4
4	28	13,50	HTML - Mit Aufgaben üben	1

Abb 83 *Ergebnistabelle*

5. Der ALL-Operator hat folgende Aufgabe: Er wählt aus der Vergleichsliste der Unterabfrage den kleinsten Wert aus und zeigt mit der Hauptabfrage alle Zeilen mit kleineren Vergleichswerten an. Die Unterabfrage liefert eine Ergebnistabelle mit Artikelpreisen (16.95, 24.95, 22.25, 34.90, 23.00) der Artikel in der Kategorienummer 2. Damit diese Tabelle mit dem Wert *Artikelpreis* verglichen werden kann, ist der ALL-Operator erforderlich. Dieser Operator ermittelt aus allen in der Kategorie 2 vorhandenen Artikelpreisen den kleinsten Artikelpreis (d.h. 16.95).
6. Mit "< ALL" werden in der Hauptabfrage alle Zeilen ausgewählt, in denen der *Artikelpreis* kleiner als 16.95 ist. Die gelieferten Artikel mit den Artikelnummern (11, 14, 18, 28) haben einen Artikelpreis, der kleiner 16.95 ist.
7. Speichern Sie die Aufgabe unter dem Namen *PreisgünstigeArtikel* ab.
8. Die Lösung dieser Aufgabe finden Sie unter *B.10 Lösung Aufgabe 10*.

3.22.7 Aufgabe11: Kunden ohne Lieferadresse anzeigen

1. Die Datenbank *Direktbestellung01* ist geöffnet.
2. Erstellen Sie eine Abfrage für alle Kunden mit Anrede 'Herr', die in der Tabelle *Adresse* existieren und eine Lieferadresse (d.h. AdressID = 2) haben. Die Abfrage beruht auf den Tabellen *Kunden* und *Adresse*.
3. Lassen Sie die Felder *KundenNr*, *Anrede*, *Name* und *Vorname* anzeigen.
4. Sie können die Abfrage mit Hilfe des Befehls EXISTS lösen. (Bsp. 37)
5. Beachten Sie, dass der EXISTS-Operator keine Daten erzeugt, sondern nur die Bedingung 'wahr' oder 'falsch'. Die Basis zur Erzeugung eines Ergebnisses kann eine komplette Zeile (SELECT *) oder eine beliebige Spalte sein. Das zurückgemeldete Ergebnis ist lediglich ein Zustand, der die Ausführung der Hauptabfrage steuert.
6. *Hinweis*: Beim EXISTS-Operator gibt es keine Bedingungsspalte, die die Verbindung zwischen Haupt- und Unterabfarge herstellen kann. Aus diesem Grund muss die Verknüpfung in der WHERE-Klausel innerhalb der Unterabfrage vereinbart werden.

	kundennr integer	anrede character varying(20)	name character varying(30)	vorname character varying(30)
1	100	Herr	Müller	Hans
2	105	Herr	Meier	Bernd
3	107	Herr	Beckman	Daniel
4	110	Herr	Bieber	Peter

Abb 84 Ergebnistabelle

7. Überprüfen Sie Ihr Ergebnis mit der Ergebnistabelle. Es sollten 4 Datensätze angezeigt werden.
8. Speichern Sie die Aufgabe unter dem Namen *KundenOhneLieferadresse*.
9. Die Lösung dieser Aufgabe finden Sie unter *B.11 Lösung Aufgabe 11*.

3.22.8 Aufgabe 12: Nicht-bestellte Artikel auswählen

1. Die Datenbank *Direktbestellung01* ist geöffnet. Erstellen Sie eine Abfrage, die auf den Tabellen *Bestellung*, *Bestellposition* und *Artikel* beruht.
2. Lassen Sie die Felder *ArtikelNr, Titel, KategorieNr, Statuscode* und *Erscheinungstermin* dieser Abfrage anzeigen. Es sollen nur Artikel erscheinen, die nicht bestellt worden sind.
3. Die Tabellen *Bestellung*, *Bestellposition* und *Artikel* sollen über die Spalten *BestellNr* und *ArtikelNr* entsprechend miteinander verknüpft werden.
4. Sie können diese Abfrage mit Hilfe der OUTER-JOINs (Left- und Right-Outer) entwickeln. (Bsp. 52) (Bsp. 53)
5. Verwenden Sie dazu zwei Join-Bedingungen: Die Join-Bedingung "`b.BestellNr = bp.BestellNr`" selektiert aus dem kartesischen Produkt der Tabellen *Bestellung* (Alias b) und *Bestellposition* (Alias bp) die Zeilen heraus, bei denen die Bestellnummer übereinstimmen. Die zweite Join-Bedingung "`bp.ArtikelNr = a.ArtikelNr`" liefert die Zeilen heraus, bei denen die Artikelnummer übereinstimmen.
6. *Hinweis*: Legen Sie zusätzlich zu den Joins eine WHERE-Klausel für die Bestellnummer so an, dass nur Artikel angezeigt werden, wenn die Bestellnummer innerhalb der Tabelle *Bestellposition* NULL ist.

	artikelnr integer	titel character varying(64)	kategorienr integer	statuscode character(2)	erscheinungstermin date
1	14	My SQL	3	AV	2005-07-07
2	19	Grundlagen Rechnungswesen & Datev	2	AV	2006-07-15
3	23	Was ist Office?	2	IP	
4	25	Acess 2007	4	IP	
5	28	HTML - Mit Aufgaben üben	1	IP	
6	31	Finanzmanagement Wirtschaft	3	OP	2007-05-05
7	34	PostgreSQL - Ein relationales Datenbanksystem	4	IP	2008-12-12

Abb 85 *Ergebnistabelle*

7. Stimmt Ihre Ergebnismenge mit der Ergebnistabelle überein? Sie sollten 7 Datensätze angezeigt bekommen.
8. Speichern Sie die Aufgabe unter dem Namen *NichtBestellteArtikel* ab.
9. Die Lösung dieser Aufgabe finden Sie unter *B.12 Lösung Aufgabe 12*.

Abfragen

3.23 Verständnisfragen

Frage 11:
Das SQL-Statement
`SELECT Titel, Artikelpreis FROM Artikel WHERE ArtikelNr = 15`
bedeutet:
(1)
1. Die Tabelle *Artikel* hat insgesamt 15 Artikel.
2. Es sollen die Titel und Artikelpreise aller Artikel selektiert werden.
3. Der Titel und der Artikelpreis des Artikels mit der ArtikelNr 15 soll angezeigt werden.
4. Der Tabelle *Artikel* soll ein Artikelsatz mit der Artikelnummer 15 hinzugefügt werden.
5. Es sollen alle Felder der Tabelle *Artikel* ausgegeben werden.

Frage 12: Welche der folgenden Aussagen über SELECT treffen zu? (2)
1. Der SQL-Ausdruck "`SELECT ArtikelNr, Titel, Artikelpreis, Kategorie`" legt die Tabellenfender fest, die angezeigt werden sollen.
2. der SQL-Ausdruck "`SELECT Titel, ArtikelNr FROM Artikel WHERE ArtikelNr = 15`" bedeutet, dass die Tabelle *Artikel* 15 Artikel enthält.
3. Der SQL-Ausdruck "`SELECT * FROM Kunden`" gibt an, dass alle Datensätze der Tabelle *Kunden* selektiert werden sollen.
4. In einem SELECT-Statement schränkt die Klausel "`WHERE Titel = 'PostgreSQL'`" die selektierten Datensätze auf den Titel PostgreSQL ein.
5. Der Ausdruck "`ORDER BY Artikel.Artikelpreis DESC`" bewirkt, dass in der Tabelle *Artikel* die Datensätze aufsteigend nach den Artikelpreisen der Artikel sortiert werden.

Frage 13: Welche Aussagen über Spaltenfunktionen treffen zu? (2)
1. Spaltenfunktionen liefern einzelne Werte für ganze Zeilengruppen.
2. Eine Spaltenfunktion (wie z.B. MIN, MAX, AVG, SUM, COUNT) kann nur in der SELECT-Auswahl auftreten.
3. Die MIN-Funktion wird einmal auf einen Wert einer Spalte angewandt.
4. AVG kann auf jede alphanumerische Spalte angewendet werden.
5. MAX kann nur für jeden alphanumerischen Spaltentyp benutzt werden, um den größten Wert zu bestimmen.

Frage 14: Welche Aussagen über die COUNT-Funktion treffen zu? (3)
1. COUNT wird auf eine Spalte oder eine Tabelle angewendet und bestimmt die Anzahl der Felder in einer Spalte oder die Zeilen in einer Tabelle.
2. Die Funktion COUNT(*) bestimmt die Anzahl der Felder in einer Spalte einer Tabelle.
3. Die Funktion COUNT(DISTINCT Ort) liefert die Anzahl der Zeilen mit verschiedenen Orten.
4. COUNT(Titel) liefert die Anzahl der Felder in der Spalte *Titel*, die keine Nullwerte haben.
5. Der SQL-Ausdruck SELECT DISTINCT bewirkt, dass nur ausgewählte Zeilen in einer Tabelle angezeigt werden.

Frage 15: Welche der folgenden Aussagen über Optionen eines SELECT-Statements treffen zu? (2)
1. Das Ergebnis eines SELECT-Befehls ist immer eine Tabelle (Ergebnistabelle).
2. Der Ausdruck "SELECT ArtikelNr, SUM(Artikelpreis) FROM Artikel" liefert alle Artikel und die Summe der Artikelpreise.
3. Die Klausel HAVING darf, wie die WHERE-Klausel, in einem SELECT-Statement immer benutzt werden.
4. Die Verwendung der GROUP-BY-Klausel in Verbindung mit einer Spaltenfunktion ist nicht zulässig.
5. Die COUNT-Funktion liefert die Anzahl der Felder in einer Spalte oder zählt die Zeilen in einer Tabelle.

Frage 16: Welche der folgenden Aussagen über Sub-SELECTs treffen zu? (3)
1. Unterabfragen (Sub-SELECTs) werden immer über SELECT gebildet und stehen in runden Klammern.
2. Der Ausdruck "WHERE NOT EXISTS" direkt vor einer Unterabfrage dient dazu, die Datensätze herauszufinden, auf die die Bedingung der Unterabfrage zutrifft.
3. Eine Unterabfrage ist korreliert, wenn sie sich auf eine Spalte bezieht, die in der Hauptabfrage angesprochen wird.
4. Der ANY-Operator vergleicht eine Spalte aus der Haupttabelle mit allen Werten der Datenmenge aus der Unterabfrage.
5. Der Operator ALL vergleicht die Spalte aus der Haupttabelle mit allen Werten der Datenmenge aus der Unterabfrage.

Frage 17: Welche Aussagen über Verbunde (Joins) treffen zu? (3)

1. Beziehungen zwischen Tabellen werden in PostgreSQL mittels des JOIN-Befehls hergestellt.
2. Der Ausdruck INNER JOIN bewirkt, dass zwei Tabellen anhand identischer Feldinhalte miteinander verknüpft werden.
3. Die Felder, durch die zwei Tabellen verknüpft werden, bilden die Join-Bedingung. Diese Felder werden gemeinsam mit den Namen der verknüpften Tabellen hinter dem Schlüsselwort IN angegeben.
4. Durch den Ausdruck RIGHT JOIN werden sämtliche Datensätze der Tabelle angezeigt, die auf der linken Seite des JOIN-Operators steht.
5. Der Ausdruck LEFT JOIN zeigt sämtliche Datensätze der Tabelle an, die links vom JOIN-Operator steht.

4 Standardfunktionen

PostgreSQL verfügt über eine Reihe von Standardfunktionen (oder eingebauten Funktionen), die in benutzerdefinierten Ausdrücken und Programmteilen, wie auch direkt in SQL-Befehlen verwendet werden können. Die vorgefertigten Programmelemente, die für bestimmte Teilaufgaben bestehen, können dem Datenbanknutzer beim Aufruf des betreffenden Funktionsnamens zur Verfügung gestellt werden. Funktionen brauchen zum Berechnen weitere Daten, die als Argumente bezeichnet werden. Die Funktion LENGTH('PostgreSQL'), welche als Argument ein Text benötigt, liefert beispielsweise die Länge 10. Die Argumente werden in runden Klammern gesetzt und müssen mit einem Komma voneinander getrennt werden. Funktionen, die keine Argumente besitzen, benötigen trotzdem im Anschluss an den Funktionsnamen ein leeres Klammernpaar, wie beispielsweise die Funktion RANDOM(), die eine Zufallszahl erzeugt.

In diesem Abschnitt werden diverse Funktionen ausgewählt und geklärt, die für mathematische Berechnungen sowie für die Verarbeitung von Datumswerten und Zeichenketten von Wichtigkeit sind. Die eingebauten Funktionen werden in den folgenden Kategorien zusammengefasst:

1. Mathematische Funktionen
2. Zeichenkettenfunktionen
3. Datums- und Uhrzeitfunktionen

4.1 Mathematische Funktionen

PostgreSQL stellt eine Reihe von mathematischen Funktionen zur Verfügung, die bei Berechnungen mit Daten immer wieder eingesetzt werden. Damit lassen sich mathematische Operationen, wie z.B. Wurzelberechnung, Auf- und Abrunden, optimal durchführen. Nachfolgend werden einiger der wichtigsten mathematischen Funktionen erläutert.

ABS(zahl)

Die Funktion ABS liefert den positiven Wert (Absolutwert) einer Zahl

> **Beispiel 1: ABS**
> ABS(-4,6) = 4,6

PI()

Die mathematische Konstante PI(=3,1415926536) wird mit einer bis zu 15stelliger Genauigkeit verwendet.

Beispiel 2: PI

2*PI()*5.50 = 34.55 (Umfangrechnung)

ROUND(zahl, n)

Diese Funktion rundet eine Dezimalzahl rechts oder links von der Kommastelle auf die angegebene Anzahl n von Rundungsstellen. Das erste Argument (vom Typ NUMERIC) definiert die Zahl, auf der die Rundung vorzunehmen ist. Das zweite ganzzahlige Argument bestimmt die Anzahl der Stellen relativ zu der Kommastelle, auf die gerundet werden soll.

Wenn n positiv (n > 0) ist, erfolgt eine Rundung rechts vom Komma. Ist n kleiner oder gleich null (n <= 0), erfolgt die Rundung links vom Komma und das Ergebnis hat keinen Bruchteil. Wenn das Argument n fehlt, dann wird die Zahl zur nächsten Ganzzahl gerundet.

Beispiel 3: ROUND

ROUND(23.567, 1) = 23.6
ROUND(23.567, 2) = 23.57
ROUND(23.567, 0) = 24
ROUND(23.567, -1) = 20
ROUND(23.567, -2) = 0
ROUND(23.567) = 24

RANDOM()

Die RANDOM-Funktion berechnet aus einer Ganzzahl eine Zufallszahl vom Typ DOUBLE mit einem 16-stelligen Wertebereich zwischen 0 und 1. Bei jeder neuen Ausführung der Funktion werden unterschiedliche Zufallszahlen erzeugt. Die Funktion RANDOM wird nicht ausgeführt, wenn ein Argument verwendet wird.

Beispiel 4: RANDOM

RANDOM() = 0.0193683551624417
RANDOM()*100 = 77.3856570012867

SQRT(zahl)

SQRT liefert die Quadratwurzel der übergebenen Zahl.

> **Beispiel 5: SQRT**
>
> SQRT(81) = 9

CEIL(zahl)

CEIL gibt die kleinste Ganzzahl zurück, die größer oder gleich der angegebenen Zahl ist. Das Argument Zahl ist vom Typ NUMERIC. Bei Dezimalwerten werden keine Nachkommastellen zurückgegeben.

> **Beispiel 6: CEIL**
>
> CEIL(12.345) = 13
> CEIL(-12.345) = -12
> CEIL(0.13) = 1

FLOOR(zahl)

Die FLOOR-Funktion (das Gegenteil von CEIL) gibt den größten Ganzzahl-Wert zurück, der nicht größer als Zahl ist. Das Argument Zahl hat den Datentyp NUMERIC. Bei Dezimalwerten werden keine Nachkommastellen zurückgegeben.

> **Beispiel 7: FLOOR**
>
> FLOOR(12.345) = 12
> FLOOR(-12.345) = -13
> FLOOR(0.13) = 0

MOD(z1, z2)

Die Funktion MOD (d.h. Modulo) ermittelt den Rest einer Division von zwei Argumenten (z1 und z2). Beide Argumente müssen numerische ganzzahlige Werte sein, wobei z2 nicht den Wert null enthalten darf. MOD(z1,z2) ist gleichbedeutend mit z1%z2.

> **Beispiel 8: MOD**
>
> MOD(15, 4) = 3
> 15%4 = 3
> MOD(-15, 4) = -3
> MOD(20, -3) = 2

Standardfunktionen

4.1.1 Beispiel 56: Zahlen runden und Zufallszahlen erstellen

1. Erstellen Sie eine Anfrage, die aus der Zahl 123.456 die Ergebnisse 123, 123.46, 123.5, 120 und 100 erstellt.
2. Verwenden Sie im SELECT-Statement die Funktion ROUND mit beiden Argumenten, wobei das erste Argument die Zahl 123.456 ist und das zweite die jeweils entsprechende Rundungsstelle.

```
SELECT  ROUND(123.456, 0),
        ROUND(123.456, 2), ROUND(123.456, 1),
        ROUND(123.456, -1), ROUND(123.456, -2)
```

3. Die Ausführung der ROUND-Befehle liefert die Ergebnisse 123, 123.46, 123.5, 120 und 100.
4. Erstellen Sie eine weitere Abfrage, die mit Hilfe der Funktion RANDOM drei Zufallszahlen im Bereich von 1 bis 3 generiert. Dabei multiplizieren Sie die Funktion mit 7 und verwenden Sie dazu folgende Zufallsfunktion 7*RANDOM()+Bereich.

```
SELECT 7*RANDOM()+1 AS "7*random()+1",
       7*RANDOM()+2 AS "7*random()+2",
       7*RANDOM()+3 AS "7*random()+3"
```

5. Führen Sie diese Abfrage aus.
6. Die generierten Zufallszahlen sind folgende:

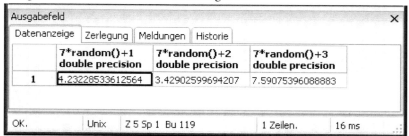

Abb 86 *Ergebnis der Random-Funktion*

7. *Hinweis*: Bei jeder wiederholten Ausführung der RANDOM-Funktion werden unterschiedliche Zufallszahlen generiert.

4.2 Zeichenkettenfunktionen

Zeichenkettenfunktionen kommen häufig bei der Verarbeitung von Zeichenketten zum Einsatz. Damit können Sie mehrere Textfelder miteinander verketten oder bestimmte Texteigenschaften wie die Länge bzw. die Position einer Teilzeichenkette bestimmen. Zeichenkettenfunktionen ermöglichen auch eine Umwandlung von Kleinbuchstaben in Großbuchstaben und umgekehrt, die Ermittlung einer Teilzeichenkette in einer anderen Zeichenkette, das Extrahieren wichtiger Textteile aus einer Zeichenkette sowie das Ersetzen von Zeichenketten.

PostgreSQL stellt zahlreiche Standardfunktionen für die Bearbeitung von Zeichenketten zur Verfügung. In diesem Abschnitt werden einige Funktionen ausgewählt und erläutert, die besonders für die Verarbeitung von Zeichenketten wichtig sind.

ASCII(Zeichen)
Liefert den ASCII-Code des angegebenen Zeichens.

Beispiel 9: ASCII
ASCII('Z') = 90

CHAR(Zahl)
Interpretiert das Argument als Ganzzahl und gibt ein Zeichen zurück, das durch den ASCII-Code-Wert dieser Ganzzahl gegeben ist.

Beispiel 10: CHAR
CHAR(90) = Z

LOWER(Text)
Wandelt den angegebenen Text in Kleinbuchstaben um.

Beispiel 11: LOWER
LOWER('PostgreSql') = postgresql

UPPER(Text)
Wandelt den angegebenen Text in Großbuchstaben um.

Beispiel 12: UPPER
UPPER('PostgreSQL') = POSTGRESQL

POSITION(t in T)

Diese Funktion prüft, ob die erste Kette (t) ein Teil der zweiten Zeichenkette (T) ist. Im positiven Fall wird als Ergebnis der Funktion ein Ganzzahlwert ermittelt, der die Position des ersten Auftretens des ersten Arguments enthält. Das erste Argument kann auch nur aus einem Zeichen bestehen. Die Position ist Null, wenn t nicht in T enthalten ist.

Beispiel 13: POSITION

POSITION('gre' in 'Postgresql') = 5
POSITION('s' in 'Postgresql') = 3
Der Buchstabe s tritt zum ersten Mal an dritter Stelle des zweiten Argumentes auf.
POSITION('m' in 'Postgresql') = 0

LENGTH(Text) oder CHAR_LENGTH(Text)

Gibt die Länge einer Zeichenkette als Integer-Wert zurück.

Beispiel 14: LENGTH

LENGTH('PostgreSql 9.0') = 14

STRING || STRING

Die Funktion STRING bewirkt eine Verkettung von Texten.

Beispiel 15: STRING

'Postgre' || 'SQL' = PostgreSQL

SUBSTRING(t, s, n) oder SUBSTRING(t FROM s FOR n)

Gibt aus einem Text (t) die angegebene Anzahl an Zeichen (n) ab einer bestimmten Startposition (s) zurück.

Die Funktion hat drei Argumente: Das erste (t) repräsentiert die zu untersuchende Zeichenkette, das zweite (s) enthält die Startposition der Teilkette, die als Ergebnis zurückgegeben wird und das dritte (n) bestimmt die Länge der Teilkette. Ist n nicht angegeben, so reicht die Teilkette von s bis Ende der Zeichenkette t.

Das Argument s muss positiv sein und darf nicht größer als die gesamte Länge von t sein. Ist s kleiner oder gleich null, dann wird sein Wert von der Länge abgezogen. Eine negative Länge ist nicht zulässig und führt zu Fehlern.

Beispiel 16: SUBSTRING
SUBSTRING('PostgreSQL', 0, 8) = Postgre
SUBSTRING('PostgreSQL', 8) = SQL (Länge fehlt)

Beispiel 17: SUBSTRING mit FOR
SUBSTRING('PostgreSQL' FROM 8 FOR 3) = SQL

Beispiel 18: LENGTH und SUBSTRING
LENGTH(SUBSTRING('PostgreSQL', 1, 7)) = 7
LENGTH(SUBSTRING('PostgreSQL', -2, 7)) = 4

TRIM([leading | trailing | both][Zeichen] FROM String)
Entfernt überflüssige Zeichen am Anfang (leading) bzw. am Ende (trailing) oder an beiden Enden (both) eines Strings und gibt einen gekürzten String zurück. Both wird nur dann angenommen, wenn keine der beiden Parameter (Anfang / Ende) angegeben wird.

Beispiel 19: TRIM
TRIM(BOTH '*' FROM '**PostgreSQL**') = PostgreSQL
TRIM(BOTH '*' FROM '***PostgreSQL*+') = PostgreSQL*+

BTRIM(Text,z)
Entfernt alle Zeichen (z) vom Anfang und Ende eines Textes und gibt einen gekürzten String zurück.

Beispiel 20: BTRIM
BTRIM('**PostgreSQL**', '*') = PostgreSQL

LTRIM(Text)
Gibt den Text zurück, bei dem die führenden Leerzeichen entfernt wurden.

Beispiel 21: LTRIM
LTRIM('   PostgreSQL   ') = PostgreSQL

RTRIM(Text)

Gibt den Text zurück, bei dem alle Leerzeichen am Ende entfernt wurden.

Beispiel 22: RTRIM

RTRIM('   PostgreSQL   ') = PostgreSQL

INITCAP(Text)

Wandelt den ersten Buchstaben jedes Wortes (durch Blanks getrennt) in Großbuchstaben um.

Beispiel 23: INITCAP

INITCAP('postgre sql') = Postgre Sql

TO_HEX(Zahl)

Wandelt eine Zahl vom Typ INTEGER oder BIGINT in Hexadezimalzahl um.

Beispiel 24: TO_HEX

TO_HEX(12) = C

REPEAT(Text, n)

REPEAT verkettet die Zeichenkette Text n-mal mit sich selbst. Wenn n kleiner oder gleich null ist, wird ein leerer String zurückgegeben.

Beispiel 25: REPEAT

REPEAT('PgSQL', 3) = PgSQL PgSQL PgSQL
REPEAT('PgSQL', 0) = leer

TRANSLATE(Text, von, nach)

Diese Funktion ersetzt jedes Zeichen im *Text*, das sich auch im zweiten Argument *von* befindet, durch das entsprechende Zeichen im dritten Argument *nach*. Die Argumente *von* und *nach* bestimmen, wie ein Zeichen in Argument *Text* umgewandelt werden soll. Die Argumente von und nach müssen die gleiche Länge aufweisen, damit es eindeutig aus der TRANSLATE-Funktion hervorgeht, dass jedes Zeichen von Argument *von* durch ein bestimmtes Zeichen von Argument *nach* ersetzt wird. Die hauptsächliche Anwendung dieser Funktion liegt in der Umwandlung bzw. in der Verschlüsselung von Datenfeldern.

> **Beispiel 26: TRANSLATE**
>
> TRANSLATE('12,5 abcd', ',abcd', '.EURO') = 12.5 EURO
> Die im ersten Argument vorkommende Teilzeichenkette ',abcd' ist ebenfalls im zweiten Argument enthalten und wird daher durch die an gleicher Position stehende Zeichenkette des dritten Arguments ersetzt. Das Kommazeichen ',' wird in ein Punkt umgewandelt und die Buchstaben 'abcd' durch die Zeichenkette EURO ersetzt. Die übrigen der im ersten Argument gespeicherten Zeichen bleiben unverändert.

4.2.1 Beispiel 57: Ein Text mit TRIM manipulieren

1. Erstellen Sie eine Abfrage, welche die führenden Leerzeichen eines Textes (z.B. ' PostgreSQL aktuelle Version ').
2. Kodieren Sie dazu folgende LTRIM-Funktion.

```
SELECT LTRIM('    PostgreSQL aktuelle Version    ')
```

3. Führen Sie diese Abfrage aus. Sie gibt den Text zurück, bei dem nur die führenden Leerzeichen im Text entfernt wurden.
4. Sie können auch die Leerzeichen am Ende der Zeichenkette entfernen, indem Sie die Funktion RTRIM kodieren.

```
SELECT RTRIM('    PostgreSQL aktuelle Version    ')
```

5. Leerzeichen innerhalb des Textes werden nicht entfernt.
6. Als Alternative zu den obigen Funktionen können Sie die Funktion BTRIM verwenden, die die Leerzeichen gleichzeitig vom Anfang und Ende des Textes entfernt.

```
SELECT BTRIM('    PostgreSQL aktuelle Version    ')
```

7. Möchten Sie in einem Text (z.B. '***PostgreSQL aktuelle Version***') bestimmte Sonderzeichen entfernen, dann ist eine explizite Angabe des zu entfernenden Zeichens (*) erforderlich. Kodieren Sie dazu folgende Abfrage und führen Sie sie aus.

```
SELECT BTRIM('***PostgreSQL aktuelle Version***', '*')
```

8. Das Ergebnis sieht wie folgt aus: "PostgreSQL aktuelle Version"
9. Sie können das gleiche Ergebnis durch folgende alternative Abfrage erreichen.

```
SELECT TRIM(BOTH '*' FROM '***PostgreSQL aktuelle Version***')
```

10. Führen Sie diese Abfrage aus.

11. Sie gibt den Text "PostgreSQL aktuelle Version" zurück, bei dem alle Sternzeichen (*) am Anfang und Ende gelöscht wurden.
12. *Hinweis*: Wenn alle Zeichen entfernt werden, ist das Ergebnis eine leere Zeichenkette.
13. Möchten Sie die Länge einer Zeichenkette ermitteln, verwenden Sie die Funktion LENGTH.

```
SELECT LENGTH(BTRIM('***PostgreSQL aktuelle Version***','*'))
```

14. Die tatsächliche Länge des gelieferten Ergebnisses ist die Länge der Zeichenkette minus der Anzahl der entfernten Zeichen (tatsächliche Länge = 27).

4.2.2 Beispiel 58: Ein Text mit TRANSLATE übersetzen

1. Mit einer TRANSLATE-Funktion soll die Zeichenkette 'pgsql 9-X' in 'pgSQL 9.0' übersetzt werden.
2. Erstellen Sie eine neue Abfrage und berücksichtigen Sie dabei die TRANSLATE-Funktion mit allen Argumenten. Das erste Argument ist die Zeichenkette 'pgsql 9-X', das zweite und dritte sind die Zeichenkonstanten 'sql-X' und 'SQL.0'.

```
SELECT TRANSLATE('pgsql 9-X','sql-X','SQL.0')
```

3. Führen Sie die Abfrage aus. Das gelieferte Ergebnis lautet: pgSQL 9.0
4. Die im ersten Argument vorkommende Teilzeichenkette 'sql' ist ebenfalls im zweiten Argument enthalten und wird daher durch die an gleicher Position stehende Zeichenkonstante des dritten Arguments ersetzt; entsprechend wird auch der Bindestrich in ein Punkt umgewandelt und der Buchstabe 'X' durch 0 ersetzt. Die übrigen im ersten Argument gespeicherten Zeichen bleiben unverändert.
5. Die Datentypen aller Argumente müssen übereinstimmen.

4.2.3 Beispiel 59: Text verschlüsseln

1. Sie möchten eine Zeichenkette von Zahlen in verschlüsselter Form darstellen.
2. Verwenden Sie dazu die TRANSLATE-Funktion mit den Argumenten Arg1, Arg2 und Arg3. Dabei bestimmen die Argumente Arg2 und Arg3, wie ein Zeichen in Arg1 umgewandelt werden soll.
3. Der Inhalt von Arg1 ('001457') soll gemäß der Umwandlungsregel (0123456789 -> ACFBKLMNDG) umgewandelt werden. Die Argumente Arg1 und Arg2 müssen daher die gleiche Länge aufweisen, damit

es eindeutig aus der TRANSLATE-Funktion hervorgeht, dass jedes Zeichen von Arg2 durch ein bestimmtes Zeichen von Arg3 ersetzt wird.
4. Kodieren Sie nun folgende SELECT-Anweisung mit der TRANSLATE-Funktion.

```
SELECT TRANSLATE('001457','0123456789','ACFBKLMNDG')
```

5. Führen Sie die Abfrage aus.
6. Das Ergebnis sieht wie folgt aus: AACKLN
7. Der Inhalt von Arg1 wurde gemäß der Umwandlungsregel umgewandelt, d.h. jede vorkommende 0 in Arg1 wird in A, jede 1 in C umgewandelt usw.
8. In Arg2 darf ein Zeichen nicht mehr als einmal vorkommen. Erscheint dasselbe Zeichen mehr als einmal, so gilt das erste korrespondierende Zeichen in Arg2 als Ersatzzeichen.
9. Die Funktion wird für die Verschlüsselung bzw. Umwandlung von Daten gemäß bestimmter Umwandlungsregeln benutzt.

4.2.4 Beispiel 60: Text verschlüsseln und entschlüsseln

1. Sie möchten das Gehalt 3450 Euro verschlüsseln. Verwenden Sie dazu die TRANSLATE-Funktion mit den Argumenten Arg1, Arg2 und Arg3.
2. Der Inhalt von Arg1 ('3450') soll gemäß der Umwandlungsregel ('0123456789' -> 'ABCDEFGHIJ') umgewandelt werden. Dabei bestimmen die Argumente Arg2 und Arg3, wie ein Zeichen in Arg1 umgewandelt werden soll.
3. Kodieren Sie nun folgende SELECT-Anweisung mit der TRANSLATE-Funktion.

```
SELECT TRANSLATE('3450', '0123456789', 'ABCDEFGHIJ')
```

4. Führen Sie diese Abfrage aus.
5. Als Ergebnis wird die Zeichenfolge DEFA ermittelt. Aus diesem Ergebnis geht hervor, dass die Umwandlung zeichenweise durchgeführt wird. Die Argumente Arg2 und Arg3 müssen demzufolge die gleiche Länge aufweisen.
6. Dieses Ergebnis soll nun gemäß der neuen Umwandlungsregel ('ABCDEFGHIJ' -> '0123456789') entschlüsselt werden. Kodieren Sie dazu folgende TRANSLATE-Funktion.

```
SELECT TRANSLATE('DEFA', 'ABCDEFGHIJ','0123456789')
```

7. Führen Sie die neue Abfrage aus. Das gelieferte Ergebnis lautet wiederum 3450.

4.3 Datums- und Uhrzeitfunktionen

Mit Datums- und Zeitwerten lässt sich prinzipiell genau so umgehen, wie mit Zahlen und Texten. Die Voraussetzung dafür ist, dass PostgreSQL die Datumsangaben auch als solche erkennt. Datums- und Zeitfunktionen zeigen das aktuelle Datum oder die aktuelle Zeit an und werden für verschiedene Berechnungen mit Datums- und Zeitwerten eingesetzt. Wichtige Funktionen sind u.a. folgende:

CURRENT_DATE

Liefert das aktuelle Datum, welches aus den Teilen Jahr, Monat und Tag besteht. Format: YYYY-MM-DD

Beispiel 27: CURRENT_DATE

CURRENT_DATE = 2009-09-03

CURRENT_TIME

Liefert nur die aktuelle Tageszeit innerhalb des 24-Stunden-Modus. Die Funktion besteht aus den logischen Teilen Uhr (0 bis 24), Minute (0 bis 59), Sekunde (0 bis 59) und Mikrosekunde (0 bis 999). Format: HH:MM:SS.nnnnnn

Beispiel 28: CURRENT_TIME

CURRENT_TIME = 10:32:53.468+02 (Ergebnis enthält auch die Zeitzone +02)

CURRENT_TIMESTAMP

Fasst das aktuelle Datum und die aktuelle Zeit zu einem Zeitstempel zusammen. Format: YYYY-MM-DD HH:MM:SS.nnnnnn

Beispiel 29: CURRENT_TIMESTAMP

CURRENT_TIMESTAMP = 2009-09-03 10:32:53.468+02

LOCALTIME

Liefert die aktuelle Zeit ohne Zeitzone.

Beispiel 30: LOCALTIME

LOCALTIME = 10:32:53.468

LOCALTIMESTAMP
Liefert den Zeitstempel ohne Zeitzone.

> **Beispiel 31: LOCALTIMESTAMP**
> LOCALTIMESTAMP = 2009-09-03 10:32:53.468

NOW( )
Diese Funktion ist gleichbedeutend mit CURRENT_TIMESTAMP. Sie können den aktuellen Datums- und Zeitwert mit dieser speziellen konstanten Eingabe NOW ausgeben.

> **Beispiel 32: NOW**
> NOW( ) = 2009-09-03 10:32:53.468+02
> DATE 'now' = 2009-09-03
> TIME 'now' = 10:32:53.468
> TIMESTAMP 'now' = 2009-09-03 10:32:53.468

TIMEOFDAY ()
Gibt einen Wert vom Typ TEXT anstatt TIMESTAMP zurück.

> **Beispiel 33: TIMEOFDAY**
> TIMEOFDAY() = Thu Sep 03 10:32:53.468000 2009 CEST

Die Werte dieser Funktionen werden als Zeichenketten dargestellt und können mit arithmetischen oder Text-Funktionen behandelt werden.
PostgreSQL verfügt über diverse Funktionen, die das Formatieren von Datums- und Zeitwerten ermöglichen. Somit können Sie z.B. Datums- und Zeitangaben in Zeichenketten formatieren, formatierte Zeichenketten in Datum umwandeln, Zeitintervalle bzw. Zeitstempeln in Zeichenketten umwandeln, Leerzeichen oder Nullen unterbinden etc. Zur Formatierung von Datums- und Zeitwerten stehen diverse Muster zur Verfügung.
Muster zur Formatierung des Tages:

D
    Wochentag (1 - 7; Sonntag = 1)
DD
    Monatstag (01 - 31)
DDD
    Tag des Jahres (001 - 366)

DAY
  Name des Wochentages ('MONTAG' bis 'SONNTAG')
day
  Name des Wochentages ('montag' bis 'sonntag')
DY
  Name des Tages ('MON' bis 'SON')
Dy
  abgekürzter Name des Wochentags ('Mon' bis 'Son')
Muster zur Formatierung des Monats:
MM
  Monat des Jahres (01 - 12)
MON
  Monatsname dreistellig ('JAN' bis 'DEZ')
mon
  Monatsname dreistellig ('jan' bis 'dez')
Mon
  Monatsname dreistellig ('Jan' bis 'Dez')
MONTH
  Monatsname ('JANUAR' bis 'DEZEMBER')
month
  Monatsname ('januar' bis 'dezember')
Month
  Monatsname ('Januar' bis 'Dezember')
Muster zur Formatierung des Jahres:
YY
  Jahr zweistellig (die letzten zwei Ziffern)
YYYY
  Jahr vierstellig
Muster zur Formatierung der Uhrzeit:
HH
  Uhrzeit: Stunde (01 - 12)
HH12
  Uhrzeit: Stunde (01 - 12)

HH24
    Uhrzeit: Stunde (00 - 23)
MI
    Uhrzeit: Minute (00 - 59)
SS
    Uhrzeit: Sekunde (00 - 59)
MS
    Uhrzeit: Millisekunde (000000 - 999999)
AM o. PM
    Vormittags- / Nachmittagsangabe
BC o. AD
    Angabe der Zeitrechnung (englisch)

Allgemeine Formatierungsmuster:

W
    Woche im Monat (1 - 5)
WW
    Woche im Jahr (1 - 53)
IW
    Nummer der Kalenderwoche nach ISO
CC
    Jahrhundert (Century Century)
J
    Julianischer Tag (Tage seit dem 1.Januar 4712 v.u.Z.)
Q
    Quartal (1 – 4)
RM
    Monat in römischen Zahlen (I - XII; I = Januar, XII = Dezember)
TZ
    Zeitzonenname

Sie können weiterhin die Formatierung von Datums- und Zeitangaben mit Hilfe des Änderungsmusters FM beeinflussen. Damit wird das Auffüllen mit Nullen links und mit Leerzeichen rechts im Ergebnis unterbunden. FM muss als Präfix (d.h. am Anfang) in der Mustervorlage stehen, sonst wird ein Formatierungsfehler produziert.

Standardfunktionen

Muster können Sie sinnvoll in Formatierungsfunktionen verwenden. Die Formatierungsfunktionen operieren mit zwei Parametern, wobei der erste Parameter den zu formatierenden Wert enthält und der zweite Parameter das Format (d.h. eine Mustervorlage) der Eingabe bzw. Ausgabe festlegt. Das Ergebnis der Funktionen ist vom Datentyp TEXT und wird durch ein entsprechendes Ausgabemuster im zweiten Parameter bestimmt. Wenn aber diese Mustervorlage fehlt, dann wird der Wert ohne Formatierung geliefert. Man kann für diese Funktionen eine Mustervorlage für die Eingaben festlegen, die angibt, welche Teile der angegebenen Zeichenkette zu berücksichtigen sind und welche Werte in dieser Zeichenkette zu finden sind.

Nachfolgend werden die wichtigsten Formatierungsfunktionen beschrieben.

TO_CHAR(TIMESTAMP, TEXT)

Wandelt den angegebenen Datentyp TIMESTAMP in eine Zeichenkette um. Das Ergebnis ist vom Datentyp TEXT und wird durch ein entsprechendes Ausgabemuster im zweiten Parameter bestimmt. Wenn aber diese Mustervorlage fehlt, dann wird der Wert ohne Formatierung geliefert.

Beispiel 34: TO_CHAR

TO_CHAR(CURRENT_DATE, 'DD. MM.YYYY') = 16. 06. 2010
TO_CHAR(CURRENT_DATE, 'DAY, Month, YYYY') = WEDNESDAY, June , 2010
TO_CHAR(CURRENT_TIMESTAMP, 'FMDay, FMDD') = Wednesday, 16

TO_CHAR(INTERVAL, TEXT)

Wandelt das angegebene Zeitintervall in eine Zeichenkette vom Typ TEXT um. Das Ergebnis ist eine Zeichenkette und wird durch ein entsprechendes Ausgabemuster im zweiten Parameter bestimmt.

Beispiel 35: TO_CHAR(INTERVAL)

TO_CHAR(INTERVAL '14H 2M 12S', 'HH24:MI:SS') = 14:02:12

TO_DATE(TEXT, TEXT)

Wandelt eine Zeichenkette in den Datentyp DATE um.

Beispiel 36: TO_DATE

TO_DATE('16 Jun 2010', 'DD Mon YYYY') = 2010-06-16
TO_DATE('20100616', 'YYYYMMDD') = 2010-06-16
TO_DATE('2010Jun16', 'YYYYMonDD') = 2010-06-16

TO_TIMESTAMP(TEXT, TEXT)
Wandelt eine Zeichenkette in den Datentyp TIMESTAMP um.

> **Beispiel 37: TO_TIMESTAMP**
>
> TO_TIMESTAMP('2010Jun16','YYYYMonDD') = 2010-06-16 00:00:00+01
> TO_TIMESTAMP('2010 Jun','YYYY Mon') = 2010-06-01 00:00:00+01
> *Hinweis*: Im zweiten Beispiel fehlt die Angabe des Tages und deswegen wird der erste Tag des Monats als Standardwert angenommen.

PostgreSQL verfügt über weitere Mustervorlagen, die für die Formatierung von numerischen Werten wichtig sind.

Tabelle 14 Formatierungsmuster

Muster	Beschreibung
D	Trennzeichen für Nachkommastellen (Komma auf Deutsch)
G	Tausendtrennzeichen (Punkt auf Deutsch)
PL	Pluszeichen auf angegebener Position (wenn Zahl positiv)
SG	Plus-/Minuszeichen auf angegebener Position
RN	Römische Zahl (Eingabe 1 – 3999)

Die folgende Tabelle dokumentiert die Verwendung einiger dieser Formatmasken anhand der Umwandlung (mit TO_CHAR) alphanumerischer in numerische Werte.

Tabelle 15 Umwandlungsfunktionen

Ausdruck	Ergebnis
TO_CHAR(123.4, '999.999'),	123.400
TO_CHAR(123.45, '999D99'),	123,45
TO_CHAR(1234, '9G999'),	1.234
TO_CHAR(3123.45, '9G999D999')	3.123,450

Ausdruck	Ergebnis
TO_CHAR(123, 'PL999'),	+ 123
TO_CHAR(-123, 'SG999'),	-123
TO_CHAR(1754, 'FMRN')	MDCCLIV

Neben den Formatierungsfunktionen verfügt PostgreSQL über weitere Funktionen, die es ermöglichen, die Differenz zwischen Datumswerten zu berechnen oder Teile aus Datums- bzw. Zeitangaben zu extrahieren. Die Datums- und Zeitteile, welche die Funktionen AGE, DATE_PART und EXTRACT verwenden, sind folgende: year, quarter, month, week, day, dayofyear, hour, minute, second und millisecond.

Einige Funktionen, die zum Berechnen mit Datums- und Zeitwerten dienen, werden hier exemplarisch geklärt.

AGE(TIMESTAMP) oder AGE(TIMESTAMP, TIMESTAMP)

Subtrahiert ein angegebenes Datum vom aktuellen Datum (z.B. 2010-06-16) und gibt als Ergebnis ein Intervall zurück, das die Datumsteile year, quarter, usw. enthält. Die zweite Version der Funktion hat neben dem Ausgangsdatum ein zweites Datum als Vergleichswert und gibt die Differenz zwischen den beiden Datumswerten zurück.

Beispiel 38: AGE

AGE(TIMESTAMP '2009-05-05') = 1 year 1 mon 11 days
AGE('2010-06-16', TIMESTAMP '2008-06-16') = 2 years
AGE(CURRENT_DATE, '2010-05-05') = 1 mon 11 days

DATE_PART(Text, Quelle)

Erzeugt aus einem Datumsintervall (Quelle) einen Datums- bzw. Zeitteil als Ganzzahl. Der Datumsteil enthält den Textwert eines Datumsbzw. Zeitteils (z.B. 'Day' oder 'Hour'); er darf nicht als Name angeführt werden. Die Quelle hat den Typ TIMESTAMP oder INTERVAL. Die Funktion DATE_PART ist gleichbedeutend mit EXTRACT.

Beispiel 39: DATE_PART

DATE_PART('Day' , TIMESTAMP '2010-06-16 12:30:00') = 16
DATE_PART('Month', INTERVAL '5 Years 11 months') = 11
DATE_PART('Week', DATE '2010-06-16') = 22

EXTRACT(Feld FROM Quelle)

Legt aus Datums- und Zeitangaben Teilfelder fest, wie z.B. den Tag oder eine andere Einheit. Quelle ist die Eingabe und hat den Typ TIMESTAMP oder INTERVAL. Feld ist ein Name (z.B. year) der angibt, welche Datums- bzw. Zeiteinheit aus der Quelle ermittelt werden soll.

Beispiel 40: EXTRACT

EXTRACT(Day from TIMESTAMP '2010-06-16 18:30:00') = 16
EXTRACT(Year from INTERVAL '5 Years 11 Months') = 5
EXTRACT(Year from DATE '2010-06-16') = 2010

PostgreSQL verfügt weiterhin über zwei Systemvariablen DATESTYLE und TIME ZONE, über die das Aussehen der Datumswerte gesteuert werden kann. Der Variablen DATESTYLE kann mit der Anweisung SET ein Wert direkt zugewiesen werden (Bsp. SET DATESTYLE TO German). Mit dem Befehl "SET DATESTYLE" können 4 verschiedene Datumsstile definiert werden.

Tabelle 16 Datumsstile

Stilangabe	Beschreibung	Beispiel
ISO	ISO-8601-/SQL-Standard	2010-06-16 14:30:24.968+02
SQL (non European)	Traditioneller Stil	16/06/2010 14:32:53.50 CEST
POSTGRES	Ursprünglicher Stil	Mon 16 Jun 14:32:08.125 2010 CEST
European / German	Europäischer Stil	16.06.2010 14:31:14.484 CEST

Hinweis: Weitere Informationen über den Datumsstil enthält die Konfiguratiosdatei *postgresql.conf*.

Um den gültigen Stil eines Datumsformats abzufragen, ist die Funktion SHOW zu verwenden (Bsp. SHOW DATESTYLE). Sie liefert immer den aktuellen Datumsstil, den Sie vorher mit SET gesetzt haben. Wenn Sie den Datumsstil mit "SET DATESTYLE TO German" definiert haben, dann können Sie sich das neue Format mit "SELECT CURRENT_TIMESTAMP" und den neuen Datumsstil mit "SHOW DATESTYLE" anschauen.

Hinweis: Alternativ zu "SET DATASTYLE" ist die Funktion TO_CHAR.

4.3.1 Beispiel 61: Eine Datums-Zeichenkette in Datum umwandeln

1. Sie möchten Datumswerte, die als Zeichenketten angegeben werden, in formatierte Daten vom Typ DATE (z.B. 2010-06-16) umwandeln.
2. Kodieren Sie dazu folgende Abfrage.
```
SELECT TO_DATE('16 Jun 2010','DD Mon YYYY')
```
3. Um das Datum '16 Jun 2010', welches als Zeichenkette vorliegt, in den Datentyp DATE zu konvertieren, müssen Sie für diese Eingabe die Mustervorlage 'DD Mon YYYY' festlegen. Dieses Muster gibt die Teile der angegebenen Zeichenkette an, die zu berücksichtigen sind und die Werte, die in dieser Zeichenkette zu finden sind.
4. Erweitern Sie die Abfrage um folgende TO_DATE-Funktionen mit verschiedenen Mustervorlagen für die Eingaben.
```
SELECT TO_DATE('16 Jun 2010','DD Mon YYYY'),
       TO_DATE('20100616','YYYYMMDD'),
       TO_DATE('2010Jun16','YYYYMonDD')
```
5. Führen Sie diese Abfrage aus.

Abb 87 Das Ergebnis der Funktion TO_DATE

6. Das Ergebnis sieht für alle drei Funktionen gleich aus.

4.3.2 Beispiel 62: Eine Datums-Zeichenkette in Timestamp umwandeln

1. Sie möchten eine Zeichenkette in den Daten TIMESTAMP (z.B. 2010-06-16 00:00:00) umwandeln.
2. Um die Zeichenkette '2010 Jun' in den Datentyp TIMESTAMP umzuwandeln, definieren Sie für diese Eingabe die Mustervorlage 'YYYY Mon'.
3. Kodieren Sie dazu folgende Abfrage.

```
SELECT TO_TIMESTAMP('2010 Jun', 'YYYY Mon')
```

4. Erweitern Sie die Abfrage um eine zweite Funktion TO_TIMESTAMP, welche eine Mustervorlage '2009Sep07' für die Eingabe enthält.

```
SELECT TO_TIMESTAMP('2010 Jun', 'YYYY Mon'),
       TO_TIMESTAMP('2010Jun16', 'YYYYMonDD')
```

5. Führen Sie nun die vollständige Abfrage aus.

Abb 88 Das Ergebnis der TIMESTAMP-Funktion

6. Die Uhrzeit steht auf Null, weil keine Mustervorlage angegeben worden ist.

4.3.3 Beispiel 63: Differenz zwischen Datumsangaben berechnen

1. Sie möchten die Differenz zwischen dem Erscheinungstermin eines Artikels und dem aktuellen Datum ermitteln.
2. Erstellen Sie eine Abfrage, welche diejenigen Artikel-Datensätze selektiert, die eine Artikelnummer kleiner 15 haben.
3. Lassen Sie sich die Felder *ArtikelNr* und *Erscheinungstermin* sowie das aktuelle Datum und die Differenz zwischen den Terminfeldern anzeigen.
4. Verwenden Sie die Funktion AGE, um die Differenz zwischen den Datumsangaben zu bilden. Kodieren Sie dazu folgendes Statement.

```
SELECT  ArtikelNr, Erscheinungstermin, CURRENT_DATE,
        AGE(Erscheinungstermin, CURRENT_DATE)
FROM    Artikel
WHERE   ArtikelNr < 15
```

5. Führen Sie die Abfrage aus.

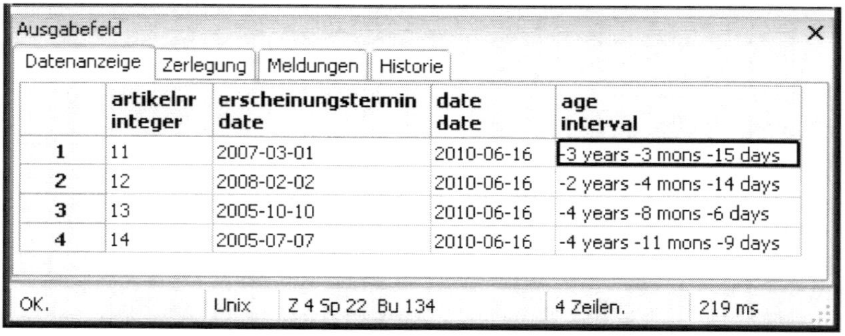

	artikelnr integer	erscheinungstermin date	date date	age interval
1	11	2007-03-01	2010-06-16	-3 years -3 mons -15 days
2	12	2008-02-02	2010-06-16	-2 years -4 mons -14 days
3	13	2005-10-10	2010-06-16	-4 years -8 mons -6 days
4	14	2005-07-07	2010-06-16	-4 years -11 mons -9 days

Abb 89 *Ergebnistabelle*

6. Die Funktion CURRENT_DATE liefert das aktuelle Datum. Die AGE-Funktion berechnet den zeitlichen Abstand zum Erscheinungstermin für jeden Artikeldatensatz.
7. Das Ergebnis ist ein Intervall, das die Datumsteile *years*, *months* und *days* enthält.
8. Die Minuszeichen vor den Datumsteilen weisen darauf hin, dass der Erscheinungstermin älter (d.h. kleiner) als das aktuelle Datum ist.

4.3.4 Beispiel 64: Anzahl der Tage bis Jahresende berechnen

1. Das vorliegende Beispiel demonstriert, wie einfach die Fristberechnungen bei PostgreSQL ist. Jede Datums- bzw. Zeitangabe wird als ganze Zahl gespeichert und so können auf sie alle Grund-Rechenoperationen angewandt werden.
2. Sie möchten, ausgehend vom aktuellen Datum '2010-05-26', die Anzahl der Tage bis Ende des Jahres ermitteln.
3. Erstellen Sie eine Abfrage, die mit Hilfe der Funktion AGE die Differenz zwischen dem aktuellen Datum und dem letzten Jahrestag ermittelt und ausgibt.

```
SELECT AGE('2010-12-31', CURRENT_DATE)
```

4. Führen Sie die Abfrage aus.
5. Das Ergebnis sieht wie folgt aus: *7 mons 5 days*
6. Das Ergebnis ist vom Typ INTERVAL und wird in Monaten und Tagen zurückgegeben.
7. Sie können mit der folgenden Abfrage (und ohne die AGE-Funktion) die genaue Anzahl der Tage ausgeben.

```
SELECT TIMESTAMP '2010-12-31' - CURRENT_DATE
```

8. Die ausgeführte Abfrage liefert das Ergebnis *219 days*.
9. In diesem Fall wird die Differenz zwischen den beiden Datumswerten errechnet.

4.3.5 Beispiel 65: Teile aus Datumsangaben extrahieren

1. Dieses Beispiel soll demonstrieren, wie Sie eine Tabelle, die ein Datumsfeld enthält, über eine Jahreszahl abfragen.
2. Erstellen Sie aus der *Artikel*-Tabelle eine Abfrage, die den Erscheinungstermin und ein Teilfeld z.B. das Jahr anzeigt. Berücksichtigen Sie dabei die Artikelnummer 12.
3. Verwenden Sie dazu die Funktion EXTRACT, die aus dem Erscheinungstermin das Teilfeld *Jahr* extrahiert.

```
SELECT Erscheinungstermin,
       EXTRACT(Year FROM DATE (Erscheinungstermin))
FROM   Artikel
WHERE  ArtikelNr = 12
```

4. Führen Sie die Abfrage aus und betrachten Sie das Ergebnis.

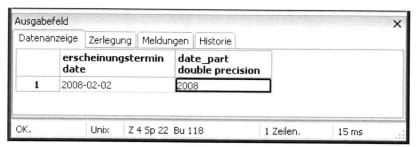

Abb 90 Ergebnis

5. Im Abfrageergebnis erscheint neben dem Erscheinungstermin auch das Erscheinungsjahr.
6. Speichern Sie die Abfrage unter dem Namen *Erscheinungsjahr* ab.
7. Sie können weitere Einheiten aus einem Datumsfeld extrahieren. Dabei müssen Sie gültige Feldnamen angeben, die Sie erhalten möchten. Dazu gehören folgende Datums- und Zeitteile: Century (Jahr geteilt durch 100), Year, Quarter (Nummer 1 bis 4), Epoch, Month, Week (Nummer der Woche), Decade (Jahr geteilt durch 10), Day, Dow (day of week, Sonntag=0), Doy (day of year, die Nummer des Tages im Jahr), Hour, Minute, Second, Timezone_Hour und Timezone_Minute.
8. Kodieren Sie dazu folgende Abfrage, die zeigt, wie die Teilfelder Monat, Woche (im Jahr) und Jahrestag aus dem Erscheinungstermin des Artikels (mit *ArtikelNr* 12) extrahiert werden können.

```
SELECT Erscheinungstermin,
   EXTRACT(Month FROM DATE (Erscheinungstermin)) AS "Monat",
   EXTRACT(Week FROM DATE (Erscheinungstermin)) AS "Woche",
   EXTRACT(Doy  FROM DATE (Erscheinungstermin)) AS "Jahrestag"
FROM    Artikel
WHERE   ArtikelNr = 12
```

9. Führen Sie die Abfrage aus und kontrollieren Sie die Ergebnisse.

Abb 91 Ergebnis

10 Die Funktionen EXTRACT liefern zum Erscheinungstermin den Monat, die Nummer der Woche und die Nummer des Tages im Jahr.

4.4 DateTime-Arithmetik

Datums- und Zeitfunktionen werden für verschiedene Berechnungen mit Datums- und Zeitwerten eingesetzt. Die arithmetischen Operationen für DATE- und TIME-Werte sind Addition und Subtraktion. Für den Einsatz und die Reihenfolge der möglichen Operanden bestehen einige Beschränkungen.

1. DATE: Ein ermitteltes Datum muss zwischen 01.01.0001 und 31.12.9999 liegen. Werden Tage addiert bzw. subtrahiert, ergeben sich mögliche Auswirkungen auf Monate und Jahre. Werden Monate addiert bzw. subtrahiert, ergeben sich mögliche Auswirkungen auf Jahre. Werden Jahre addiert bzw. subtrahiert, ergeben sich keine Auswirkungen auf Tage und Monate.
2. TIME: Eine ermittelte Zeit muss zwischen 0 Uhr und 24 Uhr liegen. Werden Sekunden addiert bzw. subtrahiert, ergeben sich mögliche Auswirkungen auf Minuten und Stunden. Werden Minuten addiert bzw. subtrahiert, ergeben sich mögliche Auswirkungen auf Stunden. Werden Stunden addiert bzw. subtrahiert, ergeben sich keine Auswirkungen auf Minuten und Sekunden.
3. TIMESTAMP: Für diese Funktion gelten die gleichen Regeln wie oben.

Sie können zu einem angegebenen Datum eine bestimmte Anzahl an Intervallen addieren oder abziehen. Als Intervall können zum Beispiel Uhrzeitkomponenten (wie Hour, Minute, Second) oder Datumskomponenten (wie Day, Month, Year, Week, Quarter) angegeben werden. Werden zwei Datumswerte voneinander abgezogen, so erhalten Sie die Differenz in Tagen. Sie können auch die Differenz zwischen zwei Datumswerten bilden. Dabei ist anzugeben, ob die Differenz in Tagen, Wochen, Monaten oder Jahren dargestellt werden soll.

4.4.1 Beispiel 66: Ein Intervall zu einem Datum hinzufügen

1. Möchten Sie zu einem Datumsfeld eine bestimmte Anzahl z.B. von 26 Tagen addieren, verwenden Sie dazu den Plus-Operator. Geben Sie dabei das Intervall mit der gültigen Datumskomponente *Days* ein.
2. Erstellen Sie eine Abfrage, die als Ergebnis die Erweiterung des Datums '2010-06-16' um 26 Tage liefert.
3. Kodieren Sie folgende Abfrage und achten Sie darauf, dass die Datumskomponente des Intervalls als Zeichenkette dargestellt wird.

Standardfunktionen

```
SELECT DATE '2010-06-16' + Interval '26 Days'
```

4. Führen Sie die Abfrage aus.
5. Das Ergebnis sieht wie folgt aus: *2010-07-12 00:00:00*
6. Betrachten Sie das Ergebnis. Sie sehen, dass sich die Addition von 26 Tagen eine Auswirkung auf den Monat ergeben hat. Es hat im Prinzip ein Monatswechsel stattgefunden.
7. Möchten Sie einen Jahreswechsel erreichen, dann müssen Sie die Datumskomponenten Wochen oder Monate oder Jahr verwenden.
8. Kodieren Sie dazu folgende Abfrage.

```
SELECT
    DATE '2010-06-16' + Interval '26 Weeks' AS "plus 26 Wochen",
    DATE '2010-06-16' + Interval '7 Months' AS "plus 7 Monate",
    DATE '2010-06-16' + Interval '1 Year'   AS "plus 1 Jahr"
```

9. Führen Sie die neue Abfrage aus und betrachten Sie die gelieferten Ergebnisse.

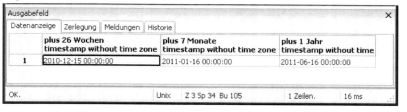

Abb 92 *Ergebnis von DATE*

10. Sie erkennen die Auswirkung der Addition von Wochen und Monaten auf Datumskomponenten.
11. Bei der Addition des Jahres ergibt sich keine Auswirkung auf Tage und Monate.

4.4.2 Beispiel 67: Ein Intervall zu einem Zeitstempel hinzufügen

1. Das vorliegende Beispiel soll demonstrieren, welche Auswirkung die Addition von Stunden oder Minuten auf die Einheiten von TIMESTAMP hat.
2. Möchten Sie zu einem Zeitstempel (z.B. '2010-06-16 08:00:00') eine Uhrzeitkomponente (z.B. 8 Stunden) addieren, verwenden Sie neben der Funktion TIMESTAMP auch den Plus-Operator mit dem Intervall von 8 Stunden.
3. Kodieren Sie folgende Abfrage und führen Sie sie aus.

    ```
    SELECT TIMESTAMP '2010-06-16 08:00:00' + Interval '8 Hours'
    ```

4. Das Ergebnis der Ausführung sieht folgendermaßen aus: *2010-06-16 16:00:00*
5. Betrachten Sie das Ergebnis. Sie sehen, dass die Addition der 8 Stunden keine Auswirkungen auf Minuten und Sekunden ergeben hat.
6. Möchten Sie die Auswirkung der Minuten auf die Stunden prüfen, addieren Sie zum angegebenen Zeitstempel-Wert 68 Minuten. Kodieren Sie folgende Abfrage.

    ```
    SELECT TIMESTAMP '2010-06-16 08:00:00' + Interval '68 Minute'
    ```

7. Betrachten Sie das Ergebnis der ausgeführten Abfrage: *2010-06-16 09:08:00*
8. Sie sehen, dass die addierten 68 Minuten eine Erhöhung der Stunde (von 08 auf 09) bewirkt haben.
9. Sie können weiterhin durch die Addition mehrerer Stunden die Datumskomponenten beeinflussen. Erweitern Sie die obige Abfrage so, dass durch eine Addition von z.B. 25 Stunden die Datumskomponenten geändert werden.

    ```
    SELECT TIMESTAMP '2010-06-16 08:00:00' + Interval '25 Hours'
    ```

10. Führen Sie die Abfrage aus und beachten Sie das gelieferte Ergebnis: *2010-06-16 09:00:00*
11. Sie sehen, dass sich die Addition der Stunden eine Auswirkung auf den Tag ergeben hat.

4.4.3 Beispiel 68: Differenz zwischen zwei Datumswerten bilden

1. In diesem Beispiel wird gezeigt, wie die Differenz zwischen zwei Datumswerten gebildet wird. Dabei ist anzugeben, ob die Differenz in Tagen, Wochen, Monaten oder Jahren dargestellt werden soll.
2. Möchten Sie aus einem Datumsfeld (z.B. 2010-06-16) eine bestimmte Anzahl z.B. von 26 Tagen abziehen, verwenden Sie dazu den Minus-Operator und geben Sie dabei das Intervall mit der gültigen Datumskomponente Days.
3. Erstellen Sie eine Abfrage, die die Differenz in Tagen ausgibt.

```
SELECT DATE '2010-06-16' - Interval '26 Days'
```

4. Führen Sie die Abfrage aus. Das Ergebnis sieht wie folgt aus: *2010-05-21 00:00:00*
5. Überprüfen Sie das Ergebnis. Sie sehen, dass sich die Subtraktion von 26 Tagen eine Auswirkung auf den Monat ergeben hat.
6. Sie können andere Datumswerte voneinander abziehen, wenn Sie weitere Differenzen in Monaten, Wochen oder Jahren erhalten möchten.
7. Sie verfahren analog wie mit dem Plus-Operator.

4.5 Übungsaufgaben

Aufgabe 13: Position einer Teilzeichenkette im Text suchen
Aufgabe 14: Zeichen übersetzen
Aufgabe 15: Datumseinheiten aus dem Bestelldatum extrahieren
Aufgabe 16: Datumsdifferenz bilden

4.5.1 Aufgabe 13: Position einer Teilzeichenkette im Text suchen

1. Die Datenbank *Direktbestellung01* ist geöffnet. In der Tabelle *Kunden* sollen alle Kunden gesucht werden, deren Namen die Zeichenkette "er" enthalten.
2. Um die Position der gesuchten Zeichenkette im Kundennamen zu ermitteln, verwenden Sie die Zeichenkettenfunktion POSITION().
3. Ist die gesuchte Teilzeichenkette im Kundennamen enthalten, muss die Position größer Null sein. Falls diese Teilzeichenkette nicht im Kundennamen enthalten ist, soll der Wert 0 zurückgeliefert werden.
4. Für jeden Datensatz, welcher diese Bedingung erfüllt, sollen die Felder *Name*, *Vorname* und *KundeSeit* aus der Tabelle *Kunden* ausgegeben werden.

	name character varying(30)	vorname character varying(30)	kundeseit date
1	Müller	Hans	2006-01-01
2	Meyer	Richard	2007-07-07
3	Meier	Bernd	2006-04-04
4	Herfert	Petra	2007-10-10
5	Bieber	Peter	2008-11-10

Abb 93 *Ergebnis*

5. Vergleichen Sie Ihr Ergebnis mit der Abbildung. Werden 5 Datensätze angezeigt?
6. Speichern Sie diese Aufgabe unter dem Namen *Teilzeichenkette* ab.
7. Die Lösung dieser Aufgabe finden Sie unter *B.13 Lösung Aufgabe 13*.

4.5.2 Aufgabe 14: Zeichen übersetzen

1. Erstellen Sie eine zweite Abfrage mit der Stringfunktion TRANSLATE, die die Zeichenkette 'pgsql 9#n' in 'pgSQL 9.x' übersetzen soll. (Bsp. 58) (Bsp. 59)
2. Führen Sie die Abfrage aus. Das Ergebnis sollte wie folgt aussehen: pgSQL 9.x
3. Erweitern Sie diese Abfrage um weitere 3 TRANSLATE-Funktionen, die die Zeichenkette '123 123' in die Zeichenketten 'a23 a23', 'bb3 bb3' und 'ccc ccc' ensprechend umwandeln. (Bsp. 59)
4. Führen Sie nun die erweiterte Abfrage erneut aus.

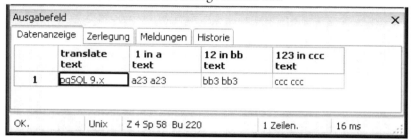

Abb 94 Ergebnis

5. Im Ergebnis erscheint nur eine einzige Zeile. Stimmt Ihr Ergebnis mit der Abbildung überein?
6. Speichern Sie die vollständige Abfrage unter dem Namen *TextÜbersetzen* ab.
7. Die Lösung dieser Aufgabe finden Sie unter *B.14 Lösung Aufgabe 14*.

4.5.3 Aufgabe 15: Datumseinheiten aus dem Bestelldatum extrahieren

1. Die Datenbank *Direktbestellung01* ist geöffnet. Erstellen Sie eine Abfrage, die aus dem Bestelldatum einer Bestellung mit Bestellnummer 1005 den Monat, die Woche des Jahres sowie den Jahrestag extrahiert.
2. Verwenden Sie dazu die Funktion EXTRACT, die aus dem *Bestelldatum* der Tabelle *Bestellung* die Datumseinheiten *Month*, *Week* und *Doy* (Day of Year) extrahiert. Diese drei Teilfelder sollten der Funktion als Parameter übergeben werden. (Bsp. 65)
3. Lassen Sie das Feld *Bestelldatum* und die drei Datumswerte mit den Texten 'Monat', 'Woche des Jahres' und 'Tag des Jahres' anzeigen.
4. Führen Sie die Abfrage aus. Im Ergebnis erscheint nur eine einzige Zeile.

Abb 95 *Ergebnis*

5. Überprüfen Sie dieses Ergebnis, das in den Spalten 2, 3 und 4 der Abbildung angezeigt wird. Der Datentyp des Ergebnisses ist INTEGER. Die Werte liegen für den Monat zwischen 1 und 12, für die Woche zwischen 1 und 54. Der Wert für den Tag ist der relative Jahrestag (1 = 1.Januar).
6. Erweitern Sie diese Abfrage um die AGE-Funktion, in der die verstrichene Zeit zwischen dem Bestelldatum '07.07.2008' und dem Tagesdatum (z.B. 16.06.2010) ermittelt wird. (Bsp. 63).
7. Führen Sie die erweiterte Abfrage erneut aus und vergleichen Sie Ihr Ergebnis mit der Abbildung.
8. Der Rückgabewert der AGE-Funktion hat den Datentyp *Interval*. Das Tagesdatum wird hierbei als Referenzwert verwendet. Das heißt, dass ein zukünftiges Datum zu einem negativen Rückgabewert führt.
9. Sie sollten folgendes Ergebnis angezeigt bekommen: *-1 years -11 mons -9 days*'
10. Speichern Sie diese Aufgabe unter dem Namen *DatumseinheitenExtrahieren* ab.
11. Die Lösung dieser Aufgabe finden Sie unter *B.15 Lösung Aufgabe 15*.

4.5.4 Aufgabe 16: Datumsdifferenz bilden

1. Die Geschäftsführung des Verlags "Stadtlupe" möchte wissen, wie lange sind die Personen, deren Namen mit dem Buchstaben "M" beginnen, bereits Kunden bei dem Verlag.
2. Die Datenbank *Direktbestellung01* ist geöffnet. Erstellen Sie eine Abfrage, die auf der Tabelle *Kunden* beruht.
3. Um die Differenz zwischen dem aktuellen Datum und dem Datumsfeld *KundeSeit* zu berechnen, verwenden Sie die AGE-Funktion. (Bsp. 63)
4. Wir unterstellen bei dieser Abfrage, dass das aktuelle Datum der 16.06.2010 ist.
5. Im Ergebnis sollen neben den Feldern *KundenNr*, *Name*, *KundeSeit* auch das aktuelle Datum (CURRENT_DATE) mit dem Text "akt. Datum" sowie das Ergebnis der AGE-Funktion mit dem Text "Differenz" angezeigt werden.
6. Die Datensätze sollen nach der Datumsdifferenz absteigend sortiert werden.
7. Überprüfen Sie Ihr Ergebnis anhand der Abbildung. Es sollten 3 Datensätze angezeigt werden.

Abb 96 *Datumsdifferenz*

8. Speichern Sie die Aufgabe unter dem Namen *Datumsdifferenz* ab.
9. Die Lösung dieser Aufgabe finden Sie unter *B.16 Lösung Aufgabe 16*.

4.6 Verständnisfragen

Frage 18: Welche der folgenden Aussagen über mathematische Funktionen treffen zu? (2)

1. Die Funktion ROUND(zahl,n) rundet eine Dezimalzahl rechts oder links von der Kommastelle auf die Anzahl n von Rundungsstellen.
2. Eine Dezimalzahl wird zur nächsten Ganzzahl gerundet, wenn n (Rundungsstellen) negativ ist.
3. Die Funktion RANDOM() erzeugt Zufallszahlen nur dann, wenn ein Argument verwendet wird.
4. Die Modulo-Funktion MOD(z1,z2) liefert als Ergebnis den Rest einer Division von zwei ganzzahligen Werten (z1 und z2).
5. Die Funktion CEIL(zahl) gibt die kleinste Ganzzahl zurück, die größer oder gleich als der angegebenen Zahl ist.

Frage 19: Welche der folgenden Aussagen zu Zeichenkettenfunktionen sind richtig? (3)

1. UPPER(t) wandelt alle Zeichen des angegebenen Textes t in Großbuchstaben um.
2. POSITION(t in Text) prüft, ob die zweite Zeichenkette (Text) ein Teil in der ersten Zeichenkette (t) ist.
3. LENGTH(Text) gibt die Länge der angegebenen Zeichenkette als Ganzzahlwert zurück.
4. BTRIM(Text,z) entfernt überflüssige Leerzeichen (z) nur am Ende eines Textes.
5. TRANSALATE(Text, von, nach) ersetzt jedes Zeichen im Text, welches sich im zweiten Argument befindet, durch das entsprechende Zeichen im dritten Argument.

Frage 20: Welche der folgenden Zeichenkettenfunktionen liefern als Ergebnis "SQL"? (3)

1. SUBSTRING('PostgreSQL', 8, 3)
2. SUBSTRING('PostgreSQL', 3, 8)
3. SUBSTRING('PostgreSQL' FROM 8 FOR 3)
4. TRANSLATE('#?L', '#S?', 'Q')
5. TRANSLATE('S-ql', '-ql', 'QL')

Frage 21: *Welche der folgenden Formatierungsfunktionen TO_DATE liefern das Ergebnis 2010-01-07? (2)*

1. SELECT TO_DATE('20100701', 'YYYYMMDD')
2. SELECT TO_DATE('07-Jan-2010', 'DD.Mon.YYYY')
3. SELECT TO_DATE('2010Jan07', 'YYYYDDMM')
4. SELECT TO_DATE('2010Jan07', 'YYYYMonDD')
5. SELECT TO_DATE('07012010', 'DD.Mon.YY')

Frage 22: *Welche der folgenden Aussagen zu Datums- und Zeitfunktionen treffen zu? (2)*

1. Die Funktion CURRENT_DATE liefert das aktuelle Datum und die aktuelle Tageszeit zurück.
2. Die Funktion CURRENT_TIMESTAMP fasst das aktuelle Datum und die aktuelle Zeit zu einem Zeitstempel zusammen.
3. Sie können mit der Funktion CURRENT_DATE den Tag der Woche zu dem aktuellen Datum berechnen.
4. Die Funktion NOW() enthält keine Parameter und gibt den aktuelle Datums- und Zeitwert aus.
5. Die aktuelle Tageszeit innerhalb des 12-Stunden-Modus liefert die Funktion CURRENT_TIME.

5 Datenaktualisierung

Um Datenaktualisierungen in einer relationalen Datenbank durchzuführen, werden die Befehle INSERT, UPDATE und DELETE verwendet. Diese drei SQL-Befehle, welche das Einfügen, Verändern und Löschen von Datensätzen ermöglichen, bilden die Datenmanipulationssprache (DML: Data Manipulation Language) eines relationalen Datenbanksystems. Durch die festgelegten Integritätsbedingungen (referentielle Integrität) wird verhindert, dass die Datenbank beim Aktualisieren inkonsistent wird. Die Anweisungen INSERT, UPDATE und DELETE werden vom Datenbanksystem zurückgewiesen, wenn sie irgendeine der Integritätsbedingungen verletzen.

5.1 INSERT – Dateneinführung

Eine neue Tabelle, die mit dem CREATE-Befehl definiert wurde, ist zu diesem Zeitpunkt noch leer. Zum Ausfüllen einer Tabelle mit Datensätzen dient der INSERT-Befehl. Mit INSERT können Daten entweder direkt eingegeben oder nach Selektion aus existierenden Tabellen hinzugefügt werden. Bei einem direkten Hinzufügen der Daten wird die Tabellenzeile mit allen Spalten als Parameter im INSERT-Befehl aufgeführt, wobei die einzufügenden Spaltenwerte in einer VALUES-Klausel (mit Komma getrennt) angegeben werden. Es ist auch möglich, nur die Werte für einen Datensatz in der Reihenfolge aufzuführen, in der die Spalten in der Tabellenstruktur definiert wurden.

Der INSERT-Befehl ermöglicht es auch, Daten aus anderen Tabellen zu selektieren und einer Tabelle hinzuzufügen. Die VALUES-Klausel wird dann durch ein Sub-SELECT ersetzt und so können alle Zeilen, die in der Ergebnistabelle des Sub-SELECT enthalten sind, eingefügt werden.

Mit INSERT kann grundsätzlich nur eine Zeile in eine Tabelle eingefügt werden. Dabei sind einige Regeln zu berücksichtigen:

1. Die Anzahl der Spaltenwerte in der VALUES-Klausel muss gleich der Spaltenanzahl in der Tabellenzeile sein.
2. Wird keine Spaltenliste angegeben, müssen die Spaltenwerte in der Reihenfolge der Tabellendefinition geliefert werden.
3. Für jede Spalte, die mit NOT NULL definiert wurde, muss ein Wert angegeben werden.
4. Enthält eine Spalte keinen Wert (NULL), so wird sie ausgelassen oder es wird das Schlüsselwort NULL bei VALUES angegeben.

Datenaktualisierung

Wenn beim INSERT-Statement Tabellen angesprochen werden, die sich in einer Beziehung befinden, ist die Reihenfolge der Tabelle zu berücksichtigen, in der sie angelegt worden sind. Wird beim Einfügen in einer Tabelle auf anderen Tabellen über Fremdschlüssel referenziert, muss zuerst die Primärschlüssel-Tabellen angelegt werden, auf die Bezug genommen wird.

5.1.1 Beispiel 69: Mit einer INSERT-Anweisung Daten einfügen

1. Die Datenbank *Direktbestellung01* ist geöffnet. Die Tabelle *Kunden* existiert bereits.
2. Fügen Sie mit der INSERT-Anweisung in die Tabelle folgenden Kundensatz ein.

```
INSERT INTO Kunden (KundenNr, Anrede, Firma, Titel, Name,
                    Vorname, eMail, Passwort, KundeSeit)
VALUES(120,'Herr',NULL,NULL,'Thieme','Erika',
       'erthieme@gmx.de','erthie','15.07.2009');
```

3. Die Spalten, für die Werte angegeben werden, werden hier explizit aufgeführt. Der Befehl INSERT umfasst drei Teile. Über den ersten Teil "INSERT INTO Kunden" werden in SQL die neuen Datensätze für die Tabelle *Kunden* angelegt. Der zweite Teil besteht aus der Spaltenliste, die festlegt, welche Spalten der Tabelle mit Werten gefüllt werden sollen. Der letzte Teil (VALUES) enthält die Werte für die Spalten.
4. Führen Sie den Befehl aus. Sie werden vom PostgreSQL durch folgende Meldung darauf hingewiesen, dass der Befehl erfolgreich ausgeführt worden ist. "*Abfrage war erfolgreich durchgeführt: 1 Zeilen, 156 ms Ausführungszeit.*"
5. Betrachten Sie das Ergebnis in der Tabelle *Kunden*.

	kundennr integer	anrede character	firma character	titel character v	name character	vorname character	email character varying(50)	passwort character	kundeseit date
1	100	Herr			Müller	Hans	hans@yahoo.de	Hannes	2006-01-01
2	101	Frau		Dr.	Schulz	Elfi	selfi@gmx.de	Schnee	2005-06-06
3	102	Herr			Meyer	Richard	richard@gmx.de	Fanta	2007-07-07
4	103		Firma		Beta Design		Beta-Design	bede	2008-07-07
5	104	Frau		Prof. Dr.	Lange	Anna	anlange@distel.de	Janna	2007-07-15
6	105	Herr			Meier	Bernd	bernd@yahoo.de	Abacus	2006-04-04
7	106		Firma		Damaschke		Damaschke-Kleber	******	2007-02-02
8	107	Herr			Beckman	Daniel	beda@fhw.de	Tiger	2007-02-10
9	108	Herr		Prof.	Wendtland	Hans	hans@gmx.de	Berth	2007-08-25
10	109	Frau			Herfert	Petra	herpe@gmx.de	Winwin	2007-10-10
11	110	Herr		Dr. Dipl. Ing.	Bieber	Peter	bieberp@gmx.de	Pitt	2008-11-10
12	120	Herr			Thieme	Erika	erthieme@gmx.de	erthie	2009-07-15

Abb 97 Ergebnistabelle

6. In der Tabelle *Kunden* wurde ein neuer Kundensatz hinzugefügt. Für jede Tabellenspalte wird ein Wert eingegeben, auch der Wert NULL für die Spalten *Firma* und *Titel*.
7. Es müssen grundsätzlich als VALUE-Parameter alle Spalten vorgegeben werden, die in der Spaltenliste aufgeführt sind. Die Reihenfolge der Wertzuweisung wird positionsgerecht durchgeführt, d.h. erste Spalte *KundenNr* erhält den ersten Wert (120), zweite Spalte *Anrede* den zweiten Wert ('Herr'), usw.
8. Fügen Sie nun in die Tabelle folgenden Datensatz ohne Angabe der Spaltenliste ein.

```
INSERT INTO Kunden
VALUES(121,'Frau',NULL,'Dr.','Heimann','Julia','Heiju@yahoo.de',
       'Julhei','15.03.2010');
```

9. Führen Sie den Befehl aus. Sie werden vom PostgreSQL darauf hingewiesen, dass der Befehl ebenfalls erfolgreich ausgeführt worden ist.
10. Da in diesem Fall keine Spaltenliste angegeben werden soll, müssen die Spaltenwerte (bei VALUES) in der Reihenfolge der Tabellendefinition geliefert werden.
11. Der Benutzer muss in diesem Fall die Reihenfolge und die Anzahl der Spalten genau kennen. Unter der Voraussetzung, dass die Spalte Firma nicht mit NOT NULL definiert ist, wird diese (3te) Spalte auf NULL-Wert gesetzt.
12. Die Angabe des Spaltennamens ist erforderlich, wenn nicht alle Spalten der Tabelle mit der INSERT-Operation ausgefüllt werden oder wenn die Reihenfolge der Spaltenwerte nicht mit der Reihenfolge der Tabellenfelder übereinstimmt.

5.1.2 Beispiel 70: Mit SELECT eine neue Tabelle erzeugen

1. Die Datenbank *Direktbestellung01* ist geöffnet. Es soll eine neue Tabelle mit dem Namen *Rechnungsadresse_Berlin* angelegt werden, welche die Adressen der Kunden aus Berlin enthalten soll. Die neue Tabelle besitzt die gleiche Struktur wie die Tabelle *Adresse* und ist von ihr abhängig.

```
CREATE TABLE Rechnungsadresse_Berlin (
    KundenNr      INTEGER       NOT NULL,
    AdressID      INTEGER       NOT NULL,
    Name          VARCHAR(30)   NOT NULL,
    Vorname       VARCHAR(30)   NOT NULL,
    Firma         VARCHAR(30),
    Strasse       VARCHAR(30)   NOT NULL,
    Plz           VARCHAR(10)   NOT NULL,
    Ort           VARCHAR(30)   NOT NULL,
    Landescode    CHAR(02),
    PRIMARY KEY (KundenNr,AdressID));
```

2. Unter der Bedingung, dass die Verknüpfung beider Tabellen über die Fremdschlüssel (*KundenNr, AdressID*) erfolgt, muss beim Anlegen der abhängigen Tabelle *Rechnungsadresse_Berlin* ein Constraint für die Fremdschlüssel berücksichtigt werden. Die referenzielle Integritätsbedingung wird nachträglich über das Schlüsselwort ALTER TABLE der abhängigen Tabelle wie folgt hinzugefügt.

```
ALTER TABLE Rechnungsadresse_Berlin
  ADD Constraint FK_RECH_Berlin_RECHN FOREIGN KEY
                                     (KundenNr,AdressID)
       REFERENCES Adresse (KundenNr,AdressID);
```

3. Die neue Tabelle ist mit allen Zeilen der Tabelle *Adresse* auszufüllen, die sich auf den Rechnungsort "Berlin" und die Adressidentifikation '1' (für Rechnungsadresse) beziehen.

```
INSERT INTO Rechnungsadresse_Berlin
SELECT *
FROM    Adresse
WHERE   Ort = 'Berlin' AND AdressID = 1;
```

4. Betrachten Sie die Kodierung. Es wird der Befehl "SELECT *" verwendet, weil alle Spalten der Tabelle *Adresse* gewünscht werden. Dabei muss die Reihenfolge der Spalten in der Ergebnistabelle *Adresse* mit der Reihenfol-

ge der Spalten der auszuführenden Tabelle *Rechnungsadresse_Berlin* übereinstimmen.
5. Führen Sie die INSERT-Anweisung aus und zeigen das Ergebnis mit SELECT an.

	kundennr integer	adressid integer	name character	vorname character	firma character	strasse character varying(30)	plz character	ort character	landescode character(2)
1	100	1	Mueller	Hans		Hans-Mueller Str. 3	10432	Berlin	D
2	102	1	Meyer	Richard		Bismarkstr. 14	10584	Berlin	D
3	109	1	Herfert	Petra		Myslowitzer Str. 20	10345	Berlin	D
4	110	1	Bieber	Peter		Bismarkstr. 15	10586	Berlin	D

***Abb 98** Ergebnistabelle*

6. Betrachten Sie das Ergebnis in der Tabelle *Rechnungsadresse_Berlin*. Es wurden 4 Zeilen erfolgreich eingefügt.

5.1.3 Beispiel 71: Aus zwei Tabellen eine neue Tabelle erzeugen

1. Das vorliegende Beispiel demonstriert, wie man gewünschte Daten aus zwei vorhandenen Tabellen selektieren und in eine neue Tabelle zusammenführen kann. Für die neue Tabelle, die als abhängige Tabelle fungiert, müssen ihre Referenzen auf die Haupttabellen durch Fremdschlüsseln spezifiziert werden.
2. Hierzu werden beim Anlegen der neuen Tabelle *Artikel_Status* die Tabellen *Artikel* und *Status* aus der Datenbank *Direktbestellung01* verwendet. Die Tabelle *Artikel_Status* referenziert die Tabelle *Artikel* über den Fremdschlüssel *ArtikelNr* und die *Status*-Tabelle über den Fremdschlüssel *Statuscode*.
3. Die Tabelle *Artikel_Status* wird mit dem Befehle CREATE TABLE angelegt und soll die Spalten *ArtikelNr* (als Primärschlüssel), *Titel*, *Einzelpreis* aus der *Artikel*-Tabelle und *Statuscode* sowie *Statusname* aus der *Status*-Tabelle enthalten.

```
CREATE TABLE Artikel_Status (
    ArtikelNr      INTEGER      NOT NULL,
    Titel          VARCHAR(64)  NOT NULL,
    Artikelpreis   NUMERIC      NOT NULL,
    Statuscode     CHAR(02)     NOT NULL,
    Statusname     VARCHAR(20)  NOT NULL,
    PRIMARY KEY (ArtikelNr));
```

Datenaktualisierung

4. Führen Sie zunächst (mit F5) die CREATE-Anwesung aus. PL/pgSQL erzeugt zum Primärschlüssel implizit einen Index mit dem Namen *Artikel_status_pkey* und liefert gleichzeitig die Meldung *"Abfrage war erfolgreich nach 47 ms"*.
5. Die benötigten Daten für die Tabelle *Artikel_Status* müssen mit einem SELECT-Befehl aus den Tabellen *Artikel* und *Status* ausgewählt und miteinander verknüpft werden. Die Verknüpfung beider Tabellen erfolgt über den Fremdschlüssel *Statuscode*. Da der Statuscode in beiden Tabellen auftritt, muss diese Spalte mit einem Aliasnamen qualifiziert werden. In der FROM-Klausel ist daher hinter jedem Tabellennamen ein Aliasname (a für Artikel und s für Status) angeführt, der gefolgt von einem Punkt, vor identische Spaltennamen gesetzt wird. Der Verlag Stadtlupe möchte, dass die neue Tabelle Informationen über Bücher enthält, welche lieferbar (Statuscode = AV) oder noch in Vorbereitung (Statuscode = IP) sind.
6. Kodieren Sie dazu folgendes INSERT-Statement:

```
INSERT INTO Artikel_Status (ArtikelNr, Titel, Artikelpreis,
                            Statuscode, Statusname)
SELECT ArtikelNr, Titel, Artikelpreis, s.Statuscode, Statusname
FROM   Artikel a, Status s
WHERE  s.Statuscode = a.Statuscode
  AND  s.Statuscode IN ('AV', 'IP');
```

7. Führen Sie die INSERT-Anweisung aus. Der Hinweis vom PostgreSQL lautet: *"Abfrage war erfolgreich durchgeführt: 10 Zeilen, 187 ms Ausführungszeit"*.
8. Überprüfen Sie den Inhalt der erzeugten Tabelle *Artikel_Status*.

	artikelnr integer	titel character varying(64)	artikelpreis numeric	statuscode character(2)	statusname character varying(20)
1	11	Word 2007 Basis	14.95	AV	lieferbar
2	12	Excel 2007 Basis	19.95	AV	lieferbar
3	14	My SQL	12.95	AV	lieferbar
4	15	Rechnungswesen	107.60	AV	lieferbar
5	18	Grundlagen Rechnungswesen	9.95	IP	in Vorbereitung
6	19	Grundlagen Rechnungswesen & Datev	24.95	AV	lieferbar
7	23	Was ist Office?	22.25	IP	in Vorbereitung
8	25	Acess 2007	20.00	IP	in Vorbereitung
9	28	HTML - Mit Aufgaben üben	13.50	IP	in Vorbereitung
10	34	PostgreSQL - Ein relationales Datenbanksystem	22.50	IP	in Vorbereitung

Abb 99 Ergebnistabelle

9. Da in dieser Tabelle die Spalten *ArtikelNr* und *Statuscode* Fremdschlüssel sein sollen, werden die Fremdschlüssel mit folgenden ALTER TABLE-Anweisungen festgelegt.

```
ALTER TABLE Artikel_Status
    ADD CONSTRAINT FK_ArtstatArt FOREIGN KEY (ArtikelNr)
        REFERENCES Artikel(ArtikelNr);
ALTER TABLE Artikel_Status
    ADD CONSTRAINT FK_ArtstatStat FOREIGN KEY (Statuscode)
        REFERENCES Status(Statuscode);
```

10. Durch die obige Kodierung wird eine Verletzung der referentiellen Integrität verhindert. Dies bedeutet: Versucht man nun in die neue Tabelle *Artikel_Status* einen Artikeldatensatz mit einer Artikelnummer einzufügen, die als Primärschlüssel in der *Artikel*-Tabelle nicht existiert, wird das INSERT-Statement nicht ausgeführt. Das Einfügen wird vom Datenbanksystem zurückgewiesen, weil die referenzielle Integrität verletzt wurde. Zur Vermeidung dieses Problems müssen immer zuerst die Primärschlüssel-Tabellen angelegt werden, auf die Bezug genommen wird. Im Anschluss werden die Fremdschlüssel-Tabellen erstellt.

11. *Hinweis*: Eine direkte Angabe des Befehls ALTER TABLE in der Tabelle *Artikel_Status* wäre auch möglich, weil zu diesem Zeitpunkt die Tabellen *Artikel* und *Status* bereits existieren. Mit Hilfe dieses SQL-Befehls lassen sich Änderungen an der Struktur einer Tabelle durchführen.

5.2 UPDATE-Datenveränderung

Neben dem Einfügen von Datensätzen kann auch der existierende Inhalt einer Tabelle geändert werden. Zur Datenänderung von Zeilen und Spalten in einer Tabelle dient der UPDATE-Befehl. Durch die Angabe der WHERE-Klausel wird die Anzahl der zu ändernden Datensätze eingeschränkt. Für jeden Datensatz, bei dem das Ergebnis der WHERE-Klausel wahr ist, werden die Veränderungen hinter SET ausgeführt. Die Veränderung von Daten kann nur über symbolische Spaltennamen erfolgen. Fehlt die WHERE-Bedingung, wird die Änderung an allen Zeilen in der Tabelle ausgeführt. Zur Unterstützung der Suchbedingungen darf in der WHERE-Klausel eine Unterabfrage (Sub-SELECT) definiert werden. Somit kann die Veränderung der Daten von bestimmten Bedingungen in anderen Tabellen abhängig gemacht werden. In diesem Fall darf sich die Unterabfrage nicht auf die zu ändernde Tabelle beziehen. Änderungen können nur an einer Tabelle gleichzeitig erfolgen.

5.2.1 Beispiel 72: Mit UPDATE Daten ändern

1. Der Verwalter des Verlages hat beschlossen, aus der Tabelle *Artikel_Status* den *Artikelpreis* für ein Buch mit einer bestimmten Artikelnummer (*ArtikelNr* =15) um 50% zu senken. Der neue Artikelpreis soll auf zwei Nachkommastellen gerundet werden.
2. Lassen Sie sich vor der Ausführung der UPDATE-Befehl den Inhalt des Datensatzes mit *ArtikelNr* = 15 anzeigen.

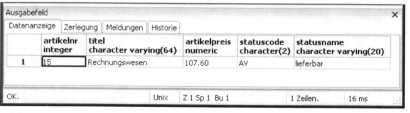

Abb 100 *Ergebnis*

3. Schreiben Sie nun folgenden UPDATE-Befehl und führen Sie ihn aus.

```
UPDATE Artikel_Status
SET    Artikelpreis = ROUND(Artikelpreis * 0.50,2)
WHERE  ArtikelNr = 15
```

4. Mit dem ersten Teil "UPDATE Artikel_Status" wird festgelegt, dass eine Änderung der Daten in der Tabelle *Artikel_Status* vorgenommen werden soll. Der zweite Teil (SET) legt die Änderung an dem ausgewählten

Datensatz fest. In SET-Klausel wird mit dem arithmetischen Ausdruck "Artikelpreis*0.50" die Preisveränderung vereinbart. Dabei wird der alte Artikelpreis durch den neuen Artikelpreis (reduziert um 50% und gerundet auf 2 Stellen) überschrieben. Um für einen ganz bestimmten Artikel Werte zu ändern, sollte man besser den Primärschlüssel in der WHERE-Klausel verwenden. Über die WHERE-Klausel bestimmen Sie noch, dass die Änderung im Datensatz mit der Artikelnummer 15 ausgeführt werden soll.

5. Sie haben auch die Möglichkeit, mehrere Spalten eines Datensatzes zu ändern, indem Sie in der SET-Klausel die Spalten und ihre neuen Werte, getrennt durch Kommata, angeben. Ändern Sie hier neben dem *Artikelpreis* auch den Statuscode von 'AV' in 'IP' und den *Statusname* von 'lieferbar' in 'in Vorbereitung'.

```
UPDATE Artikel_Status
SET Artikelpreis = ROUND(Artikelpreis * 0.50,2),
    Statuscode = 'IP',
    Statusname = 'in Vorbereitung'
WHERE ArtikelNr = 15
```

6. Führen Sie die UPDATE-Funktion aus. Prüfen Sie die Änderungen in der Tabelle.

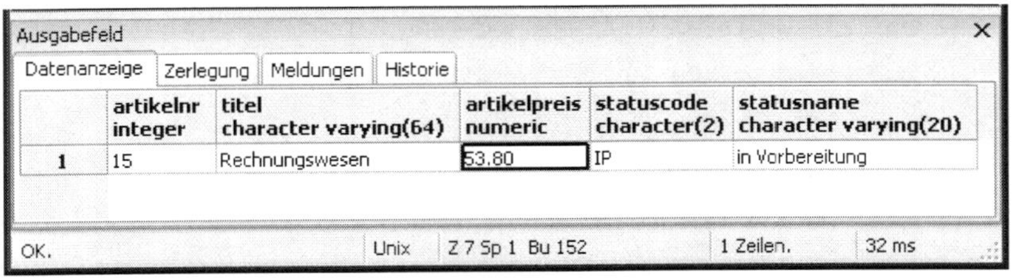

	artikelnr integer	titel character varying(64)	artikelpreis numeric	statuscode character(2)	statusname character varying(20)
1	15	Rechnungswesen	53.80	IP	in Vorbereitung

Abb 101 *Ein Datensatz in der Tabelle Artikel_Status wurde geändert*

7. Sie können auch für mehrere Artikel den Artikelpreis ändern, wenn beispielsweise der Artikelpreis über 50 Euro liegt. In diesem Fall verwenden Sie in der WHERE-Klausel die Bedingung "WHERE Artikelpreis > 50". Alle Artikel in der Tabelle *Artikel_Status*, die diese Bedingung erfüllen, bekommen den neuen Preis zugewiesen.

8. *Hinweis*: Um für einen ganz bestimmten Artikel Werte zu ändern, sollte man besser den Primärschlüssel in der WHERE-Klausel verwenden. Da die Artikelnummer der Primärschlüssel der Tabelle *Artikel_Status* ist, kann ein Artikeldatensatz mit einer bestimmten Artikelnummer nur einmal vorkommen.

5.2.2 Beispiel 73: Eine Unterabfrage im UPDATE-Befehl verwenden

1. Der Verwalter im Verlag "Stadtlupe" hat beschlossen, die Preise für Bücher mit dem Statusname 'in Vorbereitung' um 10% zu erhöhen. Die neuen Artikelpreise werden auf zwei Nachkommstellen gerundet.
2. Kopieren Sie hierzu die Tabelle *Artikel_Status* und löschen Sie ihre letzte Spalte 'Statusname'.
3. Erstellen Sie dabei die neue Tabelle *Artikel_Status_Update*, welche folgende Struktur hat:

```
CREATE TABLE Artikel_Status_Update (
 ArtikelNr     INTEGER      NOT NULL,
 Titel         VARCHAR(64)  NOT NULL,
 Artikelpreis  NUMERIC      NOT NULL,
 Statuscode    CHAR(02)     NOT NULL,
 PRIMARY KEY   (ArtikelNr));

INSERT INTO Artikel_Status_Update (ArtikelNr, Titel,
                            Artikelpreis, Statuscode)
SELECT ArtikelNr, Titel, Artikelpreis, s.Statuscode
FROM Artikel a, Status s
WHERE s.Statuscode = a.Statuscode
  AND s.Statuscode IN ('AV', 'IP');
```

Hinweis: Die vorliegende Tabelle dient zum Testen dieses Beispiels, sowie weiterer Beispiele unter DELETE.

4. Führen Sie der Reihe nach zunächst die CREATE-Anweisung und danach den INSERT-Befehl aus. Wenn Sie sich das Ergebnis der neuen Tabelle anschauen, stellen Sie fest, dass der *Statusname* fehlt.

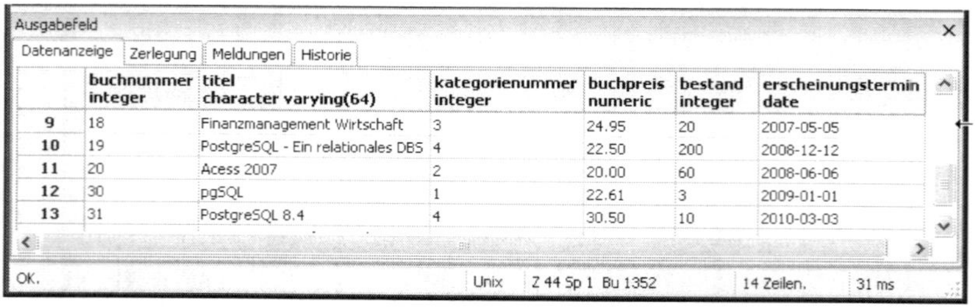
Ausgabefeld

Datenanzeige | Zerlegung | Meldungen | Historie

	buchnummer integer	titel character varying(64)	kategorienummer integer	buchpreis numeric	bestand integer	erscheinungstermin date
9	18	Finanzmanagement Wirtschaft	3	24.95	20	2007-05-05
10	19	PostgreSQL - Ein relationales DBS	4	22.50	200	2008-12-12
11	20	Acess 2007	2	20.00	60	2008-06-06
12	30	pgSQL	1	22.61	3	2009-01-01
13	31	PostgreSQL 8.4	4	30.50	10	2010-03-03

OK. | Unix | Z 44 Sp 1 Bu 1352 | 14 Zeilen. | 31 ms

Abb 102 *Ergebnistabelle*

5. Nun möchten wir mit der folgenden UPDATE-Anweisung eine Änderung des Artikelpreises innerhalb der Tabelle *Artikel_Status_Update*

durchführen, obwohl die Preisänderung von einem Feld abhängig ist, welches nicht in der Tabelle existiert.

```
UPDATE  Artikel_Status_Update
SET     Artikelpreis = ROUND(Artikelpreis * 1.10,2)
WHERE   Statuscode IN (SELECT Statuscode
                       FROM    Status
                       WHERE   Statusname = 'in Vorbereitung')
```

6. Betrachten Sie das kodierte UPDATE-Statement. Hier muss innerhalb der WHERE-Klausel eine Unterabfrage verwendet werden, weil in der Tabelle *Artikel_Status_Update* der Statusname 'in Vorbereitung' nicht vorhanden ist. Mit Hilfe des SELECT-Befehls für die Tabelle Status wird eine Tabelle mit Statuscodes generiert, mit denen der *Statuscode* aus der neuen Tabelle *Artikel_Status_Update* verglichen werden muss. Da die Ergebnistabelle des SELECT-Befehls aus mehreren Datensätzen bestehen kann, muss der Mengenoperator IN benutzt werden. In der SELECT-Unterabfrage wird definiert, dass nur die Zeilen der Tabelle *Status* berücksichtigt werden dürfen, in denen der *Statusname* 'in Vorbereitung' heißt.
7. Führen Sie die UPDATE-Anweisung aus. Die gelieferte Meldung der Ausführung lautet: *"Abfrage war erfolgreich durchgeführt: 5 Zeilen, 31 ms Ausführungszeit"*.
8. Zeigen Sie mit einem SELECT das neue Ergebnis an.

artikelnr integer	titel character varying(64)	artikelpreis numeric	statuscode character(2)
11	Word 2007 Basis	14.95	AV
12	Excel 2007 Basis	19.95	AV
14	My SQL	12.95	AV
15	Rechnungswesen	107.60	AV
18	Grundlagen Rechnungswesen	10.95	IP
19	Grundlagen Rechnungswesen & Datev	24.95	AV
23	Was ist Office?	24.48	IP
25	Acess 2007	22.00	IP
28	HTML - Mit Aufgaben üben	14.85	IP
34	PostgreSQL - Ein relationales Datenbanksystem	24.75	IP

Abb 103 *Geänderte Datensätze in der Tabelle Artikel_Status_Update*

9. Sie sehen, dass nur die Datensätze in der Tabelle geändert wurden, die den *Statuscode* 'IP' aufweisen.

10. Möchten Sie die Preisänderungen wieder rückgängig machen, führen Sie die UPDATE-Anweisung innerhalb einer Transaktion (BEGIN WORK) aus und beenden die Transaktion mit ROLLBACK.

```
BEGIN WORK;
UPDATE  Artikel_Status_Update
SET     Artikelpreis = ROUND(Artikelpreis * 1.10,2)
WHERE   Statuscode IN (SELECT Statuscode
                       FROM   Status
                       WHERE  Statusname = 'in Vorbereitung')
ROLLBACK;
```

11. Sie können die geänderten Daten mit SELECT anzeigen und die Änderungen mit einem ROLLBACK erneut rückgängig machen.

5.3 DELETE- Datenlöschung

Mit der DELETE-Anweisung können komplette Zeilen in einer Tabelle gelöscht werden. Da in der Regel nur Zeilen – und keine einzelnen Spalten – aus einer Tabelle gleichzeitig gelöscht werden, ist (bei der FROM-Klausel) die Angabe nur eines Tabellennamens möglich. Für die Auswahl der Daten zum Löschen von Zeilen können Suchbedingungen verwendet werden. Mit der WHERE-Klausel werden die Datensätze festgelegt, die aus der Tabelle gelöscht werden sollen. Fehlt die WHERE-Klausel werden alle Datensätze aus der betreffenden Tabelle gelöscht. Aus diesem Grund sollte die einfachste Syntax DELETE FROM Tabelle vorsichtig verwendet werden. Zur Unterstützung der Suchbedingungen können Sie weitere Sub-SELECTs verwenden.

In PostgreSQL können Sie mit der Option RETURNING Details der gelöschten Datensätze zurückgeben. RETURNING spezifiziert einen Ausdruck, der bei jedem DELETE-Statement nach jeder gelöschten Zeile zurückgeliefert wird. Der Ausdruck kann alle Spalten (`RETURNRING *`) oder nur die in der Tabelle spezifizierten Spalten zurückliefern.

Mit DELETE wird nur der Inhalt einer Tabelle gelöscht, ihre Struktur bleibt jedoch erhalten. Die Struktur einer Tabelle (d.h. die Definition und der Inhalt der Tabelle) kann mit dem Befehl "`DROP Table Tabellenname`" gelöscht werden.

5.3.1 Beispiel 74: Löschen eines bestimmten Artikels

1. Der Datensatz mit der Artikelnummer 15 soll aus der Tabelle *Artikel_Status_Update* gelöscht werden.
   Um die Wirkung der DELETE-Anweisung zu prüfen, zeigen Sie vorher den Inhalt der Tabelle *Artikel_Status_Update* an.

	artikelnr integer	titel character varying(64)	artikelpreis numeric	statuscode character(2)
1	11	Word 2007 Basis	14.95	AV
2	12	Excel 2007 Basis	19.95	AV
3	14	My SQL	12.95	AV
4	15	Rechnungswesen	107.60	AV
5	18	Grundlagen Rechnungswesen	10.95	IP
6	19	Grundlagen Rechnungswesen & Datev	24.95	AV

Abb 104 Ergebnistabelle

2. Kodieren Sie dazu folgende DELETE-Anweisung.

```
DELETE FROM Artikel_Status_Update
WHERE    ArtikelNr = 15
```

3. Diese DELETE-Anweisung bewirkt das Löschen eines einzigen Datensatzes, weil die Suchbedingung für die Auswahl des zu löschenden Datensatzes durch den eindeutigen Primärschlüssel eingerichtet wurde.
4. Führen Sie die Löschung durch: Die gelieferte SQL-Meldung lautet: *"Abfrage war erfolgreich durchgeführt: 1 Zeilen, 31 ms Ausführungszeit"*.
5. Geben Sie mit SELECT den neuen Inhalt der Tabelle aus

	artikelnr integer	titel character varying(64)	artikelpreis numeric	statuscode character(2)
1	11	Word 2007 Basis	14.95	AV
2	12	Excel 2007 Basis	19.95	AV
3	14	My SQL	12.95	AV
4	18	Grundlagen Rechnungswesen	10.95	IP
5	19	Grundlagen Rechnungswesen & Datev	24.95	AV
6	23	Was ist Office?	24.48	IP

Abb 105 Ergebnis: Artikeldatensatz 15 wurde gelöscht

6. Überprüfen Sie in der Tabelle *Artikel_Status_Update*, ob der Datensatz mit der *ArtikelNr* 15 gelöscht wurde.
7. Speichern Sie dieses Beispiel unter dem Namen *Ein_Artikel_ löschen* ab.

5.3.2 Beispiel 75: Mit DELETE mehrere Datensätze löschen

1. Zu löschen sind alle Datensätze aus der Tabelle *Artikel_Status_Update*, bei denen der Artikelpreis kleiner 15 ist und gleichzeitig der Statuscode 'IP' (d.h. in Vorbereitung) heißt. Die Löschanweisung soll rückgängig gemacht werden.
2. Zeigen Sie vor der Ausführung von DELETE den aktuellen Inhalt der Tabelle an, um die Auswirkung der Löschung nachvollziehen zu können.

	artikelnr integer	titel character varying(64)	artikelpreis numeric	statuscode character(2)
1	11	Word 2007 Basis	14.95	AV
2	12	Excel 2007 Basis	19.95	AV
3	14	My SQL	12.95	AV
4	18	Grundlagen Rechnungswesen	10.95	IP
5	19	Grundlagen Rechnungswesen & Datev	24.95	AV
6	23	Was ist Office?	24.48	IP
7	25	Acess 2007	22.00	IP
8	28	HTML - Mit Aufgaben üben	14.85	IP
9	34	PostgreSQL - Ein relationales Datenbanksystem	24.75	IP

Abb 106 Ergebnistabelle

3. Kodieren Sie nun folgendes SQL-Statement.

```
BEGIN WORK;
DELETE   FROM Artikel_Status_Update
WHERE    Artikelpreis < 15.00 AND Statuscode = 'IP';
ROLLBACK;
```

4. Um die Löschungen nach der Ausführung von DELETE zu stornieren, muss die DELETE-Anweisung in Form einer Transaktion ausgeführt werden. Die Transaktion beginnt mit BEGIN WORK und wird als Anweisungsfolge zusammen mit dem DELETE-Befehl ausgeführt. Alle vorgesehenen Löschungen können mit dem ROLLBACK-Befehl zurückgenommen werden.
5. Hinter der WHERE-Klausel werden zwei Bedingungen mit dem logischen Operator AND miteinander verknüpft. Damit kann genau spezifiziert werden, welche Datensätze ausgewählt werden sollen.
6. Diese DELETE-Anweisung bewirkt das Löschen mehrerer Datensätze, weil die Suchbedingung für die Auswahl des zu löschenden Datensatzes nicht (wie im vorherigen Beispiel) durch den Primärschlüssel eingerichtet wurde.

7. Markieren Sie nun nur die Befehle BEGIN WORK und DELETE und führen Sie diese Anweisungsfolge aus. Die gelieferte SQL-Meldung der Ausführung lautet: "*Gesamtlaufzeit der Abfrage: 15 ms. 2 Zeilen geholt.*".
8. Überprüfen Sie in der Tabelle *Artikel_Status_Update*, ob tatsächlich die richtigen Datensätze gelöscht wurden.

	artikelnr integer	titel character varying(64)	artikelpreis numeric	statuscode character(2)
1	11	Word 2007 Basis	14.95	AV
2	12	Excel 2007 Basis	19.95	AV
3	14	My SQL	12.95	AV
4	19	Grundlagen Rechnungswesen & Datev	24.95	AV
5	23	Was ist Office?	24.48	IP
6	25	Acess 2007	22.00	IP
7	34	PostgreSQL - Ein relationales Datenbanksystem	24.75	IP

Abb 107 Ergebnistabelle

9. Führen Sie jetzt ein ROLLBACK aus, um die gelöschten Datensätze rückgängig zu machen.

	artikelnr integer	titel character varying(64)	artikelpreis numeric	statuscode character(2)
1	11	Word 2007 Basis	14.95	AV
2	12	Excel 2007 Basis	19.95	AV
3	14	My SQL	12.95	AV
4	18	Grundlagen Rechnungswesen	10.95	IP
5	19	Grundlagen Rechnungswesen & Datev	24.95	AV
6	23	Was ist Office?	24.48	IP
7	25	Acess 2007	22.00	IP
8	28	HTML - Mit Aufgaben üben	14.85	IP
9	34	PostgreSQL - Ein relationales Datenbanksystem	24.75	IP

Abb 108 Gelöschte Datensätze wurden zurückgenommen

10. Möchten Sie Details der gelöschten Datensätze zurückgeben, dann geben Sie den RETURNING-Befehl hinter der DELETE-Anweisung an und führen Sie alle drei Befehle (BEGIN WORK, DELETE und RETURNING *) als eine Anweisungsfolge durch.

```
BEGIN WORK;
DELETE   FROM Artikel_Status_Update
WHERE    Artikelpreis < 15.00 AND Statuscode = 'IP'
RETURNING *;
```

11. Der Befehl "RETURNING *" spezifiziert für alle Spalten einen Ausdruck, der bei dem DELETE-Statement nach jeder gelöschten Zeile zurückgeliefert wird.

	artikelnr integer	titel character varying(64)	artikelpreis numeric	statuscode character(2)
1	28	HTML - Mit Aufgaben üben	14.85	IP
2	18	Grundlagen Rechnungswesen	10.95	IP

Abb 109 *Returning-Ergebnis*

12. Stornieren Sie mit ROLLBACK erneut die gelöschten Datensätze.
13. Speichern Sie dieses Statement unter dem Namen *Artikel_ löschen* ab.

5.3.3 Beispiel 76: Bestimmte Datensätzen löschen

1. Das Beispiel hier zeigt, wie PostgreSQL reagiert, wenn ein Datensatz in der Haupttabelle *Status* gelöscht wird, welche mit einer anderen Tabelle (z.B. *Artikel_Status*) verknüpft ist. In der Tabelle *Status* soll die Zeile mit dem *Statuscode* 'IP' (in Vorbereitung) gelöscht werden.

```
DELETE  FROM Status
WHERE   Statuscode = 'IP';
```

2. Das Löschen dieses Datensatzes aus Tabelle *Status* mit einem *Statuscode* 'IP' wird vom Datenbanksystem abgelehnt, weil er noch von einem Datensatz in der Tabelle *Artikel_Status* verwendet wird. Die gelieferte Fehlermeldung des Datenbanksystems lautet:
ERROR: update or delete on table "status" violates foreign key constraint "fk_artstatstat" on table "artikel_status"
DETAIL: Key (statuscode)=(IP) is still referenced from table "artikel_status".
3. Der Grund liegt darin, dass die referentielle Integrität zwischen der Primärschlüssel-Tabelle *Status* und der Fremdschlüssel-Tabelle *Artikel_Status* verletzt wurde.
4. *Hinweis*: Mit einem Sub-SELECT kann das Löschen, analog wie beim UPDATE, von bestimmten Bedingungen in anderen Tabellen abhängig gemacht werden. Das Sub-SELECT darf sich nicht auf die zu löschende Tabelle beziehen.

5.4 Übungsaufgaben

Aufgabe 17: Mit UPDATE Daten ändern
Aufgabe 18: Mit DELETE Daten löschen

5.4.1 Aufgabe 17: Mit UPDATE Daten ändern

1. Die Datenbank *Direktbestellung01* ist geöffnet.
2. *Hinweis*: Zur Lösung der Aufgaben 17 und 18 gehen Sie hier vom aktuellen Datenbestand der Tabelle *Artikel_Status_Update* aus.
3. Die Geschäftsführung des Verlags "Stadtlupe" reduziert den Preis um 10 Euro für die Artikel, die in der Tabelle *Artikel_Status_Update* derzeit den höchsten Artikelpreis haben. (Bsp. 73)
4. Über die WHERE-Klausel bestimmen Sie, dass die Änderung in der Tabelle mit dem höchsten Artikelpreis ausgeführt werden soll. Diesen Datensatz können Sie mit einer Unterabfrage festlegen. In der Unterabfrage soll mit der Spaltenfunktion MAX der maximale Artikelpreis gesucht werden, der dann mit dem in der aktuellen Zeile der Hauptabfrage gespeicherten Preis verglichen wird. Die Veränderung des Preises erfolgt dann mit UPDATE innerhalb der Hauptabfrage.
5. *Hinweis*: Sie können die Änderungen mit ROLLBACK rückgängig machen, wenn Sie die UPDATE-Anweisung zwischen BEGIN WORK und ROLLBACK einschließen.
6. Vor dem UPDATE-Statement muss der Befehl BEGIN WORK stehen, wobei dann beide Befehle zusammen ausgeführt werden müssen.
7. Vergleichen Sie anschließend die Werte in der Tabelle *Artikel_Status_Update* mit der Abbildung.

	artikelnr integer	titel character varying(64)	artikelpreis numeric	statuscode character(2)
1	11	Word 2007 Basis	14.95	AV
2	12	Excel 2007 Basis	19.95	AV
3	14	My SQL	12.95	AV
4	18	Grundlagen Rechnungswesen	10.95	IP
5	19	Grundlagen Rechnungswesen & Datev	14.95	AV

Abb 110 Ergebnis

8. Sie sehen, dass nur der Datensatz mit dem höchsten Artikelpreis tatsächlich geändert wurde.

Datenaktualisierung

9. Um die Änderung rückgängig zu machen, führen Sie den Befehl ROLLBACK aus.
10. Speichern Sie diese Aufgabe unter dem Namen *Artikelpreis_aendern*.
11. Die Lösung dieser Aufgabe finden Sie unter *B.17 Lösung Aufgabe 17*.

5.4.2 Aufgabe 18: Mit DELETE Daten löschen

1. Die Datenbank *Direktbestellung01* ist geöffnet.
2. Alle Datensätze, deren Artikelpreis über 20 Euro liegt, sollen aus der Tabelle *Artikel_Status_Update* gelöscht werden.
3. *Hinweis*: Um die Löschungen nach der Ausführung von DELETE zu stornieren, soll die DELETE-Anweisung als eine Transaktion ausgeführt werden. Diese Transaktion beginnt mit BEGIN WORK und wird als Anweisungsfolge zusammen mit dem DELETE-Befehl ausgeführt. Alle vorgesehenen Löschungen können dann mit dem Befehl ROLLBACK zurückgenommen werden.
4. Zeigen Sie mit dem Befehl RETURNING * den Inhalt der gelöschten Zeilen an.
5. Markieren Sie die Befehle BEGIN WORK, DELETE und RETURNING * und führen Sie diese Anweisungsfolge aus. Es solle 3 Datensätze gelöscht werden. (Bsp. 75)

	artikelnr integer	titel character varying(64)	artikelpreis numeric	statuscode character(2)
1	19	Grundlagen Rechnungswesen & Datev	24.95	AV
2	34	PostgreSQL - Ein relationales Datenbanksystem	24.75	IP
3	23	Was ist Office?	24.48	IP

Abb 111 Ergebnistabelle

6. Kontrollieren Sie anschließend, ob tatsächlich die richtigen Datensätze gelöscht wurden. Vergleichen Sie dazu Ihr Ergebnis mit der Abbildung.
7. Führen Sie dann ein ROLLBACK aus, um die gelöschten Datensätze rückgängig zu machen.
8. Speichern Sie dieses Statement unter *Artikel_löschen* ab.
9. Die Lösung dieser Aufgabe finden Sie unter *B.18 Lösung Aufgabe 18*.

5.5 Verständnisfragen

Frage 23: Welche Aussagen über die Aktualisierungsbefehle treffen zu? (3)
1. Die Aktualisierungen von Daten sind in PostgreSQL über die Befehle CREATE, INSERT, UPDATE und DELETE möglich.
2. Mit dem Befehl INSERT werden in PostgreSQL neue Datensätze angelegt.
3. Die SQL-Anweisung UPDATE fügt das aktuelle Datum in Tabellen ein.
4. Mit dem Ausdruck "`INSERT INTO neueTabelle SELECT * FROM Tabelle`" kann eine neue Tabelle erzeugt werden.
5. Mit "`DELETE FROM Artikel`" können alle Informationen in der Tabelle *Kunden* gelöscht werden.

Frage 24: Welche Aussagen über die INSERT-Anweisung treffen zu? (2)
1. Das Einfügen einer Zeile in eine PostgreSQL-Tabelle erfolgt mit dem Befehl INSERT.
2. Mit INSERT können grundsätzlich mehrere Zeilen gleichzeitig in eine Tabelle eingefügt werden.
3. Wird bei INSERT keine Spaltenliste angegeben, müssen die Spaltenwerte (bei VALUES) in der Reihenfolge der Tabellendefinition aufgeführt werden.
4. Für jede Tabellenspalte, die mit dem Constraint NOT NULL definiert wurde, ist die Angabe eines Wertes nicht notwendig.
5. Für Spalten ohne Wert darf das Schlüsselwort NOT NULL (bei VALUES) angegeben werden.

Frage 25: Welche Aussagen über die UPDATE-Anweisung treffen zu? (2)
1. Änderungen werden nur an einer Spalte in einer Tabelle durch den Befehl UPDATE durchgeführt.
2. Änderungen können an zwei Tabellen gleichzeitig erfolgen.
3. Sind die zu ändernden Zeilen einer Tabelle vom Inhalt einer zweiten Tabelle abhängig, muss in der WHERE-Bedingung ein Sub-SELECT stehen, das kein Bezug auf die zu ändernde Tabelle sein darf.
4. Änderungen dürfen an einer oder mehrerer Spalten von beliebigen Zeilen einer Tabelle ausgeführt werden.
5. Fehlt bei UPDATE die WHERE-Bedingung, wird die Änderung an einer Zeile in der Tabelle ausgeführt.

Datenaktualisierung

Frage 26: *Welche Aussagen über die DELETE-Anweisung treffen zu? (2)*
1. Mit DELETE können Zeile nur aus einer Tabelle gelöscht werden.
2. Mit DELETE wird sowohl der Inhalt einer Tabelle als auch die Tabellendefinition gelöscht.
3. Ein Sub-SELECT in der WHERE-Klausel einer DELETE-Anweisung bezieht sich nicht auf die Tabelle, aus der Zeilen gelöscht werden.
4. Bei der FROM-Klausel eines DELETE-Befehles müssen mehrere Tabellennamen angegeben werden.
5. Fehlt bei DELETE die WHERE-Bedingung, wird keine Zeile aus der Tabelle entfernt.

Frage 27:
Das SQL-Statement
```
BEGIN WORK;
UPDATE Artikel_Status_Update
SET Artikelpreis = 25.00, Titel = 'PostgreSQL 9.0'
WHERE ArtikelNr = 34;
ROLLBACK;
```
bedeutet:
(3)
1. Es soll nur der Artikelpreis eines bestimmten Artikels geändert werden.
2. Die Daten *Artikelpreis* und *Titel* des Artikels mit *ArtikelNr* 34 werden in der Tabelle *Artikel_Status_Update* aktualisiert.
3. Der SQL-Befehl UPDATE fügt einen neuen Artikelpreis in die Tabelle *Artikel_Status_Update* ein.
4. Die geänderten Inhalte der Felder *Artikelpreis* und *Titel* können rückgängig gemacht werden, wenn vor dem UPDATE-Ausdruck BEGIN WORK steht.
5. Die Veränderung des Artikelpreises und des Titels soll mit ROLLBACK zurückgenommen werden.

6 Sichten (Views)

Eine Sicht (engl. View) beschreibt eine logische Datensicht zu real hinterlegten Tabellendaten. Die Sicht ist eine benannte Ergebnistabelle und besteht aus einem SELECT-Befehl, welcher den Zugriff auf die Basistabelle(n) beschreibt. Sie wird auch als virtuelle Tabelle bezeichnet, weil keine physischen Sichtdaten existieren. Es ist auch zulässig, eine neue Sicht auf einer bestehenden Sicht aufzubauen. Das Anlegen einer Sicht erfolgt durch den Befehl CREATE VIEW.

```
CREATE VIEW Viewname AS
SELECT  Spaltennamen
FROM    Basistabelle(n), View(s)
WHERE   Bedingungen
```

Sichten sind mit einem Namen versehene gespeicherte Abfragen, die in anderen Abfragen wie Tabellen eingesetzt werden können.
Die Ausführung einer Sicht und das Erzeugen einer Ergebnistabelle erfolgt durch einen SELECT-Befehl. Die Daten einer Sicht werden bei jedem Aufruf der Sicht neu berechnet.
Sichten werden häufig definiert, wenn man nicht immer den gesamten Datenbestand einer Tabelle sehen (oder verändern) möchte, sondern nur Ausschnitte. Sie bieten eine benutzerfreundliche Handhabung von komplexen SQL-Befehlsfolgen sowie eine Unabhängigkeit zwischen Daten und Anwendungen an. Sichten benötigen aber längere Laufzeiten, weil zunächst Anweisungen in Sichten analysiert werden und dann auf die Basistabellen zugegriffen wird.

6.1 Eine Sicht aus einer oder mehreren Tabellen erstellen

Eine Sicht bildet eine Untermenge von Spalten und/oder Zeilen einer Tabelle. Sie kann auch abgeleitete oder errechnete Spalten enthalten. Die Sicht beschreibt einen bestimmten Ausschnitt der existierenden Tabelle, der dem Benutzer zur Bearbeitung überlassen wird. Da eine Sicht als virtuelle Tabelle in den Systemkatalog eingetragen wird, muss sie einen eindeutigen Namen besitzen. In einer Sicht können Daten aus zwei oder mehreren Tabellen zusammengefasst werden. Das bedeutet, dass eine Sicht auf Verbunden (Joins) von zwei Basistabellen beruhen kann.

Sichten (Views)

6.1.1 Beispiel 77: Sicht wie eine Tabelle verwenden

1. Die Datenbank *Direktbestellung01* ist geöffnet. Erstellen Sie die erste Sicht mit dem Namen *Kunden_View*, die aus allen Daten der *Kunden*-Tabelle bestehen soll.
2. Erstellen Sie mit CREATE VIEW folgende Sicht, die aus der Tabelle *Kunden* dynamisch generiert wird.

```
CREATE VIEW Kunden_View As
SELECT  *
FROM    Kunden
```

3. Nach dem Anlegen der Sicht erfolgt durch einen SQL-Befehl die Informationsbereitstellung. Der mit der Sicht definierte SELECT-Befehl wird bei Aufruf der Sicht ausgeführt.
4. Führen Sie die Sicht aus. Die Ausführung dieser Sicht und das Erzeugen einer Ergebnistabelle (* bedeutet für alle Spalten) erfolgt durch folgenden SELECT-Befehl.

```
SELECT  *
FROM    Kunden_View
```

5. Möchten Sie nur bestimmte (nicht alle) Spalten der Sicht selektieren, geben Sie diese bei SELECT explizit an.

```
SELECT KundenNr, Name, Titel
FROM    Kunden_View
```

6. Betrachten Sie das Ergebnis.

kundennr integer	name character varying(30)	titel character varying(30)
1 100	Müller	
2 101	Schulz	Dr.
3 102	Meyer	
4 103	Beta Design	
5 104	Lange	Prof. Dr.
6 105	Meier	
7 106	Damaschke	

Abb 112 *Das Ergebnis der Sicht Kunden_View*

7. Die Sicht *Kunden_View* wird wie eine Tabelle verwendet.

6.1.2 Beispiel 78: Sicht mit selektierten Daten erstellen

1. Einem berechtigten Sachbearbeiter der Bücherverwaltung soll eine Sicht zur Verfügung gestellt werden, die den *Titel*, den *Artikelpreis* und den *Erscheinungstermin* aus der Tabelle *Artikel* bereitstellt, wenn der Artikelpreis zwischen 15 und 30 Euro liegt.
2. Erstellen Sie mit CREATE VIEW eine Sicht mit dem Namen *ArtPreis_View*, die aus den drei Spalten besteht und die Datensätze enthält, deren *Artikelpreis* zwischen 15 und 30 Euro liegt.

```
CREATE VIEW ArtPreis_View AS
SELECT  Titel, Artikelpreis, Erscheinungstermin
FROM    Artikel
WHERE   Artikelpreis BETWEEN 15.00 AND 30.00
```

3. Die Ausführung dieser Sicht und die Erzeugung einer Ergebnistabelle kann durch folgenden SELECT-Befehl erfolgen.

```
SELECT * FROM ArtPreis_View
```

4. Betrachten Sie das Ergebnis.

	titel character varying(64)	artikelpreis numeric	erscheinungstermin date
1	Excel 2007 Basis	19.95	2008-02-02
2	AJAX - Frische Ansätze für das Web-Design	16.95	2005-10-10
3	Datenbanken	24.95	2007-01-15
4	Grundlagen Rechnungswesen & Datev	24.95	2006-07-15
5	Datenbanken und SQL	26.50	2008-01-05
6	Was ist Office?	22.25	
7	Acess 2007	20.00	
8	Rechnungswesen	23.00	2008-06-06
9	Finanzmanagement Wirtschaft	24.95	2007-05-05
10	PostgreSQL - Ein relationales Datenbanksystem	22.50	2008-12-12

Abb 113 *Das Ergebnis der Sicht ArtPreis_View*

5. PostgreSQL erkennt, dass eine Sicht vorliegt und führt deshalb den in der Sicht spezifizierten SELECT aus. In jedem SQL-Befehl kann der Sichtname wie ein Tabellenname verwendet werden.
6. Man verfügt indirekt über eine neue Tabelle mit einem dynamischen Inhalt, der vom Inhalt der Tabelle abhängig ist, die im SELECT-Statement der Sicht genannt wird. Die Sicht-Tabelle nennt man auch eine virtuelle Tabelle.

Sichten (Views)

6.1.3 Beispiel 79: Sicht aus zwei Basistabellen erstellen

1. Aus den Tabellen *Artikel* und *Kategorie* sollen bestimmte Artikeldaten wie *ArtikelNr, Titel, Artikelpreis, Erscheinungstermin, KategorieNr* und *Kategoriename* in einer Sicht mit dem Namen *ArtKat_View* zusammengefasst werden. Dies erfolgt, wenn die Kategorienummern in beiden Tabellen identisch sind und der Erscheinungstermin eines Buches nicht aktuell ist (z.B. Erscheinungstermin < 01.01.2008).
2. Erstellen Sie mit CREATE VIEW die neue Sicht mit dem Namen *ArtKat_View* und formulieren die Suchbedingungen zu den Basistabellen.

```
CREATE VIEW ArtKat_View As
SELECT  ArtikelNr, Titel, Artikelpreis, Erscheinungstermin,
        k.KategorieNr, Kategoriename
FROM    Artikel a, Kategorie k
WHERE   a.KategorieNr = k.KategorieNr
  AND   Erscheinungstermin < '01.01.2008'
```

3. In diesem Fall definiert *ArtKat_View* einen Join auf die Basistabellen *Artikel* und *Kategorie*.
4. Führen Sie mit SELECT die Sicht aus.

```
SELECT * FROM ArtKat_View
```

5. Betrachten Sie das Ergebnis.

Abb 114 Das Ergebnis der Sicht ArtKat_View

6. Die Sicht-Daten werden bei der Ausführung aus den Basistabellen *Artikel* und *Kategorie* dynamisch erzeugt.
7. Sie behandeln jede Sicht wie eine Tabelle und können mit SELECT auch bestimmte Sichtfelder selektieren.

```
SELECT  ArtikelNr, Titel, Kategoriename
FROM    ArtKat_View
```

6.2 Eine Sicht innerhalb einer anderen Sicht

Sichten können als normale Tabellen verwendet werden. Es ist sogar zulässig, wieder eine neue Sicht auf einer bestehenden Sicht aufzubauen. Eine Sicht kann auf Basistabellen und/oder auf andere Sichten zeigen. Diese Variante ist technisch möglich, praktisch aber weniger empfehlenswert, weil die Transparenz leidet.

6.2.1 Beispiel 80: Sicht aus einer Basistabelle und einer Sicht erstellen

1. Es ist eine neue Sicht mit dem Namen *ArtKat_View01* zu erstellen, die Daten aus der Tabelle *Kategorie* und der bereits angelegten Sicht *ArtKat_View* enthalten soll.
2. In der Sicht sollen die Daten *ArtikelNr*, *Titel*, *Artikelpreis*, *KategorieNr* und *Kategoriename* zusammengefasst werden. Dies erfolgt, wenn die Kategorienummer der Tabelle *Kategorie* mit der Artikelnummer der Sicht *ArtKat_View* übereinstimmt und der *Artikelpreis* über 25 Euro liegt.
3. Erstellen Sie mit CREATE VIEW die neue Sicht *ArtKat_View01* und formulieren Sie dazu die notwendigen Suchbedingungen.

```
CREATE VIEW ArtKat_View01 As
SELECT ArtikelNr, Titel, Artikelpreis, k.KategorieNr,
       k.Kategoriename
FROM   Kategorie k, ArtKat_View v
WHERE  k.KategorieNr = v.KategorieNr
  AND  Artikelpreis > 25.00
```

4. In diesem Fall definiert *ArtKat_View01* einen Join auf die Basistabelle *Kategorie* und die Sicht *ArtKat_View*.
5. Führen Sie mit SELECT diese Sicht aus.

```
SELECT * FROM ArtKat_View01
```

6. Die Ergebnistabelle der Sicht *ArtKat_View01* sieht wie folgt aus:

	artikelnr integer	titel character varying(64)	artikelpreis numeric	kategorienr integer	kategoriename character varying(30)
1	15	Rechnungswesen	107.60	1	Internet-Technologie
2	21	Word und Excel 2003	35.50	4	Management
3	24	Wirtschaft als Komplexum	34.9	2	MS Office

Abb 115 Das Ergebnis der Sicht ArtKat_View01

7. Es ist zu beachten, dass eine Ergebnistabelle, die aus mehreren Tabellen besteht, nicht veränderbar ist. Auf eine solche Sicht sind nur lesende Zugriffe erlaubt.

6.3 Sichten mit Subselect

Sichten können auch mittels komplex strukturierter Abfragen gebildet werden, wie das folgende Beispiel zeigt.

6.3.1 Beispiel 81: Sicht mit Hilfe einer Unterabfrage erstellen

1. Erstellen Sie eine Sicht, welche die Artikeldaten *ArtikelNr*, *Titel*, *Artikelpreis* und *KategorieNr* für eine bestimmte Kategorie (*KategorieNr* = 4) enthält.
2. In dieser Sicht sollen alle Artikeldatensätze, deren Kategorienummer mit der Kategorienummer 4 in der Haupttabelle *Kategorie* übereinstimmt, zusammengefasst werden.
3. Kodieren Sie mit CREATE VIEW die neue Sicht *Artikel_Kat4_View* und formulieren Sie dazu die notwendigen Suchbedingungen.

```
CREATE VIEW Artikel_Kat4_View AS
SELECT ArtikelNr, Titel, Artikelpreis, a.KategorieNr,
       Erscheinungstermin
FROM   Artikel a
WHERE  KategorieNr IN (Select KategorieNr
                       FROM Kategorie
                       WHERE KategorieNr = 4)
```

4. Führen Sie mit SELECT die Sicht aus.

```
SELECT * FROM Artikel_Kat4_View
```

5. Die Ergebnistabelle der Sicht *Artikel_Kat4_View* sieht wie folgt aus:

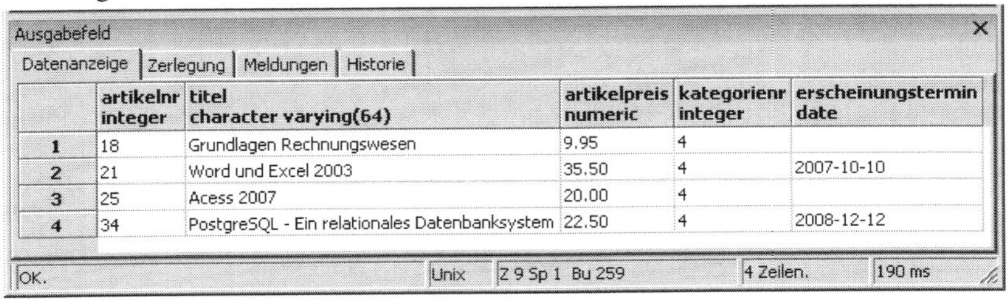

	artikelnr integer	titel character varying(64)	artikelpreis numeric	kategorienr integer	erscheinungstermin date
1	18	Grundlagen Rechnungswesen	9.95	4	
2	21	Word und Excel 2003	35.50	4	2007-10-10
3	25	Acess 2007	20.00	4	
4	34	PostgreSQL - Ein relationales Datenbanksystem	22.50	4	2008-12-12

Abb 116 Das Ergebnis der Sicht Artikel_Kat4_View

6.4 Ändern von Sichten

Die Verwendung des SELECT-Befehls in der Definition einer Sicht deutet darauf hin, dass der Zugriff ausschließlich lesend ist. In begrenztem Umfang können Sichten auch zur Datenmanipulation verwendet werden. Dazu darf die Sicht nur auf einer Tabelle in der FROM-Klausel basieren. PostgreSQL unterstützt in der betrachteten Version nur das Lesen von Sichten. Das bedeutet, dass in Sichten keine direkten Datenmanipulationen (mit Delete-, Upadate- und Insert-Anweisungen) möglich sind. PostgreSQL verfügt über einen Regelmechanismus (CREATE RULE) zur Änderung von Daten in Sichten. Regeln übersetzen Anweisungen in andere Anweisungen. Beliebige Anfragen können durch vorgefertigte Regeln in andere Anfragen übersetzt werden. Die Übersetzung der Anfrage erfolgt vor der Ausführung der Anfrage. Besitzt eine Sicht eine WHERE-Klausel, so kann die angegebene Bedingung bei der Eingabe und Änderung der Daten über die Sicht nicht direkt überprüft werden. Eine Check-Option in der Sicht ist nicht möglich. Stattdessen kann man in PostgreSQL Regeln definieren, die Änderungen durch Sichten ermöglichen.

6.4.1 Beispiel 82: Eine Sicht mit der INSERT-Regel einfügen

1. Dieses Beispiel demonstriert, wie über eine Sicht mit Hilfe von Regeln die Manipulation einer Basistabelle möglich ist.
2. Die Datenbank *Direktbestellung01* ist geöffnet. Legen Sie dazu folgende Hilfstabelle *Artikel01* an, die als Teil der Artikeltabelle zu betrachten ist.

```
CREATE TABLE Artikel01(
    ArtikelNr       INTEGER PRIMARY KEY,
    Artikelpreis    NUMERIC,
    Artikelmenge    INTEGER,
    Bemerkung       VARCHAR(20));
```

3. Auf der Basis dieser Tabelle erstellen Sie eine neue Sicht mit dem Namen *Artikel_View*. Zu diesem Zeitpunkt sind beide Datenbankobjekte *Artikel01* und *Artikel_View* leer.

```
CREATE or REPLACE VIEW Artikel_View As
SELECT *
FROM    Artikel01;
```

4. Über diese Sicht soll nun eine Eintragung von Daten in die Tabelle *Artikel01* möglich werden. Dazu wird mit CREATE RULE eine Insert-Regel definiert.

```
CREATE RULE Insert_Regel AS
ON INSERT TO Artikel_View
DO INSTEAD
INSERT INTO Artikel01
VALUES(NEW.ArtikelNr, NEW.Artikelpreis,
       NEW.Artikelmenge, NEW.Bemerkung);
```

5. *Hinweis*: Die Systemvariable NEW ermöglicht den Zugriff auf den neu einzufügenden Datensatz.
6. Die Regel bekommt den Namen *Insert_Regel* und wird abgearbeitet, wenn auf der Sicht *Artikel_View* ein INSERT angewandt werden soll. Das Schlüsselwort DO leitet die Operation INSERT ein, die im Anschluss vorgenommen werden soll. INSTEAD aktiviert die Anweisung, auf die die Regel angewandt wird. An dieser Stelle wird festgelegt, dass neue Daten in die Tabelle *Artikel01* eingefügt werden.
7. Fügen Sie nun in die Sicht folgende 3 Datensätze ein:

```
INSERT INTO Artikel01 (ArtikelNr, Artikelpreis, Artikelmenge,
                      Bemerkung)
VALUES (101, 10.50, 15, 'Satz 1');
INSERT INTO Artikel01 (ArtikelNr, Artikelpreis, Artikelmenge,
                      Bemerkung)
VALUES (102, 29.50, 25, 'Satz 2');
INSERT INTO Artikel01 (ArtikelNr, Artikelpreis, Artikelmenge,
                      Bemerkung)
VALUES (103,50.00, 35, 'Satz 3');
```

8. Diese Datensätze finden automatisch Eingang in die Tabelle *Artikel01*.
9. Prüfen Sie mit SELECT die Inhalte beider Datenobjekte.

```
SELECT * FROM Artikel01
SELECT * FROM Artikel_View
```

Sowohl die Sicht *Artikel_View* als auch die Tabelle *Artikel01* weisen denselben Inhalt auf.

10 Möchten Sie eine Viewregel (z.B. die Insert_Regel des Beispiels) löschen, verwenden Sie den DROP-Befehl.

```
DROP RULE Insert_Regel ON Artikel_View
```

Sichten (Views)

	artikelnr integer	artikelpreis numeric	artikelmenge integer	bemerkung character varying(20)
1	101	10,50	15	Satz 1
2	102	29,50	25	Satz 2
3	103	50,00	35	Satz 3

Abb 117 Das Ergebnis von Artikel01 und Artikel_View

6.4.2 Beispiel 83: Eine Sicht mit der UPDATE-Regel ändern

1. Das folgende Beispiel prüft beim Aktualisieren eines Artikelpreises in der Sicht *Artikel_View* (im vorherigen Beispiel angelegt), ob der neue einzutragende Wert in der Spalte *Artikelpreis* größer ist als der bisherige Artikelpreis.
2. Nur dann wird der neue Wert in die Sicht und über sie in die Tabelle *Artikel01* eingetragen, anderenfalls wird die UPDATE-Anweisung nicht ausgeführt. Kleinere Artikelpreise sollen vom Datenbankverwaltungssystem PostgreSQL verhindert werden.
3. Die anzulegende Regel, welche diese Anforderungen erfüllt, sieht wie folgt aus:

```
CREATE or REPLACE RULE Artikel_Update AS
ON UPDATE TO Artikel01
    WHERE NEW.Artikelpreis < OLD.Artikelpreis
DO INSTEAD NOTHING;
```

4. Die Regel bekommt den Namen *Artikel_Update* und wird abgearbeitet, wenn auf die Tabelle *Artikel01* ein UPDATE angewandt werden soll und wenn der neue (NEW) Artikelpreis kleiner ist als der alte (OLD) Wert. Die Schlüsselwörter NEW und OLD ermöglichen den Zugriff auf die zu ändernde Tabelle (OLD) bzw. auf die geänderte Tabelle (NEW). Damit kann der Vergleich "NEW.Artikelpreis < OLD.Artikelpreis" durchgeführt werden. DO INSTEAD NOTHING verwirft die Operation, auf die die Regel angewandt wurde. An dieser Stelle wird verhindert, dass der neue und kleinere Artikelpreis in die Tabelle aufgenommen wird. NOTHING besagt, dass keine weiteren Befehle auszuführen sind.
5. Mit der folgenden Regel *View_Update* für die Sicht *Artikel_View* wird festgelegt, wie die Änderungsanweisung in der Sicht auf eine Änderungsanweisung in die Basistabelle *Artikel01* umgesetzt wird.

```
CREATE or REPLACE RULE View_Update AS
ON UPDATE TO Artikel_View
DO INSTEAD UPDATE Artikel01
        SET Artikelpreis = NEW.Artikelpreis,
            Artikelmenge = NEW.Artikelmenge,
            Bemerkung = NEW.Bemerkung
        WHERE ArtikelNr = NEW.ArtikelNr
```

6. Diese Regel *View_Update* wird abgearbeitet, wenn auf die Sicht *Artikel_View* ein UPDATE angewandt werden soll. Mit INSTEAD UPDATE wird die Operation angegeben, auf die die Regel "New.Artikelpreis < Old.Artikelpreis" angewandt wird. An dieser Stelle wird der neue (NEW) und größere Artikelpreis in die Tabelle *Artikel01* aufgenommen.
7. Führen Sie nun die Änderungen in der Sicht *Artikel_View* aus.

```
UPDATE Artikel_View
SET     Artikelpreis = 99.00, Bemerkung = 'Preisänderung'
WHERE   ArtikelNr = 103
```

8. Prüfen Sie mit SELECT den neuen Inhalt der Sicht und der Tabelle.

```
SELECT * FROM Artikel01
SELECT * FROM Artikel_View
```

Der Inhalt beider Datenbankobjekte ist identisch.

	artikelnr integer	artikelpreis numeric	artikelmenge integer	bemerkung character varying(20)
1	101	10.50	15	Satz 1
2	102	29.50	25	Satz 2
3	103	99.00	35	Preisänderung

Abb 118 *Ergebnis*

9. Sie sehen, dass ein Update in der Sicht Auswirkung auf die hinter der Sicht stehende reale Tabelle hat.
10. Möchten Sie ein View aus einer Tabelle entfernen, verwenden Sie den DROP-Befehl.

```
DROP View Viewname
```

6.5 Übungsaufgaben

Aufgabe 19: Sicht mit einer Tabelle und Suchbedingungen erstellen
Aufgabe 20: Sicht mit Daten aus zwei Tabellen erstellen
Aufgabe 21: Sicht mit der Insert-Regel erweitern

6.5.1 Aufgabe 19: Sicht mit einer Tabelle und Suchbedingungen erstellen

1. Die Datenbank *Direktbestellung01* ist geöffnet.
2. Einem berechtigen Mitarbeiter des Verlages 'Stadtlupe' soll eine Sicht mit Datenbankbüchern zur Verfügung gestellt werden.
3. Diese Benutzersicht stellt die Spalten *ArtikelNr*, *Titel* und *Artikelpreis* aus der Tabelle *Artikel* zur Verfügung, wenn der *Artikelpreis* unter 30 Euro liegt und der Buchtitel mit dem Buchstaben 'D' beginnt oder irgendwo die Teilzeichenkette 'SQL' enthält.
4. Erstellen Sie mit CREATE VIEW eine Sicht, die aus der Tabelle *Artikel* dynamisch generiert wird. (Bsp. 78)
5. Führen Sie die Sicht aus und anschließend vergleichen Sie Ihr Ergebnis mit der Abbildung.

	artikelnr integer	titel character varying(64)	artikelpreis numeric
1	14	My SQL	12.95
2	16	Datenbanken	24.95
3	20	Datenbanken und SQL	26.50
4	34	PostgreSQL - Ein relationales Datenbanksystem	22.50

Abb 119 *Ergebnis*

6. Speichern Sie die Sicht unter dem Namen *Datenbankbuch*.
7. Die Lösung dieser Aufgabe finden Sie unter *B.19 Lösung Aufgabe 19*.

6.5.2 Aufgabe 20: Sicht mit Daten aus zwei Tabellen erstellen

1. Die Datenbank *Direktbestellung01* ist geöffnet. Es ist eine Sicht mit dem Namen *Bestellungen_pro_Kunde* zu erstellen, die einen Verbund (Join) auf die Basistabellen *Kunden* und *Bestellung* definiert.
2. Die neue Sicht enthält die Felder *KundenNr, Name, KundeSeit, BestellNr* und *Bestelldatum*.
3. Das Kriterium, nach dem die zum gleichen Kunden gehörigen Bestellungen aus den beteiligten Tabellen verknüpft werden, wäre die Spalte *KundenNr*. Es sind dabei nur die Bestellungen zu berücksichtigen, die aktueller als 2007 (d.h. Bestelldatum > 2007) sind. (Bsp. 79)
4. Um die Jahresangabe eines Bestelldatums mit dem konstanten Wert 2007 zu vergleichen, müssen Sie das Jahr aus dem Bestelldatum extrahieren. Verwenden Sie dazu die Standardfunktion EXTRACT(Year FROM (Bestelldatum)).
5. Generieren Sie diese Sicht mit dem SQL-Befehl CREATE VIEW.
6. Führen Sie die Sicht aus und überprüfen Sie anschließend das Sichtergebnis mit einem SELECT-Befehl.

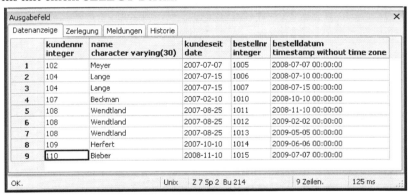

Abb 120 Ergebnis

7. Vergleichen Sie Ihr Ergebnis mit der Abbildung. Werden 9 Datensätze angezeigt?
8. Speichern Sie die Sicht unter dem Namen *Bestellungen_pro_Kunde* ab.
9. Die Lösung dieser Aufgabe finden Sie unter *B.20 Lösung Aufgabe 20*.

Sichten (Views)

6.5.3 Aufgabe 21: Sicht mit der Insert-Regel erweitern

1. Die Datenbank *Direktbestellung01* ist geöffnet.
2. Auf der Basis der Sicht *Artikel_View* erstellen Sie eine Viewregel, welche die Tabelle *Artikel01* um zwei neue Artikeldatensätze erweitern soll. (Bsp. 82)
3. Um über diese Sicht eine Eintragung der neuen Artikelzeilen in die Tabelle möglich zu werden, definieren Sie mit CREATE RULE eine Regel mit dem Namen *Einfuegen_Regel*. Mit dieser Regel für die Sicht *Artikel_View* wird festgelegt, wie die INSERT-Anweisung in der Sicht auf eine INSERT-Anweisung in die Basistabelle *Artikel01* umgesetzt wird. Diese Regel wird abgearbeitet, wenn auf der Sicht ein INSERT angewandt werden soll.
4. Verwenden Sie das Schlüsselwort DO zur Einleitung der INSERT-Operation und INSTEAD zur Aktivierung der Anweisung, auf die die Regel angewangt wird. Führen Sie diese Sicht aus.
5. Fügen Sie nun in die Sicht folgende Datensätze ein:

```
INSERT INTO Artikel01 (ArtikelNr, Artikelpreis, Artikelmenge,
                      Bemerkung)
VALUES (104,40.00, 40, 'Satz 4');
INSERT INTO Artikel01 (ArtikelNr, Artikelpreis, Artikelmenge,
                      Bemerkung)
VALUES (105,30.00, 30, 'Satz 5');
```

6. Überprüfen Sie anschließend das Sichtergebnis und den Tabelleninhalt.

	artikelnr integer	artikelpreis numeric	artikelmenge integer	bemerkung character varying(20)
1	101	10.50	15	Satz 1
2	102	29.50	25	Satz 2
3	103	99.00	35	Preisänderung
4	104	40.00	40	Satz 4
5	105	30.00	30	Satz 5

Abb 121 Erweiterte Sicht

7. Vergleichen Sie Ihr Ergebnis mit der Abbildung. Diese Datensätze finden automatisch Eingang in die Tabelle *Artikel01*.
8. Speichern Sie die Sicht unter dem Namen *Einfuegen_Regel*.
9. Die Lösung dieser Aufgabe finden Sie unter *B.21 Lösung Aufgabe 21*.

6.6 Verständnisfragen

Frage 28: Welche allgemeine Aussagen über Sichten treffen zu? (3)
1. Eine Sicht (engl. View) stellt eine logische Datensicht von realen Tabellen dar.
2. Eine Sicht kann Spalten nur aus einer Tabelle beinhalten.
3. Mit einem View wird eine sogenannte virtuelle Tabelle erzeugt.
4. Als Datenbankobjekt kann eine Sicht mit der Anweisung CREATE VIEW erstellt werden.
5. Eine Sicht belegt genau soviel Speicherplatz wie die Tabelle, aus der sie gebildet wird.

Frage 29: Welche Aussagen über Sichten treffen zu? (2)
1. Sichten sind gespeicherte Abfragen, die in anderen Abfragen wie Tabellen eingesetzt werden können.
2. Die Daten einer Sicht werden explizit und permanent gespeichert.
3. Die Primärschlüssel der Tabellen müssen in der Sicht enthalten sein.
4. Auf eine Sicht kann genauso zugegriffen werden wie auf eine Tabelle.
5. Sichten werden nicht zum Zeitpunkt ihrer Definition berechnet, sondern jedes Mal berechnet, wenn auf sie zugegriffen wird.

Frage 30: Welche Aussagen über den Aufbau von Sichten treffen zu? (2)
1. Eine Sicht darf keine arithmetischen Ausdrücke enthalten.
2. Die Daten einer Sicht stammen immer aus den Tabellen, die in der Sicht durch SELECT definiert worden sind.
3. Eine Sicht besitzt eigene Daten wie eine Tabelle.
4. Der Inhalt einer Sicht ist vom Inhalt der Tabellen abhängig, die im SELECT-Statement des VIEW genannt sind.
5. Die Struktur der Sicht muss unbedingt der physischen Struktur einer Tabelle entsprechen.

Frage 31: Welche Aussagen über die Aufbausregeln von Sichten treffen zu? (2)
1. Die Erstellung einer Sicht kann auf vorhandenen Basistabellen und/oder anderen Sichten basieren.
2. Die Struktur einer Sicht kann nicht auf mehreren Tabellen gleichzeitig basieren.

3. In der Definition einer Sicht darf keine ORDER BY-Klausel enthalten sein, weil eine Sicht immer auf einen SELECT-Befehl angewiesen ist, in dem bereits sortiert werden sollte.
4. Eine Sicht darf benutzt werden, wenn sie nicht alle Bedingungen, die beim Anlegen der Sicht im SELECT definiert wurden, einhält.
5. Beim Löschen von Sichten werden alle referenzierenden Sichten und Integritätsbedingungen mitgelöscht.

Frage 32:
Der SQL-Ausdruck
```
CREATE or REPLACE RULE Sicht_Update AS
ON UPDATE TO Artikel_Sicht
DO INSTEAD UPDATE Artikel_Tabelle
SET Preis = NEW.Preis
```
bedeutet:
(2)
1. Eine neue Sicht wird angelegt, die geändert werden darf.
2. Der Inhalt sowie die Struktur der *Artikel_Sicht* darf mit ALTER VIEW geändert werden.
3. Die Sicht *Artikel_Sicht* wird um den neuen Preis erweitert.
4. Die Regel *Sicht_Update* legt für die Sicht *Artikel_Sicht* fest, dass ein UPDATE in der Sicht auf ein UPDATE in der *Artikel_Tabelle* umgesetzt wird. Mit "DO INSTEAD UPDATE" wird die Operation angegeben, auf die die Regel angewandt wird. Hier wird der neue Preis in die *Artikel_*Tabelle aufgenommen.
5. Die Regel *Sicht_Update* wird abgearbeitet, wenn innerhalb der *Artikel_Sicht* eine Preisänderung erfolgt.

7 Funktionen

Der Datenbankentwickler hat in PostgreSQL die Möglichkeit, eigene Funktionen zu definieren, die wie alle anderen SQL-Befehle oder Standardfunktionen benutzt werden können. Benutzerdefinierte Funktionen sowie Kontrollstrukturen, die Cursor-Technik und das Trigger-Konzept stellen die prozedurale Erweiterung von SQL dar, die als PL/pgSQL bezeichnet wird. PL/pgSQL steht für Procedural Language von PostgreSQL und ist eine Kombination aus SQL zusammen mit den Komponenten von Programmiersprachen. In PL/pgSQL sind alle SQL-Anweisungen verfügbar. Funktionen sind Zusammenfassungen von Befehlen, die zur übersichtlichen Gestaltung von Programmen dienen. Diese Programmteile können einmal als Funktion definiert und dann mit Funktionsaufrufen mehrmals benutzt werden. Der Aufruf einer PL/pgSQL-Funktion erfolgt einfach, indem man den Namen der Funktion und die notwendigen Parameter angibt. Eine Funktion liefert nur dann ein Ergebnis, wenn man ihr Parameter übergibt. Benutzerdefinierte Funktionen können über SQL-Befehle Daten zurückgeben oder Daten manipulieren. Funktionen können

1. die Lesbarkeit erhöhen: Benutzer sind nicht mehr mit einer unübersichtlichen Anzahl von Tabellen konfrontiert, weil sie nur mit Funktionen zu tun haben, die sie einsetzen. Der Benutzer hat keinen direkten Zugriff auf Tabellen, weil er nur mit einem Satz an Funktionen zu tun hat, die er gezielt einsetzt.
2. unautorisierte Zugriffe vermeiden: Ein direkter Zugriff auf Tabellen ist nicht notwendig, weil jede vom Benutzer gestartete Aktion über die Funktionen vorgesehen sind.
3. überflüssige Codewiederholungen vermeiden und die Fehlersuche und Fehlerbeseitigung vereinfachen.

Jede PL/pgSQL-Funktion muss deklariert werden, bevor sie benutzt wird. Die Funktionsdefinition erfolg mit dem Befehl CREATE FUNCTION und besteht aus dem Funktionskopf und einem Funktionsrumpf. Im Funktionskopf wird die Schnittstelle, d.h. der Funktionsname, die Liste mit den Parametern (oder Argumenten) und der Typ des Rückgabewertes festgelegt. Der Funktionsrumpf enthält alle zur Problemlösung erforderlichen SQL- Befehle. Eine Funktion wird nach ihrer Definition in einem zweiten Schritt aufgerufen und ausgeführt. Der Aufruf einer Funktion erfolgt mit einer SELECT-Anweisung, die sich aus dem Namen der Funktion und der Liste mit den aktuellen Parametern zusammensetzt. Wenn keine Parameter benötigt werden, besteht der Aufruf nur aus dem Funktionsnamen und einem leeren Klammernpaar.

Je nachdem, ob Parameter erwartet werden bzw. Rückgabewerte vorliegen, ergeben sich mehrere Möglichkeiten. Sie können Funktionen mit bzw. ohne Eingabeparameter und mit Ausgabeparametern (Rückgabewert) verwenden. Andere Funktionen können mit Eingabeparametern und ohne Rückgabewert arbeiten. Die Ein- und Ausgabeparameter können Basistypen oder zusammengesetzte Typen (z.B. Tabelle) sein.

Hinweis: Die in diesem Kapitel behandelten Funktionen bestehen in ihrer einfachsten Form aus einfachen Anweisungen. Komplexere Beispiele mit Funktionen werden in weiteren Kapiteln in Verbindung mit anderen PL/pgSQL-Komponenten, wie Schleifen, Cursor und Trigger, behandelt.

7.1 PL/pgSQL-Funktionen mit Eingabeparametern und Rückgabewert

Funktionen benötigen i.d.R. einen oder mehrere Parameter, um ihre Aufgaben erledigen zu können. Häufig werden Eingabeparameter auch als Übergabeparameter bezeichnet, da sie einer Funktion beim Aufruf übergeben werden. Es geht im Prinzip um formale Parameter (um Platzhalter), die beim Aufruf einer Funktion durch die Benutzerparameter (oder aktuelle Parameter) ersetzt werden. Die aufgerufene Funktion operiert dann mit den aktuellen Parametern und bildet folglich das gewünschte Ergebnis.

7.1.1 Beispiel 84: Eine Funktion definieren und anwenden

1. Es soll eine benutzerdefinierte Funktion mit dem Namen *Mittelwert* erstellt werden, welche den Mittelwert von zwei Zahlen bildet und das Ergebnis zurückgibt. Die zu erstellende Funktion soll als Argumente zwei Werte vom Typ INTEGER übergeben bekommen und als Ergebnis den ermittelten Wert vom Typ NUMERIC ausgeben.
2. Kodieren Sie folgende Funktion.

```
CREATE FUNCTION Mittelwert(integer, integer) RETURNS NUMERIC
AS '
  SELECT ($1 + $2)/2.0;
'LANGUAGE sql;
```

3. Eine PL/pgSQL-Funktion beginnt immer mit dem Befehl CREATE FUNCTION, gefolgt vom Funktionsnamen und den dazugehörigen Argumenten und endet immer mit der Angabe der SQL-Sprache.
4. Die erste Zeile ist der Funktionskopf. Er beginnt mit dem Befehl CREATE FUNCTION gefolgt vom Namen der Funktion *Mittelwert*. Die Funktion verwendet zwei Integer-Parameter (getrennt durch Komma), die keinen Namen haben. Im Prinzip geht es um formale Parameter (d.h. Platzhalter), die beim späteren Aufruf der Funktion durch die aktuellen Parameter (oder Benutzerparameter) ersetzt werden. Das Ergebnis der Funktion ist vom Typ NUMERIC und wird mit dem Schlüsselwort RETURNS zurückgegeben. So sind die Parameter in der Liste Eingabeparameter und die Angabe hinter RETURNS stellt den Ausgabeparameter dar. PL/pgSQL unterstützt alle zulässigen Datentypen (int4, numeric, text, etc.) als Parametertypen. Mit dem Schlüsselwort AS endet der Funktionskopf und beginnt nach ihm die eigentliche Funktion, der Funktionsrumpf.

5. Der Funktionsrumpf wird von zwei Apostrophen (' ') für Beginn und Ende eingeschlossen. Er enthält alle zur Problemlösung erforderlichen SQL-Befehle. In ihm befindet sich die Anweisung "SELECT ($1 + $2)/2.0", welche den gebildeten Mittelwert der zwei Zahlen ermittelt und ausgibt. Jeder Befehl im Funktionsrumpf wird durch Semikolon (;) abgeschlossen. PL/pgSQL ermöglicht es, dass die Funktionsparameter direkt durch Verweise angesprochen werden können. So verweist die Angabe $1 auf den ersten Parameter und $2 auf den zweiten. Der letzte Befehl muss immer eine SELECT-Anweisung sein, die ein Ergebnis zurückgibt. An dieser Stelle endet der Funktionsrumpf.
6. Mit LANGUAGE sql (oder LANGUAGE plpgsql) wird die SQL-Sprache festgelegt und die Funktion beendet.
7. Wenn die Kodierung der Funktion fertig ist, müssen Sie die Funktion über das Menü *Abfrage* mit *Ausführen* kompilieren. Sie können alternativ die Schaltfläche F5 verwenden. Ist im SQL-Fenster ein Bereich markiert, wird nur der markierte Bereich ausgeführt. Eventuelle Kompilierungsfehler, welche im Ausgabefeld ausgegeben werden, verhindern die weitere Ausführung der Funktion und müssen deswegen korrigiert werden. Für eine erneute Kompilierung der Funktion muss vorher ihr alter Zustand mit DROP gelöscht werden:

```
DROP FUNCTION Mittelwert(integer, integer);
```

Hinweis: Sie können eine Funktion unabhängig vom DROP immer wieder kompilieren, wenn Sie die Anweisung CREATE FUNCTION um den Zusatz "or REPLACE" erweitern.

```
CREATE or REPLACE Mittelwert (integer, integer) ...
```

8. Eine fehlerfreie Funktion wird immer mit dem SELECT-Befehl aufgerufen, weil er direkt ein Ergebnis zurückliefert.

```
SELECT Mittelwert (2, 3) AS Resultat;
```

SELECT wird vom Funktionsnamen *Mittelwert* und der Liste mit den aktuellen Parametern gefolgt.
9. Das Ergebnis der Funktion ist 2.5. Der Mittelwert 2.5 der angegeben Benutzerparameter (2 und 3) wird gebildet und als Kopfzeile 'Resultat' angezeigt.
10. Speichern Sie die Funktion unter dem Namen *Mittelwert* ab.
11. Wird ein Rückgabewert erwartet, muss ihm eine Variable zugewiesen werden. Möchte man aber den Rückgabewert nicht verarbeiten, wird diese Zuweisung auch nicht benötigt. Es versteht sich von selbst, dass

der Typ der Parameter beim Aufruf der Funktion mit dem Typ der Parameter bei der Definition der Funktion übereinstimmen sollte, ansonsten wird, wenn möglich, eine automatische Typenkonvertierung durchgeführt.
12. Der Ergebnistyp soll mit dem angegebenen Rückgabetyp der Funktion übereinstimmen.
13. Es ist nur mit dem Rückgabewert möglich, einen Wert einfach an die aufrufende Funktion zu übergeben.

7.1.2 Beispiel 85: Eine Funktion mit deklarierten Variablen definieren

1. Öffnen Sie die bereits angelegte Funktion *Mittelwert* und ersetzen Sie die Verweise $1 und $2 auf die Funktionsparameter durch Variablen. Speichern Sie diese unter dem Namen *Mittelwert01* ab.
2. Deklarieren Sie am Anfang des Funktionsrumpfs mit dem Schlüsselwort DECLARE die Variablen *Zahl1* für den Verweis $1 und *Zahl2* für $2. Diese Variablen sind Aliasnamen für die Eingabeparameter und können innerhalb der Funktion anstelle der Funktionsparameter verwendet werden. Sie können zur Zwischenspeicherung des Mittelwerts eine entsprechende Variable vom Typ NUMERIC deklarieren.
3. In einem Block zwischen BEGIN und END kodieren Sie die notwendigen Anweisungen. Sie können die Formel "(Zahl1+Zahl2) / 2.0" zur Ermittlung des Mittelwerts der deklarierten Variable *Ergebnis* zuweisen. Geben Sie die Wertzuweisung ein:
```
Ergebnis := (Zahl1 + Zahl2) / 2.0;
```
Achten Sie darauf, dass Sie bei Wertzuweisungen ein Doppelpunkt und direkt dahinten das Gleichheitszeichen (:=) verwenden.

```
CREATE or REPLACE FUNCTION Mittelwert01(integer, integer)
                RETURNS NUMERIC AS '
DECLARE
  Zahl1 Alias FOR $1;
  Zahl2 Alias FOR $2;
  Ergebnis Numeric;
BEGIN
  Ergebnis := (Zahl1 + Zahl2)/2.0;
  RETURN Ergebnis;
END;
' LANGUAGE plpgsql;
```

Funktionen

4. Die Funktion stellt fest, welcher Wert (Summe geteilt durch zwei) dem Ergebnis zugeordnet ist und gibt das Ergebnis über RETURN zurück. RETURN beendet die Funktion und gibt den Wert von Ergebnis als Ergebnis der Funktion zurück.
5. *Hinweis*: Möchten Sie einen skalaren Datentyp zurückgeben, können Sie hinter RETURN jeden Ausdruck verwenden. Das Ergebnis des Ausdrucks wird automatisch in den Rückgabetyp der Funktion umgewandelt.
6. Der Aufruf der Funktion erfolg mit SELECT, gefolgt vom Funktionsnamen *Mittelwert01* mit den übergebenen Parametern.

```
SELECT Mittelwert01(2, 3) AS Resultat;
```

7. Die Funktion erhält zwei Ganzzahlen und gibt nach Division durch 2 den Mittelwert 2.5 mit RETURN zurück. Das gelieferte Ergebnis der Funktion ist das gleiche wie im vorherigen Beispiel.

7.2 PL/pgSQL-Funktionen mit einer Tabelle als Eingabeparameter

In vielen Fällen ist es sehr praktisch Funktionen mit Eingabeparametern von einem zusammengesetzten Typ (z.B. Tabelle) zu verwenden. Sie müssen dann nicht nur angeben, welches Argument Sie verwenden möchten, sondern auch welches Attribut des Arguments.
Enthält z.B. eine Funktion als Argument die Tabelle *Artikel*, dann kann nicht die komplette Tabelle sondern nur ein Tabellenfeld, nämlich der Artikelpreis selektiert werden. Der Zugriff auf ein Feld der Tabelle erfolgt mit einem qualifizierten Namen, z.B. `Tabelle.Feld`. PostgreSQL bietet auch die gleichbedeutende Schreibweise `Feld(Tabelle)` zum Herausziehen des Feldes an.

7.2.1 Beispiel 86: Artikelpreis ohne MwSt berechnen

1. Die Datenbank *Direktbestellung01* ist geöffnet.
2. Schreiben Sie eine Funktion, die aus dem Artikelpreis eines bestimmten Datensatzes die Mehrwertsteuer (19%) abzieht und den neuen Wert zurückgibt, der auf zwei Nachkommastellen gerundet werden soll.
3. Die folgende Funktion *Preis_ohne_Mwst* berechnet den Artikelpreis ohne Mehrwertsteuer.
4. Die Funktion verwendet als Eingabeparameter die Tabelle *Artikel* und gibt als Ergebnis einen Wert vom Typ NUMERIC zurück.

```
CREATE or REPLACE FUNCTION Preis_ohne_Mwst(Artikel)
                    RETURNS NUMERIC AS '
SELECT ROUND($1.Artikelpreis/1.19,2);
'LANGUAGE sql;
```

5. Betrachten Sie die Funktion. Sie erhält als Eingabeparameter die Tabelle *Artikel*, greift auf das Feld *Artikelpreis* zu und gibt einen Preis ohne Mehrwertsteuer zurück. Der SELECT-Befehl verwendet den Namen der Tabelle als Verweis auf die gesamte aktuelle Zeile der *Artikel*-Tabelle. Mit der Schreibweise $1.Artikelpreis wird ein Feld aus dem Zeilenwert des Funktionsarguments *Artikel* ausgewählt.
6. Führen Sie die Funktion für einen Datensatz mit *ArtikelNr* 15 durch folgenden Funktionsaufruf aus. Zeigen Sie die Felder *ArtikelNr*, *Titel* und *Artikelpreis* sowie den Artikelpreis ohne Mehrwertsteuer an.

```
SELECT ArtikelNr, Titel, Artikelpreis,
       Preis_ohne_Mwst(Artikel) AS Artikelpreis_Ohne_MwSt
FROM Artikel
WHERE ArtikelNr = 15
```

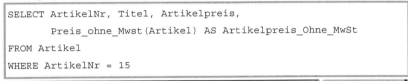

***Abb 122** Ergebnis*

7. Das Ergebnis zeigt, dass sich der Artikelpreis mit der angegebenen Artikelnummer geändert hat.
8. Diese Funktion können Sie immer wieder aufrufen, um den Artikelpreis abzüglich der Mehrwertsteuer für bestimmte Artikeldatensätze auszugeben.

7.3 PL/pgSQL-Funktionen mit einer Tabelle als Rückgabewert

PostgreSql-Funktionen können nicht nur einen Wert als Ergebnis zurückgeben, sondern auch eine ganze Zeile. Bei diesem Funktionstyp wird der Datentyp für den Rückgabewert als ein zusammengesetzter Typ definiert (RETURNS Tabellen-Name). Dieser Typ kann eine Tabelle oder ein Record sein. Ein Record hat den Vorteil, dass eine beliebige Struktur (also eine Zeile) abgelegt werden kann. Wenn die Funktion einen zusammengesetzten Typ zurückgibt, dann ergibt die Tabellenfunktion eine Spalte für jedes Attribut des zusammengesetzten Typs.

Sie können Funktionen so definieren, dass sie nicht nur eine Zeile sondern eine Menge von Ergebniszeilen zurückgeben. In diesem Fall muss vor dem Namen der Tabelle das Schlüsselwort SETOF stehen (RETURNS SETOF Tabellen-Name).

7.3.1 Beispiel 87: Eine Zeile aus einer Tabelle lesen

1. Die Datenbank *Direktbestellung01* ist geöffnet.
   Dieses Beispiel demonstriert, wie Sie über eine bestimmte Kundennummer auf die Tabelle *Bestellung* zugreifen können, um eine Zeile mit Bestelldaten als Ergebnis zu bekommen.
2. Erstellen Sie eine Funktion mit dem Namen *Lesen_Kundenbestellung* und definieren Sie einen Eingabeparameter vom Typ INTEGER für Kundennummer und einen Ausgabeparameter vom Typ Tabelle für die Rückgabe einer kompletten Bestellzeile.

```
CREATE or REPLACE FUNCTION Lesen_Kundenbestellung(integer)
                RETURNS Bestellung AS '
SELECT *
FROM    Bestellung
WHERE   KundenNr = $1;
'LANGUAGE sql;
```

3. Betrachten Sie die kodierte Funktion: Die Definition des Ausgabeparameters erfolgt durch "RETURNS Bestellung". Somit kann eine komplette Zeile aus der Tabelle *Bestellung* zurückgegeben werden. Dieser Typ des Rückgabewertes wird dem SELECT-Statement bereitgestellt.
4. Es wird über eine Kundennummer auf die Tabelle zugegriffen und eine entsprechende Zeile mit Bestelldaten als Ergebnis zurückgegeben. Die Kundennummern der Tabelle werden mit der übergebenen aktuellen Kundennummer (z.B. 108) verglichen. Dies bewirkt die WHERE-Bedin-

gung. Existieren mehrere Kundennummern in der Tabelle, welche mit dem Suchargument (108) übereinstimmen, dann wird immer die erste Kundennummer genommen und der dazugehörige Datensatz ausgegeben. Hier ist zu erwähnen, dass die Kundennummer innerhalb der Tabelle *Bestellung* ein Fremdschlüssel ist und kann deswegen mehrmals vorkommen.

5. Innerhalb der Funktion kann ein Eingabeparameter ($1 ist der Verweis auf den formalen Funktionsparameter *integer*) wie jede andere Variable verwendet und eingesetzt werden. In diesem Beispiel wird die übergebene Kundennummer in der WHERE-Klausel der SELECT-Anweisung verwendet, um damit die entsprechende Bestellung auszuwählen.
6. Rufen Sie nun mit einem SELECT die Funktion auf und übergeben Sie ihr die Kundennummer 108.

```
SELECT * FROM Lesen_Kundenbestellung(108);
```

7. Als Ergebnis erhalten wir nur den ersten Datensatz einer bestimmten Bestellung, der der Kundennummer 108 angehört. Die restlichen Bestellungen werden nicht geliefert.

Abb 123 Ergebnis

8. Was passiert beim Aufruf der Funktion. Die Funktion erhält eine bestimmte Kundennummer, greift auf die Tabelle *Bestellung* zu und gibt, in Abhängigkeit von der Kundennummer, eine Zeile zurück. Es wird immer die erste Zeile geliefert, auch wenn dieselbe Kundennummer in der Bestellung mehrfach vorkommt.
9. *Hinweis*: Die Funktion kann in der FROM-Klausel des SELECT-Statements auftreten und liefert eine Tabelle mit einer Zeile zu einem Zeitpunkt zum SELECT zurück. Man kann mit den Spalten des Funktionsergebnisses genauso umgehen, als ob sie die Spalten einer normalen Tabelle wären.

Funktionen

7.3.2 Beispiel 88: Mehrere Zeilen aus einer Tabelle lesen

1. Die Datenbank *Direktbestellung01* ist geöffnet.
2. Dieses Beispiel zeigt, wie Sie über eine bestimmte Kundennummer auf die Tabelle *Bestellung* zugreifen können, um alle Zeilen mit Kundenbestellungen als Ergebnis zu bekommen.
3. Erstellen Sie eine Funktion mit dem Namen *Lesen_Kundenbestellungen* und definieren Sie einen Eingabeparameter vom Typ *Integer* für Kundennummer und einen Ausgabeparameter vom Typ *Tabelle* für die Rückgabe einer Menge von Kundenbestellungen.

```
CREATE FUNCTION Lesen_Kundenbestellungen(integer) RETURNS
                SETOF Bestellung AS'
SELECT * FROM  Bestellung
WHERE   KundenNr = $1;
'LANGUAGE sql;
```

4. Betrachten Sie die kodierte Funktion: Die Definition der Ausgabeparameter erfolgt durch "RETURNS SETOF Bestellung". Somit kann eine Menge von Zeilen (falls vorhanden) aus der Tabelle *Bestellung* zurückgegeben werden.
5. Es wird über eine Kundennummer auf die Tabelle *Bestellung* zugegriffen. Sind mehrere Kundennummern in der Tabelle vorhanden, welche mit dem Suchargument übereinstimmen, dann werden alle passenden Bestellungen genommen und ausgegeben. Die Kundennummer, die innerhalb der Tabelle *Bestellung* ein Fremdschlüssel ist, kann mehrmals vorkommen.
6. Rufen Sie nun mit einem SELECT die Funktion auf und übergeben Sie ihr die Kundennummer 108. Achten Sie darauf, dass der Funktionsname wiederum innerhalb der FROM-Klausel steht.

```
SELECT * FROM Lesen_Kundenbestellungen(108);
```

7. Führen Sie die Funktion aus. Überprüfen Sie das Ergebnis. Die Ergebnisliste enthält für diesen Kunden (z.B. 108) mehrere (3) Bestellungen.

	bestellnr integer	kundennr integer	bestelldatum timestamp without time zone
1	1011	108	2008-11-10 00:00:00
2	1012	108	2009-02-02 00:00:00
3	1013	108	2009-05-05 00:00:00

Abb 124 Ergebnis

7.4 PL/pgSQL-Funktionen mit Datenaktualisierungsbefehlen

In einer Funktion können neben SELECT-Anweisungen weitere SQL-Befehle, wie z.B. INSERT, UPDATE und DELETE, zur Aktualisierung der Datenbankdaten verwendet werden. Der letzte Befehl innerhalb der Funktion muss immer ein SELECT-Befehl sein, der das Ergebnis zurückgibt.

Hinweis: Für die nachfolgenden Beispiele verwenden Sie die Tabelle *Artikel_Status*. Diese Tabelle ist eine Teilmenge der *Artikel*-Tabelle und enthält für bestimmte Statuscodes (z.B. AV für "lieferbar" und IP für "in Vorbereitung") die Felder *ArtikelNr*, *Titel*, *Artikelpreis*, *Statuscode* und *Satusname*.

7.4.1 Beispiel 89: Daten in einer Funktion ändern

1. Dieses Beispiel demonstriert, wie der Artikelpreis eines Artikelsatzes aus der Tabelle *Artikel_Status* nach Abzug eines bestimmten Betrages zu aktualisieren ist. Erstellen Sie dazu folgende Funktion mit dem Namen *Artikel_Verwaltung*. Definieren Sie dabei zwei Eingabeparameter, einen vom Typ INTEGER für die Artikelnummer und den zweiten vom Typ NUMERIC für den Artikelpreis. Für den Artikelpreis, den die Funktion als Ergebnis zurückliefern soll, muss ein Ausgabeparameter vom Typ NUMERIC definiert werden.

```
CREATE or REPLACE FUNCTION Artikel_Verwaltung(integer, numeric)
                    RETURNS NUMERIC AS '
UPDATE Artikel_Status
SET    Artikelpreis = Artikelpreis - $2
WHERE  ArtikelNr = $1;
SELECT Artikelpreis FROM Artikel_Status
WHERE  Artikelpreis = $1;
' LANGUAGE sql;
```

2. Betrachten Sie die Funktion. Sie enthält zwei Eingabeparameter, einen für die Artikelnummer und den zweiten für den zu ändernden Artikelpreis. Der Rückgabewert hat den gleichen Datentyp wie der Artikelpreis. Die SET-Anweisung legt die Änderung an den ausgewählten Datensatz fest. Der SELECT-Befehl darf nur den Artikelpreis enthalten, der nach der Änderung zurückgegeben werden soll. Durch die Verweise $1 und $2 können die Eingabeparameter direkt angesprochen werden.
3. Rufen Sie nun mit einem SELECT die Funktion auf und übergeben Sie ihr eine bestimmte Kundennummer (z.B. 15) und einen bestimmten Wert (z.B. 50.00 Euro).

Funktionen

```
SELECT * FROM Artikel_Verwaltung(15, 50.00)
```

4. Es ist zu beachten, dass der Funktionsname der aufgerufenen Funktion innerhalb der FROM-Klausel steht. Andernfalls wird eine falsche Rechnung mit einem negativen Artikelpreis durchgeführt.
5. Die Ausführung der SELECT-Anweisung liefert noch kein Ergebnis. Um den neuen Zustand der Tabelle zu prüfen, führen Sie folgende SELECT-Anweisung aus.

```
SELECT * FROM Artikel_Status WHERE ArtikelNr = 15;
```

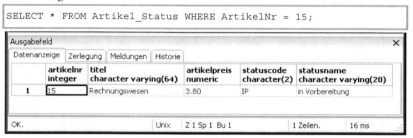

Abb 125 *Ergebnis*

6. Sie sehen, dass der *Artikelpreis* des Artikels mit Artikelnummer 15 um den übergebenen Betrag (von 50 Euro) reduziert wurde.
7. Speichern Sie die Funktion unter dem Namen *Artikel_Verwaltung* ab.

7.5 PL/pgSQL-Funktionen ohne Eingabeparameter und ohne Rückgabewert

Eine Funktion kann auch ohne Argumente definiert werden. In diesem Fall werden Parameter bei dem Aufruf einer Funktion nicht berücksichtigt. Sie können auch Funktionen definieren, die zwar eine bestimmte Aktion (z.B. Löschen) durchführen, aber kein sinnvolles Ergebnis zurückgeben. Bei solchen Funktionen, die kein Rückgabewert liefern sollen, muss das Schlüsselwort VOID bei dem Rückgabetyp (d.h. hinter RETURNS) stehen. Der letzte Befehl im Funktionsrumpf darf in diesem Fall nicht mehr ein SELECT-Befehl sein.

Hinweis: Der Rückgabewert einer Funktion muss unbedingt definiert werden, sonst wird vom System ein Laufzeitfehler verursacht. Dieser Fehler liegt darin, dass bei der Ausführung bis zum Ende der Funktion kein RETURN erreicht wurde.

7.5.1 Beispiel 90: Funktion ohne Eingabeparameter und Rückgabewert definieren

1. Das vorliegende Beispiel zeigt, wie ein Artikeldatensatz aus der Tabelle *Artikel_Status* gelöscht wird, wenn er einen *Artikelpreis* hat, welcher unter 10 Euro liegt.
2. Erstellen Sie folgende Funktion mit dem Namen *Artikel_Löschen*. Diese Funktion in ihrer einfachsten Form enthält keine Eingabeparameter und hat keinen gültigen Basistyp als Rückgabewert, sondern den leeren Typ VOID.

```
BEGIN WORK;
CREATE or REPLACE FUNCTION Artikel_Löschen() RETURNS VOID AS '
DELETE FROM Artikel_Status
WHERE   Artikelpreis < 10;
' LANGUAGE sql;
```

3. Die Funktion *Artikel_Löschen* benötigt keine Information, um ihre Aufgabe zu lösen. Sie führt unter einer bestimmten Bedingung (Artikelpreis < 10) zwar die Funktion DELETE aus, liefert jedoch kein Ergebnis zurück. *Hinweis*: Um die gelöschten Datensätze wieder rückgängig zu machen, setzen Sie zu Beginn der Funktion BEGIN WORK.
4. Sie können die Wirkung der Funktion auf die Tabelle prüfen, wenn Sie vor der Ausführung der Funktion den bisherigen Tabelleninhalt anzeigen.

Funktionen

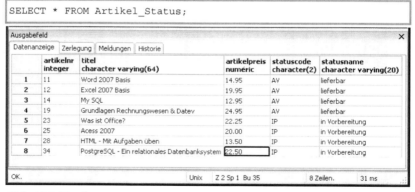

Abb 126 Ergebnis

5. Führen Sie die Funktion *Artikel_Löschen* durch folgende SELECT-Anweisung aus:

```
SELECT * FROM Artikel_Löschen();
```

6. Bei dem Aufruf dieser Funktion werden keine Parameter berücksichtigt.
7. Überprüfen Sie in der Tabelle *Artikel_Status*, ob der Datensatz mit dem Artikelpreis kleiner 10 Euro gelöscht wurde.

```
SELECT * FROM Artikel_Status;
```

Abb 127 Ergebnis

8. Wenn Ihre Tabelle mehrere Zeilen mit Artikelpreis kleiner 10 Euro enthält, werden alle Datensätze gelöscht. Aus diesem Grund kontrollieren Sie vor der Ausführung dieser Funktion genau die Lösch-Bedingungen.
9. *Hinweis*: Mit ROLLBACK stornieren Sie die gelöschten Datensätze.

7.6 Übungsaufgaben

Aufgabe 22: Aktuelle Bestellungen suchen
Aufgabe 23: Lieferbare Artikel selektieren

7.6.1 Aufgabe 22: Aktuelle Bestellungen suchen

1. Öffnen Sie die Datenbank *Direktbestellung01*.
2. Erstellen Sie eine Funktion mit dem Namen *Aktuelle_Bestellungen*, welche diejenigen Datensätze aus der Tabelle *Bestellung* zeigt, die ein Bestelldatum größer oder gleich als das vom Benutzer eingegebene Datum haben.
3. Da hier als Ergebnis eine Menge von Tabellenzeilen erwartet wird, muss als Rückgabewert SETOF angegeben werden. (Bsp. 88)
4. Der Eingabeparameter muss vom Typ DATE sein.
5. Rufen Sie die Funktion mit SELECT auf und übergeben Sie ihr beispielsweise das Datum '2009-01-01'. (Bsp. 87)

```
SELECT * FROM aktuelle_Bestellungen('2009-01-01')
```

6. Vergleichen Sie Ihr Ergebnis mit der Abbildung. Sie sollten 4 Datensätze sehen.

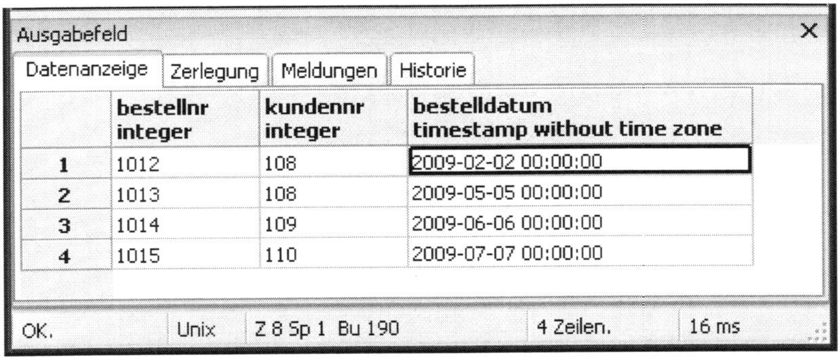

	bestellnr integer	kundennr integer	bestelldatum timestamp without time zone
1	1012	108	2009-02-02 00:00:00
2	1013	108	2009-05-05 00:00:00
3	1014	109	2009-06-06 00:00:00
4	1015	110	2009-07-07 00:00:00

Abb 128 *Ergebnistabelle*

7. Erweitern Sie die WHERE-Klausel um eine weitere Bedingung so, dass aus dieser Ergebnisliste der Datensatz mit dem maximalen Bestelldatum ausgegeben wird. Dies sollte mit Hilfe einer Unterabfrage ermittelt werden.
8. Kompilieren Sie die Funktion erneut und rufen Sie sie auf.

Funktionen

	bestellnr integer	kundennr integer	bestelldatum timestamp without time zone
1	1015	110	2009-07-07 00:00:00

Abb 129 Ergebnis

9. Das Ergebnis ist nun eine einzige Zeile mit dem höchsten Bestelldatum.
10. Speichern Sie die Funktion unter dem Namen *Aktuelle_Bestellungen*.
11. Die Lösung dieser Aufgabe finden Sie unter *B.22 Lösung Aufgabe 22*.

7.6.2 Aufgabe 23: Lieferbare Artikel selektieren

1. Öffnen Sie die Datenbank *Direktbestellung01*.
2. Erstellen Sie eine Funktion mit dem Namen *Lieferbare_Artikel*, die Informationen über jene Artikel bereitstellen soll, welche den Statuscode 'AV' (d.h. lieferbar) haben.
3. Da mehrere Artikel diesen Status haben, müssen Sie als Ausgabeparameter SETOF definieren. (Bsp. 88)
4. Rufen Sie die Funktion mit SELECT auf und übergeben Sie ihr den Statuscode 'AV', über den Sie Informationen haben möchten.
5. Zeigen Sie beim Funktionsaufruf die Daten *ArtikelNr*, *ISBN* und *Titel* an.
6. Vergleichen Sie Ihr Ergebnis mit dem Ergebnis der Abbildung. Werden 5 Datensätze angezeigt?
7. Speichern Sie die fertige Funktion unter dem Namen *Lieferbare_Artikel*.
8. Die Lösung dieser Aufgabe finden Sie unter *B.23 Lösung Aufgabe 23*.

	artikelnr integer	isbn character varying(17)	titel character varying(64)
1	11	978-3-939520-21-4	Word 2007 Basis
2	12	978-3-939520-42-9	Excel 2007 Basis
3	14	978-3-939520-00-9	My SQL
4	15	978-3-939520-73-7	Rechnungswesen
5	19	978-3-939520-13-9	Grundlagen Rechnungswesen & Datev

Abb 130 Ergebnis

7.7 Verständnisfragen

Frage 33: Welche Aussagen über Funktionen treffen zu? (2)
1. Funktionen sind kleine Programme, die überflüssige Wiederholungen von kodierten Anweisungen vermeiden.
2. Wie die anderen SQL-Standardfunktionen können auch die Funktionen ohne vorherige Deklaration verwendet werden.
3. Funktionen verbessern nicht den Überblick für Benutzer, weil sie mit vielen Parametern operieren.
4. Tabellen, auf die unberechtigte Benutzer nicht direkt zugreifen dürfen, können über Funktionen erreicht werden.
5. Funktionen können die Lesbarkeit eines Programms verbessern, weil sie direkt mit Tabellen arbeiten.

Frage 34: Welche der folgenden Aussagen zu den Kategorien von Funktionen treffen zu? (3)
1. In PostgreSQL können Funktionen mit bzw. ohne Eingabeparameter und mit Ausgabeparametern verwenden werden.
2. Es gibt Funktionen, die mit Eingabeparametern und ohne Rückgabewert arbeiten können.
3. Funktionen können als Ein- und Ausgabeparameter nur Basistypen haben, jedoch keine Tabellen.
4. Sie können Funktionen definieren, die nur aus dem Funktionskopf bestehen.
5. Es gibt Funktionen, die als Ein- und Ausgabeparameter Basistypen oder zusammengesetzte Typen verwenden dürfen.

Frage 35: Welche Aussagen über Komponenten einer Funktionen treffen zu? (3)
1. In Funktionen dürfen als Datentypen für Parameter und Rückgabewerte (neben Integer- oder Text-Typen) auch Tabellen angegeben werden.
2. Lokale Variablen müssen ausserhalb der Funktion deklariert werden.
3. Die Nutzung von Wertzuweisungen, SELECT- und RETURN-Anweisungen in Funktionen ist zulässig.
4. Für die Parameter einer Funktion können Alias-Variablen deklariert werden, die dann als lokale Variablen innerhalb der Funktion verwendet werden dürfen.
5. Innerhalb einer Funktion darf man keine SQL-Befehle einsetzen.

Funktionen

Frage 36: Welche Aussagen über Eingabe- und Ausgabeparameter von Funktionen treffen zu? (3)

1. Funktionen liefern nur dann ein Ergebnis, wenn an sie Parameter übergeben werden.
2. Einer Funktion darf nur ein Parameter übergeben werden.
3. Enthält eine Funktion den SQL-Befehl DELETE, dann sind Eingabeparameter und der Rückgabewert nicht erforderlich.
4. Eine Funktion darf als Ergebnis nur ganzzahlige Werte zurückgeben.
5. Mit Hilfe einer Funktion können mehrere Tabellenzeilen als Ergebnis zurückgegeben werden.

Frage 37: Welche Aussagen über den Aufruf von Funktionen treffen zu? (2)

1. Eine Funktion wird über die Anweisung SELECT * FROM Funktionsname aufgerufen.
2. Die Ausführung einer Funktion erfolgt gleichzeitig zum Zeitpunkt der Funktionsdefinition.
3. Der Aufruf einer Funktion erfolgt getrennt von ihrer Definition.
4. Beim Aufruf einer Funktion darf sich die Anzahl der übergebenen Parameter von der Anzahl der formalen Parameter (im Funktionskopf) unterscheiden.
5. Eine Funktion darf ohne vorherige Kompilierung mit SELECT ausgeführt werden.

8 Kontrollstrukturen

Kontrollstrukturen stellen einen wichtigen Teil für jedes Programm dar und dienen zur Steuerung des Programmablaufs. In Kontrollstrukturen werden die strukturierten Komponenten Bedingungen und Wiederholungen angewandt, welche den Programmablauf kennzeichnen. Mit Kontrollstrukturen ist es möglich, Programmteile zu wiederholen, in Schleifen und Entscheidungen bzw. Verzweigungen zu realisieren, die nur dann einen Anweisungsblock ausführen, wenn eine Bedingung erfüllt ist. Es ist also Aufgabe des Programmierers, Bedingungen richtig zu formulieren, den Zustand einer Bedingung festzustellen, die entsprechende Anweisungsfolge anzugeben und komplizierte Entscheidungen deutlich und vereinfacht darzustellen. Kontrollstrukturen unterteilen sich in Verzweigungen und Schleifen.

8.1 Verzweigungen

Eine Verzweigung in einem Programm wählt zwischen zwei Anweisungsfolgen aus, welche von beiden ausgeführt werden soll. Die Entscheidung, welche von beiden ausgeführt wird, ist vom Ergebnis der Bedingung (wahr bzw. falsch) abhängig. Wenn beispielsweise der Artikelpreis größer 100 Euro ist, dann wird er um 10% erhöht, sonst nur um 5%. Um diesen Sachverhalt abzuarbeiten, können IF-THEN-ELSE-Konstrukte verwendet werden. Die Überprüfung, ob eine bestimmte Anweisungsfolge ausgeführt werden soll, steht am Anfang der Verzweigung. Wenn die Bedingung wahr (d.h. gleich 1 bzw. true) ist, dann werden die Anweisungen nach THEN ausgeführt. Ergibt die Prüfung falsch (gleich 0 bzw. false), wird die Anweisungsfolge hinter der ELSE-Klausel ausgeführt. Mit END IF wird ein IF-Statement ordnungsgemäß abgeschlossen.

```
IF              Bedingung
THEN            Anweisungsteil1;
ELSE            Anweisungsteil2;
END IF;
```

```
IF              Bedingung1
THEN            Anweisungsteil1;
ELSEIF          Bedingung2
THEN            Anweisungsteil2;
    ELSE
    IF          Bedingung3
    THEN        Anweisungsteil3;
    END IF;
END IF;
```

Abb 131 IF-THEN-ELSEIF-*Konstrukte*

Wenn hinter jeder THEN- oder ELSE-Klausel wieder eine bedingte IF-Anweisung stehen kann, ist eine IF-Schachtelung möglich. Es ist erlaubt, mehrere IF-Anweisungen zu verschachteln. Die Ausführung eines Anweisungsteils ist davon abhängig, ob die dazugehörige Bedingung erfüllt ist. Ist eine Bedingung wahr, werden die restlichen Anweisungen nicht mehr ausgeführt. Charakteristisch bei dieser Struktur ist, dass zu jedem IF ein entsprechendes END-IF kodiert werden muss, wobei dann die vielen Alternativen die Struktur unübersichtlich machen.

Eine bessere Methode, um die mehrstufigen Abfragen in einer Anweisung zu prüfen, bietet die Kombination IF-THEN-ELSEIF, die nur ein END-IF erfordert. In diesem Fall wird die letzte Anweisung ausgeführt, wenn alle vorausgehenden Bedingungen nicht erfüllt sind.

Hinweise:

1. Der Unterschied dieses ELSEIF-Blockes zur Verwendung mehrerer IF-Blöcke hintereinander liegt darin, dass bei IF-Blöcken alle geprüft werden, auch wenn eine der Bedingungen erfüllt ist. Bei ELSEIF-Blöcken wird nicht weiter geprüft, sobald eine Bedingung erfüllt ist.
2. Die Tiefe dieser Schachtelung ist durch das jeweilige Datenbanksystem begrenzt. IF Statements können belieb tief geschachtelt werden.

8.1.1 Beispiel 91: Funktion mit IF-THEN-ELSE-Konstruktion

1. Das vorliegende Beispiel soll den Aufbau einer IF-THEN-ELSE-Anweisung darstellen. Hier sind einfache Bedingungen zu formulieren und in Abhängigkeit eines über eine Funktion übergebenen Wertes einen Anweisungsblock auszuführen oder nicht auszuführen. Es soll eine Funktion zur Senkung des Artikelpreises erstellt werden, wobei die Höhe der Preisreduzierung von der jeweiligen Bedingung abhängt. Ist beispielsweise der Artikelpreis größer 100 Euro, dann wird er um 10% reduziert, sonst um 5%. Die Funktion *If_Then_Else*, die einen Eingabeparameter vom Typ NUMERIC hat, gibt ein Ergebnis vom gleichen Typ zurück.
2. Kodieren Sie folgende Funktion mit dem entsprechenden IF-THEN-ELSE-Statement und leiten Sie die eine oder andere Bedingung über den übergebenen Wert ein.

```
CREATE FUNCTION If_Then_Else(numeric) RETURNS NUMERIC AS '
DECLARE
   Artikelpreis Alias FOR $1;
   temp_preis NUMERIC;
BEGIN
   IF Artikelpreis > 100
   THEN
     BEGIN
        temp_preis := Artikelpreis - Artikelpreis * 0.10;
        RETURN temp_preis;
     END;
   ELSE
   BEGIN
        temp_preis := Artikelpreis - Artikelpreis * 0.05;
        RETURN temp_preis;
   END;
   END IF;
END;
' LANGUAGE plpgsql
```

3. Betrachten wir die Kodierung: Die Funktion erhält einen Eingabeparameter vom Typ NUMERIC und gibt ein Ergebnis vom gleichen Typ zurück. Die Deklaration von Variablen dient der übersichtlichen Darstellung des IF-Statements. Die erste Variable *Artikelpreis* ist ein Aliasname für den Eingabeparameter der Funktion und die zweite *temp_preis*

dient der Zwischenspeicherung des Ergebnisses. Da dieses Ergebnis mit RETURN zurückgegeben wird, muss sein Typ mit dem Typ des Rückgabewerts der Funktion übereinstimmen.

Hinweis: Wenn in einem THEN-ELSE-Teil mehrere Anweisungen auszuführen sind, müssen diese durch BEGIN und END eingeschlossen werden.

4. Durch die Bedingung "IF Artikelpreis > 100" wird überprüft, ob die Variable *Artikelpreis* größer 100 Euro ist. Wenn diese Bedingung wahr ist, wird der Anweisungsblock ausgeführt, der sich hinter der ersten THEN-Klausel befindet. So sollte z.B. für einen Artikelpreis von 150 Euro ein Ergebnis von 135.00 Euro ergeben. Wenn die Bedingung falsch ist, führt PostgreSQL den Anweisungsblock hinter der ELSE-Klausel aus. Mit RETURN erfolgt die Rückgabe des Ergebnisses, dessen Typ mit dem Typ des Rückgabewerts der Funktion übereinstimmen muss.
5. Führen Sie die Funktion mit dem Wert 50 aus.

```
SELECT If_Then_Else(50)
```

6. Das Ergebnis in diesem Fall lautet 47.50 und ergibt aus der Ausführung des Anweisungsblockes hinter dem ELSE-Zweig.

8.1.2 Beispiel 92: Funktion mit IF-THEN-ELSEIF-Konstruktion

1. Dieses Beispiel demonstriert den Aufbau eines IF-THEN-ELSEIF-Konstruktes. Ähnliche Überlegungen wie im vorherigen Beispiel gelten auch für dieses Beispiel. Ist der übergebene *Artikelpreis* größer 100 Euro, dann wird er um 10% reduziert, sonst werden weitere Bedingungen geprüft, welche eine Reduzierung des Artikelpreises um 5% bzw. um 1% entsprechend bewirken.
2. Kodieren Sie folgende Funktion mit dem Namen *If_Then_ElseIf*:

```
CREATE FUNCTION If_Then_ElseIf(numeric) RETURNS NUMERIC AS '
DECLARE
   Artikelpreis Alias FOR $1;
BEGIN
   IF Artikelpreis > 100.00
   THEN
      RETURN (Artikelpreis - Artikelpreis * 0.10);
   ELSEIF Artikelpreis < 100 AND Artikelpreis > 50
   THEN
      RETURN (Artikelpreis - Artikelpreis * 0.05);
```

```
        ELSE
            IF Artikelpreis < 50
            THEN
                RETURN (Artikelpreis - Artikelpreis * 0.01);
            END IF;
        END IF;
        RETURN 0;
END;
' LANGUAGE 'plpgsql';
```

3. Betrachten Sie die Funktion: Hier entfällt die Deklaration einer zusätzlichen Variablen für das Ergebnis einer Anweisung, weil mit RETURN auch möglich ist, einen kompletten Ausdruck (z.B. Artikelpreis - Artikelpreis * 0.10) als Ergebnis direkt zurückzugeben.
4. Durch "IF Artikelpreis > 100" wird überprüft, ob die Variable *Artikelpreis* größer 100 ist. Wenn diese Bedingung wahr ist, so wird die Anweisung hinter dem ersten THEN ausgeführt. In diesem Fall wird bei einem übergebenen Wert von 150 der Artikelpreis 135.00 zurückgegeben. Ist die Bedingung falsch, so geht PL/pgSQL zur nächsten ELSEIF-Klausel. Durch ELSEIF wird überprüft, ob der Artikelpreis kleiner 100 und größer 50 ist. Wenn diese verknüpfte Bedingung wahr ist, so wird die Anweisung ausgeführt, die sich hinter dem THEN befindet. Ist diese Bedingung falsch, dann wird ein verschachteltes IF-THEN-ELSE-Statement verwendet. Wenn der *Artikelpreis* kleiner 50 ist, wird mit RETURN der um 1% reduzierte Artikelpreis zurückgegeben. Andernfalls wird Null returniert , d.h. der Artikelpreis ist 50.
5. *Hinweise*: In einem IF-THEN-ELSEIF-Zweig können Sie mehrere Bedingungen beliebig miteinander mit AND und/oder OR verknüpfen. Der ELSEIF-Zweig darf beliebig oft vorkommen und wie der ELSE-Zweig auch weggelassen werden.
6. Rufen Sie die Funktion auf und übergeben Sie ihr z.B. den Wert 60.

```
SELECT If_Then_ElseIf(60)
```

7. Der gelieferte Preis ist 57.00. Überprüfen Sie es, ob das stimmt.

8.2 CASE-Anweisung

Eine mehrstufige IF-THEN-Struktur kann sehr umständlich werden, wenn viele Entscheidungen getroffen werden müssen. Als eine elegantere Lösung gegenüber den mehrstufigen IF-Anweisungen bietet sich die CASE-Anweisung an. Sie enthält beliebig viele WHEN-Zweige und anschließend optional einen ELSE-Zweig.
Es werden zwei grundsätzliche CASE-Formen unterstützt:

```
1. Einfache Form                          2. Komplexe Form

CASE      Bedingung                       CASE
   WHEN      Vergleichswert1                 WHEN      Bedingung1
   THEN      Anweisungsteil1;                THEN      Anweisungsteil1;
   WHEN      Vergleichswert2                 WHEN      Bedingung2
   THEN      Anweisungsteil2;                THEN      Anweisungsteil2;
   ........  ...................             ........  ...................
   [ELSE     Anweisungsteil;]                [ELSE     Anweisungsteil;]
END;                                      END;
```

Abb 132 *CASE-Konstrukte*

1. Einfache Form: Die CASE-Anweisung verzweigt zu einem von mehreren angegebenen Anweisungsteilen aufgrund einer vorgegebenen Variablen. Diese Variable, an die die einfache CASE-Form gebunden ist, wird nur einmal zu Beginn der CASE-Struktur berechnet und dann mit unterschiedlichen Werten in den WHEN-Bedingungen verglichen.
2. Komplexe Form: Hier erfolgt die Verzweigung in Abhängigkeit vom Prüfergebnis der unterschiedlichen Bedingungen. Diese CASE-Anweisung ist nicht an eine Variable gebunden, stattdessen enthält jede WHEN-Bedingung einen logischen Vergleichsausdruck, welcher einen booleschen Wert (wahr oder falsch) zurückgibt.

Das Ergebnis einer CASE-Anweisung kann wie folgt interpretiert werden: Ist die definierte Bedingung wahr, wird das Ergebnis des jeweiligen WHEN-Zweiges erzeugt. Ist keine der spezifizierten Bedingung wahr, wird das Ergebnis des ELSE-Zweigs erzeugt. Der ELSE-Zweig kann optional verwendet werden.

Mit einer CASE-Struktur können viele Zustände getestet bzw. erzeugt werden. So können Sie beispielsweise eine CASE-Anweisung in einer SELECT- und WHERE-Klausel oder in einer SET-Klausel eines UPDATE-Statements verwenden.

8.2.1 Beispiel 93: Mit CASE den Wochentag anzeigen

1. Das vorliegende Beispiel setzt eine CASE-Struktur ein, um zu verdeutlichen, wie bei der Eingabe eines Datums der Wochentag angezeigt werden kann. Über die Standardfunktion DATE_PART wird aus dem Datum (mit DOW:day of Week) der Wochentag extrahiert und in die entsprechende Nummer umgewandelt.
2. Möchten Sie den Wochentag zu einer Datumsangabe anzeigen lassen, so ist der erste Schritt dahin die Verwendung der Funktion DATE_PART. Sie liefert den Tag als Zahl im Bereich von 0 (für Sonntag) bis 6 (für Samstag). Für eine Klartextausgabe müssen Sie diesen Wert in die entsprechende Zeichenkette wandeln.
3. Kodieren Sie folgende Funktion *Name_des_Wochentages* und verwenden Sie dazu die einfache Form einer CASE-Anweisung.

```
CREATE or REPLACE FUNCTION Name_des_Wochentags(Date) RETURNS
 TEXT AS '
DECLARE
   Ergebnis TEXT;
   Tagesindex INT4;
BEGIN
   Tagesindex := 0;
   Tagesindex := DATE_PART(''DOW'', $1);
   SELECT INTO Ergebnis
   CASE Tagesindex
      WHEN 0 THEN '' Sonntag''
      WHEN 1 THEN '' Montag''
      WHEN 2 THEN '' Dienstag''
      WHEN 3 THEN '' Mittwoch''
      WHEN 4 THEN '' Donnerstag''
      WHEN 5 THEN '' Freitag''
      WHEN 6 THEN '' Samstag''
   END;
   RETURN Ergebnis;
END;
' LANGUAGE 'plpgsql';
```

4. Betrachten Sie die kodierte Funktion: Die deklarierte Variable *Ergebnis* enthält das Ergebnis der CASE-Anweisung und hat denselben Typ (TEXT) wie der Rückgabewerte der Funktion. Der zweiten Integer-Variablen *Tagesindex* wird das Ergebnis (eine Zahl zwischen 0 und 6) der Funk-

Kontrollstrukturen

tion DATE_PART zugewiesen. Der Tagesindex, welcher die WHEN-Bedingungen steuert, wird einmal am Anfang ausgewertet und dann mit unterschiedlichen Werten (0, 1, 2, etc.) verglichen. Ist sein Wert gleich dem ersten Vergleichsausdruck, so erfolgt eine Verzweigung zum ersten THEN-Statement (z.B. Sonntag). Trifft keiner der Vergleichswerte auf den Tagesindex-Wert zu, erfolgt keine Verzweigung. Das Ergebnis der THEN-Klausel wird in die Zielvariable *Ergebnis* der SELECT-Anweisung gesetzt und mit RETURN zurückgegeben.

5. Die CASE-Anweisung gibt entsprechend der Auswertung des ganzzahligen Ausdrucks *Tagesindex* das n-te Element der Liste zurück. CASE ergibt z.B. 'Samstag', wenn das Feld *Tagesindex* den Wert 6 hat.
6. Wir benutzen hier die CASE-Anweisung in Kombination mit der Wochentag-Funktion DATE_PART, um den Wochentag zu einem Datum im Klartext ausgeben zu lassen. Anstelle der Codierung 0 bis 6 sollen die Namen 'Sonntag' für 0, 'Montag' für 1 etc. in der Ausgabe erscheinen. Der Funktionsparameter DOW (day of week) steht für den Wochentag (0 – 6; Sonntag ist 0).
7. Rufen Sie nun die Funktion auf und übergeben ihr ein Datum, z.B. '30.05.2010' oder '2010.05.30'.

```
SELECT Name_des_Wochentags('30.05.2010')
```

8. Das gelieferte Ergebnis ist der entsprechende Name des Tages (Sonntag).
9. Testen Sie das Beispiel mit verschiedenen Eingabeparametern und prüfen Sie das Ergebnis.

8.2.2 Beispiel 94: CASE innerhalb einer SELECT-Abfrage

1. Die Datenbank *Direktbestellung01* ist geöffnet.
2. Dieses Beispiel demonstriert die Verwendung einer komplexen CASE-Struktur in einer SELECT-Abfrage, wobei die Bedingung WHEN innerhalb von CASE beliebig oft auftritt.
3. In diesem Beispiel wird jeder Erscheinungstermin der Tabelle *Artikel* mit einem festgelegten Datumswert verglichen und jeweils der *Artikelpreis* um einen Rabattsatz reduziert. So sollten Artikel, welche in den Jahren vor 2007 bzw. nach 2007 erschienen sind, um einen Rabatt von 10% bzw. 5% reduziert und angezeigt werden. Für die aktuellen Erscheinungstermine soll der Artikelpreis in der Ausgabe der Abfrage unverändert erscheinen. Artikelsätze, deren Erscheinungstermin NULL ist, werden nicht berücksichtigt.
4. Kodieren Sie folgendes SELECT-Statement.

```
SELECT ArtikelNr, Titel, Erscheinungstermin, Artikelpreis,
  CASE
    WHEN EXTRACT(Year FROM Erscheinungstermin) < '2007'
         THEN Artikelpreis - 0.10*Artikelpreis
    WHEN EXTRACT(Year FROM Erscheinungstermin) > '2007'
         THEN Artikelpreis - 0.05*Artikelpreis
    ELSE Artikelpreis
  END AS Neuer_Zustand
FROM Artikel
WHERE Erscheinungstermin IS NOT NULL
ORDER BY ArtikelNr
```

5. Die CASE-Anweisung kann auch innerhalb einer SELECT-Anweisung verwendet werden, weil sie einen Ausdruck liefert. Die Verzweigung erfolgt in Abhängigkeit vom Prüfergebnis der unterschiedlichen WHEN-Bedingungen. Jede WHEN-Bedingung enthält einen vollständigen Vergleichsausdruck wie "EXTRACT(Year FROM Erscheinungstermin) < '2007'". Die Vergleiche können bei diesen CASE-Varianten nicht auf Gleichheit erfolgen. Die EXTRACT-Funktion extrahiert aus dem Erscheinungstermin das Jahr, welches mit einem konstanten Jahreswert verglichen wird.

6. Ist die erste WHEN-Bedingung wahr, so wird zur ersten THEN-Klausel (Artikelpreis - 0.10*Artikelpreis) verzweigt und die CASE-Struktur beendet. Wenn aber das Ergebnis dieser Bedingung falsch ist, dann werden alle nachfolgenden WHEN-Bedingungen analog geprüft. Wenn keine der WHEN-Bedingungen den logischen Wert wahr geliefert hat, wird die Anweisung in der ELSE-Klausel ausgeführt. In unserem Fall findet keine Änderung des Artikelpreises statt. Die ELSE-Klausel ist optional und steht meistens am Ende der CASE-Struktur.

7. Führen Sie (mit F5) diese Abfrage aus.

8. Vergleichen Sie Ihr Ergebnis mit der Abbildung. Sie sollten 14 Datensätze sehen, von denen 8 einen veränderten Artikelpreis aufweisen. Die letzte Spalte 'Neuer_Zustand' der Ergebnistabelle zeigt die Auswirkung der CASE-Anweisung an.

9. Speichern Sie die Abfrage unter dem Namen *Komplexe_Case_in_Select* ab.

Kontrollstrukturen

	artikelnr integer	titel character varying(64)	erscheinungstermin date	artikelpreis numeric	neuer_zustand numeric
1	11	Word 2007 Basis	2007-03-01	14.95	14.95
2	12	Excel 2007 Basis	2008-02-02	19.95	18.9525
3	13	AJAX - Frische Ansätze für das Web-Design	2005-10-10	16.95	15.2550
4	14	My SQL	2005-07-07	12.95	11.6550
5	15	Rechnungswesen	2007-03-03	107.60	107.60
6	16	Datenbanken	2007-01-15	24.95	24.95
7	17	Personalmanagement	2008-02-02	67.60	64.2200
8	19	Grundlagen Rechnungswesen & Datev	2006-07-15	24.95	22.4550
9	20	Datenbanken und SQL	2008-01-05	26.50	25.1750
10	21	Word und Excel 2003	2007-10-10	35.50	35.50
11	24	Wirtschaft als Komplexum	2007-05-05	34.9	34.9
12	30	Rechnungswesen	2008-06-06	23.00	21.8500
13	31	Finanzmanagement Wirtschaft	2007-05-05	24.95	24.95
14	34	PostgreSQL - Ein relationales Datenbanksystem	2008-12-12	22.50	21.3750

Abb 133 Ergebnistabelle

8.2.3 Beispiel 95: CASE in einer WHERE-Klausel einer Abfrage

1. Mit dem vorliegenden Beispiel wird gezeigt, wie die CASE-Struktur in der WHERE-Klausel eines SELECT-Statements verwendet werden kann.
2. Öffnen Sie die vorherige Abfrage *Komplexe_Case_in_Select* und bringen Sie die CASE-Struktur in die WHERE-Klausel hinein. Die WHEN-Bedingungen sowie die Ausdrücke hinter THEN werden unverändert übernommen. Das Gesamtergebnis der WHERE-Klausel ist vom Teilergebnis der CASE-Struktur abhängig, welches größer 30 ist, sowie vom Vorhandensein des Erscheinungstermins. Beide Bedingungen sind mit dem AND-Operator zu verknüpfen.

```
SELECT ArtikelNr, Titel, Artikelpreis, Erscheinungstermin
FROM Artikel
WHERE (CASE
        WHEN EXTRACT(Year FROM Erscheinungstermin) < '2007'
            THEN Artikelpreis - 0.10 * Artikelpreis
        WHEN EXTRACT(Year FROM Erscheinungstermin) > '2007'
            THEN Artikelpreis - 0.05 * Artikelpreis
        ELSE Artikelpreis
END) > 30
AND Erscheinungstermin IS NOT NULL
ORDER BY ArtikelNr
```

3. In diesem Fall wird das Ergebnis der jeweiligen THEN-Klausel mit einem konstanten Wert (z.B. 30) verglichen. Wenn das ermittelte Zwischenergebnis größer als 30 ist, dann erscheinen in der Ausgabe der Abfrage die Felder *ArtikelNr*, *Titel*, *Artikelpreis* und *Erscheinungstermin* für die Artikel, welche die Bedingung erfüllen.
4. Führen Sie das SELECT-Statement mit der Funktionstaste F5 aus.

Abb 134 Ergebnis

5. Vergleichen Sie Ihr Ergebnis mit der Abbildung. Sie sollten 4 Datensätze sehen.
6. Speichern Sie die Abfrage unter dem Namen *Case_in_Where* ab.
7. Möchten Sie die CASE-Struktur in der SET-Klausel einer UPDATE-Anweisung verwenden, kodieren Sie dazu folgende Befehlsfolge.

```
BEGIN WORK;
UPDATE Artikel
SET Artikelpreis = CASE
    WHEN EXTRACT(Year FROM Erscheinungstermin) < '2007'
      THEN Artikelpreis - 0.10 * Artikelpreis
    WHEN EXTRACT(Year FROM Erscheinungstermin) > '2007'
      THEN Artikelpreis - 0.05 * Artikelpreis
    ELSE   Artikelpreis
END;
```

8. Zum Testen dieses UPDATE-Statements setzen Sie vor UPDATE ein BEGIN WORK.
9. Führen Sie dann beide Befehle gleichzeitig aus. Betrachten Sie die vorgenommenen Änderungen, indem Sie den gesamten Inhalt der Tabelle anzeigen. Geben Sie mit SELECT die Felder *ArtikelNr*, *Titel*, *Artikelpreis* und *Erscheinungstermin* aus.

	artikelnr integer	titel character varying(64)	artikelpreis numeric	erscheinungstermin date
1	11	Word 2007 Basis	14.95	2007-03-01
2	12	Excel 2007 Basis	18.9525	2008-02-02
3	13	AJAX - Frische Ansätze für das Web-Design	15.2550	2005-10-10
4	14	My SQL	11.6550	2005-07-07
5	15	Rechnungswesen	107.60	2007-03-03
6	16	Datenbanken	24.95	2007-01-15
7	17	Personalmanagement	64.2200	2008-02-02
8	19	Grundlagen Rechnungswesen & Datev	22.4550	2006-07-15
9	20	Datenbanken und SQL	25.1750	2008-01-05
10	21	Word und Excel 2003	35.50	2007-10-10
11	24	Wirtschaft als Komplexum	34.9	2007-05-05
12	30	Rechnungswesen	21.8500	2008-06-06
13	31	Finanzmanagement Wirtschaft	24.95	2007-05-05
14	34	PostgreSQL - Ein relationales Datenbanksystem	21.3750	2008-12-12

Abb 135 *Ergebnis*

10. Die Ausführung der UPDATE-Anweisung führt in Abhängigkeit von den angegebenen Bedingungen zur Aktualisierung der Artikeldatensätze um den jeweiligen Rabattsatz. Acht Datensätze sind geändert worden.
11. Vergleichen Sie Ihr Ergebnis mit der Abbildung. Sind die geänderten Artikelpreise korrekt?
12. Rollen Sie mit ROLLBACK alle Änderungen zurück. Die Tabelle Artikel enthält wieder dieselben Daten wie vor der Ausführung des UPDATE-Befehls.

8.3 CASE-Kurzformen

PostgreSQL verfügt über zwei Funktionen COALESCE und NULLIF, die Kurzformen von CASE-Ausdrücken sind.

COALESCE (Wert1,...)

Die Funktion COALESCE gibt von mehreren Argumenten immer das erste Argument zurück, das keinen Nullwert enthält. Die Argumente (alle vom gleichen Typ) werden von links nach rechts geprüft und falls ein Argument mit NULL vorhanden ist, wird es mit dem Wert des ersten nachfolgenden Arguments ersetzt. Enthält dieses Argument wiederum einen Nullwert, dann werden die restlichen Argumente solange geprüft, bis eins mit einem Wert aufgefunden wurde. Wenn alle Argumente Nullwerte enthalten, ist ebenfalls das Ergebnis NULL.

> **Beispiel 41: COALESCE**
>
> COALESCE(NULL, 'pgSQL') = PL/pgSQL
> COALESCE(NULL, ' ', 'SQL') = (Ergebnis Leerzeichen)
> COALESCE(0, 4) = 0
> COALESCE(NULL, NULL, 5) = 5
> COALESCE(2, NULL, 5) = 2
> COALESCE(NULL, EXTRACT(Year FROM CURRENT_DATE)) = 2009

NULLIF (Wert1, Wert2)

Die Funktion NULLIF gibt den NULL-Wert zurück, wenn beide Argumente Wert1 und Wert2 inhaltlich gleich sind. Sind die Argumente ungleich, wird der Wert des ersten Argumentes als Ergebnis erzeugt. Der NULL-Wert kann für alle zulässigen Postgre-Datentypen erzeugt werden.

> **Beispiel 42: NULLIF**
>
> NULLIF('SQL', 'SQL') = (Ergebnis Leerzeichen)
> NULLIF('SQL', 'mySQL') = SQL
> NULLIF(0, NULL) = 0
> NULLIF('pgSQL', NULL) = pgSQL

Hinweis: Die Funktionen COALESCE und NULLIF sind Kurzformen von CASE-Ausdrücken. Sie werden früh in CASE-Ausdrücke umgewandelt. Eine fehlerhafte Verwendung dieser Funktionen führt zu Fehlermeldungen, die sich auf CASE beziehen.

Kontrollstrukturen

8.3.1 Beispiel 96: Daten mit COALESCE selektieren

1. Das Beispiel hier zeigt die Wichtigkeit der Funktion COALESCE, die vor allem nützlich ist, wenn die Ausgabe eines leeren Feldes vermieden werden soll. Wir sollten bei Kundendatensätzen, zu denen kein Vorname existiert, den Eintrag 'keiner Vorname bei Firmen' anzeigen. Weiter sollte kein leeres Feld in der Ausgabe erscheinen, wenn das Feld *Firma* leer ist. Hat das Feld *Firma* einen NULL-Wert, soll es durch den *Titel* ersetzt werden. Ist aber auch der Titel leer, dann wird die Firma durch den Inhalt des Namens ersetzt.
2. Um die Wirkung dieser Funktion zu kontrollieren, zeigen Sie mit nachfolgender SQL-Anweisung den Inhalt der Kundentabelle an.

```
SELECT Vorname, Anrede, Firma, Titel, Name
FROM    Kunden
```

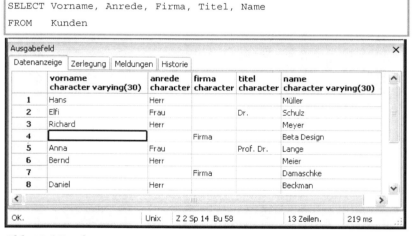

Abb 136 Ergebnis

3. Kodieren Sie folgendes SELECT-Statement.

```
SELECT COALESCE(Vorname, 'keiner Vorname bei Firmen'),
       COALESCE(Firma, Titel, Name)
FROM Kunden
```

4. Führen Sie die Abfrage durch Betätigung der Funktionstaste F5 aus.
5. Betrachten Sie das Ergebnis. Enthält der Vorname einen NULL-Wert, wird die angegebene Konstante als Ergebnis erzeugt.
6. Ist die *Firma* gleich NULL, wird sie durch den Inhalt des Titels ersetzt, wenn er keinen NULL-Wert enthält. Falls aber der *Titel* einen NULL-Wert enthält, wird der Inhalt des dritten Argumentes (d.h. des Namens) herangezogen und ersetzt den NULL-Wert des ersten Argumentes.

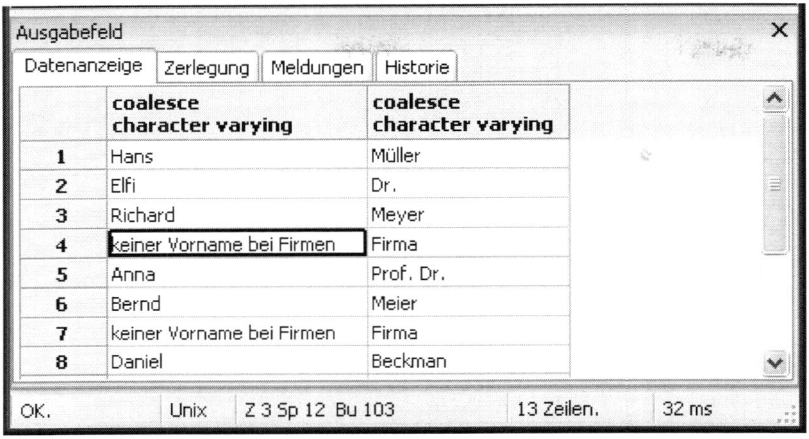

	coalesce character varying	coalesce character varying
1	Hans	Müller
2	Elfi	Dr.
3	Richard	Meyer
4	keiner Vorname bei Firmen	Firma
5	Anna	Prof. Dr.
6	Bernd	Meier
7	keiner Vorname bei Firmen	Firma
8	Daniel	Beckman

Abb 137 *Ergebnis*

8.4 Schleifen

Schleifen sind Programmteile, die mehrmals wiederholt werden, bis sie bei einem bestimmten Kriterium die Wiederholung der gleichen Anweisungen beenden. Sie eignen sich hervorragend dazu, Anweisungen mehrfach und für teils unterschiedliche Daten auszuführen. Schleifen finden ihren Einsatz, wenn eine bestimmte Befehlsfolge mehrfach hintereinander ausgeführt werden soll.

PL/pgSQL unterstützt zwei Kategorien von Schleifen: Die einfachen Schleifen LOOP, WHILE und FOR und die Schleifen durch Anfrageergebnisse.

LOOP-Schleife (LOOP … END LOOP)

LOOP ist eine Schleife ohne Bedingung (d.h. Endlosschleife), die unendlich ausgeführt wird. Mit END LOOP wird die Schleife beendet. Um eine Endlosschleife zu verlassen, muss eine EXIT- oder RETURN-Anweisung eingesetzt werden. Man verwendet eine einfache Schleife, wenn die Anweisungen innerhalb des Schleifenrahmens mindestens einmal ausgeführt werden sollen.

Mit der EXIT-Anweisung kann man zu einer bestimmten Stelle (Label) verzweigen, an der dann die Ausführung fortgesetzt wird. Diese Sprungmarke ist ein Label am Anfang der verschachtelten Schleife und wird in dem EXIT-Befehl einer Schleife angegeben, die verlassen werden soll. In der EXIT-Anweisung selbst kann auch die Abbruchbedingung mit WHEN geprüft werden. Ist die Bedingung erfüllt, wird die Schleife beendet, ansonsten wird die Anweisung nach EXIT ausgeführt.

Kontrollstrukturen

WHILE-Schleife
Die WHILE-Schleife (oder kopfgesteuerte Schleife) prüft am Anfang jedes Schleifendurchlaufs, ob die Schleife durchlaufen werden soll oder nicht. Sie wird verwendet, wenn die Anzahl der Schleifendurchläufe unbekannt ist bzw. während des Schleifenlaufs berechnet wird.

```
WHILE    Bedingung
LOOP
         Anweisungsteil;
         EXIT WHEN Bedingung;
END LOOP;
RETURN ...;
```

Abb 138 *Die WHILE-Schleife*
Durch eine logische Bedingung, die hinter WHILE steht, wird gesteuert, ob ein erneuter Schleifendurchlauf stattfindet oder ein Abbruch erfolgt. Wenn die Bedingung erfüllt ist (d.h. wahr), werden die Anweisungen innerhalb der Schleife (zwischen LOOP und END LOOP) ausgeführt. Nach der Ausführung einer Schleife erfolgt ein Rücksprung an den Schleifenbeginn zur nächsten Prüfung. Dieser Prozess wiederholt sich solange, bis die angegebene Bedingung nicht mehr erfüllt ist. Die Schleife wird dann verlassen. Bei einer WHILE-Schleife ist es möglich, dass die Anweisungen in der Schleife überhaupt nicht ein einziges Mal ausgeführt werden, wenn gleich beim ersten Mal die Bedingung nicht wahr ist. Daher heißt sie auch kopfgesteuerte Schleife. Wäre die Bedingung von Anfang an falsch, würde der Schleifenrumpf überhaupt nicht ausgeführt werden. WHILE-Schleifen werden häufig in Verbindung mit dem CURSOR-Konzept verwendet.

FOR-Schleife (FOR ... IN LOOP ... END LOOP)
Eine FOR-Schleife (oder Zählschleife) legt von vornherein fest, wie oft die Anweisungen innerhalb des Schleifenrahmens ausgeführt werden sollen. Dazu wird in der FOR-Schleife ein Laufzähler angegeben und der Start- und Endwert des Zählers festgelegt. Die Parameter Start- und Endwert bestimmen die Unter- und Obergrenze des Bereiches und werden zur Laufzeit einmal vor der FOR-Schleife berechnet und während der Schleifendurchläufe nicht aktualisiert. Der Wert des Laufzählers wird bei jedem Schleifendurchlauf automatisch um eins hoch gesetzt (inkrementiert). Dies wiederholt sich bis der Endwert erreicht worden ist. Soll eine Schleife rückwärts laufen, dann muss die Option REVERSE explizit angegeben werden. Dabei werden die Grenzwerte getauscht. Der Laufzähler wird vor dem Rücksprung um eins reduziert (dekrementiert). Die Zählvariable wird automatisch als

Typ INTEGER definiert und existiert nur in der Schleife. Die Größen Start- und Endwert dürfen auch Konstanten und Ausdrücke sein.

```
FOR         Laufvariable IN Startwert .. Endwert
LOOP
            Anweisungsteil;
            EXIT WHEN Bedingung;
END LOOP;
RETURN ...;
```

Abb 139 *Die FOR-Schleife*
Der Sprung aus der FOR-Schleife heraus muss von einer besonderen Bedingung innerhalb der Schleife abhängig gemacht werden. Um eine FOR-Schleife vorzeitig zu verlassen, steht der EXIT-Befehl zur Verfügung.

Schleifen durch Anfrageergebnisse (FOR Record IN Anfrage LOOP ... END LOOP)
Es gibt in PL/pgSQL einen weiteren FOR-Befehl, mit dem man die Ergebnisse einer Anfrage zählen und weiter manipulieren kann. Diese Schleife arbeitet genauso wie die einfache FOR-Schleife. Der einziger Unterschied liegt im Schleifenzähler, der keine Ganzzahlvariable mehr ist, sondern eine Record- oder Zeilenvariable. Anstelle der Grenzwerte (d.h. Start- bis Endwert) muss einfach eine SELECT-Anweisung angegeben werden. Die FOR-Schleife wird nun für jede Zeile ausgeführt, die von einem SELECT-Befehl zurückgegeben wird. Jede dieser Zeilen wird dann nacheinander der Record-Variablen zugewiesen.

Hinweis: Die FOR-Schleifen werden häufig in Kombination mit Cursors vor allem für die Behandlung von größeren Datenmengen verwendet.

8.4.1 Beispiel 97: Daten mit einer einfachen FOR-Schleife lesen

1. In diesem Beispiel lernen Sie eine Zählschleife kennen. Ihre Aufgabe besteht darin, die Quadrate der natürlichen Zahlen von 1 bis zu einem gewünschten Wert sowie deren Summe zu berechnen. Der Endwert der Schleife, welcher die Anzahl der Durchläufe bestimmt, wird beim Aufruf der Funktion festgelegt. Dabei soll beim Programmende als Ergebnis der Mittelwert ausgegeben werden.

```
CREATE or REPLACE FUNCTION For_Schleife(INT4) RETURNS NUMERIC
 AS
' DECLARE
  Endwert Alias FOR $1;
  Summe    REAL;
  Laufzaehler INT4;
  Hilfsfeld  INT4;
BEGIN
  Summe := 0;
  Laufzaehler := 0;
  FOR Laufzaehler IN 1 .. Endwert
  LOOP
     Summe := Summe + Laufzaehler * Laufzaehler;
     Hilfsfeld := Laufzaehler;
  END LOOP;
  RETURN Summe / Hilfsfeld;
END;
' LANGUAGE 'plpgsql';
```

2. Betrachten Sie das kodierte Programm. Durch die FOR-LOOP-Schleife wird ein Anweisungsblock (zwischen LOOP und END LOOP) n-mal durchlaufen. Die Anzahl der Schleifendurchläufe wird durch die Grenzwerte (1 bis Endwert) hinter IN definiert. Der Endwert wird durch den Funktionsparameter (INT4) bestimmt. Es wird bei 1 begonnen, anschließend wird hochgezählt und wenn der Laufzähler den Endwert (z.B. 10) erreicht hat, wird die Schleife beendet.

3. Die FOR-Schleife benötigt eine Zählvariable, die vor dem Beginn der Schleife auf den Startwert gesetzt wird. Der Endwert muss vom Benutzer explizit angegeben werden. Wird eine Schleife innerhalb einer Funktion verwendet, kann der Endwert durch den Funktionsparameter ersetzt werden, der beim Aufruf der Funktion zur Verfügung gestellt wird. Der

Zähler wird bei jedem Schleifendurchlauf (d.h. am Ende des Anweisungsblocks) um den Wert der Schrittweite erhöht. Wenn der Zähler den Endwert erreicht hat, ist die Schleife zu Ende.

4. Die FOR-Schleife wiederholt eine Gruppe von Anweisungen so oft, wie angegeben. In diesem Beispiel erfolgt die Angabe der Anzahl der Schleifendurchläufe durch den Eingabeparameter der Funktion (z.B. 10). Nach jeder Ausführung der Anweisungen im Block LOOP-END LOOP (d.h. nach jeder Ausführung der Schleife) wird der Laufzähler um eins erhöht. Anschließend wird die Bedingung "Laufzaehler < Endwert" überprüft. Solange sie wahr ist, wiederholt sich die Ausführung der Anweisung bis der Laufzähler den Endwert erreicht hat. Die Differenz aus Endwert und Startwert und das Zählintervall bestimmen die Anzahl der Durchläufe.

5. Rufen Sie die Funktion mit SELECT auf. Übergeben Sie ihr den Wert 10.

```
SELECT For_Schleife (10);
```

6. Die Schleife wird 10 Mal durchlaufen. Das gelieferte Ergebnis ist der Mittelwert 38.5.

7. Speichern Sie diese Funktion unter dem Namen *For_Schleife* ab.

8.4.2 Beispiel 98: Daten mit einer WHILE-Schleife lesen

1. Als Beispiel nehmen Sie wieder die Funktion *For_Schleife* und schreiben Sie die FOR-Schleife in WHILE-Schleife mit dem Namen *While_Schleife* um.

```
CREATE or REPLACE FUNCTION While_Schleife(INT4) RETURNS
 NUMERIC
AS '
DECLARE
    Endwert Alias FOR $1;
    Summe REAL;
    Laufzaehler INT4;
    Hilfsfeld INT4;
BEGIN
    Summe := 0;
    Laufzaehler := 0;
    WHILE Laufzaehler <= Endwert
    LOOP
        Summe := Summe + Laufzaehler * Laufzaehler;
        Laufzaehler = Laufzaehler + 1;
    END LOOP;
```

```
RETURN Summe/Laufzaehler;
END;
'LANGUAGE 'plpgsql';
```

2. Betrachten Sie die WHILE-Schleife: Der Laufzähler muss vor Beginn der WHILE-Schleife mit einem Wert (z.B. Null) initialisiert werden, weil sonst die Bedingung falsch ist. Bei der WHILE-Schleife wird bereits vor Eintritt in die Schleife geprüft, ob sie durchlaufen werden soll. Durch diese Konzeption kann man erreichen, dass die Schleife, wenn die Bedingung nicht erfüllt ist, erst gar nicht durchlaufen wird.
3. Die WHILE-Schleife wird so lange durchlaufen, wie der Laufzähler kleiner oder gleich dem Endwert ist. Der Endwert wird beim Aufruf der Funktion durch einen konkreten Wert generiert. So bald der Laufzähler größer als Endwert ist, wird die Schleife beendet und es wird mit der Anweisung hinter END LOOP fortgesetzt.
4. Nach jedem Schleifendurchlauf, wird die neue Summe der Quadratzahlen berechnet und der Laufzähler hoch gesetzt. Dieses Inkrementieren erfolgt in PL/pgSQL mit einer expliziten Zuweisung (wie `Laufzaehler = Laufzaehler + 1`). Der Laufzähler muss innerhalb der WHILE-Schleife immer inkrementiert werden, sonst wird eine unendliche Schleife produziert, weil die WHILE-Bedingung falsch ist.
5. Der Mittelwert (`Endsumme / Laufzaehler`) wird nach dem Ende der Schleife gebildet und mit RETURN zurückgegeben. Sein Typ ist (wegen der Division) mit dem Typ des Rückgabewertes der Funktion identisch.
6. Rufen Sie die Funktion mit SELECT auf und übergeben Sie ihr den Wert 5.

```
SELECT While_Schleife(5);
```

7. Die Schleife wird 6-mal durchlaufen. Das gelieferte Ergebnis ist 9.16666666666667.
8. *Hinweise*: Damit die WHILE-Schleife korrekt arbeitet, müssen Sie folgende zwei Punkte beachten:
9. Initialisierung: Bevor die Schleife das erste Mal ausgewertet wird, müssen die Variablen (`Laufzaehler` und `Endwert`) der Bedingung einen definierten Wert erhalten. Der Laufzähler ist Null und für den Endwert sorgt die Funktion.
10. Bedingung: Bei der Formulierung der WHILE-Bedingung ist darauf zu achten, dass sie zunächst wahr ist, damit die Schleife tatsächlich durchlaufen wird.
11. Speichern Sie diese Funktion unter dem Namen *While_Schleife* ab.

8.4.3 Beispiel 99: Mit einer FOR-Schleife die Summe von geraden Zahlen bilden

1. Das vorliegende Beispiel zeigt, wie die Summe aller geraden Zahlen zwischen 2 und 20 berechnet wird. Dazu verwenden wir die FOR-Schleife, in der der Laufindex bei 2 beginnt und um den Wert der Schrittweite (hier 2) erhöht wird. Der Endwert (z.B. 20 oder ein anderer Wert) wird beim Aufruf der Funktion zur Verfügung gestellt. Dabei soll die Schleife mit EXIT verlassen werden, wenn die Summe größer 30 geworden ist.

```
CREATE or Replace FUNCTION Gerade_Zahlen_addieren(INT4) RETURNS
  NUMERIC AS
'DECLARE
   Summe REAL;
   Laufzaehler INT4;
BEGIN
   Summe := 0;
   Laufzaehler := 0;
   FOR Laufzaehler IN 2..$1 BY 2
   LOOP
      Summe := Summe + Laufzaehler;
      EXIT WHEN Summe > 30;
   END LOOP;
   RETURN Summe;
END;
' LANGUAGE 'plpgsql';
```

2. Betrachten Sie das kodierte Beispiel. Die deklarierte Variable *Summe* muss vor Eintritt in die Schleife bereinigt werden, indem sie den Wert 0 zugewiesen bekommen. Der Laufzähler in der FOR-Schleife muss im Deklarationsteil als INTEGER-Typ deklariert werden. Seine Vorbelegung mit Null ist optional und hat keine Auswirkung auf die FOR-Schleife.
3. Die Schleife soll hier ausgeführt werden, wenn der Laufzähler die Werte 2 bis $1 (Endwert) annimmt und seine Schreitweite 2 ist. Nach jedem Schleifendurchlauf wird die Summe nur aus den geraden Zahlen gebildet und der Laufzähler automatisch um 2 erhöht. Sie können mit EXIT die Schleife vorzeitig verlassen, wenn eine bestimmte Bedingung gilt. In unserem Fall wird die Schleife abgebrochen, wenn die Summe die Grenze von 30 überschritten hat.
4. Rufen Sie die Funktion mit SELECT auf und übergeben Sie ihr den Wert 20.

Kontrollstrukturen

```
SELECT Gerade_Zahlen_addieren(20);
```

5. Die FOR-Schleife geht zu Ende, nach dem sie 13-mal durchlaufen wurde. Das gelieferte Ergebnis ist 42.
6. Soll eine Schleife rückwärts laufen, dann muss die Option REVERSE explizit angegeben werden. Dabei werden die Grenzwerte getauscht. Der Laufzähler wird vor dem Rücksprung um die Schrittweite reduziert. Ersetzen Sie im Beispiel die FOR-Schleife durch folgende:

```
FOR Laufzaehler IN REVERSE $1..2 by 2
```

7. Nach dieser Änderung führen Sie die Funktion *Gerade_Zahlen_addieren* wieder mit dem übergebenen Wert 20 aus.

```
SELECT Gerade_Zahlen_addieren(20);
```

8. Das neue Ergebnis lautet 38. Prüfen Sie, ob es korrekt ist. Da bei REVERSE die Zahlen in umgekehrter Reihenfolge abgearbeitet werden, kann die Schleife wegen der EXIT-WHEN-Bedingung früher abgebrochen werden als beim Vorwärtszählen.
9. Speichern Sie die Funktion unter *Gerade_Zahlen_addieren* ab.

8.4.4 Beispiel 100: Ein Artikeldatensatz in eine Record-Variable aufnehmen

1. Dieses Beispiel soll demonstrieren, wie nach der Selektion einer Zeile aus der Tabelle *Artikel* die Länge eines Tabellenfeldes (z.B. des Buchtitels) bei gegebener Artikelnummer ermittelt werden kann. Wir bauen hier ein SELECT-Statement, mit dem ein ganzer Datensatz der Artikeltabelle in eine RECORD-Variable geladen wird. Öffnen Sie die Datenbank *Direktbestellung01* und kodieren Sie folgende Funktion *Laenge_Titel*.

```
CREATE or REPLACE FUNCTION Laenge_Titel(INT4) RETURNS INT4 AS '
DECLARE
   Zaehler INT4;
   Zielzeile RECORD;
BEGIN
   Zaehler := 0;
   SELECT * INTO Zielzeile
   FROM Artikel
   WHERE ArtikelNr = $1;
   IF NOT FOUND THEN
      RAISE EXCEPTION ''Artikelnummer % nicht vorhanden'', $1;
   ELSE
```

```
      RETURN LENGTH(Zielzeile.Titel);
   END IF;
END;
' LANGUAGE 'plpgsql';
```

2. Die Funktion liefert einen Rückgabewert vom Datentyp INTEGER. Die deklarierte *Zielzeile* ist eine RECORD-Variable und dient nur als Platzhalter für beliebige Zeile. Die Zielzeile nimmt jeweils die Struktur der Artikelzeile an, wenn ihr vom SELECT ein Wert zugewiesen wird.
3. Mit SELECT wird eine Zeile aus der *Artikel*-Tabelle geholt und in der Record-Variable abgespeichert. Das SELECT-Ergebnis, welches nur eine bestimmte Zeile (aber mehrere Spalten) ergibt, wird mit INTO der Zielzeile zugewiesen. Die Zielzeile kann entweder eine RECORD-Variable oder eine Zeilenvariable (%ROWTYPE) sein.
4. Nach SELECT verwenden Sie die Kontrollvariable FOUND um zu ermitteln, ob die Anfrage mindestens eine Artikelzeile mit der angegebenen Artikelnummer aufgefunden hat. Hat die Anfrage eine Zeile ergeben, dann wird die Länge des entsprechenden Titels zurückgegeben, andernfalls (d.h. bei NOT FOUND) wird die Fehlermeldung *"Artikelnummer % nicht vorhanden"* (das %-Zeichen wird durch die angegebene Artikelnummer ersetzt) geliefert. Sie können anstelle dieser Meldung einfach eine Null returnieren (RETURN 0). Der Zugriff auf eine Tabellenspalte erfolgt über den Namen der Record-Variable durch Verwendung eines Punktes (z.B. Zielzeile.Titel).
5. Kompilieren Sie nun (mit F5) die Funktion. Achten Sie darauf, dass nur eine fehlerfreie Kompilierung die weitere Ausführung der Funktion ermöglicht.
6. Führen Sie die Funktion für die Artikelnummer 20 aus.

```
SELECT Laenge_Titel(20)
```

7. Das Ergebnis der Funktion ist die Länge (19) des Titels 'Datenbanken und SQL', der zu dieser Artikelnummer gehört.
8. *Hinweise*: Bei der Ausführung einer fehlerhaften Funktion liefert PostgreSQL ein kurzes Fehlerprotokoll und terminiert die Funktion oder wechselt in den EXCEPTION-Block. Das Fehlerprotokoll enthält folgende Informationen: Eine kurze Beschreibung des Fehlers, den SQL-Status (ein fünfstelliger Code) und die Nummer der Zeile, welche den Fehler verursacht.
9. Speichern Sie diese Funktion unter dem Namen *Laenge_Titel* ab.

8.4.5 Beispiel 101: Eine FOR-Schleife mit Bezug zu Tabellendaten

1. Die Datenbank *Dierektbestellung01* ist geöffnet.
2. Die Funktion in diesem Beispiel zeigt, wie die Länge des Titels mehrerer Artikel mit Artikelnummern, die zwischen zwei Grenzen liegen, berechnet wird. Die Funktion durchläuft über eine FOR-Schleife die Tabelle *Artikel* und prüft für jede Zeile mit einer gültigen Artikelnummer den dazugehörigen Statuscode. Wenn ein Buch lieferbar ist (d.h. Statuscode = AV) wird die Länge des Buchtitels ermittelt und als Ergebnis der Funktion zurückgegeben.
3. Wir bauen hier eine FOR-Schleife, welche die Tabelle *Artikel* durchläuft und die gewünschte Tabellenzeile in eine Zielzeile lädt. Werfen wir einen Blick auf die folgende kodierte Funktion.

```
CREATE or REPLACE FUNCTION Laenge_Titel_zwischen(INT4, INT4)
                RETURNS INTEGER
AS '
DECLARE
  Zaehler INT4;
  Zielzeile Artikel%ROWTYPE;
  Laenge INT4 := 0;
BEGIN
  FOR Zielzeile IN SELECT *
             FROM Artikel
             WHERE ArtikelNr BETWEEN $1 AND $2
      LOOP
          IF Zielzeile.Statuscode = ''AV'' THEN
               Laenge:=Laenge+LENGTH(Zielzeile.Titel);
          END IF;
      END LOOP;
      RETURN laenge;
END;
'LANGUAGE 'plpgsql';
```

4. Die Funktion enthält zwei Parameter, welche die Datensätze eines bestimmten Bereichs (z.B. von *ArtikelNr* 11 bis *ArtikelNr* 14) festlegen, die auszuwerten sind.
5. Um die *Artikel*-Tabelle mit Hilfe der FOR-Schleife auszulesen, muss unbedingt eine Variable vom Typ RECORD oder ROWTYPE deklariert werden, welche die gleiche Struktur wie die *Artikel*-Tabelle hat. Sie

können dann über diese Variable mit einem Punkt auf die einzelnen Tabellenfelder zugreifen.
6. Die FOR-Schleife hier arbeitet genauso wie die einfache FOR-Schleife: Der Schleifenzähler ist nun eine Zeilenvariable, welche eine ganze Zeile der Artikeltabelle aufnehmen kann und anstelle des Start- und Endwertes wird einfach ein SELECT-Statement angegeben. Die FOR-Schleife wird nun für jede Zeile ausgeführt, die von einem SELECT-Befehl zurückgegeben wird. Jede dieser Zeilen wird dann nacheinander der Zeilenvariablen zugewiesen. Somit ist in diesem Fall möglich, das Ergebnis einer Abfrage durchzugehen und in einer Zeilenvariablen zur weiteren Behandlung abzuspeichern.
7. Führen Sie diese Funktion aus.
8. Rufen Sie nun die Funktion auf und übergeben Sie ihr die Artikelnummern 11 und 14.

```
SELECT Laenge_Titel_zwischen(11, 14);
```

9. Das Ergebnis der Ausführung ist 37. Diese Länge ergibt sich aus der Summe der Länge der Titel ('Word 2007 Basis', 'Excel 2007 Basis' und 'My SQL') mit den entsprechenden Artikelnummern 11, 12 und 14, welche den Statuscode 'AV' haben.
10. *Hinweis*: Wenn die Schleife mit EXIT verlassen wird, besteht immer noch die Möglichkeit eines Zugriffs auf den letzten zugewiesenen Zeilenwert.
11. Speichern Sie diese Funktion unter *Laenge_Titel_zwischen* ab.

8.5 Übungsaufgaben

Aufgabe 24: Summe von geraden Zahlen bilden
Aufgabe 25: Gesamtlänge von ISBN und Titel bilden
Aufgabe 26: Zugehörigkeit der Kunden beim Verlag prüfen
Aufgabe 27: Bücher eines Statuscodes mit Preis über 15 Euro finden

8.5.1 Aufgabe 24: Summe von geraden Zahlen bilden

1. Erstellen Sie eine Funktion, welche die Summe der geraden Zahlen eines eingegebenen Bereichs ermittelt.
2. Die Funktion soll mit Hilfe einer WHILE-Schleife entwickelt werden. Die WHILE-Bedingung muss vor Beginn der Schleife initialisiert werden, weil sonst die Gefahr einer unendlichen Schleife besteht. (Bsp. 98)
3. Die Funktion enthält einen Eingabeparameter vom Typ INTEGER und liefert ein Ergebnis desselben Typs.
4. Um nur die geraden Zahlen eines Zahlenintervalls addieren zu können, muss die Modulo-Funktion wie folgt kodiert werden:
   IF MOD(Laufindex, 2) = 0
   Der Laufindex ist vom Typ INTEGER und soll kleiner als der übergebene Funktionsparameter sein. Mit dieser Bedingung wird die WHILE-Schleife eingeleitet.
5. Bei jedem Schleifendurchlauf soll die Zwischensumme nur für die geraden Zahlen gebildet werden. Wenn die WHILE-Bedingung nicht mehr erfüllt ist, wird die Schleife beendet und die Endsumme mit RETURN ausgegeben.
6. Führen Sie die Funktion aus. Wenn die Übersetzung der Funktion korrekt ist, wird folgende Systemmeldung angezeigt: *"Abfrage war erfolgreich nach 31 ms. Keine Zeilen geliefert."*
7. Rufen Sie die Funktion mit SELECT auf. Übergeben Sie ihr den Wert 15.

Abb 140 *Summe der geraden Zahlen zwischen 1 und 15*

8. Im Ergebnis erscheint die Summe 56. Stimmt Ihr Ergebnis mit der Abbildung überein? Speichern Sie diese Aufgabe unter dem Namen *Gerade_Zahlen_summieren* ab.

9. Die Lösung dieser Aufgabe finden Sie unter *B.24 Lösung Aufgabe 24.*

8.5.2 Aufgabe 25: Gesamtlänge von ISBN und Titel bilden

1. Die Datenbank *Direktbestellung01* ist geöffnet.
2. Schreiben Sie eine Funktion, die nach der Auswahl einer Zeile aus der Tabelle *Artikel* die Gesamtlänge der Tabellenfelder *ISBN* und *Titel* bei einer gegebenen Artikelnummer ermittelt. Die Funktion liefert einen Rückgabewert vom Datentyp TEXT. (Bsp. 100)
3. Bauen Sie ein SELECT-Statement, mit dem eine ganze Zeile der Artikeltabelle in eine Recordvariable geladen wird. Mit SELECT wird eine Zeile aus der Tabelle *Artikel* geholt und in der Recordvariable abgespeichert. Das SELECT-Ergebnis, welches nur eine bestimmte Zeile ergibt, wird mit INTO der Recordvariablen zugewiesen.
4. Nach SELECT verwenden Sie die Kontrollvariable FOUND um zu ermitteln, ob die Anfrage mindestens eine Artikelzeile mit der angegebenen Artikelnummer aufgefunden hat. Hat die Anfrage eine Zeile ergeben, dann wird die Gesamtlänge aus den entsprechenden Tabellenfeldern *ISBN* und *Titel* zurückgegeben. Erstellen Sie das Ergebnis so, dass der Inhalt und die Gesamtlänge dieser Felder angezeigt wird.
5. Hat die Anfrage keine Zeile gefunden (d.h. bei NOT FOUND), wird die Fehlermeldung *"Artikelnummer % nicht vorhanden"* (das %-Zeichen wird durch die angegebene Artikelnummer ersetzt) geliefert.
6. Rufen Sie die Funktion auf und übergeben Sie ihr als Wert die Artikelnummer 20.

Abb 141 Ergebnis

7. Vergleichen Sie Ihr eigenes Ergebnis mit der Abbildung. Sie sollten als Gesamtlänge für ISBN (17) und Titel (19) 36 angezeigt bekommen.
8. Speichern Sie die Aufgabe unter *Laenge_ISBN_und_Titel* ab.
9. Die Lösung dieser Aufgabe finden Sie unter *B.25 Lösung Aufgabe 25.*

8.5.3 Aufgabe 26: Zugehörigkeit der Kunden beim Verlag prüfen

1. Die Datenbank *Direktbestellung01* ist geöffnet.
2. Erstellen Sie eine Funktion, die die Zugehörigkeit der Kunden beim Verlag Stadtlupe prüft. Die Funktion soll anhand von zwei übergebenen Kundennummern bestimmte Kunden suchen und ausgeben. Sie benötigt dazu zwei Eingabeparameter vom Typ INTEGER und ein Ergebnisparameter vom Typ TEXT.
3. Entscheidend für die Kundenauswahl ist der Inhalt des Feldes *KundeSeit*. Sie können aus dem Datumsfeld mit Hilfe der Funktion EXTRACT das Jahr extrahieren. (Bsp. 94, Bsp. 95)
4. Für Kunden, die nach dem Jahr 2006 beim Verlag als Kunden registriert sind, sollte die Kundennummer und eMail-Adresse angezeigt werden. Hier sind nur die eMail-Adressen anzuzeigen, die irgendwo innerhalb des Tabellenfeldes *eMail* das Sonderzeichen '@' enthalten.
5. Für ältere Kunden sollte die Kundennummer, der Name und Vorname zurückgegeben werden. In diesem Fall werden nur die Kunden angezeigt, deren Vorname nicht leer ist.
6. Die Definition des Ausgabeparameters soll durch RETURNS SETOF erfolgen, da eine Menge von Zeilen als Ergebnis aus der Tabelle *Kunden* zurückgegeben werden muss. (Bsp. 88)
7. Bei jedem Schleifendurchlauf soll mit RETURN NEXT immer wieder das neue Ergebnis zurückgeliefert werden.
8. Um die Tabelle *Kunden* mit Hilfe einer FOR-Schleife auszulesen, ist die Deklaration einer Variable vom Typ ROWTYPE erforderlich, die die gleiche Struktur wie die Tabelle aufweist. Diese Variable, die den Laufzähler der Schleife ersetzt, kann eine ganze Tabellenzeile aufnehmen.
9. Übersetzen Sie nun die Funktion mit F5 und überprüfen das Kompilierungsprotokoll. Eventuelle Fehler, welche im Kompilierungsprotokoll angezeigt und erläutert werden, müssen beseitigt werden. Nach der Korrigierung der Syntaxfehler kompilieren Sie die Funktion erneut.
10. Führen Sie die Funktion mit SELECT aus und übergeben Sie ihr z.B. die Kundennummern 100 und 106.

```
SELECT * FROM Kundenzugehoerigkeit_pruefen (100, 106);
```

11. Vergleichen Sie Ihr Ergebnis mit dem Ergebnis der Abbildung. Sie sollten 5 Datensätze sehen.

Abb 142 *Ergebnis*

12. Speichern Sie die Funktion unter *Kundenzugehoerigkeit_pruefen* ab.
13. Die Lösung dieser Aufgabe finden Sie unter *B.26 Lösung Aufgabe 26.*

Kontrollstrukturen

8.5.4 Aufgabe 27: Bücher eines Statuscodes mit Preis über 15 Euro finden

1. Schreiben Sie eine Funktion, die den Titel aller Bücher eines bestimmten Statuscodes mit einem Artikelpreis über 15 Euro ausgibt.
2. Die Funktion soll über eine FOR-Schleife die Tabelle *Artikel* durchlaufen und für jede Zeile mit einem gültigen Statuscode den dazugehörigen Artikelpreis prüfen. (Bsp. 101)
3. Wenn ein Artikel lieferbar ist (d.h. den Statuscode 'AV' hat) und sein Artikelpreis über 15 Euro liegt, wird der Titel in einer Hilfsvariable zwischengespeichert.
4. Bei jedem Schleifendurchlauf soll mit RETURN NEXT der neue Titel zurückgegeben werden.
5. Die Funktion enthält einen Eingabeparameter vom Typ TEXT.
6. Um die Tabelle *Artikel* mit Hilfe einer FOR-Schleife auszulesen, muss eine ROWTYPE-Variable deklariert werden, die die gleiche Struktur wie die Tabelle hat. Diese Variable, die den Laufzähler der Schleife ersetzt, kann eine ganze Tabellenzeile aufnehmen.
7. Da eine Menge von Zeilen als Ergebnis aus der Tabelle *Artikel* zurückgegeben werden kann, soll die Definition des Ausgabeparameters durch RETURNS SETOF erfolgen. (Bsp. 88)
8. Speichern Sie diese Funktion unter dem Namen *Buecher_ueber_15Euro* ab.
9. Rufen Sie die Funktion mit SELECT auf und übergeben Sie ihr den Statuscode 'AV'.

```
SELECT * FROM Buecher_ueber_15Euro('AV')
```

10. Die erstellte Ergebnisliste der Funktion enthält drei Datensätze. Überprüfen Sie Ihre Daten anhand der Abbildung.

Abb 143 *Ergebnis*

11. Die Lösung dieser Aufgabe finden Sie unter *B.27 Lösung Aufgabe 27*.

8.6 Verständnisfragen

Frage 38: Welche Aussagen über Kontrollstrukturen treffen zu? (3)
1. Kontrollstrukturen ermöglichen eine strukturierte Darstellung von Programmen.
2. In Kontrollstrukturen werden die Programmkomponenten Bedingungen, Schleifen und Verzweigungen angewandt.
3. Eine Verzweigung stellt eine sequentielle Folge von Anweisungen dar, die hintereinander ausgeführt werden.
4. Eine Schleife beschreibt den wiederholten Durchlauf einer Anweisung von einer Bedingung.
5. Eine Verzweigung wählt zwischen zwei Anweisungsblöcken in Abhängigkeit vom Ergebnis einer Bedingung aus, welcher von beiden ausgeführt werden soll.

Frage 39: Welche der folgenden Aussagen über IF-THEN-ELSE treffen zu? (3)
1. Die Auswertung einer IF-Bedingung entscheidet, welcher Anweisungsteil ausgeführt werden soll.
2. Wenn die Vergleichsbedingung erfüllt ist, wird die Anweisung im ELSE-Zweig ausgeführt.
3. Die IF-Bedingung muss in Klammern stehen und wird als Wert vom Typ INTEGER interpretiert.
4. Wenn die Vergleichsbedingung nicht erfüllt ist, wird die Anweisung hinter der ELSE-Klausel ausgeführt.
5. Bei ELSEIF-Blöcken wird weiter geprüft, sobald eine Bedingung erfüllt ist.

Frage 40: Welche Aussagen über die CASE-Struktur treffen zu? (2)
1. Die CASE-Anweisung verzweigt zu einem von mehreren angegebenen Anweisungsblöcken aufgrund einer vorgegebenen Variablen.
2. In PL/pgSQL kann eine CASE-Struktur unabhängig von SELECT-Statements oder Funktionen kodiert und ausgeführt werden.
3. In Abhängigkeit vom Prüfergebnis der unterschiedlichen WHEN-Bedingungen kann CASE zu einem bestimmten Anweisungsblock verzweigen.
4. CASE-Strukturen dürfen nicht in jedem SELECT-Statement verwendet werden.
5. In Aktualisierungsanweisungen wie z.B. UPDATE und DELETE dürfen CASE-Strukturen nicht eingesetzt werden.

Frage 41: Welche Aussagen über die FOR-Schleife treffen zu? (3)
1. Eine FOR-Schleife wird solange ausgeführt, bis eine bestimmte Anzahl der Durchläufe erreicht worden ist. Diese Anzahl der Schleifendurchläufe wird durch die Grenzwerte hinter der IN-Klausel definiert.
2. Die Grenzwerte (Start- und Endwert) der FOR-Schleife werden nach jedem Schleifendurchlauf geändert.
3. Man kann eine FOR-Schleife mit dem Befehl EXIT vorzeitig verlassen.
4. Eine FOR-Schleife kann eine ganze Tabelle durchlaufen, wobei in diesem Fall der Schleifenzähler eine Zeilenzähler ist, der eine ganze Tabellenzeile aufnehmen kann.
5. Eine FOR-Schleife kann nur vorwärts laufen.

Frage 42: Welche Aussagen über die WHILE-Schleife treffen zu? (3)
1. Eine WHILE-Schleife wird so lange durchlaufen, bis eine bereits spezifizierte Bedingung erfüllt ist.
2. Eine Bedingung wird vor Beginn der Schleife definiert und vor jedem Schleifendurchlauf erneut überprüft.
3. Eine Schleifenbedingung wird einmal spezifiziert und nicht wieder überprüft.
4. Bei dieser Schleife wird immer zuerst die Bedingung geprüft und falls sie erfüllt ist (d.h. wahr ist), werden die in der Schleife enthaltenen Anweisungen ausgeführt.
5. Eine WHILE-Schleife kann sowohl vorwärts als auch rückwärts laufen.

9 Cursor

Ein SELECT-Befehl kann bei jeder Ausführung jeweils einen Ergebniswert aus einem einzelnen Datensatz speichern. Ein mehrmaliges Ergebnis würde den gesamten Speicher sehr schnell ausschöpfen und Systemfehler verursachen. Um dieses Problem zu vermeiden, wird fast bei allen Datenbanksystemen der Cursor eingesetzt. Seine Aufgabe besteht darin, aus einem SELECT-Befehl die gesamte Ergebnistabelle zu speichern, die dann Zeile für Zeile abgearbeitet werden kann. Es handelt sich bei einem Cursor um eine virtuelle Tabelle, die nach der Ausführung des SELECT-Statements erstellt wird. Ein Cursor wird fast immer in Verbindung mit einer Schleife verwendet, wobei aus diesem Cursor jeweils eine Ergebniszeile bei jedem Schleifendurchlauf herausgelesen und zur weiteren Verarbeitung bereitgestellt wird. Cursor werden vor allem in benutzerdefinierten Funktionen und Triggern verwendet. Im Zusammenhang mit Funktionen kann der Cursor als ein effizientes Mittel zur Rückgabe von großen Ergebnismengen eingesetzt werden.

9.1 Struktur des Cursors

Die Struktur eines Cursors enthält folgende Komponenten:
1. Deklaration des Cursors (DECLARE Cursor)
2. Öffnen des Cursors (OPEN Cursor)
3. Verarbeitung des Cursors (FETCH Cursor)
4. Schließen des Cursors (CLOSE Cursor)

Deklaration des Cursors (DECLARE Cursor):
Wie jede Variable muss ebenfalls jeder Cursor vor seiner Verwendung im Deklarationsbereich eines Programms deklariert werden. Ein Cursor definiert eine Ergebnistabelle, die innerhalb eines Programms mit dem Cursornamen geführt wird. Für die Deklaration des Cursors gibt es in PL/pgSQL zwei verschiedene Möglichkeiten:
DECLARE Cursorname CURSOR [(formale Parameter)] FOR SELECT...;

> Ein Cursor wird mit der Anweisung DECLARE CURSOR deklariert und gleichzeitig mit SELECT initialisiert. Über SELECT werden dem Cursor die Tabellenspalten zugewiesen, die dann beim Öffnen des Cursors gelesen werden sollen. Der Cursor ist gebunden, d.h. er hat eine vollständig angegebene Anfrage an sich gebunden. Wenn ein Cursor mit formalen

Parametern deklariert wird, dann kann das Ergebnis einer aufgerufenen Funktion von diesen Parametern abhängig gemacht werden.

DECLARE Cursorname REFCURSOR;

Ein Cursor kann auch als eine Variable mit dem speziellen Datentyp REFCURSOR deklariert werden. Der Cursor in diesem Fall ist ungebunden, d.h. er ist nicht an das Abfragen von einzelnen Tabellenzeilen gebunden und kann mit jeder Anfrage verwendet werden.

Öffnen des Cursors (OPEN Cursor):
Nach der Definition eines Cursors muss dieser vor seiner Benutzung mit dem Befehl OPEN CURSOR geöffnet und zur Verarbeitung freigegeben werden. Der Cursor ist für eine kurze Zeit offen und zu diesem Zeitpunkt können die Daten aus ihm eingelesen werden.
PL/pgSQL unterstützt drei Varianten der OPEN-Anweisung, die davon abhängig sind, ob der Cursor gebunden an eine SELECT-Anfrage oder ungebunden ist.

OPEN cursorname [(Parameterwerte)]

Hiermit wird ein gebundener Cursor geöffnet. Dabei wird die entsprechende SELECT-Anweisung ausgeführt, eine temporäre Cursortabelle erstellt und der Cursor gerade vor die erste Tabellenzeile gesetzt. Auf einen gebundenen Cursor kann erst zugegriffen werden, wenn er mit OPEN geöffnet ist. Der gebundene Cursor wird eingesetzt um eine Cursorvariable dort zu eröffnen, wo das SELECT-Statement bei der Cursor-Deklaration an die Variable gebunden wurde. Für die bei der Cursor-Deklaration angegebenen Parameter muss auch beim Öffnen des Cursors eine Angabe mit aktuellen Werten für diese Parameter gemacht werden. Die Anfrage arbeitet dann mit übergebenen Werten. Der parametrisierte Cursor hat den Vorteil, dass er einmal deklariert und zu jedem Zeitpunkt beim Öffnen mit unterschiedlichen aktuellen Werten ausgeführt werden kann.

OPEN ungebundener_cursor FOR SELECT ... FROM Tabelle...;

Der Befehl OPEN öffnet einen ungebundenen Cursor, dem gleich die angegebene SELECT-Anweisung zur Ausführung übergeben wird. OPEN bewirkt die Eröffnung des Cursors, die Interpretation des SELECT-Befehls und die Bereitstellung einer Ergebnistabelle. Der Cursor muss vorher als eine ungebundene Cursorvariable vom speziellen Typ REFCURSOR deklariert worden sein und hier wird er beim Öffnen gleichzeitig ausgeführt. Der Cursor darf nicht vorher explizit geöffnet sein.

OPEN ungebundener_cursor FOR EXECUTE SELECT-String;
OPEN öffnet einen ungebundenen Cursor, dem gleich ein Anfrage-Text zur Ausführung übergeben wird. Die Anfrage wird als Zeichenkettenausdruck angegeben, wobei der EXECUTE-Befehl aus einem SQL-String ein (anderes) ausführbares Statement bildet und es ausführt. Der Cursor vom Typ REFCURSOR darf nicht vorher explizit geöffnet sein.

Verarbeitung des Cursors (FETCH Cursor):
Durch Öffnen des Cursors wird er vor die erste Zeile der Ergebnistabelle positioniert, die dann zur Verarbeitung durch den Befehl FETCH CURSOR zur Verfügung gestellt wird. FETCH bewegt den Cursor auf die nächste Zeile der Ergebnistabelle der Anfrage. Mit dem FETCH-Befehl können die Datensätze aus der Ergebnistabelle zeilenweise abgerufen und in einen Zielbereich übertragen werden. Die Zielvariablen, welche explizit definiert werden sollen, dürfen einen der folgenden Datentypen haben:
TYPE: Ein einfacher Datentyp (z.B. für Tabellenspalten).
ROWTYPE: Ein zusammengesetzter Datentyp (z.B. für Tabellenzeilen).
RECORD: Ein ROWTYPE mit beliebiger Struktur (ein Platzhalter für SELECT-Ergebnis).

Schließen des Cursors (CLOSE Cursor):
Nach der Benutzung muss der Cursor geschlossen werden, bevor er wieder für weitere Aufgaben benutz werden kann. CLOSE schließt den Cursor und gibt die Ergebnistabelle bzw. alle gesperrten Zeilen frei, auf die der Cursor positioniert ist. Ein geschlossener Cursor kann anschließend wieder eröffnet werden, wobei dann eine neue Ergebnistabelle entsteht. Man muss vor dem Programmende immer für jeden geöffneten Cursor einen expliziten CLOSE absetzen, da ein solcher Cursor nicht zwingend automatisch geschlossen wird. Der Befehl CLOSE darf nur auf einen geöffneten Cursor angewendet werden, sonst liefert der Postgreserver eine Fehlermeldung.
Die folgende Abbildung zeigt das Cursor-Konzept mit seinen Verarbeitungsbefehlen auf.
Ein Cursor ist ein Zeiger auf eine Liste von Ergebnissen eines SELECT-Statements. Die Deklaration des Cursors erfolgt durch den ersten Befehl
`DECLARE CURSOR Kunden_Cursor`.

Cursor

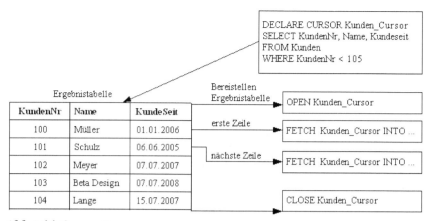

Abb 144 *Cursor-Konzept*

Mit dem Befehl OPEN Kunden_Cursor wird der *Kunden_Cursor* eröffnet, der das SELECT-Statement ineterpretiert. Zu diesem Zeitpunkt wird eine Ergebnistabelle (genannt auch Cursortabelle) mit Daten aus der *Kunden-*Tabelle bereitgestellt. Am Anfang steht der *Kunden_Cursor* auf dem ersten Datensatz (*KundenNr* 100) der Ergebnistabelle. Die Werte dieses Datensatzes können durch den ersten FETCH-Befehl eingelesen und in Zielvariablen gesetzt werden.

Durch die Ausführung des FETCH-Befehls rückt der *Kunden_Cursor* automatisch einen Datensatz weiter (auf *KundenNr* 101). Die Werte des neuen Datensatzes können wieder durch die FETCH-Anweisung in Zielvariablen zwischengespeichert werden. Nach der Verarbeitung aller Datensätze der Cursortabelle beendet man diesen Zyklus mit dem Befehl CLOSE *Kunden_Cursor*.

9.1.1 Beispiel 102: Mit ungebundenem Cursor den maximalen Preis suchen

1. Das vorliegende Beispiel zeigt, wie ein ungebundener Cursor auf die Tabelle *Artikel* zugreift und den maximalen Artikelpreis aus allen Artikelzeilen mit Artikelnummer kleiner 20 herausfindet. Kodieren Sie dazu folgende Funktion *MaxPreis_suchen*.

```
CREATE or REPLACE FUNCTION MaxPreis_suchen() RETURNS NUMERIC AS
'
DECLARE
   Artikel_Cursor REFCURSOR;
   Ergebnis NUMERIC;
```

```
BEGIN
   Ergebnis := 0;
   OPEN Artikel_Cursor FOR SELECT MAX(Artikelpreis)
                      FROM Artikel WHERE Artikelnr < 20;
   FETCH Artikel_Cursor INTO Ergebnis;
   IF NOT FOUND THEN
      EXIT;
   END IF;
   CLOSE Artikel_Cursor;
   RETURN Ergebnis;
END;
' LANGUAGE 'plpgsql';
```

2. Die Funktion ermittelt aus einer Gruppe von Artikeln mit *ArtikelNr* kleiner 20 den maximalen *Artikelpreis*, der als Ergebnis vom Typ NUMERIC zurückgegeben wird.
3. Hier wird ein Cursor *Artikel_Curso*r mit dem speziellen Datentyp REF-CURSOR deklariert. Der Cursor ist ungebunden, d.h. er ist nicht an das Abfragen von einzelnen Tabellenzeilen gebunden und kann mit jeder Anfrage verwendet werden. Der OPEN-Befehl öffnet diesen Cursor, dem gleich die angegebene SELECT-Anweisung zur Ausführung übergeben wird. Dabei wird eine Ergebnistabelle mit dem maximalen Artikelpreis bereitgestellt.
4. Mit dem FETCH-Befehl wird der maximale Artikelpreis aus der Cursor-Ergebnistabelle gelesen und in die angegebene Zielvariable *Ergebnis* kopiert. Diese Zielvariable, die bereits explizit deklariert wurde, enthält nun das Ergebnis, welches mit RETURN zurückgegeben wird. Die Übertragung erfolgt nach dem der Cursor explizit geschlossen wurde. Falls der Cursor beim Lesen (FETCH) keinen Datensatz gefunden hat, ist die Leseaktion mit EXIT zu beenden.
5. Kompilieren Sie (mit der Funktionstaste F5) die Funktion. Die zurück gelieferte Systemmeldung *"Abfrage war erfolgreich nach 31 ms. Keine Zeilen geliefert."* ist ein Hinweis darauf, dass die Funktion keine Fehler enthält.
6. Rufen Sie die Funktion aus einem SELECT-Statement auf.

```
SELECT * FROM MaxPreis_suchen()
```

Das Ergebnis der Funktion ist 107.60 Euro.

7. Ändern Sie die Funktion *MaxPreis_suchen* so, dass beim Öffnen des ungebundenen Cursors ihm gleich der Anfrage-Text zur Ausführung übergeben wird.

```
CREATE or REPLACE FUNCTION MaxPreis_suchen() RETURNS TEXT
AS $$
DECLARE
  Artikel_Cursor REFCURSOR;
  Ergebnis TEXT;
  Anfrage_String TEXT;
BEGIN
  Ergebnis := 0;
  Anfrage_String := 'SELECT MAX(Artikelpreis)' ||
                    'FROM Artikel where Artikelnr < 20';
  OPEN Artikel_Cursor FOR EXECUTE Anfrage_String;
  FETCH Artikel_Cursor INTO Ergebnis;
  IF NOT FOUND THEN
     EXIT;
  END IF;
  CLOSE Artikel_Cursor;
  RETURN Ergebnis;
END;
$$ LANGUAGE 'plpgsql';
```

8. Die Anfrage, deren Komponenten verkettet werden, wird als Zeichenkettenausdruck angegeben. OPEN öffnet den ungebundenen Cursor *Artikel_Cursor*, dem gleich der Anfrage-String zur Ausführung übergeben wird. Der EXECUTE-Befehl bildet aus dem SQL-String ein ausführbares Statement und führt es aus.
9. Kompilieren Sie mit F5 die Funktion und warten auf die zurück gelieferte Systemmeldung. Falls keine Fehler vorhanden sind, rufen Sie die Funktion auf und vergleichen Sie das neue Ergebnis.

```
SELECT * FROM MaxPreis_suchen()
```

10. Das Ergebnis lautet wieder 107.60 Euro.
11. Speichern Sie diese Funktion unter dem Namen *MaxPreis_suchen*.

9.2 Der Cursor in Schleifen

Ein Cursor wird fast immer im Zusammenhang mit einer Schleife verwendet, wobei aus dem Cursor jeweils mit FETCH eine Ergebniszeile bei jedem Schleifendurchlauf ausgelesen und zur weiteren Verarbeitung bereitgestellt wird.

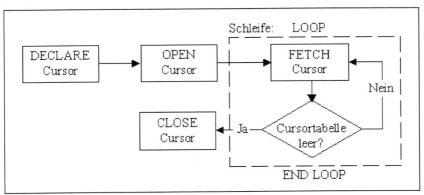

Abb 145 Die Cursor-Schleife

Jeder Cursor im Anwendungsprogramm muss mit DECLARE Cursor deklariert werden. Mit dem Befehl OPEN Cursor wird der Cursor geöffnet und eine Cursortabelle erzeugt. Durch den nächsten Befehl FETCH Cursor wird die erste Zeile aus der Cursortabelle gelesen. Solange die Cursortabelle nicht leer ist, werden mit dem FETCH-Befehl die Datensätze aus der Ergebnistabelle Zeile für Zeile gelesen. Nach der Bearbeitung der Cursortabelle muss der Cursor wieder geschlossen werden.

Der FETCH-Befehl muss in einer Schleifenkonstruktion (zwischen LOOP und END LOOP) untergebracht sein, so dass immer wieder die nächste Zeile aus der Ergebnistabelle geholt und in Variablen gespeichert wird. Solange die Leseaktion nicht fehlerhaft ist, wird das Nachlesen einer Zeile aus der Ergebnistabelle bis zum Tabellenende fortgesetzt. Innerhalb der Schleife werden alle vorhandenen Anweisungen solange ausgeführt, bis die Abbruchbedingung der Schleife eingetreten ist. Wenn keine Daten mehr gefunden werden, muss das Verlassen einer Cursor-Schleife über den Befehl EXIT WHEN NOT FOUND erfolgen. Die Ausführung dieser Anweisung, die explizit innerhalb der Schleife kodiert werden muss, erfolgt, sobald die Cursortabelle keine Daten mehr enthält. Das Programm wird dann mit dem Befehl hinter dem Schlüsselwort END LOOP fortgesetzt. In PL/pgSQL werden häufig zwei Typen von Schleifen verwendet, die Cursor-WHILE- und die Cursor-FOR-Schleife.

Die Cursor-While-Schleife

Die LOOP-Schleife und die WHILE-Schleife ähneln sich. Der Unterschied ist, dass die WHILE-Schleife zuerst die Schleifenbedingung im Schleifenkopf prüft, während bei der LOOP-Schleife diese Bedingung beliebig im Rumpf selber stehen kann. Es ist hier wichtig, dass vor der WHILE-Schleife die FETCH-Anweisung aufgerufen werden muss, um die Bedingung (FOUND) überhaupt einen Wert zu erhalten. Die Bedingung im Schleifenkopf wird vor jedem Schleifendurchlauf ausgewertet. Ist sie erfüllt, so wird der Anweisungsblock zwischen LOOP und END LOOP ausgeführt. Andernfalls wird die Programmausführung direkt hinter dem Schlüsselwort END LOOP fortgesetzt. Da die Abbruchbedingung regelmäßig überprüft wird, benötigt die WHILE-Schleife kein explizites EXIT. Die FETCH-Anweisung innerhalb der Schleife stellt sicher, dass nur eine endliche Anzahl an Wiederholungen durchgeführt wird.

Die Cursor-For-Schleife

Eine alternative Methode zur zeilenweisen Verarbeitung der Ergebniszeilen einer Anfrage ist die implizite Benutzung eines Cursors mit einer FOR-Schleife. Anweisungen wie die Veränderung des Wertes der Abbruchbedingung, das Lesen des nächsten Datensatzes sowie der Abbruch der Schleife werden implizit (d.h. unabhängig vom Benutzer) erledigt. Alle drei Cursor-Befehle OPEN, FETCH und CLOSE können mit einer einfachen FOR-SELECT-Schleife durchgeführt werden.

9.2.1 Beispiel 103: Eine Tabelle mit einem einfachen Cursor durchlesen

1. Die Datenbank *Direktbestellung01* ist geöffnet.
2. Das vorliegende Beispiel demonstriert die Verwendung eines Cursors, der die *Artikel*-Tabelle bis zum Ende sequentiell durchliest. Mit Hilfe der Cursortechnik soll aus der Tabelle *Artikel* alle Artikelpreise, die unter 20 Euro liegen, aufsummiert werden. Hierzu wird die Spalte *Artikelpreis* Zeile für Zeile ausgelesen, in der Variable Zwischensumme gespeichert und dann in der Gesamtsumme hinzuaddiert.

```
CREATE or REPLACE FUNCTION Artikelpreis_summieren() RETURNS
                                                    NUMERIC AS
'
DECLARE
  lese_Artikelpreis CURSOR FOR SELECT Artikelpreis FROM
  Artikel;
  TempRecord RECORD;
  Zwischensumme Artikel.Artikelpreis%TYPE;
  Gesamtsumme Artikel.Artikelpreis%TYPE;
BEGIN
  Gesamtsumme := 0.00;
  Zwischensumme := 0.00;
  OPEN lese_Artikelpreis;
  LOOP
     FETCH lese_Artikelpreis INTO TempRecord;
     EXIT WHEN NOT FOUND;
     IF TempRecord.Artikelpreis < 20.00 THEN
        Zwischensumme := TempRecord.Artikelpreis;
        Gesamtsumme := Gesamtsumme + Zwischensumme;
     END IF;
  END LOOP;
  CLOSE lese_Artikelpreis;
RETURN Gesamtsumme;
END;
' LANGUAGE 'plpgsql';
```

3. Betrachten Sie die kodierte Funktion. Mit CREATE FUNCTION wird die Funktion *Artikelpreis_summieren* deklariert, welche einen Rückgabewert vom Datentyp NUMERIC zurückgibt. Dieser Datentyp entspricht dem Datentyp der Spalte *Artikelpreis* in der Tabelle *Artikel*.

Am Anfang des Deklarationsteils wird der Cursor *lese_Artikelpreis* mit einem SELECT-Befehl deklariert, der die Artikelpreise ausgeben soll. Für das SELECT-Ergebnis wird ein Platzhalter vom Typ RECORD (d.h. ein Zeilentyp mit beliebiger Struktur) deklariert. Die zwei deklarierten Variablen *Zwischensumme* und *Gesamtsumme* übernehmen mit der Schreibweise `Artikel.Artikelpreis%TYPE` den Datentyp vom Tabellenattribut *Artikelpreis*, also NUMERIC. Beide Variablen werden mit dem Wert Null initialisiert.
4. Mit OPEN wird der Cursor geöffnet. D.h., dass das entsprechende SELECT-Statement abgearbeitet und eine Cursortabelle erstellt wird. Der Cursor *lese_Artikelpreis* wird vor die erste Zeile gesetzt. Nach OPEN beginnt mit LOOP die Schleife, die mit END LOOP endet.
5. Nach OPEN beginnt mit LOOP die Schleife, die mit END LOOP endet.
6. Mit FETCH wird die erste Zeile der Cursortabelle ausgelesen und in der deklarierten Zielvariable *TempRecord*, der hinter INTO genannt ist, abgelegt. An dieser Stelle ergibt sich die Initialisierung der Record-Variablen. Danach heißen die Komponenten von *TempRecord* wie die Spalten der durch den Cursor *lese_Artikelpreis* implizierten Eigenschaften. Nach FETCH wird mit "WHEN NOT FOUND" überprüft, ob der Cursor *lese_Artikelpreis* keinen Wert gefunden hat. Ist es der Fall, wird die Schleife (mit EXIT) verlassen, d.h. die Anweisung nach END LOOP wird weiter ausgeführt. Hat der Cursor einen Artikelpreis gefunden, der unter 20 Euro liegt, wird er in die Variable Zwischensumme eingelesen. Um diesen Wert wird anschließend die Gesamtsumme erhöht. Diese Anweisungsfolge wiederholt sich bei jedem Schleifendurchlauf so lange, bis alle Datensätze der Cursortabelle abgearbeitet worden sind. Der Programmcode wird am Schleifenanfang wiederholt. Der Cursor holt bei dem nächsten FETCH-Befehl die nächste Tabellenzeile zum Auslesen.
7. Findet der Cursor keine Artikelpreise mehr, wird durch EXIT die Schleife verlassen und der Cursor mit CLOSE geschlossen.
8. Der Befehl RETURN gibt das ermittelte Ergebnis der Funktion an das aufrufende PL/pgSQL-Programm zurück.
9. Rufen Sie die Funktion *Artikelpreis_summieren* explizit über SELECT auf und übergeben Sie ihr keinen Parameter.

```
SELECT * FROM Artikelpreis_summieren();
```

10. Nach der Ausführung der Funktion wird das aufsummierte Ergebnis 88.25 zurückgegeben.
11. Speichern Sie diese Funktion unter *Artikelpreis_summieren* ab.

9.2.2 Beispiel 104: Daten mit einem parametrisierten Cursor lesen

1. In diesem Beispiel wird gezeigt, wie die Tabelle *Artikel* mit Hilfe eines parametrisierten Cursors ab einer bestimmten Position vorwärts gelesen werden kann. Die Festlegung der Startposition erfolgt über eine vom Benutzer übergebene Artikelnummer, die kleiner sein kann als irgendeine Artikelnummer der Tabelle. Kodieren Sie folgende Funktion.

```
CREATE or REPLACE FUNCTION Cursor_mit_param(INT4) RETURNS
                 SETOF INTEGER AS '
DECLARE
   ArtikelNr_Cursor CURSOR (param INTEGER) FOR
              SELECT * FROM Artikel
              WHERE ArtikelNr > param;
   Temp_ArtikelNr INT4;
BEGIN
   OPEN ArtikelNr_Cursor ($1);
   FETCH ArtikelNr_Cursor INTO Temp_ArtikelNr;
   WHILE FOUND
     LOOP
        RAISE NOTICE ''Ergebnis %'', Temp_ArtikelNr;
        RETURN NEXT Temp_ArtikelNr;
        FETCH ArtikelNr_Cursor INTO Temp_ArtikelNr;
     END LOOP;
   RETURN;
END;
' LANGUAGE 'plpgsql';
```

2. Betrachten Sie die Kodierung. Da der Rückgabewert der Funktion eine Menge von Artikeln ist, muss hinter RETURNS das Schlüsselwort SETOF angegeben werden. Bei der Deklaration des Cursors *ArtikelNr_Cursor* wird die Artikelnummer als Parameter (*param*) definiert, der die Datensatzposition bestimmt, ab der die Ergebnistabelle durchsucht werden soll.

3. Beim Öffnen des Cursors muss an Stelle des definierten Parameters der aktuelle Wert angegeben werden, mit dem dann die Anfrage arbeitet. Der aktuelle Wert (z.B. *ArtikelNr* 30) wird innerhalb der Abfrage dort eingesetzt, wo der aktuelle Parameter benutzt wird. Der parametrisierte Cursor hat den Vorteil, dass er einmal deklariert und zu jedem Zeitpunkt beim Öffnen mit unterschiedlichen aktuellen Werten ausgeführt werden kann.

4. Die WHILE-Schleife prüft zuerst die Schleifenbedingung. Es ist daher wichtig, dass vor der WHILE-Schleife die FETCH-Anweisung aufgerufen werden muss, um in FOUND überhaupt einen Wert zu erhalten. Die Bedingung FOUND im Schleifenkopf wird vor jedem Schleifendurchlauf ausgewertet; ist sie erfüllt, so wird der Anweisungsblock zwischen LOOP und END LOOP ausgeführt. Mit der RAISE-Anweisung wird eine entsprechende Meldung für das Ergebnis generiert. Der Platzhalter (%) ist für die Variable *Temp_ArtikelNr* angegeben, die in der Ergebnisliste ausgegeben wird. Jede gefundene Artikelnummer, die größer ist als der übergebene Cursorparameter, muss mit RETURN NEXT zurückgegeben werden (Achtung: RETURN NEXT steht in Verbindung mit RETURNS SETOF). Mit dem FETCH-Befehl innerhalb der Schleife wird die nächste Zeile aus der Cursortabelle gelesen und in die Zielvariable *Temp_ArtikelNr* kopiert. Solange ein Cursor bei der nächsten FETCH-Operation eine neue Ergebniszeile mit einer Artikelnummer größer dem Cursorparameter gefunden hat, ist die Bedingung FOUND wahr. Ist die Bedingung falsch (NOT FOUND), wird die RETURN-Anweisung direkt hinter dem Schlüsselwort END LOOP fortgesetzt. Da die Abbruchbedingung regelmäßig überprüft wird, benötigt die WHILE-Schleife kein explizites EXIT. Die FETCH-Anweisung innerhalb der Schleife stellt sicher, dass nur eine endliche Anzahl an Wiederholungen durchgeführt wird.
5. Kompilieren Sie die Funktion mit F5. Wenn die Kompilierung fehlerfrei gelaufen ist, machen Sie mit der Ausführung der Funktion weiter.
6. Rufen Sie die Funktion mit SELECT auf und übergeben Sie ihr die Artikelnummer 30.

```
SELECT * FROM Cursor_mit_param(30)
```

7. Die Ergebnistabelle hat folgenden Inhalt:

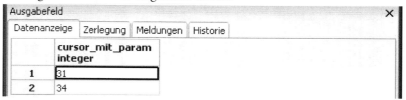

Abb 146 *Das Ergebnis des parametrisierten Cursors*

8. Die zurückgelieferten Systemmeldungen der Ausführung lauten:
"*NOTICE: Ergebnis 31 NOTICE: Ergebnis 34*
Gesamtlaufzeit der Abfrage: 15 ms. 2 Zeilen geholt".
9. Speichern Sie diese Funktion unter dem Namen *Cursor_mit_param*.

9.2.3 Beispiel 105: Eine Cursor-Schleife via WHILE

1. Die Prozedur im vorliegenden Beispiel ermöglicht es, einer ausgewählten Menge von Artikeln einen Rabatt zukommen zu lassen. Die Funktion mit dem Namen *Rabatt_vergeben* basiert auf der Tabelle *Artikel_Status* und hat zwei Parameter. Der erste Parameter gibt an, jeder wievielte Artikel ein Rabatt erhalten soll (z.b. jeder dritte) und der zweite Parameter bestimmt die Höhe des Rabattes.
2. Kodieren Sie folgende Funktion und achten Sie auf den Cursor-Mechanismus.

```
BEGIN WORK;
CREATE or REPLACE FUNCTION Rabatt_vergeben(INT4, NUMERIC)
                    RETURNS SETOF INT4 AS '
DECLARE
   Rabatt_Cursor CURSOR FOR SELECT ArtikelNr, Artikelpreis
                    FROM Artikel_Status;
   Temp_ArtikelNr INT4;
   Zaehler INT4;
BEGIN
   OPEN Rabatt_Cursor;
   Zaehler := 1;
   FETCH Rabatt_Cursor INTO Temp_ArtikelNr;
   WHILE FOUND
      LOOP
         IF MOD(Zaehler,$1) = 0 THEN
            UPDATE Artikel_Status
            SET Artikelpreis = Artikelpreis - $2
            WHERE ArtikelNr = Temp_ArtikelNr;
         END IF;
         RETURN NEXT Temp_ArtikelNr;
         Zaehler := Zaehler + 1;
         FETCH Rabatt_Cursor INTO Temp_ArtikelNr;
      END LOOP;
END
' LANGUAGE plpgsql;
```

3. Betrachten Sie die kodierte Funktion *Rabatt_vergeben*. Sie enthält einen INTEGER-Parameter für den Faktor und einen Parameter vom Typ NUMERIC für die Rabatthöhe. Die Datentypen sind dieselben, die auch für Tabellenspalten verwendet werden. Mit dem Schlüsselwort

DECLARE wird der Cursor mit Namen *Rabatt_Cursor* deklariert, der mit den Daten der Abfrage "`SELECT ArtikelNr, Artikelpreis FROM Artikel_Status`" gefüllt werden soll. Der Cursor repräsentiert die Ergebnismenge der Abfrage, durch die mit einer WHILE-Schleife durchgegangen werden kann. Die Anweisung `OPEN Rabatt_Cursor` füllt den Cursor mit den aktuellen Daten, die sich in der Tabelle *Artikel_Status* befinden.

4. Die nächsten Schritte sind die Initialisierung der Variablen *Zaehler* mit 1 und der Variablen *Temp_ArtikelNr* mit dem Wert der Spalte *ArtikelNr* aus der ersten Zeile des Cursors. Danach folgt der Durchlauf durch alle Datensätze des Cursors, in unserem Fall durch alle Zeilen der Tabelle *Artikel_Status*. Die Schleife wird durch WHILE eingeleitet. Die Schleifenbedingung FOUND ist wahr, solange noch Datensätze in der Cursortabelle vorhanden sind. Innerhalb der Schleife wird mit einer IF-Bedingung überprüft, ob sich bei ganzzahliger Division des Schleifenzählers *Zaehler* durch den vorgegebenen Faktor der Rest mit Wert 0 ergibt (das Divisionsrestverfahren ist als Modulo-Verfahren bekannt). Möchten Sie z.B. die Zahl 3 als Faktor nehmen, so hat jeder dritte Datensatz einen Rest 0, d.h. jeder dritte Datensatz erfüllt die Bedingung. Für diese Artikelzeilen wird mit dem UPDATE-Befehl der Artikelpreis um den Rabattwert reduziert. Der geänderte Artikelsatz muss mit RETURN NEXT zurückgegeben werden. Danach wird der Schleifenzähler *Zaehler* um 1 erhöht und der Cursor *ArtikelNr_Cursor* auf den nächsten Datensatz positioniert.

5. Vor der Ausführung dieser Funktion zeigen Sie den Inhalt der Tabelle *Artikel_Status* an.

```
SELECT * FROM Artikel_Status
```

	artikelnr integer	titel character varying(64)	artikelpreis numeric	statuscode character(2)	statusname character varying(20)
1	11	Word 2007 Basis	14.95	AV	lieferbar
2	12	Excel 2007 Basis	19.95	AV	lieferbar
3	14	My SQL	12.95	AV	lieferbar
4	15	Rechnungswesen	107.60	AV	lieferbar
5	18	Grundlagen Rechnungswesen	9.95	IP	in Vorbereitung
6	19	Grundlagen Rechnungswesen & Datev	24.95	AV	lieferbar
7	23	Was ist Office?	22.25	IP	in Vorbereitung
8	25	Acess 2007	20.00	IP	in Vorbereitung
9	28	HTML - Mit Aufgaben üben	13.50	IP	in Vorbereitung
10	34	PostgreSQL - Ein relationales Datenbanksystem	22.50	IP	in Vorbereitung

Abb 147 Ursprünglicher Inhalt der Tabelle Artikel_Status

6. Führen Sie nun die Funktion *Rabatt_vergeben* aus. Der Aufruf der Funktion soll für jeden dritten Artikelsatz mit einem Rabatt von 5.00 Euro durchgeführt werden.

```
SELECT * FROM Rabatt_vergeben(3, 5.00)
```

Die ausgeführte Funktion liefert (mit RETURN NEXT Temp_ArtikelNr) folgende Reihenfolge mit den Artikelnummern 11, 12, 14, 15, 18, 19, 23, 25, 28 und 34, in der die Artikelpreise für die Artikeldatensätze 14, 19 und 28 aktualisiert worden sind.

7. Betrachten Sie die Ergebnistabelle.

Ausgabefeld

Datenanzeige | Zerlegung | Meldungen | Historie

	artikelnr integer	titel character varying(64)	artikelpreis numeric	statuscode character(2)	statusname character varying(20)
1	11	Word 2007 Basis	14.95	AV	lieferbar
2	12	Excel 2007 Basis	19.95	AV	lieferbar
3	14	My SQL	7.95	AV	lieferbar
4	15	Rechnungswesen	107.60	AV	lieferbar
5	18	Grundlagen Rechnungswesen	9.95	IP	in Vorbereitung
6	19	Grundlagen Rechnungswesen & Datev	19.95	AV	lieferbar
7	23	Was ist Office?	22.25	IP	in Vorbereitung
8	25	Acess 2007	20.00	IP	in Vorbereitung
9	28	HTML - Mit Aufgaben üben	8.50	IP	in Vorbereitung
10	34	PostgreSQL - Ein relationales Datenbanksystem	22.50	IP	in Vorbereitung

Abb 148 *Das Ergebnis der Funktion Rabatt_vergeben*

8. Sie sehen, dass bei jedem dritten Artikelsatz der Artikelpreis um den angegebenen Rabattwert reduziert worden ist.
9. Speichern Sie die Funktion unter dem Namen *Rabatt_vergeben.*

9.2.4 Beispiel 106: Artikeldaten mit Cursor-FOR-Schleife sequentiell lesen

1. In diesem Beispiel lässt sich die Datensatzbearbeitung einer Tabelle statt mit "OPEN...FETCH...CLOSE" einfacher mit einer FOR-Schleife durchführen. Dabei sollen alle Artikeldatensätze, welche einen *Artikelpreis* unter 30 Euro und ein Erscheinungsjahr größer 2007 haben, nacheinander gelesen werden, bis keiner mehr übrig ist. Dabei sollen nur die *Titel* der Bücher ausgegeben werden.
2. Kodieren Sie folgende Funktion.

```
CREATE or REPLACE FUNCTION Titel_lesen() RETURNS SETOF TEXT AS
'
DECLARE
   Temp_Record RECORD;
   Temp_Titel Artikel.Titel%TYPE;
BEGIN
   FOR Temp_Record IN
               SELECT Titel FROM Artikel
               WHERE Artikelpreis < 30 AND
               EXTRACT(YEAR FROM Erscheinungstermin)>2007
   LOOP
      --implizites OPEN und FETCH
      Temp_Titel := Temp_Record.Titel;
      RETURN NEXT Temp_Titel;
   END LOOP; --implizites CLOSE
   RETURN;
END
' LANGUAGE 'plpgsql';
```

3. Betrachten Sie die Funktion, welche die Konstruktion der Cursor-FOR-Schleife darstellt. Es ist dabei wichtig, dass vor der Schleife eine RECORD-Variable deklariert werden muss, die anschließend innerhalb der Schleife durch die Felder der *Artikel*-Tabelle initialisiert wird. Am Anfang der FOR-Schleife wird implizit ein Cursor (*Temp_Record*) mit der angegebenen SELECT-Anweisung angelegt und gleichzeitig geöffnet. Bei jedem Schleifendurchlauf (zwischen LOOP und END LOOP) wird ein Datensatz aus der *Artikel*-Tabelle in die temporäre Recordvariable *Temp_Record* geholt. Diese Variable übernimmt automatisch als Laufgröße der FOR-Schleife die Ergebniszeilen des Cursors. Die Recordkomponente entspricht dann der Spalten der Cursorta-

belle, die durch den Cursor impliziert ist. Über *Temp_Record* ist dann (durch Punktnotation) das Cursorfeld *Titel* zugreifbar, welches dann mit RETURN NEXT zurückgegeben wird. Wenn kein Datensatz mehr vorhanden ist, wird der Cursor implizit geschlossen (END LOOP) und die Schleife verlassen.

4. *Hinweis*: Bei jeder Ausführung der LOOP-Schleife wird automatisch ein FETCH in die Schleifenvariable ausgeführt (daher enthält die Schleife keinen FETCH-Befehl). Man spart außerdem die OPEN- und CLOSE-Befehle.

5. Führen Sie die Funktion mit einem SELECT und ohne Parameterübergabe aus.

```
SELECT * FROM Titel_lesen()
```

6. Die Ergebnistabelle sieht wie folgt aus:

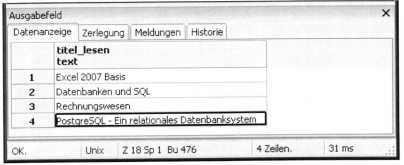

Abb 149 Ergebnis

7. Ersetzen Sie nun die obige FOR-Schleife durch folgende CURSOR-WHILE-Schleife, um den Unterschied zwischen beiden Schleifen erkennen zu können.

```
CREATE or REPLACE FUNCTION Titel_lesen() RETURNS SETOF TEXT AS
'
DECLARE
  Temp_Cursor CURSOR FOR
        SELECT Titel
        FROM Artikel
        WHERE Artikelpreis < 30
        AND   EXTRACT(YEAR FROM Erscheinungstermin) > 2007;
  Temp_Titel Artikel.Titel%TYPE;
BEGIN
  OPEN Temp_Cursor;
  FETCH Temp_Cursor INTO Temp_Titel;
```

```
    WHILE FOUND
    LOOP
        RETURN NEXT Temp_Titel;
        FETCH Temp_Cursor INTO Temp_Titel;
    END LOOP;
    RETURN;
END
' LANGUAGE 'plpgsql';
```

8. Betrachten Sie nun die Unterschiede. Der Code der Cursor-FOR-Schleife ist kürzer und verständlicher als der Code der WHILE-Cursor-Schleife. Der Grund liegt einfach darin, dass alle drei Cursor-Befehle OPEN, FETCH und CLOSE nur mit einer einfachen FOR-Schleife durchgeführt werden können. Darüber hinaus muss sich der Programmentwickler nicht mehr um eine Abbruchbedingung (NOT FOUND) wie bei WHILE-Schleife kümmern.

9. Kompilieren Sie (mit F5) die geänderte Funktion und führen Sie sie erneut mit SELECT aus.

```
SELECT * FROM Titel_lesen()
```

10. *Hinweis*: Das Ergebnis der WHILE-Schleife ist identisch mit dem der FOR-Schleife.

11. Speichern Sie die Funktion unter dem Namen *Titel_lesen* ab.

9.3 Cursor zurückgeben

Ein SELECT-Statement kann Daten aus Tabellen zusammenführen, aber als Ergebnis darf mit SELECT nur eine einzige Ergebniszeile entstehen. Wenn aber eine Menge von Ergebniszeilen erwartet wird, muss ein Cursor eingesetzt werden. Oft möchte man in einer benutzerdefinierten Funktion mehr als einen Ergebniswert an den Aufrufer einer Funktion zurückgeben. Dies ist in PostgreSQL realisierbar, indem im Funktionskopf ein Cursor (vom speziellen Typ REFCURSOR) als Funktionsargument und als Rückgabewert definiert wird. Die Funktion erledigt in diesem Fall zwei Aufgaben, d.h. erstens sie öffnet im Funktionsrumpf den Cursor und zweitens sie gibt den Cursornamen aus der Funktion zurück. PostgreSQL ermöglicht weiterhin die Manipulation des Cursors außerhalb der Funktion, in der der Cursor geöffnet wurde. Damit können beim Aufruf der Funktion gleichzeitig mit dem FETCH-Befehl Zeilen aus dem Cursor gelesen und zurückgegeben werden. Der Cursorname, der von der Funktion zurückgegeben wird, kann beim Funktionsaufruf entweder durch den Programmierer spezifiziert oder automatisch generiert werden.

9.3.1 Beispiel 107: Ergebnis einer Funktion durch benutzerdefinierten Cursor zurückgeben

1. Die Datenbank *Direktbestellung01* ist geöffnet.
2. Das folgende Beispiel zeigt, dass eine Funktion sowohl als Funktionsparameter wie auch als Rückgabewert eine Referenzvariable vom speziellen Typ REFCURSOR verwendet. Dabei erfolgt die Manipulation der Cursortabelle nicht in der Funktion, in der der OPEN-Befehl kodiert wurde, sondern beim Funktionsaufruf außerhalb der Funktion. Mit der Funktion in diesem Beispiel sollen diejenigen Kunden nacheinander gelesen werden, die nach dem Jahr 2007 Kunden beim Stadtlupe-Verlag geworden sind. Die Felder *KundenNr*, *Name* und *KundeSeit* sind auszugeben.
3. Kodieren Sie folgende Funktion, welche mehr als einen Ergebniswert an den Aufrufer der Funktion zurückgeben soll.

```
CREATE or REPLACE FUNCTION Kunden_lesen(REFCURSOR) RETURNS
                                        REFCURSOR AS '
DECLARE
  Referenz_Cursor ALIAS FOR $1;
BEGIN
  OPEN Referenz_Cursor FOR
       SELECT KundenNr, Name, KundeSeit
```

```
            FROM Kunden
            WHERE EXTRACT(Year FROM KundeSeit) > 2007;
   RETURN Referenz_Cursor;
END
' LANGUAGE 'plpgsql';
```

4. Betrachten Sie die Kodierung der obigen Funktion. Der Funktionskopf enthält als Funktionsparameter und Rückgabewert einen Referenz-Cursor vom speziellen Typ REFCURSOR. Der zurückgegebene Cursorname muss durch den Aufrufer spezifiziert werden. An Stelle von der Deklaration eines Cursors, wird eine Referenzvariable (*Referenz_Cursor*) vom Typ REFCURSOR deklariert. Damit erzeugen Sie einen Cursor, dessen Name derselbe ist wie der Name der Variable. Dieser Cursor wird hier als eine ungebundene Cursorvariable deklariert, der zu diesem Zeitpunkt kein aktueller Cursor ist sondern eine Referenz auf den Cursor. Erst beim Öffnen dieses Cursors wird ihm gleich die angegebene SELECT-Anweisung zur Ausführung übergeben. Der Cursor darf nicht vorher explizit geöffnet werden.
5. Wenn die Funktion ausgeführt wird, erfolgt die Rückgabe des Ergebnisses mit einer RETURN-Anweisung gefolgt vom Cursornamen. Am Ende der Funktion wird der gesamte Inhalt der Cursortabelle als Funktionsergebnis mit RETURN zurückgegeben und der Cursor geschlossen.
6. Die Zurücklieferung des Rückgabewertes eines Cursors erfolgt mit RETURN entweder direkt (z.B. RETURN $1) durch Angabe der Position des Cursorparameters in der formalen Parameterliste oder indirekt (RETURN Referenzvariable) über eine lokal definierte Referenz-Variable (Referenz_Cursor) vom Typ REFCURSOR.
7. Eine Cursorfunktion können Sie wie ein Feld in einer SELECT-Anweisung verwenden. Der Aufruf der Funktion benötigt ein SELECT-Statement mit dem Namen der Funktion. Dabei übergeben Sie der Funktion als aktuellen Parameter einen von Ihnen spezifizierten Cursornamen (z.B. 'postgrecursor').

```
BEGIN;
SELECT * FROM Kunden_lesen('postgrecursor');
```

8. Anschließend führen Sie durch FETCH und mit diesem String die Verarbeitung der Ergebnistabelle durch.

```
FETCH ALL IN postgrecursor;
```

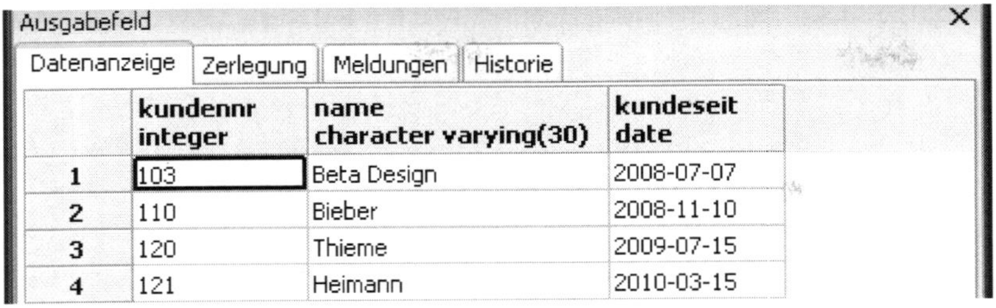

	kundennr integer	name character varying(30)	kundeseit date
1	103	Beta Design	2008-07-07
2	110	Bieber	2008-11-10
3	120	Thieme	2009-07-15
4	121	Heimann	2010-03-15

Abb 150 *Ergebnis*

9. Schauen Sie sich das Ergebnis an. Es werden nur 4 Datensätze angezeigt. Speichern Sie die Funktion unter dem Namen *Kunden_lesen*.

9.3.2 Beispiel 108: Automatische Erzeugung eines Cursornamens

1. Das folgende Beispiel unterscheidet sich vom vorherigen Beispiel nur dadurch, dass die hier kodierte Funktion keinen Parameter verwendet. Der zurückgegebene Funktionswert erfolgt, wie im vorherigen Beispiel, über einen anonymen Cursor vom Typ REFCURSOR, der explizit deklariert werden soll. In der Funktion dieses Beispiels sollen mit Hilfe des anonymen Cursors *Referenz_Cursor* diejenigen Kunden nacheinander gelesen werden, die nach 2007 Kunden beim Stadtlupe-Verlag geworden sind.

2. Kopieren Sie hier das vorherige Beispiel und führen Sie einige Änderung durch, so dass es folgenden Code aufweist.

```
CREATE or REPLACE FUNCTION Kunden_lesen01() RETURNS REFCURSOR
AS '
DECLARE
   Referenz_Cursor REFCURSOR;
BEGIN
   OPEN Referenz_Cursor FOR
        SELECT KundenNr, Name, KundeSeit
        FROM Kunden
        WHERE EXTRACT(Year FROM KundeSeit) > 2007;
   RETURN Referenz_Cursor;
END
' LANGUAGE 'plpgsql';
```

3. Betrachten Sie die kodierte Funktion. Der Funktionskopf enthält als Rückgabewert einen Referenz-Cursor vom speziellen Typ REFCUR-

Cursor

SOR. Der Cursorname wird beim Aufruf der Funktion automatisch erzeugt.

4. PL/pgSQL erlaubt durch die Verwendung von REFCURSOR-Variablen einen anonymen Cursor (*Referenz_Cursor*) zu deklarieren. Dieser Cursor wird mit dem Befehl "OPEN Referenz_Cursor FOR SELECT..." erzeugt und an den Referenz_Cursor gebunden. Den geöffneten anonymen Cursor können Sie wie jeden anderen Cursor lesen, schließen und löschen. Der Cursorname wird am Ende der Funktion über RETURN zurückgegeben.

5. Kompilieren Sie mit F5 die Funktion *Kunden_lesen01()*.

6. Da der Wert des REFCURSORs intern einfach ein String mit dem Namen eines so genannten Portals ist, welches die aktive Anfrage des Cursors enthält, muss die Funktionsausführung in zwei Schritten durchgeführt werden:

7. Im ersten Schritt rufen Sie die Funktion wie folgt auf:

```
BEGIN;
SELECT Kunden_lesen01();
```

8. Die Ausführung dieses Befehls liefert als Ergebnis ein Feld mit dem Text "<unnamed portal 1>" zurück. Diesen Namen konstruiert PostgreSQL automatisch für den anonymen Cursor, da er keinen Namen hat. Lesen Sie aus dem zurückgelieferten Ergebnistext "<unnamed portal 1>" die Nummer des Portals ab und merken Sie sich es.

9. Im zweiten Schritt führen Sie den FETCH-Befehl mit der eingelesenen Portal-Nummer wie folgt aus:

```
FETCH ALL IN "<unnamed portal 1>";
```

Abb 151 *Das Ergebnis nach der Ausführung von FETCH ALL*

Überprüfen Sie das erstellte Ergebnis. Beachten Sie, dass Datensätze angezeigt werden, die identisch mit denen im Beispiel 107 sind.

10. *Hinweis*: Der Wert des REFCURSORs stellt einen Verweis auf einen offenen Cursor dar und ist bis zum Ende der Transaktion brauchbar.

Wenn die Transaktion beendet ist, werden auch alle Portale (Cursor) automatisch geschlossen.

11. Speichern Sie diese Funktion unter dem Namen *Kunden_lesen01*.

9.4 Blättern durch die Ergebnistabelle

Der FETCH-Befehl positioniert einen Cursor auf eine definierbare Zeile der Ergebnistabelle. So kann z.B. entweder auf die erste oder auf die letzte Tabellenzeile positioniert werden. Es kann aber auch eine Positionierung auf eine beliebige Zeile der Cursortabelle vorgenommen werden. PL/pgSQL unterstützt zwei Funktionen zum Blättern innerhalb der Cursortabelle, die absolute und die relative Bewegung eines Cursors. Man kann basierend auf der realen Zeilenposition innerhalb der Ergebnistabelle direkt auf eine bestimmte Zeile positionieren (z.B. FETCH ABSOLUTE 3, d.h. die Zeile 3). Man kann auch einen Datensatz relativ über seine Position in der Cursortabelle abrufen.

9.4.1 Beispiel 109: Mit Cursor durch Ergebnistabelle blättern

1. Die Datenbank *Direktbestellung01* ist geöffnet. Das folgende Beispiel zeigt, wie eine Positionierung auf eine beliebige Zeile durchgeführt werden kann. Dabei werden die verschiedenen Blätternfunktionen kodiert, die es ermöglichen auf die Artikeldatensätze absolut oder relativ zu positionieren. Dabei soll mit Hilfe eines speziellen Cursors eine Cursortabelle mit den Spalten *ArtikelNr*, *Titel* und *Artikelpreis* für diejenigen Artikeldatensätze erstellt werden, deren Artikelnummer größer ist als der Artikelnummer, die vom Benutzer über die aufgerufene Funktion übergeben wird.
2. Dazu wird folgende Funktion kodiert.

```
CREATE or REPLACE FUNCTION Artikel_blaettern(int4, Refcursor)
                RETURNS REFCURSOR AS '
BEGIN
  OPEN $2 FOR SELECT ArtikelNr, Titel, Artikelpreis
             FROM Artikel
             WHERE ArtikelNr > $1
             ORDER BY ArtikelNr;
  RETURN $2;
END
' LANGUAGE 'plpgsql';
```

3. Die Funktion hat zwei Parameter: Der erste ist vom Typ INTEGER und enthält die Artikelnummer, welche die Positionierung im Cursor festlegt. Der zweiter Parameter ist vom Typ REFCURSOR und wird durch den Programmierer beim Aufruf der Funktion spezifiziert. Der

zweite Parameter liefert mit RETURN $2 beim Verlassen der Funktion die Werte aus der sortierten Ergebnistabelle zurück. Da die Funktion mehrere Werte als Funktionsergebnis zurückgeben muss, wird hier als Funktionsergebnistyp REFCURSOR verwendet.

4. Kompilieren Sie die Funktion (mit F5) und prüfen die angezeigten Systemmeldungen. Testen Sie nun verschiedene Funktionen zum Blättern durch die Ergebnistabelle.
5. Sie können zunächst mit FETCH ALL alle Zeilen der Cursortabelle ausgeben lassen. Zur Ausführung der Funktion übergeben Sie ihr die Benutzerparameter 15 und 'postgre' (15 ist die Artikelnummer, 'postgre' ist ein vom Benutzer ausgewählter Cursorname). Achten Sie darauf, dass beide Anweisungen SELECT und FETCH als ein Anweisungsblock ausgeführt werden.

```
SELECT Artikel_blaettern(15, 'postgre');
FETCH ALL IN postgre;
```

6. Betrachten Sie das Ergebnis.

	artikelnr integer	titel character varying(64)	artikelpreis numeric
1	16	Datenbanken	24.95
2	17	Personalmanagement	67.60
3	18	Grundlagen Rechnungswesen	9.95
4	19	Grundlagen Rechnungswesen & Datev	24.95
5	20	Datenbanken und SQL	26.50
6	21	Word und Excel 2003	35.50
7	23	Was ist Office?	22.25
8	24	Wirtschaft als Komplexum	34.9
9	25	Acess 2007	20.00
10	28	HTML - Mit Aufgaben üben	13.50
11	30	Rechnungswesen	23.00
12	31	Finanzmanagement Wirtschaft	24.95
13	34	PostgreSQL - Ein relationales Datenbanksystem	22.50

Abb 152 Das Ergebnis der Funktion Artikel_blaettern
Es werden alle Datensätze ab der *ArtikelNr* 16 bis zum Ende der Cursortabelle ausgegeben.

7. Mit FETCH FIRST kann die erste Zeile aus dem Cursor geliefert werden.

Cursor

```
SELECT Artikel_blaettern(15, 'postgre');
FETCH FIRST in postgre;
```

8. Es wird der erste Datensatz mit *ArtikelNr* 16 ausgegeben.

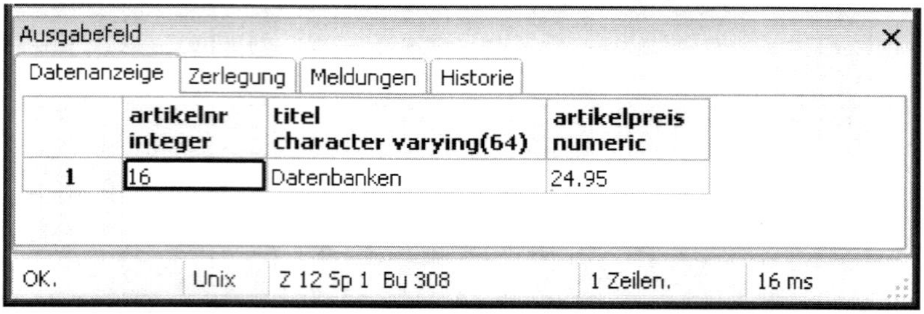

Abb 153 Das FETCH FIRST-Ergebnis

9. Mit FETCH LAST wird die letzte Zeile des Cursors ausgelesen.

```
SELECT Artikel_blaettern(15, 'postgre');
FETCH LAST IN postgre;
```

10. In diesem Fall wird der letzte Datensatz mit *ArtikelNr* 34 ausgegeben.
11. Der Befehl FETCH gefolgt von einer Zahl liest eine bestimmte Anzahl von Zeilen.

```
SELECT Artikel_blaettern(15, 'postgre');
FETCH 5 IN postgre;
```

12. Überprüfen Sie das Verhalten dieser Abfrage.

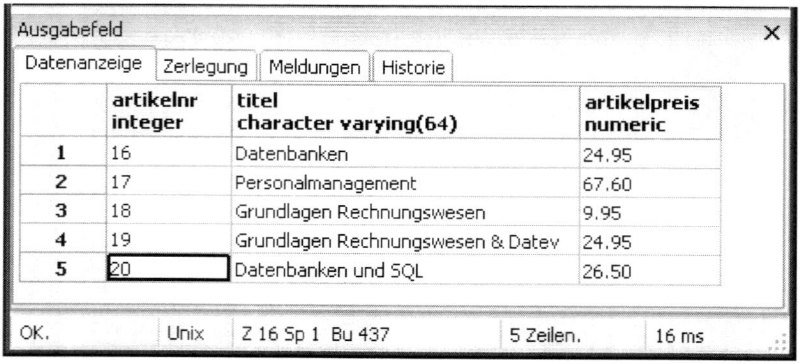

Abb 154 Ergebnis

Sie erhalten mehr Datensätze als zuvor. Es werden die ersten 5 Datensätze ausgegeben.

13. Sie können durch Verwendung des Schlüsselwortes PRIOR die vorangegangenen Zeilen durchlesen.

```
SELECT Artikel_blaettern(15, 'postgre');
FETCH 5 IN postgre;
FETCH PRIOR IN postgre;
```

14. Der Datensatz mit Artikelnummer 19 wird ausgelesen.
15. Mit FETCH REALTIVE kann ein Datensatz relativ über seine Position im Cursor abgerufen werden. D.h. der gelieferte Datensatz ist von der aktuellen Position in der Cursortabelle abhängig. Falls der Zeilenzähler negativ ist, wird die Zeile von der aktuellen Position ausgehend erreicht.

```
SELECT Artikel_blaettern(15, 'postgre');
FETCH 5 IN postgre;
FETCH RELATIVE -2 FROM postgre;
```

16. Es wird der Datensatz mit Artikelnummer 18 ausgelesen.
17. Sie können einen Datensatz über die Anzahl der ursprünglich gelieferten Datensätze hinaus auslesen.

```
SELECT Artikel_blaettern(15, 'postgre');
FETCH 5 IN postgre;
FETCH RELATIVE 2 FROM postgre;
```

18. Hiermit wird der Datensatz mit Artikelnummer 23 erreicht.
19. Durch die Angabe der absoluten Position einer Zeile kann eine spezifische Zeile aus der Cursortabelle abgerufen werden.

```
SELECT Artikel_blaettern(15, 'postgre');
FETCH ABSOLUTE 3 IN postgre;
```

20. Die ausgeführte Funktion liefert den dritten Datensatz (18) aus der Cursortabelle aus.
21. Wenn der Wert des Zeilenzählers negativ ist, wird die absolute Zeile vom Ende der Tabelle beginnend ausgewählt.

```
SELECT Artikel_blaettern(15, 'postgre');
FETCH ABSOLUTE -2 IN postgre;
```

22. Der Befehl FETCH ABSOLUTE -2 liefert die zweitletzte Ergebniszeile (31) zurück.
23. Speichern Sie die Funktion unter dem Namen *Artikel_blaettern* ab.

9.5 Übungsaufgaben

Aufgabe 28: Mit einem einfachen Cursor den minimalen Artikelpreis finden
Aufgabe 29: Mit einem parametrisierten Cursor bestimmte Kunden selektieren
Aufgabe 30: Mit dem FOR-Cursor Kundenadressen suchen
Aufgabe 31: Mit einem benutzerdefinierten Cursor bestimmte Artikel auswählen

9.5.1 Aufgabe 28: Mit einem einfachen Cursor den minimalen Artikelpreis finden

1. Erstellen Sie eine Funktion mit einem Cursor, der auf die Tabelle *Artikel* zugreift und den minimalen Artikelpreis aus allen Artikelzeilen mit dem Statuscode 'AV' herausfindet.
2. Definieren Sie für diese Funktion einen Eingabeparameter vom Typ TEXT und einen Ausgabeparameter vom Typ NUMERIC.
3. Hier soll ein Cursor *Artikel_Cursor* mit dem speziellen Datentyp REF-CURSOR deklariert werden. Dieser Cursor ist ungebunden, d.h. er ist nicht an das Abfragen von einzelnen Tabellenzeilen gebunden und kann mit jeder Anfrage verwendet werden. (Bsp. 102)
4. Der OPEN-Befehl öffnet diesen Cursor, dem gleich die angegebene SELECT-Anweisung zur Ausführung übergeben wird. Dabei wird eine Ergebnistabelle mit dem minimalen Artikelpreis bereitgestellt.
5. Mit dem FETCH-Befehl soll der minimale Artikelpreis aus der Cursor-Ergebnistabelle gelesen und in die angegebene Zielvariable *Ergebnis* kopiert werden.
6. Die Zielvariable, die explizit deklariert werden muss, enthält das Ergebnis, welches mit RETURN zurückgegeben wird. (Bsp. 103)
7. Falls der Cursor beim Lesen (FETCH) keinen Datensatz gefunden hat, ist die Leseaktion mit EXIT zu beenden.
8. Rufen Sie die Funktion auf und übergeben Sie ihr den aktuellen Wert 'AV'.

```
SELECT ungebundener_Cursor('AV')
```

9. Die ausgeführte Funktion sollte als Ergebnis 12.95 Euro liefern.
10. Speichern Sie diese Aufgabe unter dem Namen *ungebundener_Cursor* ab.
11. Die Lösung dieser Aufgabe finden Sie unter *B.28 Lösung Aufgabe 28*.

9.5.2 Aufgabe 29: Mit einem parametrisierten Cursor bestimmte Kunden selektieren

1. Entwickeln Sie eine Funktion, welche die Tabelle *Kunden* mit Hilfe eines parametrisierten Cursors ab einer bestimmten Position vorwärts liest. Die Festlegung der Startposition erfolgt über eine vom Benutzer übergebene Kundennummer, die größer sein kann als eine Gruppe von Artikelnummern der Tabelle.
2. Die Funktion soll als Eingabeparameter die Kundennummer haben und als Ausgabeparameter eine Menge von TEXT-Daten (z.B. Kundennummer verkettet mit eMail).
3. Da der Rückgabewert der Funktion eine Menge von Kundenzeilen sein kann, muss hinter RETURNS das Schlüsselwort SETOF angegeben werden. Bei der Deklaration des Cursors *ArtikelNr_Cursor* wird die Kundennummer als Parameter definiert, der die Datensatzposition bestimmt, ab der die Cursortabelle durchsucht werden soll. (Bsp. 104)
4. *Hinweis*: Geben Sie beim Öffnen des Cursors an Stelle des definierten Parameters den aktuellen Wert an, mit dem dann die Anfrage arbeiten soll.
5. Die Bearbeitung der Cursortabelle soll mit Hilfe der WHILE-Schleife erfolgen. Es ist daher wichtig, dass vor der WHILE-Schleife die FETCH-Anweisung ausgeführt werden muss, damit die WHILE-Bedingung gesetzt werden kann. Die Bedingung FOUND im Schleifenkopf wird vor jedem Schleifendurchlauf ausgewertet. Wenn sie erfüllt ist, wird der Anweisungsblock zwischen LOOP und END LOOP ausgeführt. (Bsp. 103, Bsp. 104)
6. Jeder gefundene Kundennummer, die kleiner ist als der übergebene Cursorparameter, soll zusammen mit der dazugehörigen eMail-Adresse zurückgegeben werden.
7. Mit einem zweiten FETCH-Befehl innerhalb der Schleife soll die nächste Zeile aus der Cursortabelle gelesen und in die Zielvariable *Temp_Record* kopiert werden. Solange ein Cursor bei der nächsten FETCH-Operation eine neue Ergebniszeile mit einer Kundennummer kleiner dem Cursorparameter gefunden hat, ist die Bedingung FOUND wahr.
8. Führen Sie die Funktion aus, indem Sie ihr eine Kundennummer z.B. 105 übergeben.

```
SELECT * FROM parametrisierter_Cursor (105)
```

	parametrisierter_cursor text
1	100 | hans@yahoo.de
2	101 | selfi@gmx.de
3	102 | richard@gmx.de
4	103 | Beta-Design
5	104 | anlange@distel.de

Abb 155 *Ergebnis*

9. Die Ergebnisliste der Funktion enthält die ersten fünf Kundensätze (beginnend bei 100). Stimmt Ihre Ergebnismenge mit der Abbildung überein?
10. Speichern Sie diese Aufgabe unter *parametrisierter_Cursor* ab.
11. Die Lösung dieser Aufgabe finden Sie unter *B.29 Lösung Aufgabe 29*.

9.5.3 Aufgabe 30: Mit dem FOR-Cursor Kundenadressen suchen

1. Erstellen Sie eine Funktion, welche die Bearbeitung aller Datensätze der *Adresse*-Tabelle statt mit "OPEN...FETCH...CLOSE" einfacher mit einer FOR-Schleife durchführt. Hierbei sind alle Adressdatensätze nacheinander zu lesen, um die Kunden herauszufinden, die eine Rechnungsadresse in Deutschland angegeben haben. Dabei sollen nur die Felder *KundenNr*, *Landescode* und *Name* ausgegeben werden.
2. Für diese Funktion ist kein Eingabeparameter erforderlich. Da der Rückgabewert der Funktion eine Menge von Tabellenzeilen sein kann, muss für den Ausgabeparameter vom Typ TEXT auch das Schlüsselwort SETOF angegeben werden.
3. Für die FOR-Schleife muss zunächst eine RECORD-Variable deklariert werden, die anschließend innerhalb der Schleife durch die Felder der *Kunden*-Tabelle initialisiert wird. Sie können zur Ausgabe der Tabellenfelder temporäre Variablen mit entsprechenden Datentypen definieren (wie z.B. `Temp_name Adresse.Name%TYPE`).
4. Am Anfang der FOR-Schleife soll ein Cursor (*Temp_Record*) mit der angegebenen SELECT-Anweisung implizit angelegt und gleichzeitig geöffnet werden. (Bsp. 106)

5. Bei jedem Schleifendurchlauf (zwischen LOOP und END LOOP) wird ein Datensatz aus der *Adresse*-Tabelle in die temporäre Recordvariable *Temp_Record* geholt. Die Recordvariable übernimmt automatisch als Laufgröße der FOR-Schleife die Ergebniszeilen des Cursors. Die Recordkomponente entspricht dann der Spalten der Cursortabelle, die durch den Cursor impliziert ist.
6. Über *Temp_Record* sind dann die Cursorfelder *KundenNr*, *Landescode* und *Name* zugreifbar, welche dann mit RETURN NEXT zurückgegeben werden sollen.
7. Wenn kein Datensatz mehr vorhanden ist, wird der Cursor implizit geschlossen (END LOOP) und die Schleife verlassen.
8. Führen Sie die Funktion ohne Parameter aus.

```
SELECT * FROM For_Cursor ()
```

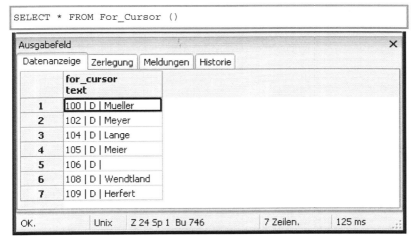

Abb 156 Ergebnis

9. Vergleichen Sie Ihr Ergebnis mit der Abbildung. Sie sollten insgesamt sieben Adressdatensätze sehen.
10. Speichern Sie diese Aufgabe unter dem Namen *For_Cursor* ab.
11. Die Lösung dieser Aufgabe finden Sie unter *B.30 Lösung Aufgabe 30*.

9.5.4 Aufgabe 31: Mit einem benutzerdefinierten Cursor bestimmte Artikel auswählen

1. Erstellen Sie eine Funktion mit dem Namen *benutzerdefinierter_Cursor*, welche diejenigen Artikel nacheinander liest, die vor dem Jahr 2008 erschienen sind und deren Artikelpreis unter 20 Euro liegt. Die Felder *ArtikelNr*, *Titel*, *Artikelpreis* und *Erscheinungstermin* sind auszugeben.

Cursor

2. Die Funktion soll als Funktionsparameter und Rückgabewert eine Referenzvariable vom Typ REFCURSOR enthalten. (Bsp. 107)
3. Deklarieren Sie einen *Referenz_Cursor* (eine ungebundene Cursorvariable) vom Typ REFCURSOR, der nur eine Referenz auf den Cursor ist. Erst beim Öffnen dieses Referenzcursors soll ihm gleich die angegebene SELECT-Anweisung zur Ausführung übergeben werden. Der Cursor darf nicht vorher explizit geöffnet werden. Der Rückgabe des Cursors erfolgt mit RETURN über die definierte Cursorvariable.
4. Die Manipulation der Cursortabelle erfolgt nicht in der Funktion, in der der OPEN-Befehl kodiert wird, sondern beim Funktionsaufruf außerhalb der Funktion.
5. Rufen Sie die Funktion wie folgt auf und übergeben Sie ihr als aktuellen Parameter einen von Ihnen ausgewählten Cursornamen (z.B. 'Benutzercursor').

```
BEGIN;
SELECT * FROM benutzerdefinierter_Cursor('Benutzercursor')
```

6. Führen Sie anschließend durch FETCH und mit dem spezifizierten Cursornamen die Verarbeitung der Cursortabelle durch.

```
FETCH ALL IN Benutzercursor;
```

7. Die Ergebnisliste enthält drei Datensätze. Stimmt Ihre Ergebnismenge mit der Abbildung überein?

Abb 157 *Ergebnis*

8. Speichern Sie die Aufgabe unter *benutzerdefinierter_Cursor* ab.
9. Die Lösung dieser Aufgabe finden Sie unter *B.31 Lösung Aufgabe 31*.

9.6 Verständnisfragen

Frage 43: Welche allgemeine Aussagen über den Cursor treffen zu? (2)
1. Ein Cursor kann als eine virtuelle Tabelle aufgefasst werden, die nach der Ausführung einer Abfrage erstellt wird.
2. Sie können ein Cursor in jeder SQL-Anweisung verwenden, nicht jedoch in Schleifen.
3. Ein ausgeführter Cursor stellt immer eine einzeilige Ergebnistabelle bereit.
4. Der Einsatz eines Cursors innerhalb einer PL/pgSQL-Funktion ist sinnvoll, wenn eine große Ergebnismenge zurückgegeben werden soll.
5. Der Cursor besitzt einen Namen und gilt für mehrere Tabellen.

Frage 44: Welche Aussagen über den Cursor treffen zu? (3)
1. Das Statement "DECLARE Cursor1 Cursor FOR SELECT ..." deklariert den Cursor unter dem Namen C1 und liest den ersten Tabellensatz.
2. Ein Cursor ist ein Zeiger auf eine Liste von Anfrageergebnissen.
3. Der Befehl FETCH Cursor1 holt das nächste Tupel der Cursortabelle.
4. Für die Deklaration eines Cursors sind die Befehle "DECLARE Cursor1 CURSOR..." und "OPEN Cursor1" notwendig.
5. OPEN Cursor1 veranlasst die Ausführung und Bereitstellung des Ergebnisses einer SELECT-Anfrage.

Frage 45: Welche Aussagen über die Cursor-Aufgaben treffen zu? (2)
1. Cursor dienen allgemein zur Verwaltung des Zugriffs auf einen Satz von Datenzeilen, der das Ergebnis eines beliebigen SQL-Befehls ist.
2. Der erste Befehl "FETCH Cursor1 INTO ..." bewirkt das Einlesen der ersten Zeile und die Prüfung, ob überhaupt Daten in der Ergebnistabelle verfügbar sind.
3. Cursor ist ein Zeiger, der einem SELECT zugeordnet wird und die Zeilen der Ergebnismenge im Programm bereitstellen kann.
4. Mit zwei nacheinander ausgeführten FETCH-Befehlen kann die gesamte Cursor-Ergebnistabelle durchgelesen werden.
5. Ein Cursor kann automatisch alle Ergebniszeilen einer SELECT-Anweisung lesen.

Frage 46: Welche Aussagen über die Cursor-Befehle treffen zu? (2)

1. Das Statement "DECLARE Cursor1 CURSOR ..." ordnet der Anfrage einen Cursor mit dem Namen Cursor1 zu.
2. Die einzige Operation auf einen Cursor ist die FETCH-Operation.
3. Das Nachlesen einer Zeile aus der Cursor-Ergebnistabelle erfolgt durch einen OPEN-Befehl.
4. Durch den FETCH-Befehl rückt der Cursor automatisch auf die nächste Zeile der zu lesenden Cursor-Ergebnistabelle.
5. Ein Cursor, der mit CLOSE geschlossen wurde, kann wieder benutzt werden.

Frage 47: Welche Aussagen über die Besonderheiten des Cursors treffen zu? (3)

1. In PL/pgSQL ist REFCURSOR ein spezieller Referenz-Cursor, der die Manipulation der Cursortabelle beim Aufruf einer Funktion ermöglicht und nicht dort wo der OPEN-Befehl kodiert wurde.
2. Man darf in eine Cursortabelle nur in einer Richtung (d.h. vorwärts) blättern.
3. Mit einem Cursor können die Zeilen der Cursortabelle vorwärts und rückwärts gelesen werden.
4. Man kann den FETCH-Befehl immer dort kodieren, wo der Cursor deklariert und eröffnet wurde.
5. PL/pgSQL unterstützt durch Verwendung des speziellen Typs REFCURSOR die Deklaration eines anonymen Cursors (Referenz-Cursor), der beim OPEN gleichzeitig erzeugt und an den Referenz-Cursor gebunden wird.

10 Trigger

Trigger ist eine besondere Form von gespeicherten Funktionen (o. Prozeduren), bei dem die Funktion nicht durch den Anwender, sondern durch das Datenbanksystem selbst gestartet wird. PL/pgSQL unterstützt die Trigger, die beim Eintreten bestimmter Ereignisse in der Datenbank automatisch ausgeführt werden können. Ein Trigger steht immer mit einer Tabelle in Verbindung und tritt in Aktion, wenn für diese Tabelle bestimmte Ereignisse eingetreten sind. Die Ereignisse werden durch die DML-Operationen INSERT, UPDATE und DELETE ausgelöst. Trigger ermöglichen die automatische Ausführung von Aktionen, wenn Datensätze in Tabellen eingefügt, geändert bzw. gelöscht werden.

Wenn ein Triggerereignis eintritt, wird eine Triggerfunktion aufgerufen um das Ereignis zu einem angemessenen Zeitpunkt zu behandeln. Daher muss die Definition einer Triggerfunktion vor dem Anlegen des Triggers erfolgen. Trigger werden häufig eingesetzt, wenn die erforderliche Funktionalität von Constraints nicht ausreicht. Hauptziel eines Triggers ist die Unterstützung der referentiellen Integrität zwischen den verknüpften Tabellen. Ein Trigger kann z.B. einen Datenbestand überwachen, Werte prüfen, die in eine Tabelle eingesetzt werden sollen oder Berechnungen mit Werten ausführen, die zu einem Update gehören. Er kann auch Datenmanipulationen unterbinden, wenn sie den im Trigger definierten Bedingungen widersprechen. Trigger können die Zulässigkeit von Werten vor der Durchführung von Änderungen prüfen, um im Fall einer Integritätsverletzung diese korrigieren zu können. So kann z.B. das Einfügen ungültiger Datensätze bzgl. bestimmter Werte verhindert werden.

Die Bearbeitung eines Triggers ist abhängig von

1. dem eingetretenen Ereignis (z.B. Einfügen, Ändern oder Löschen von Datensätzen der Tabelle), welches den Trigger auslöst
2. dem Ausführungszeitpunkt, der bestimmt, ob ein Trigger vor oder nach dem triggerauslösenden Ereignis aktiviert werden soll und
3. der Ausführungshäufigkeit, die angibt, dass ein Trigger einmal für jedes betroffene Tupel (ROW-Trigger) seiner Tabelle ausgeführt werden soll.

Hinweis: Für die Beispiele und Aufgaben dieses Kapitels verwenden Sie bitte die Datenbank *Direktbestellung02*.

10.1 Definition eines Triggers und einer Triggerfunktion

Ein Trigger wird mit der CREATE TRIGGER-Anweisung als ein eindeutig benanntes Datenbankobjekt angelegt. Diese Anweisung setzt sich aus einem Kopf- und einem Aktionsbereich zusammen. Der Kopfbereich enthält die Komponenten, die zur Definition des Triggers notwendig sind und der Aktionsbereich (EXECUTE) repräsentiert in PL/pgSQL eine benutzerdefinierte Triggerfunktion, die für jede vom Ereignis betroffene Zeile (d.h. mehrfach) ausgeführt wird.

```
CREATE TRIGGER Triggername
(BEFORE | AFTER) (INSERT | DELETE | UPDATE[OF Spalten] [OR ...])
ON Tabellenname
[FOR EACH ROW]
EXECUTE PROCEDURE Funktion ([Argument[,...] ] )
```

CREATE TRIGGER Triggername

Anlegen eines Triggers mit einem eindeutigen Namen.

BEFORE | AFTER

Die Befehle BEFORE und AFTER können den möglichen Aktivierungszeitpunkt des Triggers bestimmen. Somit kann man die Aktivierungszeit des Triggers so festlegen, dass er entweder vor oder nach der triggerauslösenden Anweisung in Aktion tritt. Mit BEFORE tritt der Trigger in Aktion, bevor ein Datensatz in die Triggertabelle eingefügt wird. Mit AFTER erfolgt die Triggeraktivierung nach der Manipulation der Triggertabelle, und so sind alle Veränderungen im Trigger sichtbar.

INSERT | UPDATE | DELETE [OF Spaltenliste] OR

Ein Trigger steht immer mit einer Tabelle (genannt Triggertabelle) in Verbindung und wird durch die Ausführung eines der SQL-Befehle INSERT, DELETE oder UPDATE aktiviert. Aufgrund dieser Operationen gibt es drei Typen von Triggern (drei Events = Ereignisse), welche die Aktivierung eines Triggers auslösen. Bei INSERT erfolgt die Aktivierung des Triggers, wenn eine neue Zeile in die Triggertabelle eingefügt wird. Bei UPDATE erfolgt die Aktivierung des Triggers bei der Änderung von Werten einer beliebigen Spalte oder bestimmter Spalten in der Triggertabelle. Bei DELETE wird der Trigger beim Löschen einer Zeile aus der Triggertabelle aktiviert. Soll beispielsweise ein Trigger sowohl beim Einfügen wie auch beim Ändern aktiviert werden, dann können Sie die Ereignisse mit OR (z.B. INSERT OR UPDATE OR DELETE) verknüpfen.

ON Tabellenname
Mit der ON-Klausel wird der Name der Tabelle eingeleitet, zu welcher der Trigger gehört.

[FOR EACH ROW]
Diese optionale Klausel gibt die Häufigkeit der Funktionsauflösung (pro bearbeitendes Tupel) an.

EXECUTE PROCEDURE Funktion ([Argument[,...]])
Über EXECUTE wird die aufgeführte Triggerfunktion aufgerufen und ausgeführt, wenn der Trigger in Aktion tritt. Die Triggerfunktion muss vor dem Anlegen eines Triggers definiert sein, weil sie vom TRIGGER-Objekt aus mit EXECUTE zur Ausführung aufgerufen wird. Diese separate Definition von Triggerfunktionen hat den Vorteil, wenn Sie dieselbe Routine von mehreren Triggern aufrufen möchten. Der Unterschied zu den bisherigen Funktionen ist, dass die Triggerfunktion als Rückgabewert nur den Datentyp TRIGGER zulässt.

Wenn eine Funktion in PL/pgSQL als Triggerfunktion aufgerufen wird, werden spezielle Triggervariablen automatisch generiert, auf die der Programmierer zur Ausgabe von triggerrelevanten Informationen einfach zugreifen kann. Die folgende Tabelle gibt Ihnen eine Übersicht der Trigervariablen.

Tabelle 17 Triggervariablen

Variablenname	Datentyp	Beschreibung
NEW	Record	Enthält die neue Zeile mit ihrem Zustand nach der Veränderung und wird häufig verwendet.
OLD	Record	Enthält die alte Zeile mit ihrem Zustand vor der Veränderung und wird häufig verwendet.
TG_NAME	Text	Enthält den Namen des aktuellen Triggers.
TG_WHEN	Text	Gibt an, ob es um einen BEFORE- oder AFTER-Trigger geht.

Variablenname	Datentyp	Beschreibung
TG_LEVEL	Text	Zeichenkette (ROW), die von der Triggerdefinition abhängig ist.
TG_OP	Text	Gibt das Ereignis des Triggers an, welcher ausgeführt wird.
TG_RELID	OID	Enthält die OID der Tabelle, für die der Trigger definiert wurde.
TG_RELNAME	Text	Name der Tabelle, die den Trigger ausgelöst hat.
TG_NARGS	Integer	Anzahl der Argumente, die der Triggerfunktion vom Trigger übergeben worden sind.
TG_ARGV[]	Text-Array	Enthält die einzelnen Parameter, die an die Funktion übergeben werden. Zählung beginnt bei 0.

Hinweise:

1. NEW und OLD sind die wichtigsten Variablen, die die Bezugnahme auf die triggerauslösende Zeile einer Tabelle ermöglichen. Damit kann auf Spalten zugegriffen werden, die von einem Trigger betroffen sind. Diese Triggervariablen binden eine Tupelvariable an die neu eingefügte bzw. gelöschte (alte) Zeile einer Tabelle.
2. In einem BEFORE-INSERT-Trigger kann nur NEW benutzt werden, da keine alte Zeile vorhanden ist.
3. In einem BEFORE-UPDATE-Trigger können sowohl OLD für den Verweis auf Tabellenzeilen vor der Änderung als auch NEW für einen Verweis auf die geänderten Tabellenzeilen verwendet werden.
4. In einem BEFORE-DELETE-Trigger kann nur OLD benutzt werden, da keine neue Zeile vorhanden ist.

10.1.1 Beispiel 110: Tabelle mit Trigger Before-Insert prüfen

1. Dieses Beispiel demonstriert einen einfachen Trigger, der beim Anlegen eines neuen Buches prüfen soll, ob der Erscheinungstermin älter ist als z.B. das Ausgangsdatum '01.04.2009' und der Buchpreis unter 20 Euro liegt. Falls der Preis über 20 Euro liegt, wird ein Rabatt von 15% gewährt und der Preis um zwei Nachkommstellen gerundet. In diesem ersten Beispiel wird gezeigt, wie ein Trigger verwendet werden kann, um die Datenfehler zu erkennen.
2. Öffnen Sie zuerst die Datenbank *Direktbestellung02*. Bevor Sie den Trigger erzeugen, müssen Sie eine Triggerfunktion anlegen, weil der Trigger prüft, ob die von ihm aufgerufene Zielfunktion bereits existiert.
3. In dem Beispiel soll die Prüfung der Daten vor dem eigentlichen Einfügen durchgeführt werden. Dazu muss ein BEFORE-INSERT-Trigger verwendet werden.
4. Die Triggerfunktion soll den Erscheinungstermin eines Buches kontrollieren, und den Artikelpreis prüfen, anpassen, runden und ihn korrekt ablegen. Zu diesem Zweck ist notwendig, einzelne Spaltenwerte direkt zu modifizieren.
5. Wenn die Bedingung "Erscheinungstermin < Ausgangsdatum" wahr ist, dann soll durch den Befehl RAISE EXCEPTION ein entsprechender Fehler ausgegeben und die Transaktion abgebrochen werden.

```
CREATE or REPLACE FUNCTION Buch_beforeInsert() RETURNS TRIGGER
AS '
DECLARE
 Rabatt NUMERIC;
 Ausgangsdatum DATE DEFAULT 20090401;
BEGIN
 Rabatt = 0;
 IF NEW.Erscheinungstermin < Ausgangsdatum
 THEN
    RAISE EXCEPTION ''Termin ist nicht aktuell:%'',
                    NEW.Erscheinungstermin;
 ELSEIF
    NEW.Buchpreis > 20
 THEN
    Rabatt = NEW.Buchpreis*0.15;
    NEW.Buchpreis := ROUND(NEW.Buchpreis - Rabatt,2);
```

```
        RAISE NOTICE '' % aktueller Termin, Preis mit 15proz.
                     Rabatt: %'',
                     NEW.Erscheinungstermin, NEW.Buchpreis;
  END IF;
  RETURN NEW;
END;
' LANGUAGE plpgsql;
```

6. Über die NEW-Variable kann direkt auf jede Spalte der Triggertabelle zugewiesen werden. Mit NEW.Buchpreis ist der Wert dieser Spalte gemeint, der in die neue Zeile der Spalte *Buchpreis* eingesetzt werden soll. An Stelle des Platzhalters % steht nach der Ausführung der Funktion der Inhalt der angegebenen Variablen, in diesem Fall der *Erscheinungstermin*. Der Befehl RETURN NEW trägt den neuen Datensatz ein.

7. *Hinweis*: NEW ist bei allen INSERT- und UPDATE-Triggern auf Zeilenebene verfügbar und enthält den aktuellen Datensatz. Befinden Sie sich in einem BEFORE-Trigger, können Sie den Datensatz vor dem Einfügen noch modifizieren und Einfluss auf das Systemverhalten nehmen.

8. Sie können mit der Anweisung RAISE NOTICE eine Meldung mit dem neuen (und alten) Inhalt von Variablen anzeigen. Mit der Anweisung RAISE EXCEPTION wird eine Transaktion für gescheitert erklärt.

9. Die angelegte Triggerfunktion soll anschließend als Trigger gesetzt werden. Danach wird sie bei dem Ereignis INSERT automatisch gestartet.

10. Der Trigger, der mit CREATE TRIGGER erzeugt wird, hat als Aufgabe, vor der Ausführung der INSERT-Operation, die die Änderung bewirkt, eine spezifische Anweisung auszuführen.

11. Wird der Trigger aktiviert, dann ruft er vor jedem Einfügen in die Tabelle *Buch* (auch Triggertabelle genannt) für jede einzufügende Zeile die Prozedur *Buch_beforeInsert()* auf.

```
CREATE TRIGGER Trigger_Buch_beforeInsert
BEFORE INSERT ON Buch
FOR EACH ROW
EXECUTE PROCEDURE Buch_beforeInsert();
```

12. Um die Funktionsweise des neuen Triggers zu kontrollieren, fügen Sie (mit INSERT) einen neuen Buchsatz mit einem nicht aktuellen Erscheinungstermin (z.B. 01.01.2009) hinzu.

```
INSERT INTO Buch(Buchnummer, Titel, Kategorienummer,
                 Buchpreis, Bestand, Erscheinungstermin)
VALUES (35,'SQL Standard', 1, 30.00, 5, '01.01.2009')
```

13. Da dieser Datensatz wegen des ungültigen Termins nicht eingefügt werden kann, wird folgende Systemmeldung angezeigt:
    "ERROR: Termin ist nicht aktuell: 2009-01-01"
14. Fügen Sie nun in die Tabelle *Buch* einen neuen gültigen Datensatz (mit Erscheinungstermin 30.05.2009) ein.

```
INSERT INTO Buch(Buchnummer, Titel, Kategorienummer,
            Buchpreis, Bestand, Erscheinungstermin)
VALUES (35,'SQL Standard', 1, 30.00, 5, '30.05.2009')
```

15. Die erfolgreiche Ausführung der neuen INSERT-Anweisung wird durch die eingebaute Meldung bestätigt:
    "NOTICE: 2009-05-30 aktueller Termin, Preis mit 15proz. Rabatt: 25.50"
16. Nach dem Einfügen des neuen Buches rufen Sie erneut den neuen Datensatz auf und kontrollieren Sie den Buchpreis, der angepasst und gerundet wurde. Sie können sich mit SELECT anschauen, welchen Wert haben nun die betroffenen Variablen.

```
SELECT *
FROM   Buch
WHERE  Buchnummer = 35
```

Abb 158 *Ergebnis*

17. Wie Sie sehen, ist der neue Datensatz der *Buch*-Tabelle für den *Erscheinungstermin* "30.05.2009" mit dem neuen angepassten *Buchpreis* (25.50 , reduziert um den Rabattsatz) eingefügt worden.
18. *Hinweis*: Möchten Sie nach einer Änderung die Triggerfunktion erneut kompilieren und den Trigger testen, müssen Sie vorher die DROP-Anweisungen in folgender Reihenfolge ausführen:

```
DROP TRIGGER Trigger_Buch_beforeInsert on Buch;
DROP FUNCTION Buch_beforeInsert();
```

19. Diese DROP-Befehle müssen nur dann ausgeführt werden, wenn Sie Funktionen nur mit CREATE FUNCTION erstellen. Verwenden Sie "CREATE or REPLACE" dann ist die Ausführung einer DROP-Anweisung überflüssig, weil dann bei jeder neuen Compilierung der aktualisierte Funktionscode übersetzt wird.

10.1.2 Beispiel 111: Trigger mit BEFORE-UPDATE

1. Die Datenbank *Direktbestellung02* ist geöffnet.
2. In diesem Beispiel wird demonstriert, wie ein Trigger auf Änderungen an bestehenden Datensätzen in der Tabelle *Buch* reagiert. Dabei wird ein Vergleich zwischen dem alten und dem aktuellen Buchpreis sowie zwischen dem Erscheinungstermin des Buches mit einem konstanten Ausgangsdatum durchgeführt. Der neue Trigger ist zuständig für das Überwachen von Preiserhöhung. Eine Preisänderung muss mindestens um 15% über dem alten Buchpreis liegen. Die Aktivierungszeit des Triggers liegt vor dem Auftreten einer Änderung der Spalte *Buchpreis* in der Tabelle *Buch* (Triggering Table).
3. Die Triggerfunktion für die Änderung eines Buchpreises könnte wie folgt realisiert werden:

```
CREATE or REPLACE FUNCTION Preis_aendern() RETURNS TRIGGER
AS $$
DECLARE
 Rabatt NUMERIC;
 Ausgangsdatum DATE DEFAULT 20090401;
BEGIN
 IF (OLD.Buchpreis <= NEW.Buchpreis) AND
    (NEW.Erscheinungstermin > Ausgangsdatum)
 THEN
    Rabatt = NEW.Buchpreis * 0.15;
    NEW.Buchpreis := ROUND(NEW.Buchpreis - Rabatt, 2);
    RAISE NOTICE ' Aktuelles Jahr:% -->Alter Preis:% ==>
        Preis mit Rabatt(15 Prozent):%',
        NEW.Erscheinungstermin, OLD.Buchpreis, NEW.Buchpreis;
 ELSE
    RAISE EXCEPTION ' Für Buchnummer % ist der Buchpreis %
        ungültig!', NEW.Buchnummer, NEW.Buchpreis;
END IF;
 RETURN NEW;
END;
$$ LANGUAGE 'plpgsql';
```

4. Die Spalte der Tabelle, zu welcher der Trigger gehört, können Sie mit den Systemvariablen NEW und OLD ansprechen. OLD.Spalte bezieht sich auf die Spalte (z.B. *Buchpreis*) mit einer vorhandenen Zeile, bevor diese geändert oder gelöscht wird. NEW.Spalte ist dagegen ein Bezug

auf eine Spalte (z.B. *Erscheinungstermin* oder *Buchpreis*) mit einer neuen bzw. geänderten Zeile.

5. Der UPDATE-Trigger (*Trigger_Preis_beforeUpdate*) wird mit CREATE TRIGGER erzeugt und hat die Aufgabe, vor der Ausführung der Update-Operation, welche die Änderung bewirkt, die vorher angelegte Triggerfunktion (*Preis_aendern*) auszuführen.

```
CREATE TRIGGER Trigger_Preis_beforeUpdate
BEFORE UPDATE ON Buch
FOR EACH ROW
EXECUTE PROCEDURE Preis_aendern();
```

6. Wird der Trigger aktiviert, dann ruft er vor jedem Update innerhalb der Tabelle *Buch* für jede geänderte Zeile die Prozedur *Preis_aendern()* auf.
7. Im ersten Versuch verwenden Sie einen größeren Buchpreis (z.B. 40.00 Euro), so dass der Trigger auf den neuen Preis reagieren kann.

```
UPDATE Buch
SET     Buchpreis = 40.00
WHERE   Buchnummer = 35
```

8. Die erfolgreiche Ausführung des Triggers zeigt außerdem die eingebaute Meldung mit dem geänderten Buchpreis an:
"*NOTICE: Aktuelles Jahr:2009-05-30 -->Alter Preis:25.50 ==> Preis mit Rabatt(15 Prozent):34.00*"
9. Kontrollieren Sie erneut das Ergebnis in der Tabelle *Buch* für den Datensatz mit *Buchnummer* 35. Die anschließende Änderung des Buchpreises im vorhandenen Datensatz der Tabelle entspricht dem zuvor erläuterten UPDATE-Trigger.
10. Im zweiten Versuch verwenden Sie einen kleineren Buchpreis (z.B. 20.00 Euro). Das Ergebnis der Update-Ausführung zeigt, dass bei einer geringen Preisänderung des alten Buchpreises keine Reaktion des Triggers erfolgt. Dies zeigt die eingebaute Meldung:
"*ERROR: Für Buchnummer 35 ist der Buchpreis 20.00 ungültig!*"
11. Speichern Sie diese Funktion unter dem Namen *Preis_aendern* ab.

10.1.3 Beispiel 112: Trigger mit AFTER-UPDATE

1. In diesem Beispiel wird ein neuer Trigger mit AFTER-UPDATE erstellt, der wieder die obige Triggerfunktion *Preis_aendern* (Bsp. 111) aufruft.

```
CREATE TRIGGER Trigger_Preis_afterUpdate
AFTER UPDATE ON Buch
FOR EACH ROW
EXECUTE PROCEDURE Preis_aendern();
```

2. Um die Auswirkung eines AFTER-UPDATE-Triggers zu kontrollieren, zeigen Sie mit einem SELECT-Statement den Zustand des Datensatzes vor der Triggeraktivierung an.
3. Ändern Sie den Artikelpreis eines bestimmten Datensatzes (z.B. *Buchnummer* 35), um die Reaktion des AFTER-Triggers zu prüfen.

```
UPDATE Buch
SET     Buchpreis = 40.00
WHERE   Buchnummer = 35
```

4. Die korrekte Ausführung dieser SQL-Anweisung zeigt, dass die Triggerfunktion ohne Probleme funktioniert. Dies zeigt außerdem die eingebaute Meldung mit dem geänderten Artikelpreis an.
"*NOTICE: Aktuelles Jahr:2009-05-30 -->Alter Preis:34.00 ==> Preis mit Rabatt(15 Prozent):34.00*"
"*NOTICE: Aktuelles Jahr:2009-05-30 -->Alter Preis:34.00 ==> Preis mit Rabatt(15 Prozent):28.90*"
5. Überprüfen Sie mit einem SELECT-Befehl die Auswirkung des Triggers auf den Datensatz mit *Buchnummer* 35.

```
SELECT *
FROM    Buch
WHERE   Buchnummer = 35
```

Abb 159 *Ergebnis*

6. Der einzige Unterschied des AFTER-Triggers gegenüber dem BEFORE-Trigger liegt darin, dass sich in der *Buch*-Tabelle der alte Datensatz nicht geändert hat, weil die Ermittlung des Rabattsatzes sowie die Run-

dung des neuen Artikelpreises erst nach dem Hinzufügen des Datensatz erfolgen.

7. *Hinweis*: Setzen Sie innerhalb der Triggerfunktion die Systemvariable OLD an Stelle von NEW ein, dann wird der alte Buchdatensatz in die Tabelle *Buch* eingefügt (i.d.R. ändert sich nichts).

10.1.4 Beispiel 113: Trigger mit BEFORE-DELETE

1. Im vorliegenden Beispiel wird der DELETE-Trigger kurz geklärt, mit dem ein Datensatz in einer Tabelle problemlos gelöscht werden kann.
2. Die Triggerfunktion für das Löschen eines Buchdatensatzes könnte wie folgt realisiert werden:

```
CREATE or REPLACE FUNCTION Before_delete() RETURNS TRIGGER AS $$
BEGIN
 RAISE NOTICE 'Trigger % von Tabelle % ist aktiv % %
 für Record %', TG_NAME, TG_RELNAME, TG_WHEN, TG_OP,
         OLD.Buchnummer;
 RAISE NOTICE 'Zeile mit Buchnummer % wurde gelöscht',
         OLD.Buchnummer;
 RETURN OLD;
END;
$$ Language plpgsql;
```

3. Diese Funktion *Before_delete()* zeigt bei der Aktivierung des Triggers eine Meldung mit einigen Triggervariablen, wie den Triggernamen, den Namen der den Trigger auslösenden Tabelle, den Triggertyp, das Triggerereignis und die alte *Buchnummer* an. Der Rückgabewert ist eine Zeilenstruktur, die der Funktion über die Variable OLD verfügbar gemacht wird. Mit RETURN OLD wird die alte Zeile vor dem Löschen zurückgegeben.
4. Der BEFORE DELETE-Trigger wird mit CREATE TRIGGER erzeugt und hat die Aufgabe, vor der Ausführung der Löschoperation, die vorher angelegte Triggerfunktion auszuführen.

```
CREATE TRIGGER Trigger_Before_delete
BEFORE DELETE ON Buch
FOR EACH ROW
EXECUTE PROCEDURE Before_delete();
```

5. Um die Reaktion des Triggers zu prüfen, löschen Sie den *Buchpreis* eines bestimmten Datensatzes (z.B. *Buchnummer* 35).

Trigger

```
DELETE FROM  Buch
       WHERE Buchnummer = 35
```

6. Die gelieferte Systemmeldung, die durch sämtliche Triggervariablen genau spezifiziert wird, zeigt die Reaktion des DELETE-Triggers.
"*NOTICE: Trigger trigger_before_delete von Tabelle buch ist aktiv BEFORE DELETE für Record 35*"
"*NOTICE: Zeile mit Buchnummer 35 wurde gelöscht*"
7. *Hinweis:* Bei einem DELETE-Trigger ist nicht möglich auf den neuen Datensatz zuzugreifen, weil es keine neuen Werte gibt. Um zu löschende Datensätze zu verändern, muss die Variable OLD verwendet werden.

10.1.5 Beispiel 114: Trigger zur Kontrolle der referentiellen Integrität

1. Im vorliegenden Beispiel wird demonstriert, wie durch einen Trigger die referentielle Integrität zwischen zwei verknüpften Tabellen kontrolliert werden kann.
2. Aufgabe des Triggers ist dafür zu sorgen, dass ein Datensatz innerhalb der abhängigen Tabelle *Buch* nur dann eingefügt werden darf, wenn die entsprechende *Kategorienummer* (Primärschlüssel) in der Mastertabelle *Kategorie* existiert. Wenn es keine Kategorienummer gibt, wird eine Fehlermeldung ausgelöst und wir erhalten NULL (RETURN NULL) als Ergebnis. Wenn aber eine Kategorienummer existiert, wird die neue Zeile mit RETURN NEW zurückgegeben. Zunächst erstellen wir dazu die folgende Triggerfunktion *Buch_Insert()* um die referentielle Integrität zwischen zwei verknüpften Tabellen zu prüfen.

```
CREATE or REPLACE FUNCTION Buch_Insert() RETURNS TRIGGER AS '
DECLARE TempRecord Record;
BEGIN
  SELECT * INTO TempRecord
  FROM   Kategorie
  WHERE Kategorienummer = NEW.Kategorienummer;
  IF NOT FOUND THEN
     RAISE EXCEPTION ''* Es gibt keine Buchkategorie:%'',
                      NEW.Kategorienummer;
     RETURN NULL;
  ELSE
     RETURN NEW;
  END IF;
```

```
END;
'LANGUAGE plpgsql;
```

3. Betrachten Sie die Triggerfunktion. Die Spalte *Kategorienummer* der Tabelle *Buch*, zu welcher der Trigger gehört, kann mit dem Aliasnamen NEW angesprochen werden. NEW ist ein Record, das von PostgreSQL automatisch bereitgestellt wird und die Daten der Eingabe enthält, so wie sie geschrieben wurden. Bei INSERT (oder auch bei UPDATE) muss immer der neue Record (d.h. die neue Buchzeile) zurückgegeben werden. Gibt der Trigger einen Nullwert zurück, dann wird die INSERT-Operation für diese Zeile nicht mehr ausgeführt. In diesem Fall kann der Buchdatensatz nicht eingefügt werden.

4. Im nächsten Schritt soll der Trigger erzeugt werden, der mit der Tabelle *Buch* verbunden ist und in Aktion tritt, bevor (BEFORE INSERT) ein Datensatz in diese Tabelle eingefügt wird. Die definierte Funktion repräsentiert nun den Trigger, der an die Tabelle mit den Buchdaten gehängt werden muss.

```
CREATE TRIGGER Trigger_Buch_Insert
BEFORE INSERT ON Buch
FOR EACH ROW
EXECUTE PROCEDURE Buch_Insert();
```

5. Sie können anschießend den Trigger testen. Der Test erfolgt mit dem Einfügen eines neuen Datensatzes in die Tabelle *Buch*.

```
INSERT INTO Buch(Buchnummer, Titel, Kategorienummer, Buchpreis,
                 Bestand, Erscheinungstermin)
VALUES(40,'Access 2007 Professional', 4, 24.95, 5, '10.10.2007')
```

6. Überprüfen Sie nun mit SELECT den neuen Zustand der *Buch*-Tabelle.

```
SELECT *
FROM    Buch
WHERE   Buchnummer = 40
```

Abb 160 *Ergebnis*

7. Fügen Sie nun einen weiteren Buchdatensatz mit einer *Kategorienummer* 5 (als Fremdschlüssel) ein, für die es in der Tabelle *Kategorie* keinen Datensatz mit einer entsprechenden *Kategorienummer* gibt.

Trigger

```
INSERT INTO Buch(Buchnummer, Titel, Kategorienummer, Buchpreis,
                Bestand, Erscheinungstermin)
VALUES(41,'Access 2007 Basic', 5, 16.45, 10, '07.07.2007')
```

8. Da eine *Kategorienummer* 5 in der Tabelle *Kategorie* nicht gefunden werden kann, wird als Ergebnis des ausgeführten Triggers die in der Triggerfunktion eingebaute Meldung *"Es gibt keine Buchkategorie: 5"* zurückgeliefert.

10.1.6 Beispiel 115: Der Insert-Trigger mit drei Tabellen

1. In diesem Beispiel wird ein Trigger verwendet, der für die Aufrechterhaltung der Datenintegrität zwischen den drei verknüpften Tabellen *Bestellung*, *Auftragsposition* und *Buch* sorgt. Die Tabelle *Auftragsposition* fungiert hier als Schnittstelle zwischen den Mastertabellen *Bestellung* und *Buch*. In der Tabelle *Buch* existiert die Spalte *Bestand*, die immer den aktuellen Bestand an Lehrmaterial beim Verlag enthält. Dieser Bestand wird nicht manuell geführt, sondern über einen Trigger automatisch gewartet. Wenn beispielsweise ein Buch an den Kunden geschickt wird, muss der Bestand automatisch reduziert werden. Der Trigger wird nach dem Einfügen (AFTER INSERT) eines Datensatzes innerhalb der Zwischentabelle *Auftragsposition* aktiviert.
2. Die folgende Triggerfunktion zeigt die Aufgaben des Triggers, die er zu erfüllen hat: Einerseits ändert er den Bestand in der *Buch*-Tabelle bei Reduzierung des Bestandes um die neue Bestellmenge, die in der Tabelle *Auftragsposition* angegeben wurde. Andererseits berechnet er für die Tabelle *Bestellung* den Gesamtpreis unter Berücksichtigung der Daten *Buchpreis* (aus der *Buch*-Tabelle) und *Bestellmenge* (aus der Tabelle *Auftragsposition*), die multipliziert werden.

```
CREATE or REPLACE FUNCTION Kalkulation() RETURNS TRIGGER AS
'
DECLARE
  Preis NUMERIC;
BEGIN
  --Änderung des Artikelbestandes
  UPDATE Buch
  SET Bestand = Bestand - NEW.Bestellmenge
  WHERE Buchnummer = NEW.Buchnummer;
  --Ermittlung der Gesamtmenge für Bestellungen
  Preis = (SELECT Buchpreis
```

```
              FROM Buch
              WHERE Buchnummer = NEW.Buchnummer);
UPDATE Bestellung
SET Gesamtpreis = Gesamtpreis + NEW.Bestellmenge * Preis
WHERE Bestellnummer = NEW.Bestellnummer;
RETURN NEW;
END;
' LANGUAGE 'plpgsql';
```

3. Das UPDATE erfolgt auf die Tabelle *Buch*, wobei der neue Buchbestand für das eingefügte Buch (mit der *Bestellmenge* NEW.Bestellmenge) reduziert wurde.
4. Zur Ermittlung des Gesamtpreises für die Bestellung wird die lokale Variable *Preis* deklariert. Dieser Variable wird der Wert der Spalte *Buchpreis* aus der Tabelle *Buch* zugewiesen, der aus der internen NEW-Struktur des Buches ausgelesen wird.
5. Mit CREATE TRIGGER ist für die Tabelle *Auftragsposition* der INSERT-Trigger zu erstellen, der nach dem Einfügen (AFTER INSERT) eines neuen Datensatzes in diese Tabelle die eingefügte Bestellmenge ausliest. Um diese neue Bestellmenge soll der Bestand in der *Buch*-Tabelle reduziert werden.

```
CREATE TRIGGER Trigger_Kalkulation
AFTER INSERT ON Auftragsposition
FOR EACH ROW
EXECUTE PROCEDURE Kalkulation();
```

6. *Hinweis*: Der für das INSERT-Ereignis der Tabelle angelegte Trigger wird mit dem Zeitpunkt AFTER definiert, weil der Eintrag in der Tabelle *Buch* nach allen anderen Änderungen erfolgen soll.
7. Um die Funktionsweise des Triggers zu kontrollieren, fügen wir eine neue Auftragsposition für ein Buch und eine Bestellung hinzu. Zuvor zeigen wir die aktuelle offene Bestellung des Buches mit *Bestellnummer* 1008 an sowie den Bestand des Buches mit *Buchnummer* 20.

```
SELECT * FROM Bestellung WHERE Bestellnummer = 1008
```

Trigger

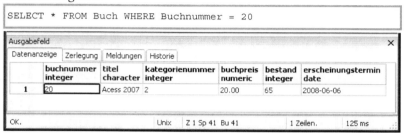

Abb 161 Ergebnis

```
SELECT * FROM Buch WHERE Buchnummer = 20
```

Abb 162 Ergebnis

8. Fügen Sie in die Tabelle *Auftragsposition* einen neuen Datensatz mit *Bestellnummer* = 1008, *Buchnummer* = 20 und *Bestellmenge* = 5 ein.

```
INSERT INTO Auftragsposition(Bestellnummer, Buchnummer,
                             Bestellmenge)
VALUES(1008, 20, 5);
```

9. *Hinweis*: Die Felder *Bestellnummer* und *Buchnummer* bilden den Primärschlüssel der Tabelle *Auftragsposition* und sollen bereits in den Tabellen *Bestellung* und *Buch* entsprechend existieren.

10. Nach der Ausführung von INSERT kontrollieren Sie die Auswirkung des Triggers BEFORE INSERT auf die Tabellen *Bestellung* und *Buch*. Verwenden Sie dazu folgende SELECT-Statements.

```
SELECT * FROM Buch WHERE Buchnummer = 20
```

Abb 163 Ergebnis

```
SELECT * FROM Bestellung WHERE Bestellnummer = 1008
```

Abb 164 Ergebnis

11. Beim Einfügen des neuen Datensatzes in der abhängigen Tabelle ändern sich gleichzeitig die Werte *Gesamtpreis* und *Bestand* in beiden Mastertabellen entsprechend.
12. Speichern Sie diese Triggerfunktion unter dem Namen *Kalkulation*.

10.1.7 Beispiel 116: Daten in einer abhängigen Tabelle aktualisieren

1. In diesem Beispiel wird ein Trigger erstellt, der prüfen soll, wie die Aktualisierung von Daten innerhalb der abhängigen Tabelle *Auftragsposition* auf die Mastertabellen *Bestellung* und *Buch* wirken kann. In der Tabelle *Auftragsposition* dürfen nur solche Eintragungen gemacht werden, deren *Bestell-* und *Buchnummer* entsprechend in den Mastertabellen bereits existieren.

```
CREATE or REPLACE FUNCTION Auftragsposition_pruefen() RETURNS
                 TRIGGER AS
$$
DECLARE
 exists_Bestellnummer BOOLEAN;
 exists_Buchnummer BOOLEAN;
BEGIN
--Mastertabellen Bestellung und Buch muss existieren,
--um eine neue Auftragsposition einzufügen
 exists_Bestellnummer := EXISTS(
                 SELECT * FROM Bestellung
                 WHERE  Bestellnummer =
                        NEW.Bestellnummer);
 exists_Buchnummer := EXISTS(
                 SELECT * FROM Buch
                 WHERE  Buchnummer = NEW.Buchnummer);
 IF (exists_Bestellnummer AND exists_Buchnummer) THEN
  RAISE NOTICE
```

Trigger

```
          'Bestellnummer % und Buchnummer % existieren ==>
           Satz einfügen', NEW.Bestellnummer, NEW.Buchnummer;
  ELSE
    RAISE EXCEPTION
          'Bestellnummer % oder Buchnummer % existiert nicht ',
           NEW.Bestellnummer, NEW.Buchnummer;
  END IF;
  RETURN NEW;
END;
$$ LANGUAGE plpgsql;
```

2. Mit dem Befehl EXISTS wird in jeder Mastertabelle die Existenz der Primärschlüssel *Buchnummer* und *Bestellnummer* geprüft. Das positive Ergebnis der Prüfung wird durch eine benutzerdefinierte Meldung bestätigt. Andernfalls soll mit RAISE EXCEPTION eine entsprechende Fehlermeldung ausgegeben und die Transaktion abgebrochen werden.
3. Erzeugen Sie für die Tabelle *Auftragsposition* folgenden BEFORE-INSERT-Trigger, der nach dem Einfügen eines neuen Datensatzes in diese Tabelle die eingebaute Meldung ausgibt.

```
CREATE TRIGGER Trigger_Auftragsposition_pruefen
BEFORE INSERT ON Auftragsposition
FOR EACH ROW
EXECUTE PROCEDURE Auftragsposition_pruefen();
```

4. Zur Kontrolle des Triggers fügen Sie folgenden Datensatz ein.

```
INSERT INTO Auftragsposition VALUES(1007,15,5);
```

Die erfolgreiche Durchführung des Einfügens zeigt die gelieferte Meldung an:

"*NOTICE: Bestellnummer 1007 und Buchnummer 15 existieren ==> Satz einfügen*"

5. Fügen Sie nun eine *Auftragsposition* mit einer nicht vorhandenen *Buchnummer* (z.B. 50) ein und achten Sie auf die Reaktion des Triggers.

```
INSERT INTO Auftragsposition VALUES(1007,50,5);
```

6. Dieser Datensatz kann nicht in die Tabelle *Auftragsposition* eingetragen werden, weil der entsprechende Primärschlüssel in der Mastertabelle *Buch* nicht existiert. In diesem Fall wird die Transaktion abgebrochen und folgende Fehlermeldung ausgegeben:

"*ERROR: Bestellnummer 1007 oder Buchnummer 50 existiert nicht*"

10.1.8 Beispiel 117: Daten in einer abhängigen Tabelle löschen oder ändern

1. Nachdem Sie beim Einfügen einer neuen *Auftragsposition* diese automatisch verbuchen, muss auch eine Aktualisierung der *Buch*-Tabelle erfolgen, wenn ein Datensatz in der *Auftragsposition* wieder gelöscht bzw. geändert wird.
2. Wenn ein Datensatz in der abhängigen Tabelle *Auftragsposition* gelöscht oder geändert wird, muss auch eine Rückbuchung in der Mastertabelle *Buch* automatisch erfolgen. Erstellen Sie dazu folgende Triggerfunktion.

```
CREATE or REPLACE FUNCTION Auftragsposition_manipulieren()
                   RETURNS TRIGGER AS
$$
BEGIN
 UPDATE Buch
 SET    Bestand = Bestand - OLD.Bestellmenge
 WHERE  Buchnummer = OLD.Buchnummer;
 RETURN NEW;
 END;
$$ LANGUAGE plpgsql;
```

3. Die Verknüpfung beider Tabellen erfolgt über die alte Struktur (OLD), die die gelöschten Werte enthält. In dem UPDATE-Statement wird die alte *Bestellmenge* (der Tabelle *Auftragsposition*) vom Buchbestand subtrahiert.
4. Erzeugen Sie für die Tabelle *Auftragsposition* folgenden Trigger, der sichert, dass jede gelöschte oder geänderte Zeile innerhalb dieser Tabelle Auswirkung in der *Buch*-Tabelle hat. Der Trigger soll für das Aktualisieren des Bestandes in der Tabelle *Buch* bei Änderung der Bestellmenge oder beim Löschen eines bestimmten Datensatzes in der *Auftragsposition* aktiviert werden. Die Auslösung der Funktion sollte bei jeder Zeile (FOR EACH ROW) erfolgen, d.h. dass der Trigger bei jedem Zeilen-Update oder Zeilen-Delete aktiviert wird. Die Aktivierungszeit des Triggers ist der Zeitpunkt nach der Manipulation des Ereignistyps DELETE oder UPDATE in der Triggertabelle *Auftragsposition*.
5. Um die Reaktion des Triggers zu kontrollieren, zeigen Sie vor seiner Ausführung den Inhalt eines bestimmten Satzes der Tabelle *Buch* an, auf die der AFTER DELETE-Trigger auswirkt.

```
SELECT Buchnummer, Buchpreis, Bestand
FROM   Buch WHERE  Buchnummer = 15
```

Trigger

Abb 165 *Ergebnis*

6. Für die Tabelle *Auftragsposition* wird nun ein AFTER-Trigger angelegt, der bei jedem UPDATE- oder DELETE-Statement aktiviert wird. Er ruft die Triggerfunktion *Auftragsposition_manipulieren ()* auf und wird nach jedem Löschen oder Ändern der Daten ausgeführt.

```
CREATE TRIGGER Trigger_Auftragsposition_manipulieren
AFTER DELETE OR UPDATE ON Auftragsposition
FOR EACH ROW
EXECUTE PROCEDURE Auftragsposition_manipulieren();
```

7. Sie können einen bestimmten Datensatz (z.B. mit *Bestellnummer* = 1007 und *Buchnummer* = 15) in der abhängigen Tabelle Auftragsposition wieder löschen.

```
DELETE FROM Auftragsposition
WHERE Bestellnummer = 1007 AND Buchnummer = 15
```

8. Kontrollieren Sie nach der Ausführung des DELETE-Triggers das Ergebnis in der Tabelle *Buch* für die *Buchnummer* 15.

```
SELECT Buchnummer, Buchpreis, Bestand
FROM    Buch
WHERE   Buchnummer = 15
```

Abb 166 *Ergebnis*

338

9. Sie sehen, dass der neue Buchbestand um die bestellte Menge reduziert wurde (von 80 auf 75).
10. Der UPDATE-Trigger reagiert dann, wenn Änderungen an bestimmten Datensätzen vorgenommen werden. Kodieren Sie dazu folgendes UPDATE-Statement.

```
UPDATE Auftragsposition
SET    Bestellmenge = 13
WHERE  Bestellnummer = 1008 AND Buchnummer = 20;
```

11. Nach der UPDATE-Ausführung ändert sich auch der Bestand der Bücher für die *Buchnummer* 20.
12. *Hinweis*: Da die *Bestellnummer* als Fremdschlüssel nicht eindeutig ist, wird die Triggerfunktion mehrmals ausgeführt. Die Angabe der *Buchnummer* in der WHERE-Klausel verhindert, dass die referentielle Integrität zwischen beiden Tabellen verletzt wird. Damit kann die Eindeutigkeit des Zugriffs auf einen Datensatz gewährleistet sein.

10.2 Übungsaufgaben

Aufgabe 32: Mit dem Trigger BEFORE-INSERT einen Datensatz einfügen
Aufgabe 33: Mit dem Trigger UPDATE-BEFORE einen Datensatz ändern
Aufgabe 34: Mit einem BEFORE-Trigger die referentielle Integrität kontrollieren
Aufgabe 35: Mit Triggern Daten in einer abhängigen Tabelle ändern bzw. löschen

10.2.1 Aufgabe 32: Mit dem Trigger BEFORE-INSERT einen Datensatz einfügen

1. Erstellen Sie einen Trigger, der beim Einfügen eines neuen Buches in die Tabelle *Buch* prüfen soll, ob die Differenz des aktuellen Datums und des Erscheinungstermins eines Buches nicht größer ist als 2 Jahre und ob es sich um die *Kategorienummer* 1 (für 'Internet Technologie') handelt. Im Fall einer gültigen Buchkategorie wird der *Buchpreis* um 10% reduziert und um zwei Nachkommstellen gerundet.
2. Öffnen Sie zuerst die Datenbank *Direktbestellung02*. Bevor Sie den Trigger erzeugen, müssen Sie eine Triggerfunktion mit dem Namen *Buch_einfuegen* anlegen, weil der Trigger prüft, ob die von ihm aufgerufene Zielfunktion bereits existiert. (Bsp. 110)
3. Die Triggerfunktion soll die Differenz aus dem aktuellen Datum (CURRENT_DATE) und dem Erscheinungstermin ermitteln und wenn sie gleich oder kleiner als 2 (Jahre) ist, dann soll die Kategorienummer geprüft werden. Um die Jahresangabe aus dem Datum zu extrahieren verwenden Sie die Funktion EXTRACT.
4. Wenn eine Bedingung falsch ist, soll durch den Befehl RAISE EXCEPTION ein entsprechender Fehler ausgegeben und die Transaktion abgebrochen werden. Über die NEW-Variable können Sie direkt jede Spalte der Triggertabelle ansprechen.
5. Mit dem Befehl RETURN NEW kann jeder neue Datensatz in die Tabelle eingetragen werden. (Bsp. 110)
6. Erzeugen Sie dann mit CREATE TRIGGER einen BEFORE-INSERT-Trigger mit dem Namen *Trigger_Buch_einfuegen*, der als Aufgabe hat, vor der Ausführung der INSERT-Operation, die die Änderung bewirkt, eine spezifische Anweisung auszuführen. Wird der Trigger aktiviert, dann ruft er vor jedem Einfügen in die Tabelle *Buch* für jede einzufügende Zeile die Prozedur *Buch_einfuegen()* auf.
7. Führen Sie nun die Triggerfunktion aus und anschließend den Trigger.

8. Um die Funktionsweise des Triggers zu kontrollieren, fügen Sie in die Tabelle *Buch* folgenden neuen Datensatz ein:

```
INSERT INTO Buch(Buchnummer, Titel, Kategorienummer,
                 Buchpreis, Bestand, Erscheinungstermin)
VALUES (30,'pgSQL', 1, 25.123, 3, '01.01.2009')
```

9. Die erfolgreiche Ausführung von INSERT liefert folgende eingebaute Meldung zurück. *"NOTICE: 2009-01-01 aktueller Erscheinungstermin, Buchpreis mit Rabatt (10 Prozent): 22.61"*
10. Rufen Sie nach dem Einfügen den Inhalt des Buchdatensatzes erneut ab, und kontrollieren Sie ihn.

Abb 167 Ergebnis

11. Sie sehen, dass die betroffene Spalte *Buchpreis* entsprechend angepasst und gerundet wurde.
12. Speichern Sie die Triggerfunktion unter dem Namen *Buch_einfuegen*.
13. Die Lösung dieser Aufgabe finden Sie unter *B.32 Lösung Aufgabe 32*.

10.2.2 Aufgabe 33: Mit dem Trigger UPDATE-BEFORE einen Datensatz ändern

1. Die Datenbank *Direktbestellung02* ist geöffnet.
2. Erstellen Sie einen Trigger mit dem Namen *Trigger_Buchpreis_aendern*, der vor jeder Änderung des Buchpreises in der Tabelle *Buch* reagiert.
3. Bevor Sie diesen Trigger erzeugen, müssen Sie eine Triggerfunktion mit dem Namen *Buchpreis_aendern* anlegen, weil der Trigger prüft, ob die von ihm aufgerufene Zielfunktion bereits existiert. (Bsp. 111)
4. Die Triggerfunktion soll ermitteln, ob die Differenz zwischen dem aktuellen Datum und dem Erscheinungstermin eines Buches größer ist als 3 Jahre und ob der alter Buchpreis kleiner ist als der neue. Eine Preisänderung muss mindestens um 20% über dem alten Buchpreis liegen. Den alten und neuen Buchpreis können Sie mit den Triggervariablen OLD und NEW entsprechend ansprechen.
5. Der neue Trigger wird mit dem Befehl CREATE TRIGGER erstellt und hat die Aufgabe, vor der Ausführung der UPDATE-Operation, die Trig-

Trigger

gerfunktion *Buchpreis_aendern* auszuführen. Die Aktivierungszeit des Triggers liegt vor dem Auftreten einer Änderung der Spalte *Buchpreis* in der Tabelle *Buch*.

6. Aktivieren Sie den Trigger, dann ruft er vor jedem UPDATE innerhalb der *Buch*-Tabelle für jede geänderte Tabellenzeile die Prozedur *Buchpreis_aendern()* auf. Die Aufgabe des Triggers ist die Preiserhöhung zu überwachen.
7. Führen Sie die Triggerfunktion aus und überprüfen Sie das Kompilierungsergebnis. Wenn es korrekt ist, fahren Sie mit der Ausführung des Triggers fort.
8. Um die Reaktion des Triggers zu testen, verwenden Sie einen größeren Buchpreis (z.B. 15.00). Kodieren Sie dazu folgendes UPDATE-Statement und ändern Sie einen bestimmten Datensatz mit *Buchnummer* 12.

```
UPDATE  Buch
SET     Buchpreis  = 15.00
WHERE   Buchnummer = 12
```

9. Eine erfolgreiche Ausführung des Triggers sollte folgende Ergebniszeile anzeigen: "*NOTICE: Alter Buchpreis: 12.95 , Neuer Buchpreis:12.00*"
10. Überprüfen Sie erneut das Ergebnis in der Tabelle *Buch* für den Datensatz mit *Buchnummer* 12.

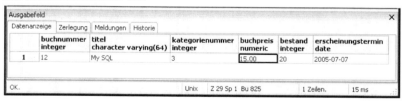

Abb 168 *Ergebnis*

11. Wie Sie sehen, entspricht die Änderung des Buchpreises der Aufgabe des UPDATE-Triggers.
12. Wiederholen Sie die Ausführung des Triggers durch Verwendung eines kleineren Buchpreises (z.B. 10.50 Euro), erhalten Sie folgende (eingebaute) Fehlermeldung: *"ERROR: Für Buchnummer 12 ist der Buchpreis 10.50 ungültig"*
13. Speichern Sie die Triggerfunktion unter dem Namen *Buchpreis_aendern* und den Trigger unter *Trigger_Buchpreis_aendern* ab.
14. Die Lösung dieser Aufgabe finden Sie unter *B.33 Lösung Aufgabe 33*.

10.2.3 Aufgabe 34: Mit einem BEFORE-Trigger die referentielle Integrität kontrollieren

1. Öffnen Sie die Datenbank *Direktbestellung02*.
2. Erstellen Sie einen Trigger, mit dem die referentielle Integrität zwischen den verknüpften Tabellen *Buch* und *Kategorie* kontrolliert werden kann. Dieser Trigger hat dafür zu sorgen, dass ein Datensatz in die abhängige Tabelle *Buch* nur dann eingefügt werden darf, wenn die entsprechende *Kategorienummer* in der Mastertabelle *Kategorie* vorhanden ist.
3. Zunächst erstellen Sie die erforderliche Triggerfunktion mit dem Namen *Buchsatz_einfuegen()*, um die referentielle Integrität zwischen den verknüpften Tabellen zu prüfen.
4. Beim Einfügen muss immer die neue Buchzeile zurückgegeben werden. Deklarieren Sie dazu eine Variable vom Typ RECORD, in die beim SELECT jeder selektierte Datensatz der Tabelle *Kategorie* aufgenommen wird. (Bsp. 110)
   Die Spalte *Kategorienummer* der Tabelle *Buch*, zu welcher der Trigger gehört, kann mit NEW angesprochen werden. NEW ist ein Record, das von PostgreSQL automatisch bereitgestellt wird und die Daten der Eingabe enthält, so wie sie geschrieben wurden.
5. Wenn eine Kategorienummer existiert, wird die neue Buchzeile mit RETURN NEW zurückgegeben. Andernfalls soll eine Fehlermeldung ausgelöst und als Ergebnis ein NULL (RETURN NULL) zurückgegeben werden.
6. Wenn der Trigger einen Nullwert zurückgibt, dann wird die INSERT-Operation für diese Zeile nicht mehr ausgeführt. In diesem Fall kann der Datensatz nicht in die *Buch*-Tabelle eingefügt werden.
7. Im nächsten Schritt erzeugen Sie einen BEFORE-INSERT-Trigger *Trigger_Buchsatz_einfuegen*, der mit der Tabelle *Buch* verbunden ist und in Aktion tritt, bevor ein Datensatz in diese Tabelle eingefügt wird.
8. Führen Sie der Reihe nach zuerst die Triggerfunktion und dann den Trigger aus.
9. Sie können anschießend den Trigger testen. Der erste Test kann mit dem Einfügen eines neuen gültigen Datensatzes in die *Buch*-Tabelle erfolgen.

```
INSERT INTO Buch(Buchnummer, Titel, Kategorienummer,
         Buchpreis, Bestand, Erscheinungstermin)
VALUES(31,'PostgreSQL 8.4', 4, 30.50, 10, '03.03.2010')
```

10. Kontrollieren Sie mit SELECT den neuen Zustand der Tabelle. Der Datensatz wurde in die Tabelle eingefügt, weil er eine gültige Kategorie-

Trigger

nummer enthält, die auch als Primärschlüssel in der Mastertabelle *Kategorie* existiert.

buchnummer integer	titel character varying(64)	kategorienummer integer	buchpreis numeric	bestand integer	erscheinungstermin date
10	19	PostgreSQL - Ein relationales DBS	4	22.50	200	2008-12-12
11	20	Acess 2007	2	20.00	60	2008-06-06
12	30	pgSQL	1	22.61	3	2009-01-01
13	31	PostgreSQL 8.4	4	30.50	10	2010-03-03
14	40	Access 2007 Professional	4	24.95	5	2007-10-10

Abb 169 Ergebnis

11. Testen Sie den Trigger mit einer Kategorienummer (z.B. 5), die nicht in der Haupttabelle vorhanden ist.

```
INSERT INTO Buch(Buchnummer, Titel, Kategorienummer,
                 Buchpreis, Bestand, Erscheinungstermin)
VALUES(32,'PostgreSQL 9.0', 5, 24.95, 5, '10.10.2009')
```

12. Da diese Kategorienummer nicht gefunden werden kann, kann als Ergebnis eine in der Triggerfunktion eingebaute Meldung wie beispielsweise "*ungültige Kategorienummer: 5*" zurückgeliefert werden.
13. Speichern Sie die Triggerfunktion unter dem Namen *Buchsatz_einfuegen* und den Trigger unter *Trigger_Buchsatz_einfuegen* ab.
14. Die Lösung dieser Aufgabe finden Sie unter *B.34 Lösung Aufgabe 34*.

10.2.4 Aufgabe 35: Mit Triggern Daten in einer abhängigen Tabelle ändern bzw. löschen

1. Öffnen Sie die Datenbank *Direktbestellung02*.
2. Erstellen Sie einen Trigger, der eine Aktualisierung der Mastertabelle *Kategorie* durchführt, wenn ein Datensatz in der abhängigen Tabelle *Buch* gelöscht bzw. geändert wird. (Bsp. 117)
3. Wenn der Inhalt der Spalte *Bestand* in der Tabelle *Buch* gelöscht oder geändert wird, muss auch eine Rückbuchung in der Mastertabelle *Kategorie* automatisch erfolgen. Erstellen Sie dazu die notwendige Triggerfunktion, die unter dem Namen *Kategoriebestand_manipulieren()* gespeichert werden soll.
4. Die Verknüpfung beider Tabellen erfolgt über die alte Struktur (OLD), die den aktualisierten Bestand enthält. In dem UPDATE-Statement wird der alte *Bestand* der Tabelle *Buch* vom Kategoriebestand subtrahiert. Die WHERE-Bedingung in der UPDATE-Anweisung soll wie folgt aussehen: WHERE Kategorienummer = OLD.Kategorienummer;

5. Wenn diese Bedingung erfüllt ist, zeigen Sie mit Hilfe der Triggervariablen den Namen der Tabelle, die Operation, den Aktivierungszeitpunkt des Triggers sowie die alte Kategorienummer an. Geben Sie mit RETURN NEW den aktualisierten Datensatz zurück. (Bsp. 113)
6. Erzeugen Sie für die Tabelle *Buch* einen neuen Trigger mit dem Namen *Trigger_Kategoriebestand_manipulieren*, der sichern soll, dass jede gelöschte oder geänderte Zeile innerhalb dieser Tabelle Auswirkung in der *Kategorie*-Tabelle hat. Beide Ereignisse können mit OR verknüpft werden. (Bsp. 117)
7. Der Trigger soll für das Aktualisieren des Kategoriebestandes in der Tabelle *Kategorie* bei Änderung des Bestandes oder beim Löschen eines bestimmten Datensatzes in der Tabelle *Buch* aktiviert werden.
8. Die Aktivierungszeit des Triggers ist der Zeitpunkt nach der Manipulation des Ereignistyps DELETE oder UPDATE in der Triggertabelle *Buch*. Der Trigger ruft die Triggerfunktion *Kategoriebestand_manipulieren()* auf und wird nach jedem Löschen oder Ändern der Daten ausgeführt.
9. Um die Funktionsweise des neuen Triggers zu kontrollieren, zeigen Sie zuvor die Inhalte der Tabellen *Buch* und *Kategorie* (mit *Kategorienummer* = 1) an.

buchnummer integer	titel character varying(64)	kategorienummer integer	buchpreis numeric	bestand integer	erscheinungstermin date
10	19	PostgreSQL - Ein relationales DBS	4	22.50	200	2008-12-12
11	20	Acess 2007	2	20.00	60	2008-06-06
12	30	pgSQL	1	25.123	3	2009-01-01
13	31	PostgreSQL 8.4	4	30.50	10	2010-03-03
14	40	Access 2007 Professional	4	24.95	5	2007-10-10

Abb 170 *Tabelle Buch*

kategorienummer integer	kategoriename character varying(30)	kategoriebestand integer
1	1	Internet-Technologie	100

Abb 171 *Tabelle Kategorie (mit Kategorienummer = 1)*

10. Testen Sie den Trigger, indem Sie aus der *Buch*-Tabelle einen bestimmten Datensatz mit *Buchnummer* 30 löschen.

```
DELETE FROM Buch
WHERE  Buchnummer = 30
```

11. Nach der Ausführung des Löschvorgangs erhalten Sie folgende Meldungen:

"NOTICE: Trigger von Tabelle buch ist aktiv AFTER DELETE für Record 30"
"NOTICE: Zeile mit Buchnummer 30 wurde gelöscht"

12. Überprüfen Sie den neuen Zustand beider Tabellen. Sie sehen, dass der Datensatz mit *Buchnummer* 30 in der *Buch*-Tabelle gelöscht wurde und der *Kategoriebestand* mit *Kategorienummer* 1 in der Mastertabelle *Kategorie* um den alten Buchbestand reduziert wurde (von 100 auf 97).

Abb 172 Ergebnis der Fremdschlüsseltabelle Buch

Abb 173 Ergebnis der Mastertabelle Kategorie

13. Kodieren Sie folgendes UPDATE-Statement, um die Reaktion des UPDATE-Triggers bei Änderung eines bestimmten Datensatzes zu prüfen.

```
UPDATE Buch
SET    Bestand = 15
WHERE  Buchnummer = 31;
```

14. Nach der Ausführung des UPDATE-Befehls erhalten Sie folgende Meldung: *"Trigger von Tabelle buch ist aktiv AFTER UPDATE für Record 31"*. Gleichzeitig ändert sich auch der Kategoriebestand (von 70 auf 60) innerhalb der *Kategorie*-Tabelle für die *Kategorienummer* 4.

15. Speichern Sie zunächst die Triggerfunktion unter dem Namen *Kategoriebestand_manipulieren* und dann den Trigger unter *Trigger_Kategoriebestand_manipulieren* ab.

16. Die Lösung dieser Aufgabe finden Sie unter *B.35 Lösung Aufgabe 35*.

10.3 Verständnisfragen

Frage 48: Welche allgemeine Aussagen über Trigger treffen zu? (2)
1. Ein Trigger ist eine vom Benutzer entwickelte Funktion, die durch das Datenbanksystem automatisch gestartet wird.
2. Der Aktivierung eines Triggers erfolgt automatisch nur dann, wenn Datensätze in einer abhängigen Tabelle geändert werden.
3. Ein Trigger steht immer mit zwei Tabellen in Verbindung.
4. Das Hauptziel eines Triggers ist die schnelle Aktualisierung der Daten zwischen verknüpften Tabellen.
5. Der Einsatz der Trigger ist sinnvoll, wenn die erforderliche Funktionalität der Constraints nicht ausreicht.

Frage 49: Welche Aussagen über Trigger treffen zu? (3)
1. Trigger können durch den Datenbankbenutzer explizit aufgerufen werden.
2. Ein Trigger ist eine benutzerdefinierte Prozedur (Funktion), die automatisch bei Erfüllung bestimmter Bedingungen vom Datenbankverwaltungssystem gestartet wird.
3. Die Ausführung eines Triggers erfolgt dann, wenn ein Ereignis wie INSERT, DELETE und UPDATE in der Datenbank eintritt.
4. Trigger reagieren bei der Ausführung von Datenbankanweisungen, wie Einfügen, Ändern und Löschen, mit der Ausführung von zusätzlichen Operationen.
5. Ein Trigger kann aktiviert werden, wenn kein bestimmtes Ereignis eintritt.

Frage 50: Welche Aussagen über Trigger und seine Funktionen treffen zu (2)
1. Die Bearbeitung eines Triggers wird durch das Eintreten eines Ereignisses ausgelöst. Ereignisse sind Aktualisierungsoperationen (INSERT, UPDATE und DELETE) von Daten der Triggertabelle.
2. Über "EXECUTE PROCEDURE Funktion" wird eine Triggerfunktion aufgerufen und erst ausgeführt, wenn der Trigger in Aktion tritt.
3. Die Triggerfunktion, welche innerhalb der Triggerdefinition aufgeführt wird, kann als Rückgabewert jeden Datentyp verwenden.
4. Ein Trigger darf mit mehreren Tabellen in Verbindung stehen.
5. Ein Trigger reagiert auf ein Ereignis, indem er in Aktion tritt. Die Ausführung der Aktion kann mit zusätzlichen Bedingungen in einer definierten Triggerdefinition spezifiziert werden.

Trigger

Frage 51: *Welche Aussagen über die Triggerereignisse treffen zu? (2)*

1. Ein Trigger steht immer in Verbindung mit einer Tabelle (genannt auch Triggertabelle) und wird durch die Ausführung eine der Operationen INSERT, UPDATE und DELETE aktiviert.
2. Beim INSERT-Ereignis erfolgt die Triggeraktivierung, wenn eine alte Zeile in die Triggertabelle eingefügt wird.
3. Bei UPDATE erfolgt die Aktivierung des Triggers bei der Änderung von Werten in mehreren Spalten verschiedener Zeilen in der Triggertabelle.
4. Ein Trigger kann sowohl beim Einfügen wie auch beim Ändern bzw. Löschen aktiviert werden.
5. Bei DELETE wird der Trigger aktiviert, wenn eine Spalte aus der Triggertabelle entfernt wird.

Frage 52: *Welche Aussagen über den Ausführungszeitpunkt und die Triggervariablen treffen zu? (3)*

1. Die Bearbeitung eines Triggers hängt u.a. auch vom Ausführungszeitpunkt ab, der bestimmt, ob ein Trigger vor oder nach dem triggerauslösenden Ereignis in Aktion treten soll.
2. In einem BEFORE INSERT-Trigger kann nur OLD benutzt werden, weil keine alte Zeile vorhanden ist.
3. In einem BEFORE DELETE-Trigger kann nur NEW benutzt werden, da keine alte Zeile existiert.
4. In einem BEFORE UPDATE-Trigger können sowohl OLD (als Verweis auf Tabellenzeilen vor Änderung) als auch NEW (als Verweis auf die geänderten Tabellenzeilen) verwendet werden.
5. Die Triggervariablen NEW und OLD binden eine Zeilenvariable an die neu eingefügte bzw. gelöschte (alte) Zeile einer Tabelle.

11 Transaktionen

Bei Änderungen im Datenbestand einer Datenbank kann ein inkonsistenter Datenzustand entstehen, wenn eine Änderungsoperation nicht erfolgreich beendet werden kann.
Wenn z.B. mehrere UPDATE-Befehle auszuführen sind und nach der Ausführung des ersten Update-Befehls ein Fehler auftritt, dann ist der Datenbankinhalt nicht mehr richtig und die Datenbank ist inkonsistent.
Um die Erhaltung der Konsistenz sicherzustellen, werden die Anweisungen in Form einer Transaktion ausgeführt. Eine Transaktion kann als eine Folge von Lese- und Änderungs-Operationen auf einer Datenbank aufgefasst werden, die als logische Arbeitseinheit betrachtet wird. Die Verarbeitung der SQL-Anweisungen erfolgt transaktionsorientiert nach dem Prinzip "Alles-oder-Nichts", was es bedeutet, dass die Operationsfolge vollständig oder überhaupt nicht ausgeführt wird. In PostgreSQL, wie übrigens in allen Datenbanksystemen, haben die Transaktionen folgende Eigenschaften:

- Unteilbarkeit (Atomicy): Die Transaktion wird entweder vollständig oder gar nicht durchgeführt.
- Konsistenz (Consistency): Die Daten müssen sich nach der Durchführung einer Transaktion in einem konsistenten Zustand befinden.
- Einbenutzerbetrieb (Isolation): Die Änderungen der Transaktion werden bis zum Abschluss der Transaktion vor parallelen Transaktionen verborgen.
- Dauerhaftigkeit (Durability): Die Änderungen einer abgeschlossenen Transaktion gehen auch im Fall eines Fehlers nicht verloren.

11.1 Transaktionskonzept

Eine Transaktion führt durch bestimmte Verarbeitungsoperationen eine Datenmenge aus einem konsistenten Zustand in einen (anderen) konsistenten Zustand. Während der Abwicklung der Transaktion befinden sich die Daten, welche der Transaktion zugeordnet sind, in einem inkonsistenten Zustand. Die veränderten Daten müssen deswegen bis zum Transaktionsende für andere Benutzer gesperrt sein. Dieses exklusive Sperren verhindert, dass andere Datenbanknutzer eine Tabellenzeile oder eine ganze Tabelle modifizieren. Eine Transaktion wird explizit vom Benutzer mit dem Befehl `"BEGIN TRANSACTION"` gestartet. Alle nach BEGIN folgenden Anweisungen sind solange Teil dieser Transaktion, bis diese beendet wird, d.h. bis diese Transaktion festgeschrieben oder zurückgerollt wird. Am Ende einer Transaktion werden alle Änderungen mit dem Befehl "COMMIT TRANSACTION" festgeschrieben. Nach diesem Zeitpunkt kann keine der Änderungen in der Transaktion wieder rückgängig gemacht werden. Änderungen innerhalb einer Transaktion werden mit "ROLLBACK TRANSACTION" zurückgerollt oder storniert.

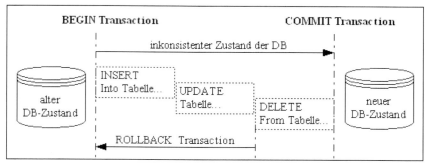

Abb 174 Transaktionsablauf
Die Datenbank befindet sich nach der Durchführung der Transaktion (d.h. nach COMMIT) in einem konsistenten Zustand. PostgreSQL verwendet implizit einen COMMIT-Befehl für jede vollständig durchgeführte Transaktion, und einen impliziten ROLLBACK-Befehl für jedes fehlerhafte Statement. Wird eine Transaktion mit einem expliziten BEGIN gestartet, dann muss auch COMMIT oder ROLLBACK explizit angegeben werden. PostgreSQL erlaubt die Veränderungsanweisungen INSERT, UPDATE und DELETE innerhalb eines BEGIN COMMIT-Blocks.

Für die Verwaltung mehrerer Transaktionen verwendet PostgreSQL den *MVCC*-Mechanismus (*Multiversion Concurrency Contol*). Jeder Transaktion wird durch den Verwalter der Transaktionen eine eigene Kopie des aktuellen Datenbankzustandes zugewiesen. Auf diese Kopie kann die Transaktion ihre Daten ändern, ohne dass sie dabei auf die Zugriffe von anderen Transaktionen warten muss. Somit stehen die Aktionen gegenseitig nicht in Konflikt. Wenn die Transaktion durch einen COMMIT-Befehl beendet wird, werden die Änderungen in die Datenbank fortgeschrieben. In diesem Fall geht man davon aus, dass die Transaktionen voneinander isoliert sind und so kann die Ausführung eines inkonsistenten Lesens verhindert werden. Häufig entsteht das Problem der gegenseitigen Blockierung (d.h. Deadlock) von zwei Transaktionen, wenn sie versuchen konkurrierend denselben Datensatz zu modifizieren. PostgreSQL erkennt dieses Phänomen automatisch und reagiert so, dass eine Transaktion abgebrochen und die andere weiter ausgeführt wird.

Hinweis. Für die Beispiele und Aufgaben dieses Kapitels legen Sie eine neue Datenbank mit dem Namen *Direktbestellung03* an. (Bsp. 10)

11.1.1 Beispiel 118: Neue Tabelle für das Transaktionskonzept anlegen

1. Öffnen Sie die Datenbank *Direktbestellung03*.
2. Um das Konzept von Transaktionen einfach nachvollziehen zu können, muss die Tabelle *Artikel01* angelegt werden, die aus den Feldern *ArtikelNr, Titel, Statuscode, Artikelpreis* und *Erscheinungsjahr* besteht. Die Tabellenspalte *ArtikelNr* stellt den Primärschlüssel dieser Tabelle dar. (Bsp. 11)

```
CREATE TABLE Artikel01
(
  ArtikelNr         INTEGER      NOT NULL,
  Titel             VARCHAR(64)  NOT NULL,
  Statuscode        CHAR(02)     NOT NULL,
  Artikelpreis      NUMERIC      NOT NULL,
  Erscheinungsjahr  INTEGER      NOT NULL,
  PRIMARY KEY (ArtikelNr)
);
```

3. In die Tabelle *Artikel01* werden die nachfolgenden fünf Datensätze eingefügt:

```
INSERT INTO Artikel01(ArtikelNr, Titel, Statuscode,
                      Artikelpreis, Erscheinungsjahr)
VALUES(11,'mySQL', 'AV', 14.50, 2007);
INSERT INTO Artikel01(ArtikelNr, Titel, Statuscode,
                      Artikelpreis, Erscheinungsjahr)
VALUES(12,'PostgreSQL', 'OP',19.95, 2008);
INSERT INTO Artikel01(ArtikelNr, Titel, Statuscode,
                      Artikelpreis, Erscheinungsjahr)
VALUES(13,'MS SQL Server 2008', 'OR', 23.50, 2008);
INSERT INTO Artikel01(ArtikelNr, Titel, Statuscode,
                      Artikelpreis, Erscheinungsjahr)
VALUES(14,'PostgreSQL 8.4', 'AV', 20.95, 2009);
INSERT INTO Artikel01(ArtikelNr, Titel, Statuscode,
                      Artikelpreis, Erscheinungsjahr)
VALUES(15,'Oracle', 'OP', 25.50, 2008);
```

4. Überprüfen Sie mit SELECT den Inhalt der neuen Tabelle.

Transaktionen

	artikelnr integer	titel character varying(64)	statuscode character(2)	artikelpreis numeric	erscheinungsjahr integer
1	11	mySQL	AV	14.50	2007
2	12	PostgreSQL	OP	19.95	2008
3	13	MS SQL Server 2008	OR	23.50	2008
4	14	PostgreSQL 8.4	AV	20.95	2009
5	15	Oracle	OP	25.50	2008

Abb 175 Ergebnis

11.1.2 Beispiel 119: Ausführung von Änderungsanweisungen (implizite Transaktion)

1. In die Tabelle *Artikel01* soll eine neue Zeile eingefügt und anschließend der *Statuscode* dieser Zeile von 'OR' (d.h. auf Anfrage) in 'IP' (d.h. in Vorbereitung) geändert werden. Beide SQL-Anweisungen sollen wieder rückgängig gemacht werden.
2. Führen Sie der Reihe nach folgende SQL-Befehle aus:

```
INSERT INTO Artikel01(ArtikelNr, Titel, Statuscode,
                     Artikelpreis, Erscheinungsjahr)
VALUES(16,'relationale Datenbanken', 'OR', 28.50, 2009);

UPDATE Artikel01
SET    Statuscode = 'IP'
WHERE  Statuscode = 'OR'
```

3. Hier wird keine Transaktion explizit ausgeführt. Wenn kein Fehler auftritt, werden beide Befehle ausgeführt. Wenn ein Systemausfall die Aktion gerade nach dem ersten INSERT-Befehl unterbricht, dann ist der Datenbankzustand nicht mehr konsistent. Beim erneuten Start des Servers führt das System ein implizites ROLLBACK durch und macht die bis zum Zeitpunkt der Unterbrechung Tabelleneinträge rückgängig.
4. Versuchen Sie es dennoch mit dem Befehl "ROLLBACK Transaction" die Änderungen zu retten, erhalten Sie die folgende Meldung
"*NOTICE: there is no transaction in progress*",
die besagt, dass keine Transaktion gestartet worden ist.
5. Zeigen Sie mit einer SELECT-Anweisung den bisherigen Zustand der Tabelle *Artikel01* an:

```
SELECT * FROM Artikel01 order by 1;
```

	artikelnr integer	titel character varying(64)	statuscode character(2)	artikelpreis numeric	erscheinungsjahr integer
1	11	mySQL	AV	14.50	2007
2	12	PostgreSQL	OP	19.95	2008
3	13	MS SQL Server 2008	IP	23.50	2008
4	14	PostgreSQL 8.4	AV	20.95	2009
5	15	Oracle	OP	25.50	2008
6	16	relationale Datenbanken	IP	28.50	2009

Abb 176 Ergebnis

6. Da Sie keine explizite Transaktion gestartet haben, sind die Änderungen sofort in die Datenbank aufgenommen worden und können nicht mehr rückgängig gemacht werden.

11.1.3 Beispiel 120: Datenbankänderungen mit ROLLBACK zurücksetzen

1. Öffnen Sie die Datenbank *Direktbestellung03*. In die Tabelle *Artikel01* sollen transaktionsorientiert alle Artikel mit dem *Statuscode* 'IP' (d.h. in Vorbereitung) oder 'OP' (vergriffen) gelöscht und ein neuer Artikel mit dem gelöschten Statuscode eingefügt werden. Alle Eingaben sollen wieder zurückgerollt werden.
2. Starten Sie eine Transaktion mit folgender Anweisung, um später die Änderungen auch rückgängig machen zu können.

```
BEGIN TRANSACTION
```

3. Löschen Sie alle Bücher mit dem *Satuscode* 'IP' oder 'OP'.

```
DELETE FROM Artikel01
WHERE  Statuscode ='IP' OR Statuscode = 'OP'
```

4. Fügen Sie einen neuen Datensatz mit dem gelöschten *Statuscode* 'IP' in die Tabelle *Artikel01* ein.

```
INSERT INTO Artikel01(ArtikelNr, Titel, Statuscode,
                      Artikelpreis, Erscheinungsjahr)
VALUES(16,'relationale Datenbanken', 'IP', 28.50, 2010);
```

5. Kontrollieren Sie die durchgeführten Änderungen, indem Sie den gesamten Tabelleninhalt anzeigen.

```
SELECT * FROM Artikel01
```

Transaktionen

	artikelnr integer	titel character varying(64)	statuscode character(2)	artikelpreis numeric	erscheinungsjahr integer
1	11	mySQL	AV	14.50	2007
2	14	PostgreSQL 8.4	AV	20.95	2009
3	16	relationale Datenbanken	IP	28.50	2010

Abb 177 Das Ergebnis der vorläufig gelöschten Artikel

6. Beachten Sie, dass drei Zeilen mit *ArtikelNr* 12, 13 und 15 und den Statuscodes 'OP' und 'IP' gelöscht sind und eine Zeile (die letzte) eingefügt wurde. Diese Änderungen sind für andere Benutzer nicht sichtbar, weil die gestartete Transaktion noch nicht abgeschlossen ist.
7. Nehmen Sie nun alle Änderungen mit dem Befehl ROLLBACK wieder zurück.

```
ROLLBACK TRANSACTION
```

8. Betrachten Sie die vorgenommenen Änderungen, indem Sie den gesamten Inhalt der Tabelle *Artikel01* anzeigen.

```
SELECT * FROM Artikel01
```

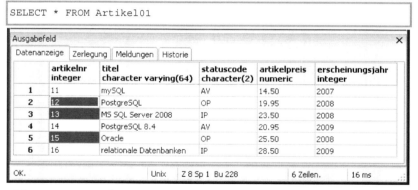

Abb 178 Das Ergebnis der zurückgerollten Artikel

9. Die Änderungen sind zurückgesetzt worden und die Tabelle enthält wieder dieselben Daten wie zu Beginn der Transaktion.

11.1.4 Beispiel 121: Datenbankänderungen mit COMMIT festschreiben

1. Die Datenbank *Direktbestellung03* ist geöffnet.
2. In die Tabelle *Artikel01* soll transaktionsorientiert ein neuer Datensatz mit *Statuscode* 'OR' (auf Anfrage) eingefügt werden. Anschließend soll für alle Artikel der *Statuscode* von 'IP' (in Vorbereitung) in 'AV' (lieferbar) geändert werden. Alle Änderungen sollen nun festgeschrieben werden.
3. Starten Sie eine Transaktion mit folgender Anweisung.

```
BEGIN TRANSACTION
```

4. Fügen Sie folgenden Datensatz in die Tabelle *Artikel01* ein:

```
INSERT INTO Artikel01(ArtikelNr, Titel, Statuscode,
                     Artikelpreis, Erscheinungsjahr)
VALUES(17,'SQL Anywhere', 'OR', 22.50, 2008);
```

5. Ändern Sie für alle Bücher den *Statuscode* 'IP' in 'AV'.

```
UPDATE Artikel01
SET      Statuscode = 'AV'
WHERE    Statuscode = 'IP'
```

6. Sichern Sie nun die bisherigen Änderungen mit dem COMMIT-Befehl.

```
COMMIT TRANSACTION
```

7. Kontrollieren Sie die durchgeführten Änderungen, indem Sie den gesamten aktuellen Tabelleninhalt mit den Änderungen anzeigen.

```
SELECT * FROM Artiekl01
```

	artikelnr integer	titel character varying(64)	statuscode character(2)	artikelpreis numeric	erscheinungsjahr integer
1	11	mySQL	AV	14.50	2007
2	12	PostgreSQL	OP	19.95	2008
3	13	MS SQL Server 2008	AV	23.50	2008
4	14	PostgreSQL 8.4	AV	20.95	2009
5	15	Oracle	OP	25.50	2008
6	16	relationale Datenbanken	AV	28.50	2009
7	17	SQL Anywhere	OR	22.50	2008

Abb 179 Das Ergebnis mit den geänderten Daten

8. Die letzten Änderungen sind jetzt in die Datenbank aufgenommen worden und können nicht mehr zurückgenommen werden. Diese Änderungen sind für alle Benutzer sichtbar.

11.2 Sicherungspunkte

Alle Anweisungen einer Transaktion werden entweder gemeinsam ausgeführt oder rückgängig gemacht. Sie können aber nur ein Teil einer Transaktion rückgängig machen. Das teilweise Zurücksetzen einer Transaktion kann erforderlich sein, wenn Sie beispielsweise Änderungen eines bestimmten Befehls zurückrollen möchten und nicht die gesamte Arbeit von vorne beginnen. Um dies zu erreichen, können Sie innerhalb einer Transaktion beliebig viele Sicherungspunkte (SAVEPOINTs) setzen. Sie haben dann die Möglichkeit immer nur bis zu einem bestimmten Sicherungspunkt mit einem ROLLBACK-Befehl zurückzurollen und müssen nicht alles rückgängig machen.

Der Benutzer kann Sicherungspunkte mit folgenden Befehlen setzen bzw. löschen:

```
SAVEPOINT Savepoint_name
RELEASE SAVEPOINT Savepoint_name
```

Die folgende Sequenz von Befehlen zeigt, wie die Savepoints zwischen den Änderungsanweisungen gesetzt werden können.

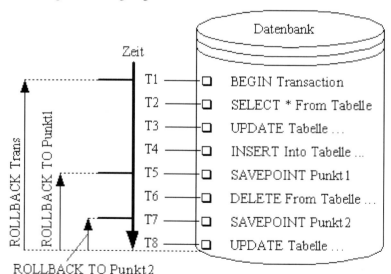

Abb 180 *Sicherungspunkte*

- Zwischen den Befehlen können Sie einen Savepoint mit einem freiwählbaren Namen setzen. Sie können bis zu diesem Savepoint zurückrollen, indem Sie im Anschluss an die ROLLBACK-Anweisung den Save-

point-Namen eingeben. So wird z.B. bei "ROLLBACK TO Punkt1" das Löschen bis zum "SAVEPOINT Punkt1" zurückgerollt. Dadurch ist möglich, ein ROLLBACK nur bis zu diesem Savepoint Punkt1 (Zeitpunkt T5) anstatt bis zum Transaktionsbeginn durchzuführen.
- Wird bis zu einem Punkt zurückgerollt, werden alle Änderungen, auch die dazwischen liegenden, rückgängig gemacht. So würde z.B. "SAVEPOINT Punkt1" den "SAVEPOINT Punkt2" löschen. Beim Zurückrollen bis zu einem Savepoint wird auch der Savepoint selbst gelöscht.
- Ein Savepoint kann nur zum Zurückrollen verwendet werden. Es gibt keine Möglichkeit, bis zu einem Savepoint zu kommitieren und wieder vorzurollen.

11.2.1 Beispiel 122: Sicherungspunkte setzen

1. In diesem Beispiel wird gezeigt, wie sich eine Transaktion mit Sicherungspunkten zwischen den SQL-Anweisungen verhält.
2. Um die Auswirkung der Sicherungspunkte auf den Ablauf einer Transaktion zu prüfen, lassen Sie den aktuellen Datenzustand der Tabelle *Artikel01* anzeigen:

```
SELECT * FROM Artikel01;
```

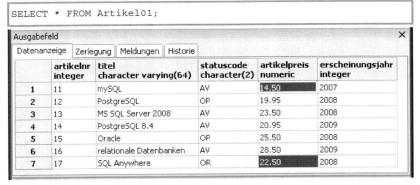

Abb 181 *Ergebnis*

3. Kodieren Sie innerhalb einer Transaktion folgende drei UPDATE-Befehle, die für bestimmte Buchtitel die Artikelpreise um jeweils 5 Euro ändern sollen.

```
BEGIN Transaction;
 UPDATE Artikel01
 SET    Artikelpreis = Artikelpreis + 5.00
 WHERE  Titel = 'mySQL';
SAVEPOINT Savepoint1;
 UPDATE Artikel01
```

Transaktionen

```
SET     Artikelpreis = Artikelpreis - 5.00
WHERE   Titel = 'Oracle';
ROLLBACK TO Savepoint1;
UPDATE Artikel01
SET     Artikelpreis= Artikelpreis + 5.00
WHERE   Titel = 'SQL Anywhere';
COMMIT;
```

4. Möchten Sie beispielsweise die zweite Änderung rückgängig machen, setzen Sie an dieser Stelle einen Sicherungspunkt Savepoint1.
5. Sie können bis zu diesem Sicherungspunkt zurückrollen, indem Sie im Anschluss an die ROLLBACK-Anweisung den Savepoint1 eingeben. Bei der Ausführung von "ROLLBACK TO Savepoint1" wird die Preisänderung (*Artikelpreis = Artikelpreis – 5*) storniert und auch der Sicherungspunkt Savepoint1 selbst gelöscht.
6. Schließen Sie die Transaktion mit dem Befehl COMMIT ab.
7. Lassen Sie erneut den neuen Zustand der Datenbank anzeigen und kontrollieren Sie das Ergebnis.

```
SELECT * FROM Artikel01;
```

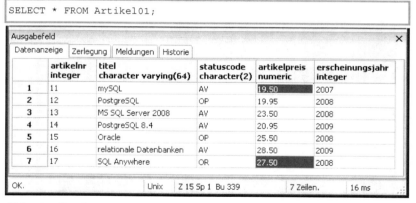

Abb 182 Ergebnis

8. Es lässt sich leicht erkennen, dass die Preisänderungen nur für die Titel 'mySQL' und 'SQL Anywhere' in der Datenbank aktualisiert wurden, nicht jedoch für den Titel 'Oracle'.
9. Es ist zu beachten, dass der Einsatz der Befehle "SAVEPOINT Savepoint" und "ROLLBACK TO Savepoint" keine Transaktion beendet, sondern nur geänderte Daten teilweise oder vollständig innerhalb der Transaktion wieder zurückrollt oder verfügbar machen kann.

11.3 Übungsaufgaben

Aufgabe 36: Datenbankänderungen zurücknehmen
Aufgabe 37: Datenbankänderungen festschreiben
Aufgabe 38: Sicherungspunkte setzen und zurückrollen

11.3.1 Aufgabe 36: Datenbankänderungen zurücknehmen

1. Öffnen Sie die Datenbank *Direktbestellung03*.
2. In die Tabelle *Artikel01* sollen transaktionsorientiert zwei neue Artikeldatensätze mit dem *Statuscode* 'OP' (vergriffen) und 'IP' (in Vorbereitung) eingefügt werden und anschließend alle Artikel mit dem *Statuscode* 'OP' gelöscht werden. (Bsp. 120)
3. Alle Eingaben und Änderungen sollen wieder zurückgerollt werden.
4. Starten Sie eine Transaktion mit dem SQL-Befehl "BEGIN TRANSACTION".
5. Fügen Sie zunächst folgende zwei Datensätze in die Tabelle *Artikel01* ein:

```
INSERT INTO Artikel01(ArtikelNr, Titel, Statuscode,
                    Artikelpreis, Erscheinungsjahr)
VALUES(19,'SQL-Datenbanken', 'OP', 35.00, 2009);
INSERT INTO Artikel01(ArtikelNr, Titel, Statuscode,
                    Artikelpreis, Erscheinungsjahr)
VALUES(20,'pgSQL Basic', 'IP', 29.00, 2009);
```

6. Löschen Sie dann alle Artikel mit dem *Statuscode* 'OP'.
7. Zeigen Sie die durchgeführten Änderungen in der Tabelle *Artikel01*.

	artikelnr integer	titel character varying(64)	statuscode character(2)	artikelpreis numeric	erscheinungsjahr integer
1	11	mySQL	AV	19.50	2007
2	13	MS SQL Server 2008	AV	23.50	2008
3	14	PostgreSQL 8.4	AV	20.95	2009
4	16	relationale Datenbanken	AV	28.50	2009
5	17	SQL Anywhere	OR	27.50	2008
6	20	pgSQL Basic	IP	29.00	2009

Abb 183 *Ergebnis*

8. Betrachten Sie das Ergebnis. Die Artikelzeilen mit dem Statuscode 'OP' wurden gelöscht.

9. Nehmen Sie alle Änderungen mit dem Befehl ROLLBACK wieder zurück. (Bsp. 120)
10. Zeigen Sie mit SELECT erneut den Inhalt der Tabelle *Artikel01* an.

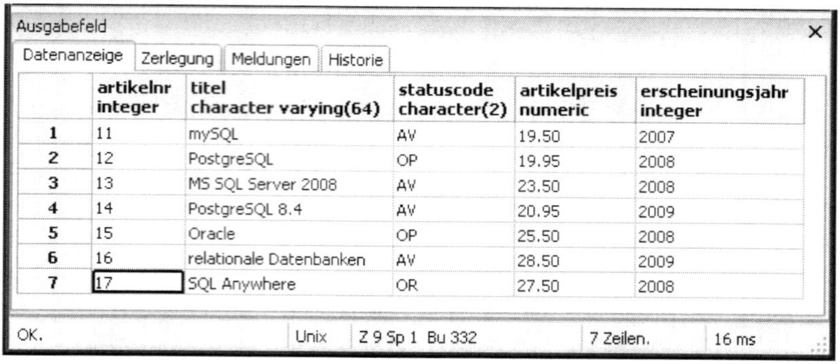

	artikelnr integer	titel character varying(64)	statuscode character(2)	artikelpreis numeric	erscheinungsjahr integer
1	11	mySQL	AV	19.50	2007
2	12	PostgreSQL	OP	19.95	2008
3	13	MS SQL Server 2008	AV	23.50	2008
4	14	PostgreSQL 8.4	AV	20.95	2009
5	15	Oracle	OP	25.50	2008
6	16	relationale Datenbanken	AV	28.50	2009
7	17	SQL Anywhere	OR	27.50	2008

Abb 184 *Ergebnis*

11. Die Tabelle sollte wieder dieselben Daten wie zu Beginn enthalten.
12. Speichern Sie diese Aufgabe unter dem Namen *Änderung_stornieren* ab.
13. Die Lösung dieser Aufgabe finden Sie unter *B.36 Lösung Aufgabe 36*.

11.3.2 Aufgabe 37: Datenbankänderungen festschreiben

1. Erweitern Sie die vorherige Aufgabe (36) so, dass jede Änderung festgeschrieben wird. (Bsp. 121)
2. Fügen Sie zunächst folgenden Datensatz mit dem *Statuscode* 'IP' ein.

```
INSERT INTO Artikel01(ArtikelNr, Titel, Statuscode,
                     Artikelpreis, Erscheinungsjahr)
VALUES(20,'pgSQL Basic', 'IP', 29.00, 2009);
```

3. Anschließend soll für alle Artikel mit einem Erscheinungsjahr älter als 2008 der *Statuscode* von 'AV' in 'OP' geändert werden. (Bsp. 120)
4. Sichern Sie die bisherigen Änderungen mit dem Befehl COMMIT. (Bsp. 121)
5. Überprüfen Sie die durchgeführten Änderungen und vergleichen Sie sie mit der Ergebnistabelle.

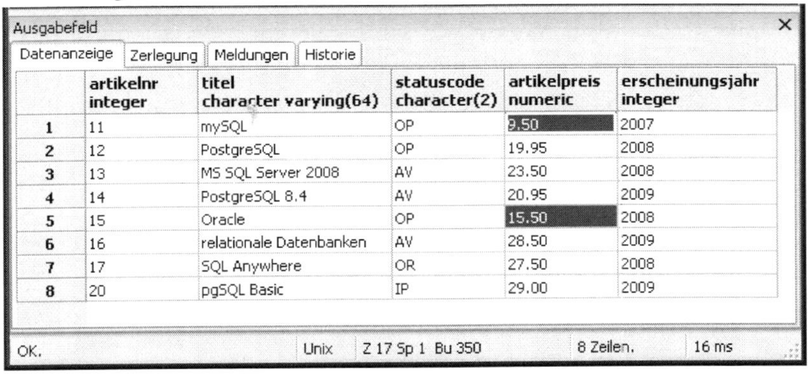

	artikelnr integer	titel character varying(64)	statuscode character(2)	artikelpreis numeric	erscheinungsjahr integer
1	11	mySQL	OP	9.50	2007
2	12	PostgreSQL	OP	19.95	2008
3	13	MS SQL Server 2008	AV	23.50	2008
4	14	PostgreSQL 8.4	AV	20.95	2009
5	15	Oracle	OP	15.50	2008
6	16	relationale Datenbanken	AV	28.50	2009
7	17	SQL Anywhere	OR	27.50	2008
8	20	pgSQL Basic	IP	29.00	2009

Abb 185 Ergebnistabelle

6. Diesmal sind die Änderungen festgeschrieben und können nicht mehr rückgängig gemacht werden.
7. Speichern Sie diese Aufgabe unter dem Namen *Änderung_speichern* ab.
8. Die Lösung dieser Aufgabe finden Sie unter *B.37 Lösung Aufgabe 37*.

11.3.3 Aufgabe 38: Sicherungspunkte setzen und zurückrollen

1. Die Datenbank *Direktbestellung03* ist geöffnet.
2. Erstellen Sie eine Transaktion, welche u.a. drei UPDATE-Statements enthält, die für bestimmte Artikelnummer in der *Artikel01*-Tabelle die Artikelpreise um jeweils 10 Euro ändern sollen.
3. Für die Artikel mit Artikelnummern 11 und 15 soll der Artikelpreis um jeweils 10 Euro reduziert und festgeschrieben werden.
4. Für den Artikelsatz mit Artikelnummer 12 soll die Erhöhung des Artikelpreises um 10 Euro wieder rückgängig gemacht werden. Setzen Sie an dieser Stelle den Sicherungspunkt 'SavepointUpdate'. (Bsp. 122)
5. Sie können bis zu diesem Sicherungspunkt zurückrollen, indem Sie im Anschluss an die ROLLBACK-Anweisung den gesetzten Sicherungspunkt eingeben. Bei der Ausführung von "ROLLBACK TO SavepointUpdate" wird die Preisänderung (*Artikelpreis* = *Artikelpreis* + 10) storniert und auch der 'SavepointUpdate' selbst gelöscht.
6. Sichern Sie die bisherigen Änderungen mit dem COMMIT-Befehl.
7. Kontrollieren Sie anschließend die Änderungen in der Tabelle *Artikel01* mit der Abbildung.

	artikelnr integer	titel character varying(64)	statuscode character(2)	artikelpreis numeric	erscheinungsjahr integer
1	11	mySQL	OP	4.50	2007
2	12	PostgreSQL	OP	19.95	2008
3	13	MS SQL Server 2008	AV	23.50	2008
4	14	PostgreSQL 8.3	AV	20.95	2009
5	15	Oracle	OP	15.50	2008
6	16	relationale Datenbanken	AV	28.50	2009
7	17	SQL Anywhere	OR	27.50	2008
8	20	pgSQL Basic	IP	29.00	2009

Abb 186 Ergebnis

8. Speichern Sie die Aufgabe unter dem Namen *Sicherungspunkte_prüfen* ab.
9. Die Lösung dieser Aufgabe finden Sie unter *B.38 Lösung Aufgabe 38*.

11.4 Verständnisfragen

Frage 53: Welche allgemeine Aussagen über Transaktionen treffen zu? (2)
1. Transaktionen verhindern, dass Änderungen im Datenbankinhalt einen inkonsistenten Datenbankzustand verursachen.
2. Die Datenbankdaten sind nach der Durchführung einer Transaktion nicht immer korrekt.
3. Die Änderungen der Daten gehen nach Abschluß einer Transaktion im Fall eines Fehlers verloren.
4. Eine Transaktion wird entweder vollständig oder überhaupt nicht ausgeführt.
5. Die Änderungen innerhalb einer Transaktion werden bis zum Transaktionsabschluß von parallelen Transaktionen nicht verborgen.

Frage 54: Welche Aussagen über Transaktionen treffen zu? (3)
1. Transaktionen sind Vorgänge (Operationsfolge), die nach dem Prinzip "alles oder nichts" ablaufen. Das bedeutet, dass die Operationsfolge komplett oder überhaupt nicht ausgeführt wird.
2. Eine Transaktion ist eine Folge von Datenbankaktionen, die als Einheit betrachtet werden.
3. Datenänderungen innerhalb einer Transaktion werden festgeschrieben, wenn nur ein einziger Schritt in einer Verarbeitung erfolgreich war.
4. Innerhalb einer Transaktion werden Datenänderungen verworfen, wenn nicht alle Verarbeitungsschritte erfolgreich waren.
5. Änderungen können nur dann ausgeführt oder zurückgenommen werden, wenn das Beenden aller Verarbeitungsschritte erfolgreich war.

Frage 55: Welche Aussagen über den Ablauf einer Transaktion treffen zu? (2)
1. Transaktionen werden mit dem Schlüsselwort TRANSACTION oder TRAN eingeleitet.
2. Alle nach "BEGIN Transaction" durchgeführten Datenmanipulationsbefehle sind Teile dieser Transaktion, solange bis diese abgeschlossen wird.
3. Nach "COMMIT Transaction" kann keine Änderung mehr rückgängig gemacht werden.
4. Sie können mit "ROLLBACK TRAN" Änderungen rückgängig machen, auch wenn Sie vorher keine Transaktion explizit gestartet haben.
5. Bei COMMIT erfolgt ein Zurücksetzen der Datenzustände auf den Zustand vor Beginn der Transaktion.

Frage 56: Welche Aussagen über die Aufgaben einer Transaktion treffen zu? (3)

1. Alle Anweisungen einer Transaktion können entweder komplett ausgeführt oder zurückgenommen werden.
2. Transaktionen bieten keine Möglichkeit an, dass nur ein Teil einer Transaktion rückgängig gemacht werden kann.
3. Änderungen eines bestimmten Befehls können zurückgerollt werden, wenn dafür Savepoints definiert wurden.
4. Solange eine Transaktion aktiv ist, können die von ihr modifizierten Daten auch von anderen Benutzern geändert werden.
5. Sie können Änderungen bis zu einem bestimmten Savepoint zurücknehmen und müssen nicht alles rückgängig machen.

Frage 57: Welche Aussagen über Sicherungspunkte (Savepoints) treffen zu? (3)

1. Innerhalb einer Transaktion kann mit Savepoint ein benannter Zeitpunkt festgelegt werden, bis zu dem ein (teilweises) Zurückrollen von Datenänderungen möglich ist.
2. Mit dem SQL-Statement "ROLLBACK TO Savepoint" wird eine Transaktion beendet.
3. Jeder Savepoint muss innerhalb einer Transaktion mit dem SQL-Befehl SAVEPOINT definiert werden.
4. Tritt in einer Transaktion ein Fehler auf, kann ein "ROLLBACK TO Savepoint" alle definierten Savepoints zurücksetzen.
5. Mit "ROLLBACK TO Savepoint" werden die Datenänderungen bis zu einem vorab definierten Savepoint zurückgesetzt.

12 Datenbankoptimierung

Ein wichtiges Ziel der relationalen Datenbanken war immer die Entwicklung von effizienten Optimierungsverfahren für die Auswertung von SQL-Anfragen. Der Optimierer hat die Aufgabe, den optimalen Zugriffsweg zu den gewünschten Daten einer Datenbank zu ermitteln. Er analysiert die SQL-Statements, interpretiert bestimmte Statistikinformationen aus den Systemtabellen und ermittelt die möglichen Zugriffspfade zu den Daten für eine Anforderung. Der Optimierer wickelt seine Aufgaben wie folgt ab:

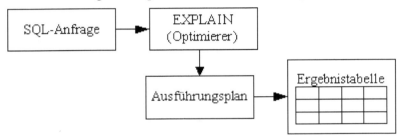

Abb 187 *Optimierungsschema*

- Zunächst wird das SQL-Statement analysiert und geprüft, ob es syntaktisch korrekt ist.
- Der Optimierer (EXPLAIN) berechnet aus der Anfrage den optimalen Zugriffsplan. Dies erfolgt durch die Kostenermittlung pro Zugriffspfad und Auswahl des kostengünstigen Pfades. Als Basis für die Entscheidung, welcher Zugriff zu den Daten gewählt wird, werden vom Optimierer Informationen aus Systemtabellen herangezogen.
  Hinweis: Sie können mit "SELECT * FROM pg_class" alle Systemtabellen, wie zum Beispiel pg_tables, pg_indexes, usw. anzeigen.
- Aus dem Zugriffsplan wird ein Ausführungsplan für die Zugriffe auf die Datenbank erzeugt.
- Am Ende wird mit Hilfe des optimalen Ausführungsplanes die Ergebnistabelle aufgebaut.

Mit dem SQL-Befehl EXPLAIN können andere SQL-Befehle analysiert werden, d.h. es kann festgelegt werden, auf welche Art der Zugriff auf Daten einer Datenbank erfolgt. Bei der Ausführung von Anfragen treten oft Geschwindigkeitsprobleme auf, die mit dem Befehl EXPLAIN effizient analysiert werden können. So will man z.B. bei langsamen Abfragen nach dem Grund suchen und die Abfragen auf Geschwindigkeit optimieren.

Datenbankoptimierung

Für eine ausgeführte Anfrage erzeugt der PostgreSQL-Planer einen Abfrageplan, der vom Zustand der Daten abhängig ist. Der Planer entscheidet, basierend auf der Datenverteilung und den statistischen Informationen, die aus der Tabelle zu den Abfrage-Teilen geholt werden, ob z.B. die Durchsuchung der verwendeten Tabellen sequentiell oder über Index erfolgt und wie bei einer Verbindung (JOIN) von mehreren Tabellen die richtigen Tabellenzeilen zusammengebracht werden können.

12.1 Auswahl von EXPLAIN

Für jede ausgeführte Abfrage wird der effizienteste (d.h. der schnellste und kostengünstigste) Plan ausgewählt, den Sie mit dem Befehl EXPLAIN anzeigen können.

Die wichtigste Ausgabeinformation von EXPLAIN sind die geschätzten Ausführungskosten des Befehls, wobei diese Kosten in Zeit der Festplattenzugriffe (Lesezugriffe) gemessen werden. Die Einheit von EXPLAIN ist ein Zugriff auf die Festplatte, der ca. 10 Millisekunden (msec) dauert.

Der EXPLAIN-Befehl gibt folgende Zahlen aus:

1. Kosten, die sich in Start- und Gesamtkosten differenzieren. Die Startkosten geben an, wie schnell die Rückgabe der ersten Zeile der Ergebnistabelle erfolgen kann. Die Gesamtkosten geben die Dauer an, die für die Rückgabe aller Ergebniszeilen benötigt wird.
2. Zahl, die die erwartete Anzahl von Ergebniszeilen (rows) darstellt.
3. Breite, die die Größe einer Zeile der Ergebnismenge (in Bytes) angibt.

12.1.1 Beispiel 123: Die gesamte Artikel-Tabelle sequentiell suchen

1. Öffnen Sie die Datenbank *Direktbestellung01* und führen Sie folgende Abfrage aus.
   ```
   EXPLAIN SELECT * FROM Kunden;
   ```
2. EXPLAIN liefert ausführliche Informationen darüber, wie PostgreSQL die Abfrage bearbeiten würde. EXPLAIN erzeugt für diese Abfrage folgenden Ausführungsplan.
   Hinweis: Der Ausführungsplan erscheint als Anfrageergebnis, das beispielsweise wie eine Tabelle mit einer Spalte vom Typ TEXT interpretiert werden kann.

Abb 188 *Ausführungsplan der EXPLAIN-Anweisung*

3. Die Tabelle *Kunden* wird sequentiell durchsucht (Seq Scan).
4. Die erste Zahl (*cost*=0.00) repräsentiert die geschätzten Startkosten, d.h. die Kosten bis zum Lesen des ersten brauchbaren Wertes. Die zweite Zahl (1.13) stellt die geschätzten Gesamtkosten dar, die für die Ausführung aller Zeilen benötigt werden.
5. *Rows*=13 weist auf die erwartete Anzahl von Ergebniszeilen in Bytes hin und *width*=570 gibt die Datensatzlänge (in Bytes) an.

12.1.2 Beispiel 124: Ein EXPLAIN für ein SELECT mit einer Beschränkung

1. Die EXPLAIN-Anweisung kann die erwartete Anzahl der Ergebniszeilen reduzieren, wenn das SELECT-Statement um weitere Bedingungen erweitert wird. Hier sollen alle Kundendatensätze mit einer Kundennummer kleiner 105 durch EXPLAIN analysiert werden. Die Tabelle *Kunden* enthält maximal 13 Datensätze beginnend bei Kundennummer 100.
2. Führen Sie nun folgende Abfrage aus.

```
EXPLAIN SELECT *
FROM    Kunden
WHERE   KundenNr < 105;
```

3. EXPLAIN erzeugt für diesen Abfragetyp einen neuen Ausführungsplan.

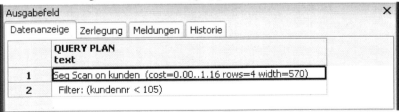

Abb 189 *Der Ausführungsplan für SELECT mit WHERE-Bedingung*

4. Durch die Einschränkung (z.B. *KundenNr* < 105) führt EXPLAIN zu einer weiteren Schätzung, dass nur 4 statt 13 Zeilen zurückgegeben werden. Die geschätzte Anzahl der Ergebniszeilen ist jetzt wegen der Ver-

wendung der WHERE-Klausel auf 4 reduziert. Die Prüfung der WHERE-Bedingung, die eine Prozessorleistung in Anspruch nimmt, führt zu einer leichten Steigerung der Kosten (1.16).
5. Schränken Sie die Bedingung noch stärker ein, dann reduziert sich nur die Anzahl der Ergebniszeilen. Die geschätzten Kosten bleiben unverändert.
6. Aus einer ersten Kontrolle der ausgeführten Anfragen lässt sich feststellen, dass der Planer bei einer Tabelle mit einer geringen Anzahl von Datensätzen häufig eine sequentielle Suche (Seq Scan) nutzt, obwohl für diese Tabelle ein Index für den Primärschlüssel *KundenNr* automatisch erstellt wurde. Eine Indexsuche (Index Scan) auf der Tabelle *Kunden* kann nicht stattfinden, weil sie nur 13 Datensätze enthält.
7. Die Entscheidung des Planers für einen "Seq Scan" oder "Index Scan" ist von der Größe der Datenmenge abhängig. Da PostgreSQL bei kleinen Tabellen die sequentielle Suche standardmäßig verwendet, kann man sie mit dem Befehl "`SET enable_seqscan = false`" abschalten, wobei dann die Indexsuche automatische eingeschaltet wird. Mit "`SET enable_seqscan = true`" wird eine Suchaktion wieder aktiviert.

12.1.3 Beispiel 125: Zugriff auf Kundendaten über eine indizierte Spalte

1. Erstellen Sie für die Tabelle *Kunden* einen Index *Name_Index* für die Spalte *Name*.
   Hinweis: Ein Index kann wie jedes Datenbankobjekt mit dem Befehl CREATE angelegt und mit DROP gelöscht werden. Er dient dazu, die Ausführung einer Abfrage zu beschleunigen.
   ```
   CREATE Index Name_Index ON Kunden(Name);
   ```
2. Kodieren Sie den Zugriff auf die Kundendatensätze mit *Name* 'Schulz' und führen Sie folgende EXPLAIN-Anweisung aus.
   ```
   EXPLAIN SELECT *
   FROM Kunden
   WHERE Name = 'Schulz';
   ```
3. EXPLAIN erzeugt folgenden Ausführungsplan.

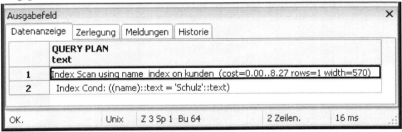

Abb 190 *Ausführungsplan für sequentielle Suche*

4. Sie sehen, dass PostgreSQL wieder eine sequentielle Suche der vorhandenen Kundenzeilen bevorzugt, obwohl der Index *Name_Index* vorliegt.
5. Schalten Sie nun mit dem Befehl "SET enable_seqscan = false" die sequentielle Suche ab, dann wird die Indexsuche automatisch aktiviert.
6. Führen Sie erneut die obige EXPLAIN-Anweisung aus.

```
EXPLAIN SELECT *
FROM    Kunden
WHERE   Name = 'Schulz';
```

7. EXPLAIN nutzt den Indexscan und erzeugt folgenden neuen Ausführungsplan.

Abb 191 *Ausführungsplan für Indexsuche*

8. Ein Vergleich beider Ausführungspläne lässt erkennen, dass die Kostenschätzung für die Indexsuche deutlich höher (8.27 Kosteneinheiten) ausfällt als die der sequentiellen Suche (1.16). Die restlichen Parameter, *rows* und *width*, bleiben unverändert.

12.2 Wirkung von EXPLAIN

Der PostgreSQL-Planer entscheidet sich bei kleinen Datenmengen für eine sequentielle Suche, weil sie kostengünstiger ist als die Indexsuche. Angesichts der Tatsache, dass Tabellen mit wenigen Datensätzen schnell wachsen können, ist zu empfehlen, für SELECT-Anfragen den passenden Index zu verwenden. Wenn Sie unabhängig von dieser Technik der expliziten Umschaltung zwischen Seqscan und Indexscan arbeiten möchten, dann ist eine Erweiterung der Datensätze in den vorhandenen Tabellen erforderlich oder das Anlegen von neuen Tabellen mit mehreren Datensätzen. In diesem Fall entscheidet der Planer automatisch, welche Suchaktion, Seqscan oder Indexscan, kostengünstiger ist. PostgreSQL ermöglicht mit Hilfe des Befehls EXPLAIN ANALYZE eine Überprüfung der geschätzten Kosten und der tatsächlichen Laufzeit einer SQL-Anweisung.

Hinweis: Für die folgenden Bespiele 126, 127, 128 und 129 verwenden Sie die Datenbank *Direktbestellung03*.

12.2.1 Beispiel 126: Wirkung von EXPLAIN bei großen Datenmengen

1. Öffnen Sie die Datenbank *Direktbestellung03*.
2. Um die Wirkung von EXPLAIN auf größeren Tabellen zu demonstrieren, legen Sie dazu zwei neue Tabellen *Artikel02* und *Artikel03* mit Artikeldaten an. Beide Tabellen haben zwei Spalten *ArtikelNr* und *Menge*, die vom Typ INTEGER sind.
3. Die Spalte *ArtikelNr* dient in beiden Tabellen als Primärschlüssel. Für die Tabelle *Artikel03* wird zusätzlich ein Index für die Spalte *Menge* erstellt.

```
CREATE TABLE Artikel02(
  ArtikelNr    INTEGER     NOT NULL,
  Menge        INTEGER     NOT NULL,
  PRIMARY KEY(ArtikelNr)
);

CREATE TABLE Artikel03(
  ArtikelNr    INTEGER     NOT NULL,
  Menge        INTEGER     NOT NULL,
  PRIMARY KEY (ArtikelNr)
);

CREATE INDEX Menge_Index ON Artikel03(Menge);
```

4. Für jede angelegte Tabelle wird ein Index für den Primärschlüssel automatisch erzeugt:
PRIMARY KEY will create implicit index "artikel02_pkey" for table "artikel02"
PRIMARY KEY will create implicit index "artikel03_pkey" for table "artikel03"
5. Wenn Sie bei der Ausführung einer Abfrage auch die aktuellen Ausführungskosten (Total runtime) anzeigen möchten, wenden Sie den Befehl "EXPLAIN ANALYZE" an.

12.2.2 Beispiel 127: Anlegen und Analyse von größeren Tabellen

1. Dieses Beispiel zeigt die Wirkung von EXPLAIN auf größere Tabellen. Mit Hilfe der Anweisung "EXPLAIN ANALYZE INSERT" fügen Sie in die Tabellen *Artikel02* und *Artikel03* jeweils 500 Datensätze ein. Die Werte für *ArtikelNr* sollen zwischen 10 und 500 und die für *Menge* zwischen 0 und 50 liegen. Die Spalte *Menge* enthält Zufallswerte, die durch die Nutzung der Standardfunktion *RANDOM* erzeugt werden.
Hinweis: In diesem Beispiel wird ein technischer Schlüssel mit dem Schlüsselwort `generate_serials` als Primärschlüssel generiert. Dieser Schlüssel, der eindeutig und fortlaufend ist, wird von der Datenbank automatisch erstellt.
2. Führen Sie folgende EXPLAIN-Befehle aus und prüfen die erzeugten Ausführungspläne.

```
EXPLAIN ANALYZE INSERT INTO Artikel02
        VALUES(generate_series(10,500), RANDOM()*50 );
```

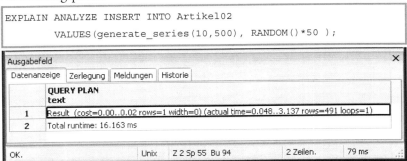

Abb 192 Ausführungsplan für Artikel02

```
EXPLAIN ANALYZE INSERT Into Artikel03
        VALUES(generate_series(10,500), RANDOM()*50 );
```

Datenbankoptimierung

```
Ausgabefeld                                                          ×
Datenanzeige | Zerlegung | Meldungen | Historie
     QUERY PLAN
     text
  1  Result  (cost=0.00..0.02 rows=1 width=0) (actual time=0.051..5.230 rows=491 loops=1)
  2  Total runtime: 40.244 ms

OK.                Unix        Z 2 Sp 55 Bu 94        2 Zeilen.       62 ms
```

Abb 193 *Ausführungsplan für Artikel03*

3. Bei der Überprüfung der Ausführungspläne lässt sich erkennen, dass der Unterschied zwischen den Gesamtkosten (3.137 und 5.230) minimal ist. Der Grund liegt darin, dass bei INSERT standardmäßig nur ein Datensatz als Ergebnis erwartet wird, jedoch besteht das Ergebnis aus der Gasamtzahl (hier 491) der Tabellenzeilen. Bei der Tabelle *Artikel03*, für die ein Index auf Spalte *Menge* vorliegt, fällt die Ausführungszeit (40.244) höher aus, weil synchron zum Einfügen der Datensätze in die Tabelle auch die Anpassung der Indexdaten erfolgt. Diese Aktualisierung der Indexinformationen hängt mit entsprechenden Performanceverlusten zusammen.
4. *Hinweis*: Es gilt allgemein, dass bei Tabellen mit Indizes die Verwendung von INSERT und DELETE zu Performanceverlusten führt. Für UPDATE gilt das Gleiche, solange das Update eine indizierte Spalte betrifft.
5. Ein Auszug aus dem Inhalt der Tabelle *Artikel02* wird nachfolgend mit SELECT angezeigt:

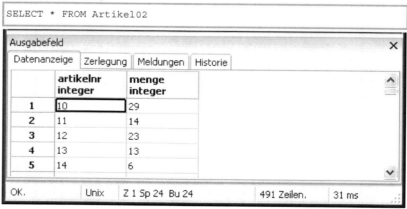

Abb 194 *Auszug aus dem Inhalt der Tabelle Artikel02*

12.3 EXPLAIN bei eingeschränkten Bedingungen

Wird bei großen Tabellen eine Bedingung stark eingeschränkt, dann entscheidet sich der Planer nicht mehr für eine sequentielle Suche sondern für eine Indexsuche.
Mit Hilfe der folgenden Beispiele wird die Wirkung von EXPLAIN bei stark eingeschränkten Bedingungen erklärt. Dabei wird die Wichtigkeit der Verwendung von Indexen bei SELECT gezeigt.

12.3.1 Beispiel 128: Index-Auswirkung auf WHERE-Bedingung

1. Im vorliegenden Beispiel wird die Auswirkung eines Indexfeldes (hier des Primärschlüssels) auf die WHERE-Bedingung gezeigt. Kodieren Sie ein SELECT-Statement mit der Bedingung *ArtikelNr < 500* und führen Sie folgende EXPLAIN-Anweisung aus.

```
EXPLAIN ANALYZE SELECT *
FROM    Artikel02
WHERE   ArtikelNr < 500
```

2. EXPLAIN generiert folgenden Ausführungsplan, der die geschätzten Kosten und die gemessene Ausführungszeit zeigt.

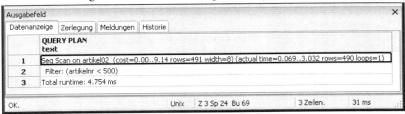

Abb 195 Der Ausführungsplan für ArtikelNr < 500

3. Die geschätzten Gesamtkosten für die Ausführung aller Datensätze liegen bei 9.14 Kosteneinheiten. Die Ausführungszeit (Total runtime) ist ca. 5 Sekunden.
4. Schränken Sie die WHERE-Bedingung weiter (z.B. *ArtikelNr < 98*) ein und führen Sie den nächsten EXPLAIN-Befehl aus.

```
EXPLAIN ANALYZE SELECT *
FROM    Artikel02
WHERE   ArtikelNr < 98
```

5. Das EXPLAIN-Statement erzeugt folgenden neuen Ausführungsplan.

Datenbankoptimierung

```
Ausgabefeld                                                                              x
 Datenanzeige | Zerlegung | Meldungen | Historie
           QUERY PLAN
           text
     1     Bitmap Heap Scan on artikel02  (cost=4.93..9.03 rows=88 width=8) (actual time=0.139..0.362 rows=88 loops=1)
     2     Recheck Cond: (artikelnr < 98)
     3     -> Bitmap Index Scan on artikel02_pkey  (cost=0.00..4.91 rows=88 width=0) (actual time=0.094..0.094 rows=88 loops=1)
     4        Index Cond: (artikelnr < 98)
     5     Total runtime: 0.787 ms

OK.                                       Unix   Z 3 Sp 23 Bu 68    5 Zeilen.    32 ms
```

Abb 196 *Der Ausführungsplan für ArtikelNr < 98*

6. Vergleichen Sie diesen Ausführungsplan mit dem aus Punkt 2. Es fällt auf, dass der Planer sich nicht mehr für eine sequentielle Suche entscheidet, sondern für eine Indexsuche, weil die Kosten niedriger (4.93 statt 9.14) sind. Wegen des Indexes hat der Planer eine kleinere Anzahl von Zeilen (88 statt 491) aufzusuchen.
7. EXPLALN prüft auch, ob ein Index auf einer Spalte eine Verbesserung der Laufzeit (Total runtime) bewirkt. Die gemessene Ausführungszeit wird immer um ein Vielfaches niedriger (ca. 1 Sek. statt 5 Sek.), wenn sich die Anzahl der zu suchenden Datensätze reduziert.
8. *Hinweis*: Man kann sagen, dass der PostgreSQL-Planer ab 100 Zeilen die Indexsuche verwendet, weil sie kostengünstiger ist als die sequentielle Suche. Die Ausführungszeit (Total runtime) wird bei jeder Einschränkung der WHERE-Bedingung um ein Vielfaches niedriger.

12.3.2 Beispiel 129: Einschränkung und Erweiterung der WHERE-Klausel

1. Eine weitere Einschränkung einer WHERE-Bedingung führt zu einer deutlichen Reduzierung der geschätzten Kosten und der Ausführungszeit eines SELECT-Befehls. Der Planer entscheidet für eine Indexsuche und nicht mehr für eine sequentielle Suche.
2. Führen Sie die folgende EXPLAIN-Anweisung aus, die eine Anzahl von wenigen als 50 selektierten Artikeln analysiert.

```
EXPLAIN ANALYZE SELECT *
FROM     Artikel02
WHERE    ArtikelNr < 50
```

3. EXPLAIN erzeugt folgenden Ausführungsplan.

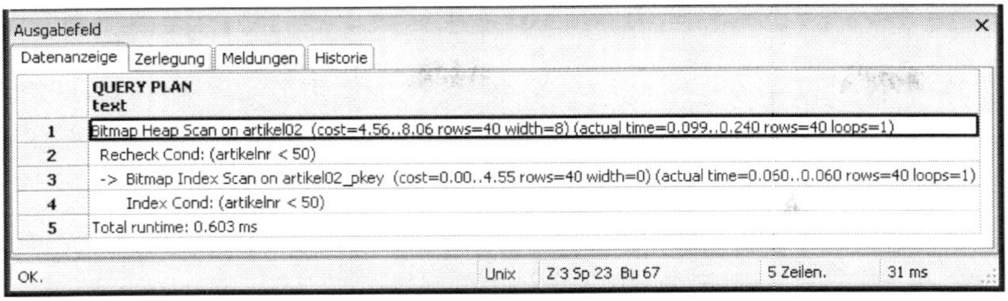

Abb 197 Der Ausführungsplan einer einfachen WHERE-Bedingung

4. Erweitern Sie nun die WHERE-Klausel um eine zweite Bedingung *Menge* = 12 und führen Sie folgendes SQL-Statement aus.

```
EXPLAIN ANALYZE SELECT *
FROM      Artikel02
WHERE     Artikelnr < 50 AND Menge = 12
```

5. Der neue Ausführungsplan sieht wie folgt aus.

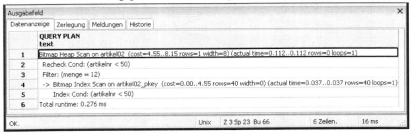

Abb 198 Der Ausführungsplan einer erweiterten WHERE-Bedingung

6. Eine Erweiterung der WHERE-Klausel um eine zusätzliche Bedingung (z.B. Menge = 12) hat die Verringerung der geschätzten Ausgabezeilen (von 40 auf 1) als Folge. Da die Anzahl der zu suchenden Zeilen gleich bleibt, erfolg keine Verringerung der Kosten.

7. Die Spalte *Menge* ist keine indizierte Spalte und dient nur zur Filterung der Zeilen, die aus der Indexsuche kommen. In dieser zusätzlichen Berechnung liegt dann die kleine Erhöhung der Kosten von 8.06 auf 8.15 Kosteneinheiten.

12.4 EXPLAIN bei komplexen SELECT-Abfragen

Komplexe Abfragen sind immer dann erforderlich, wenn Daten aus mehreren Tabellen in die endgültige Ergebnistabelle eingestellt werden müssen. Von zwei zu verknüpfenden Tabellen ist die eine als Outer-Tabelle bestimmt und die andere als Inner-Tabelle. So könnte beispielsweise in einer FROM-Klausel mit zwei angegebenen Tabellen die erste als Outer-Tabelle angenommen werden. PostgreSQL unterstützt bei solchen Abfragen auch Verbundoperatoren wie geschachtelte Schleifen, Misch- und Hash-Verknüpfung.

- Geschachtelte Schleifen (*nested loop join*): Bei diesem Join wird die Outer-Tabelle einmal durchsucht. Für jede gefilterte Zeile der Outer-Tabelle werden alle übereinstimmenden Werte in der Inner-Tabelle durchsucht.
- Mischverknüpfung (*merge join*): In diesem Fall wird die Outer-Tabelle durchsucht. Für jede Zeile der Outer-Tabelle werden die übereinstimmenden Werte in der Inner-Tabelle gesucht, welche die Join-Bedingung erfüllen.
- Hash-Verknüpfung (*hash join*): Von zwei Tabellen wird die kleinere (meist die Outer-Tabelle) in eine Hash-Tabelle konvertiert, wobei ihr Wert auf der Join-Bedingung basiert. Die Werte aus der Hash-Tabelle werden dann zur Suche von Werten aus der größeren Tabelle verwendet.

Eine wichtige Empfehlung bei der Verknüpfung von Tabellen ist die Vermeidung von Join-Angaben. Stattdessen werden die Tabellen aufgelistet und ihre Verknüpfung wird in der WHERE-Klausel beschrieben. Wenn alle Joins ausgeschaltet sind, wird der Nested-Loop-Operator angewandt. Sie können Joins ein- bzw. ausschalten, in dem Sie sie mit SET auf 'true' (bzw. 'on') oder 'false' (bzw. 'off') setzen. Dies zeigen folgende Varianten an.

- SET enable_hashjoin = true; (bzw. false)
- SET enable_nestloop = true; (bzw. false)
- SET enable_mergejoin = true; (bzw. false)

Mit Hilfe von EXPLAIN lässt sich die Arbeitsweise des Planers bei komplexeren Abfragen mit mehreren Tabellen nachvollziehen.

Hinweis: Die Datenbank *Direktbestellung01* dient als Basis für die folgenden Bespiele 130, 131 und 132.

12.4.1 Beispiel 130: Nested-Loop-Join

1. Im diesem Beispiel werden aus den Tabellen *Kategorie* und *Artikel* der Datenbank *Direktbestellung01* Datensätze mit übereinstimmenden Kategorienummern in beiden Tabellen und mit bestimmten Artikelnummern (z.B. 15 und 20) in der *Artikel*-Tabelle selektiert, die mit EXPLAIN analysiert werden sollen.
2. Öffnen Sie nun die Datenbank *Direktbestellung01*. Führen Sie nachfolgende EXPLAIN-Anweisung aus.

```
EXPLAIN SELECT *
FROM    Kategorie k, Artikel a
WHERE   k.KategorieNr = a.KategorieNr
  AND   (ArtikelNr = 15 OR ArtikelNr = 20)
```

3. Der Planer erzeugt folgenden Ausführungsplan.

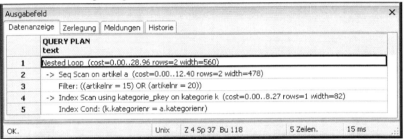

Abb 199 Der Ausführungsplan des Nested Loop-Joins

4. Die Tabellen *Kategorie* und *Artikel* werden über einen Join verbunden. Der Planer hat sich entschieden, einen Nested Loop-Join zu verwenden und wählt dabei eine sequentielle Suche (Seq Scan) und eine Indexsuche (Index Scan) aus.
5. Zunächst wird eine sequentielle Suche (Seq Scan) durch die Zeilen der *Artikel*-Tabelle mit den Artikelnummern 15 und 20 durchgeführt. Die Teilabfrage gilt hier nur für zwei Zeilen. Über den Index wird dann die Tabelle *Kategorie* durchgelesen und mit dem Wert *KategorieNr* aus dieser Tabelle wird eine übereinstimmende Kategorienummer innerhalb der Tabelle *Artikel* gesucht. Der Planer setzt in diesem Fall den Index ein, weil er genau einen Wert erwartet. Diese Teilabfrage wird für jede der zwei Zeilen (rows = 2) durchgeführt.
6. Die Kostenschätzung für die sequentielle Suche (Seq Scan), bei der zwei Zeilen zu verarbeiten sind, fällt deutlich höher (12.40) aus als die der Indexsuche (8.27). Der Grund für die niedrigen Kosten des Indexzugriffs

Datenbankoptimierung

auf die Tabelle *Kategorie* liegt darin, dass der Index nur für eine übereinstimmende Kategorienummer durchgeführt werden muss.

7. Der PostgreSQL-Plan hat für den Nested-Loop-Operator 28.96 Kosteneinheiten (12.40 +2*8.27 = 28.94 + eine minimale Rechenzeit für den Join) ausgerechnet.
8. Sie können nun den Planer zwingen nicht mehr den Nested-Loop-Join zu verwenden sondern einen Hash-Join. Dazu kodieren Sie folgenden SET-Befehl:

```
SET enable_nestloop = false;
```

12.4.2 Beispiel 131: EXPLAIN und Hash-Join

1. Dieses Beispiel demonstriert die Auswirkung des Hash-Joins bei der Ausführung des vorherigen Beispiels (Bsp. 130). Führen Sie erneut das gleiche EXPLAIN-Statement aus.

```
EXPLAIN SELECT *
FROM   Kategorie k, Artikel a
WHERE  k.KategorieNr = a.KategorieNr
AND    (ArtikelNr = 15 OR ArtikelNr = 20)
```

2. Der Planer schlägt nun einen anderen Ausführungsplan vor.

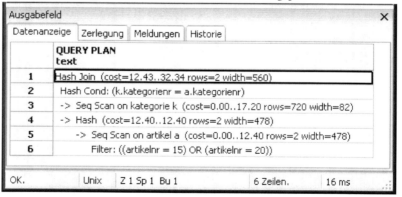

Abb 200 Der Ausführungsplan des Hash-Joins

3. Es fällt auf, dass hier zunächst mit einer sequentiellen Suche die 2 Zeilen mit Artikelnummer 15 und 20 aus der Tabelle *Artikel* herausgesucht werden. Auf der Grundlage dieser 2 Datensätze wird dann eine Hash-Tabelle für die *Artikel*-Tabelle erzeugt. Sie sehen, dass die Anfangskosten (12.40) für den Hash den Gesamtkosten (12.40) für den SeqScan entsprechen. Dies ist eine Erklärung dafür, dass die Hash-Tabelle sehr schnell aufgebaut wird.

4. Anschließend wird die Tabelle *Kategorie* auch sequentiell durchsucht.
5. Für jede Zeile dieser Tabelle wird der Hash-Wert berechnet und der passende Satz aus der *Artikel*-Tabelle über die Hash-Tabelle ermittelt. Diese Aktion muss für alle 720 Zeilen durchgeführt werden.
6. Die übereinstimmenden Datensätze beider Tabellen werden in das Ergebnis übernommen.
7. Die Gesamtkosten (12.40) für die Einrichtung der Hash-Tabelle sind identisch mit denen der sequentiellen Suche in der Tabelle *Artikel*.
8. Die Startkosten des Hash-Joins ergeben sich aus den Lesekosten der Tabelle *Kategorie* und den Einrichtungskosten der Hash-Tabelle. Die Erzeugung der Hash-Tabelle erfolgt nur ein Mal. Die ersten Treffer sind mit der Suche über die Tabelle *Kategorie* zu erwarten.
9. Die Anfangskosten (12.43) des Joins entsprechen den Kosten, die mit dem Beginn des sequentiellen Suchens in der *Artikel*-Tabelle anfallen. Sie entsprechen also den Gesamtkosten 12.40 von SeqScan. Dazu kommen die 17.20 Kosteneinheiten für den sequentiellen Zugriff über die *Kategorie*. Aus der Summe beider Kosten (29.60) plus ca. 3 Einheiten für die Rechnerleistung ergibt sich für den Hash-Join eine Kostenschätzung von 32.34 Kosteneinheiten.
10. Wegen des Aufwandes des Prozessors, der für die Hash-Funktion eine Prüfung 2 Mal durchführen muss, ist die geschätzte Gesamtzeit für den Join höher.
11. Der Unterschied zwischen den beiden Kostenschätzungen beträgt ca. 3.30 Kosteneinheiten. Der PostgreSQL-Planer schätzt den Nested-Loop-Join mit 28.96 Kosteneinheiten ein (Bsp. 130). Dagegen liegt die Kostenschätzung für den Hash-Join um 3.38 Kosteneinheiten höher, also bei 32.34 Kosteneinheiten. Aus diesen Gründen hat der Planer den Nested-Loop-Join bevorzugt, weil die erwarteten Kosten etwa niedriger sind als bei dem Hash-Join.
12. Die Kosten eines übergeordneten Knotens enthalten die Kosten aller untergeordneten Knoten.
13. Die Ausgabe der erwarteten Kosten einer Anfrage hängt von den erwartenden Plattenzugriffen ab. Sie können mit einem SELECT aus der Systemtabelle `pg_class` (Bsp. 132) die erforderlichen Systemparameter zur Ermittlung der Ausführungskosten für einen Zugriff auf eine Tabelle anzeigen.

12.4.3 Beispiel 132: Berechnung der Ausführungskosten

1. Selektieren Sie mit Hilfe des folgenden SELECT-Statements alle Systemparameter für die Tabelle *Kunden*.

```
SELECT *
FROM    pg_class
WHERE   relname = 'kunden'
```

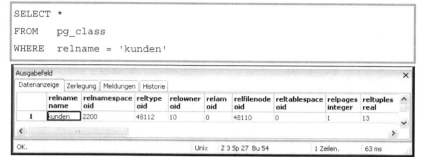

Abb 201 Systemtabelle pg_class (für die Kunden-Tabelle)
Hinweis: Einige dieser Parameter, wie z.B. relpages und reltuples, können zur Berechnung der Zugriffskosten herangezogen werden.

2. Führen Sie dann folgende EXPLAIN-Anweisung aus.

```
EXPLAIN SELECT Name
FROM    Kunden
WHERE   Name = 'Bieber'
```

3. Das ausgeführte Statement erzeugt folgenden Ausführungsplan.

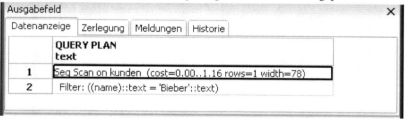

Abb 202 Ausführungsplan für die Tabellenspalte Name

4. Der Anfrageoptimierer kalkuliert den obigen Kostenwert (1.16) nach folgendem Schema.

$$
\begin{aligned}
\text{Geschätzte Kosten} &= (\text{disk pages} * \text{seq\_page\_cost}) & + \\
&\quad (\text{rows} * \text{cpu\_page\_cost}) & + \\
&\quad (\text{rows} * \text{cpu\_operator\_cost}) & \\
&= (1 * 1.10 + 13 * 0.01 + 13 * 0.0025) \\
&= 1.16
\end{aligned}
$$

Abb 203 Schema zur Kalkulation der Zugriffskosten

Bedeutung der Systemparameter:
- `seq_page_cost`: Kosten für das Lesen eines Blocks während einer laufenden Leseanweisung (1.0).
- `cpu_tuple_cost`: Kosten für das Bearbeiten einer Tabellenzeile (0.01).
- `cpu_operator_cost`: Kosten für den Aufruf einer Funktion oder eines Operators (0.0025).

5. Ersetzen Sie die Parameter `disk pages` und `rows` durch die entsprechenden Parameter `relpages = 1` und `reltuples = 13` aus der Tabelle *Kunden*, dann ergibt eine Kostenschätzung von 1.16 Kosteneinheiten.
6. Die Standardwerte für die Kosten können Sie sich mit dem Befehl SHOW anschauen.

```
SHOW seq_page_cost
SHOW cpu_tuple_cost
SHOW cpu_operator_cost
```

Datenbankoptimierung

12.5 Übungsaufgaben

Aufgabe 39: Mit EXPLAIN eine Tabelle analysieren und auswerten
Aufgabe 40: Daten mit Nested-Loop- und Hash-Join auswerten

12.5.1 Aufgabe 39: Mit EXPLAIN eine Tabelle analysieren und auswerten

1. Die Datenbank *Direktbestellung01* ist geöffnet.
2. In dieser Aufgabe ist eine Abfrage für den Zugriff auf die Adressen der Kunden aus Berlin zu erstellen. Verwenden Sie dazu die Tabelle *Adresse*. Um die Ausführung dieser Abfrage zu beschleunigen, legen Sie vorher einen Index *Ort_Index* für die Tabellenspalte *Ort* an. (Bsp. 125)
3. Erstellen Sie die Abfrage so, dass sowohl die Ausführungskosten wie auch die Ausführungszeit ausgegeben werden.
4. Dazu muss dem SELECT-Statement die Kombination EXPLAIN ANALYZE vorangestellt werden. (Bsp. 125) (Bsp. 128)
5. Führen Sie das EXPLAIN-Statement aus.

Abb 204 *Ausführungsplan für sequentielle Suche von Adressen*

6. Vergleichen Sie Ihren Ausführungsplan mit dem in der Abbildung.
7. Sie sehen, dass PostgreSQL eine sequentielle Suche der vorhandenen Adresszeilen bevorzugt, obwohl der Index *Ort_Index* vorliegt.
8. Schalten Sie mit dem Befehl "SET enable_seqscan = off" die sequentielle Suche ab, dann erfolgt eine automatische Aktivierung der Indexsuche. (Bsp. 125)
9. Führen Sie noch mal das obige EXPLAIN-Statement aus.

Abb 205 *Ausführungsplan für Indexsuche von Adressen*

10. Vergleichen Sie Ihren Ausführungsplan mit dem in der Abbildung.
11. Der Befehl EXPLAIN nutzt jetzt den Indexscan zur Erzeugung des neuen Arbeitsplanes.
12. Vergleichen Sie nun die geschätzten Kosten und Ausführungszeiten beider Ausführungspläne. Begründen Sie Ihre Antwort.
13. Speichern Sie die Aufgabe unter dem Namen *Adressdaten_Analyse* ab.
14. Die Lösung dieser Aufgabe finden Sie unter *B.39 Lösung Aufgabe 39*.

12.5.2 Aufgabe 40: Daten mit Nested-Loop- und Hash-Join auswerten

1. Die Datenbank *Direktbestellung01* ist geöffnet.
2. In dieser Aufgabe wird eine komplexe Abfrage mit EXPLAIN analysiert. Sie erstellen eine neue Abfrage mit den Tabellen *Status* und *Artikel*, aus denen Datensätze mit übereinstimmenden Statuscodes in beiden Tabellen und mit bestimmten Artikelnummern (z.B. 13 und 17) aus der Tabelle *Artikel* selektiert werden. (Bsp. 130)
3. Die Tabellen *Status* und *Artikel* werden über die Spalte *Statuscode* (Join) verbunden.
4. Kodieren Sie das EXPLAIN SELECT-Statement und berücksichtigen Sie dabei die notwendigen WHERE-Bedingungen.
5. Führen Sie dann die EXPLAIN-Anweisung aus.
6. Vergleichen Sie Ihren Ausführungsplan mit dem in der Abbildung.

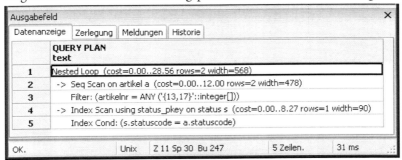

Abb 206 Der Ausführungsplan Nested-Loop für zwei Tabellen

7. Sie sehen, dass komplexe Zugriffspfade in mehreren Schritten vollzogen werden. Der PostgreSQL-Planer hat sich entschieden, einen Nested Loop-Join zu verwenden. Dabei wählt er eine sequentielle Suche und eine Indexsuche aus.
8. Zunächst erfolgt die Durchführung einer sequentiellen Suche (Seq Scan) durch die Zeilen der *Artikel*-Tabelle mit den Artikelnummern 13 und

Datenbankoptimierung

17. Die Teilabfrage gilt hier nur für zwei Zeilen. Über den Index (status_pkey) wird dann die Tabelle *Status* durchgelesen und mit dem Statuscode-Wert aus dieser Tabelle wird ein übereinstimmender *Statuscode* innerhalb der Tabelle *Artikel* gesucht. Der Planer setzt in diesem Fall den Index ein, weil er genau einen Wert erwartet. Diese Teilabfrage wird für jeden der zwei Zeilen durchgeführt.

9. Schalten Sie nun den Nested-Loop-Join ab und aktivieren Sie den Hash-Join.
10. Führen Sie das EXPLAIN-Statement erneut aus.

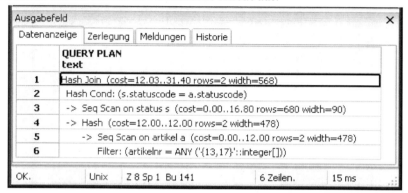

Abb 207 *Der Ausführungsplan Hash-Join für zwei Tabellen*

11. Vergleichen Sie nun die geschätzten Kosten. Erzielt dieser Join bessere Resultate als der Nested-Join? Begründen Sie Ihre Antwort.
12. Speichern Sie die Aufgabe unter dem Namen *Tabellen_Analyse* ab.
13. Die Lösung dieser Aufgabe finden Sie unter *B.40 Lösung Aufgabe 40*.

12.6 Verständnisfragen

Frage 58: Welche der folgenden Aussagen zum Optimierer von Datenbanken treffen zu? (3)

1. Die Aufgabe des Datenbankoptimierers ist die Ermittlung eines optimalen Zugriffs auf die Datenbankdaten.
2. Der Optimierer berechnet aus der Ergebnistabelle einer SQL-Anfrage den kostengünstigsten Zugriffspfad zu den Daten.
3. Für die Entscheidung, welcher Zugriff auf die Daten einer Tabelle gewählt wird, werden vom Optimierer nur die Informationen aus der Tabelle herangezogen.
4. Um den günstigsten Zugriffspfad zu den Daten für eine Anforderung zu ermitteln, analysiert der Optimierer die SQL-Anfrage und interpretiert bestimmte Statistikinformationen aus den Systemtabellen.
5. Der Optimierer berechnet aus einer syntaktisch korrekten SQL-Anfrage den optimalen Zugriffsplan und erzeugt aus ihm ein Ausführungsplan für die Zugriffe auf die Datenbank.

Frage 59: Welche Aussagen über EXPLAIN treffen zu? (3)

1. Der PostgreSQL-Befehl EXPLAIN liefert den Ausführungsplan für eine Anfrage.
2. Mit dem EXPLAIN-Befehl, der einem SELECT vorangestellt ist, wird die Ausführungszeit einer Anfrage angezeigt.
3. Der Ausführungsplan zeigt, wie die Durchsuchung (d.h. sequentiell, indexsequentiell) der in einem SELECT-Statement benutzten Tabelle erfolgen soll.
4. Falls mehrere Tabellen in einem SQL-Befehl verwendet werden, sorgt der Ausführungsplan dafür, dass alle Zeilen aus jeder Tabelle zusammengebracht werden.
5. Mit EXPLAIN zeigt PostgreSQL Informationen zur Ausführung eines SELECT-Statements an, ohne dieses auszuführen.

Frage 60: Welche der folgenden Aussagen zum Ausführungsplaner von PostgreSQL treffen zu? (2)

1. Der wichtigste Teil des Ausführungsplanes sind die geschätzten Ausführungskosten einer Anfrage, die zeigen, wie lange die Ausführung der Anfrage dauern kann.

Datenbankoptimierung

2. Zur Ermittlung der Kosten für eine Suchaktion schätzt der PostgreSQL-Optimierer, wie viele Änderungsoperationen das Datenbanksystem für diese Suchaktion durchführen muss.
3. Für die Schätzung der Ausführungskosten nutzt der Optimierer statistische Informationen (wie z.B. Größe der Tabellen und Indizes), die vom Datenbanksystem zur Verfügung gestellt werden.
4. Statistische Informationen werden nach der Ausführung von den Änderungsbefehlen geliefert.
5. Der Planer bearbeitet nur die WHERE-Bedingung eines SELECT-Statements und übersetzt sie in einen Anfrageplan.

Frage 61: Welche Aussagen über EXPLAIN ANALYZE treffen zu? (3)

1. Der Befehl EXPLAIN ANALYZE führt eine Anfrage zusätzlich aus und zeigt die gemessenen Laufzeiten mit den geschätzten Kosten.
2. Mit der Option ANALYZE wird der SQL-Befehl nur geplant und nicht ausgeführt.
3. Die Analyse von Anfragen hat die Aufgaben, langsame SELECT-Statements schneller zu machen und ungenutzte Indizes herauszufinden.
4. Mit EXPLAIN ANALYZE können die vom Planer geschätzten Kosten genau überprüft werden.
5. Die von EXPLAIN ANALYZE gelieferte Gesamtlaufzeit enthält nur die Zeit, die zur Verarbeitung der Ergebniszeilen erforderlich ist.

Frage 62: Welche Aussagen über Joins und Suchalternativen im EXPLAIN-Statement treffen zu? (2)

1. Der EXPLAIN in PostgreSQL unterstützt die drei Typen von Joins, Nested Loop Join, Merge Join und Hash Join.
2. Tabellen mit kleinen Datenmengen werden trotz der Existenz von Indizes häufig nicht sequentiell durchsucht.
3. Der Befehl "SET enable_seqscan = true" schaltet die Indexsuche ab.
4. Mit dem Befehl "SET enable_indexscan = off" wird die Indexsuche abgeschaltet und die sequentielle Suche automatisch aktiviert.
5. Falls alle Joins ausgeschaltet sind, kann nur die Indexsuche angewandt werden.

13 SQL/XML

PostgreSQL bietet XML (Extensible Markup Language) als integriertes Tool zur Unterstützung der Entwicklung von Datenbankprogrammen an. XML kann als eine Formatierungs- und Datendarstellungssprache aufgefasst werden, die unabhängig von einer bestimmten Datenbank ist. SQL/XML ist ein Standard-Datenaustauschformat und beschreibt eine funktionale Integration von XML innerhalb der SQL-Sprache. XML definiert, wie Daten strukturiert in Textdateien gespeichert werden.

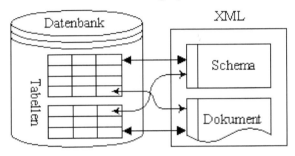

Abb 208 *Das SQL/XML-Schema*
Das SQL/XML-Schema zeigt die XML-Erzeugung aus Datenbankinhalten und die XML-Ablage in einer Datenbank. Tabellen- und Spaltennamen werden auf Elemente und Attribute abgebildet, deren Datentypen im XML-Schema festgelegt werden (vgl. http://www.w3.org/tr/xmlsschema-2). Tabellenzeilen aus der Datenbank werden auf XML-Dokumente abgebildet. PostgreSQL ist in der Lage Daten aus XML-Dokumenten zu extrahieren und sie in den Tabellen in einer Datenbank zu speichern sowie die Ergebnisse von Abfragen als XML-Dokumente zurückzugeben.
Die unterstützten XML-Funktionen erlauben uns Abfragen zu schreiben, die XML-Dokumente von relationalen Daten konstruieren. Die nachfolgend beschriebenen Funktionen und Funktionsausdrücke beschreiben Operationen auf Werte vom Typ XML.
Hinweis: Die Datenbank *Direktbestellung01* dient als Basis für die Bespiele in diesem Kapitel.

13.1 Funktionen zum Erzeugen vom XML-Inhalt

Funktionen und funktionsrelevante Ausdrücke sind verfügbar, um den XML-Inhalt von SQL-Daten zu erzeugen. Die SELECT-Statements in den folgenden Beispielen werden mit Bezug auf die XML-Funktionen angelegt.

XMLCOMMENT

Die XMLCOMMENT-Funktion erzeugt einen XML-Wert, der einen XML-Kommentar mit einem spezifizierten Text enthält. So liefert beispielsweise der Befehl

```
SELECT XMLCOMMENT('XML-Kommentar')
```

den Text <!- -XML-Kommentar- ->. Die Funktion kann nicht ausgeführt werden, wenn das Argument TEXT mit zwei Bindestrichen (--) beginnt oder einem Bindestrich (-) endet.

XMLELEMENT

Die XMLELEMENT-Funktion erzeugt aus relationalen Daten ein XML-Element. Diese Funktion liefert ein einzelnes XML-Element mit dem angegebenen Namen, den Attributen und dem Inhalt. XMLELEMENT ermöglicht auch die Generierung von geschachtelten Elementen. Sie können den Inhalt des generierten Elementes spezifizieren und wenn es erforderlich ist, können Sie auch Attribute und Attributinhalte für dieses Element spezifizieren.

XMLATTRIBUTES

Die Funktion XMLATTRIBUTES erzeugt für XML-Elemente ein XML-Attribut.

XMLCONCAT

Die Funktion XMLCONCAT verkettet die angegebenen XML-Elemente zu einer Sequenz.

XMLAGG

Die XMLAGG-Funktion ist eine Aggregatfunktion, die eine Gruppe von XML-Elementen zu einer Sequenz zusammenfasst. Sie gruppiert XML-Inhalte aus Spalten einer Tabelle und erzeugt ein einfaches aggregiertes Ergebnis für alle Datensätze in der Abfrage.

XMLFOREST

Die Funktion XMLFOREST erzeugt aus einer Tabelle eine Sequenz von XML-Elementen. Ein Element wird durch die Nutzung des angegebenen Namens und Inhaltes der XMLFOREST-Argumente erzeugt.

XMLPARSE

Die Funktion XMLPARSE wandelt den Eingabestring in einen XML-Wert um, der weiter verarbeitet werden kann. Das Funktionsargument (Document oder Content) gibt an, ob der String ein XML-Dokument oder ein XML-Inhalt beschreiben soll. (Bsp. 140)

XMLROOT

Die XMLROOT-Funktion verändert die Eigenschaften eines Wurzelknotens in einem XML-Wert. Wenn eine Version spezifiziert ist, ersetzt sie den Wert in der Version-Deklaration. Ist ein Standalone-Wert spezifiziert, ersetzt er den Wert in der Standalone-Deklaration. (Bsp. 140)

13.1.1 Beispiel 133: Generierung geschachtelter Elemente

1. Öffnen Sie die Datenbank *Direktbestellung01*.
2. Legen Sie eine Abfrage an, die aus den SQL-Werten *Verlagscode*, *Artikelpreis* und *Erscheinungstermin* der Tabelle *Artikel* einen XML-Elementknoten vom Typ XML erzeugt. Berücksichtigen Sie dabei die WHERE-Bedingung *Bestand* > 40.
3. Die folgende Abfrage generiert geschachtelte XML-Elemente, durch Erzeugen eines <Artikel_Info>-Elements für jeden Artikel, mit Elementen, die die Felder *Verlagscode*, *Artikelpreis* und *Erscheinungstermin* versorgen. Sie können neben den XML-Elementen auch die Artikelnummer anzeigen.

```
SELECT ArtikelNr,
  XMLELEMENT(NAME Artikel_Info,
  XMLELEMENT(NAME Verlag, Verlagscode),
  XMLELEMENT(NAME Preis, Artikelpreis),
  XMLELEMENT(NAME Datum, Erscheinungstermin)) AS Ergebnis
FROM    Artikel
WHERE   Bestand > 40
```

4. Führen Sie die Abfrage aus. Sie erhalten folgendes Abfrageergebnis.
5. Vergleichen Sie Ihr Ergebnis mit der Abbildung.
6. Sie sollen nun diejenigen Datensätze sehen, die einen Bestand über 40 Exemplare haben.
7. Speichern Sie die Abfrage unter dem Namen *XML_Ergebnis* ab.

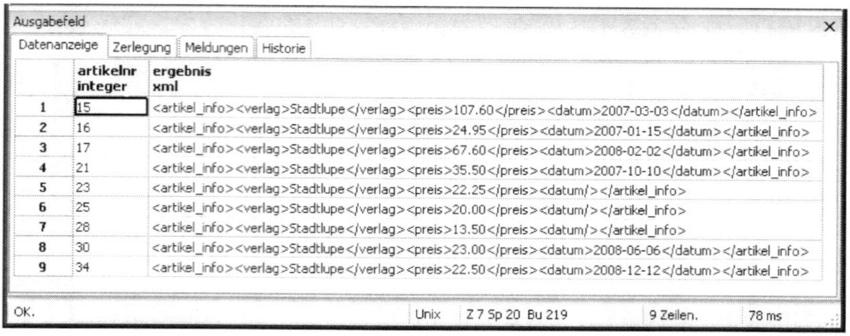

SQL/XML

Abb 209 Das Ergebnis der XMLELEMENT-Funktion

13.1.2 Beispiel 134: Spezifizierung von Element-Inhalt

1. Erstellen Sie folgendes Statement, das neben den Elementen *Statuscode* und *Statusname* auch ein XML-Element mit dem Inhalt 'bedeutet' erzeugt.

```
SELECT XMLELEMENT(Name Statuscode, Statuscode, ' bedeutet ',
                  Statusname) AS Element_Inhalt
FROM    Status
```

2. Führen Sie die Abfrage aus. Die Abfrage erzeugt das folgende Ergebnis.

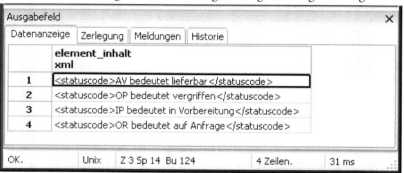

Abb 210 Der Inhalt eines XML-Elements

3. Betrachten Sie, dass die Bedeutung des Statuscodes durch das spezielle XML-Element 'bedeutet' gekennzeichnet wird.
4. Speichern Sie diese Abfrage unter dem Namen *XML_Elementinhalt* ab.
5. Man kann Attribute zu den Elementen beim Einschließen des Arguments XMLATTRIBUTES in der Abfrage addieren. Dieses Argument spezifiziert die Attribute Name und Inhalt. Sehen Sie dazu folgendes Beispiel.

13.1.3 Beispiel 135: Generierung von Elementen mit Attributen

1. Legen Sie eine neue Abfrage an, um in der Tabelle *Kategorie*, welche die Felder *KategorieNr* und *Kategoriename* enthält, ein XML-Element für jede der ersten drei Kategorien zu erstellen. Dabei wird für jede Spalte des XML-Elementes ein XML-Attribut erzeugt.

```
SELECT XMLELEMENT(NAME "Kategorie",
       XMLATTRIBUTES(KategorieNr, Kategoriename)) AS XML_Werte
FROM   Kategorie
WHERE  KategorieNr < 4
```

2. Führen Sie diese Abfrage aus und überprüfen Sie das Ergebnis.

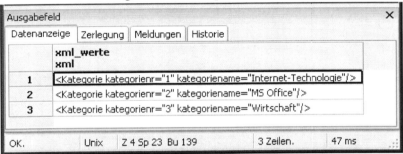

Abb 211 XML-Werte

3. Es werden nur die Daten der ersten drei Kategorien angezeigt. Für jede Spalte (*KategorieNr*, *Kategoriename*) des XML-Elements *Kategorie* wird ein XML-Attribut (z.B. '1' für die Spalte *KategorieNr*, 'Internet-Technologie' für die Spalte *Kategoriename*) generiert.
4. Speichern Sie die Abfrage unter dem Namen *XML_Werte* ab.

13.1.4 Beispiel 136: Verketten von Elementen

1. Erstellen Sie eine Abfrage, die mit Hilfe der Funktion XMLCONCAT die Elemente *Name* und *Vorname* für jeden weiblichen Kunden in der Tabelle *Kunde* verkettet.

```
SELECT XMLCONCAT(XMLELEMENT(NAME Name, Name),
                 XMLELEMENT(NAME Vorname, Vorname )) AS
                 "Kunden_Name"
FROM   Kunden
WHERE  Anrede = 'Frau';
```

2. Führen Sie die Abfrage aus. Sie erhalten folgendes Abfrageergebnis.

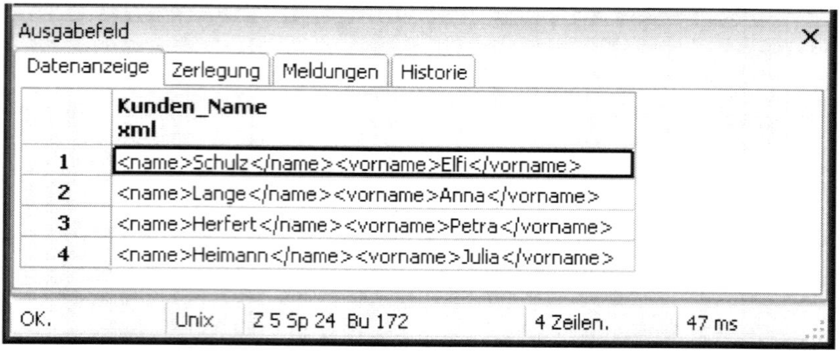

SQL/XML

	Kunden_Name xml
1	\<name>Schulz\</name>\<vorname>Elfi\</vorname>
2	\<name>Lange\</name>\<vorname>Anna\</vorname>
3	\<name>Herfert\</name>\<vorname>Petra\</vorname>
4	\<name>Heimann\</name>\<vorname>Julia\</vorname>

Abb 212 *Verkettung von XML-Werten*

3. Überprüfen Sie das Abfrageergebnis. Beachten Sie, dass ausschließlich Datensätze für Kunden angezeigt werden, die tatsächlich die WHERE-Bedingung erfüllen.
4. Speichern Sie die Abfrage unter dem Namen *XML_Werte_verketten* ab.

13.1.5 Beispiel 137: XML-Inhalte aus Spalten gruppieren

1. Erstellen Sie eine neue Abfrage, welche mit Hilfe der XMLAGG-Funktion die Namen aller Kunden mit gleichen Vornamen zusammenfassen soll. Beachten Sie, dass die Kunden, welche keinen Vornamen besitzen, ausgeschlossen werden müssen.
2. Gruppieren Sie dabei die Datensätze nach *Vorname*.
3. Sortieren Sie die gruppierten Daten aufsteigend nach *Vorname*.

```
SELECT  Vorname,
        XMLAGG(XMLELEMENT(NAME Name, Name)) AS XML_Gruppe
FROM    Kunden
WHERE   Vorname IS NOT Null
GROUP   BY Vorname
ORDER   BY Vorname
```

4. Führen Sie diese Abfrage aus.

```
Ausgabefeld                                                    X
Datenanzeige  Zerlegung  Meldungen  Historie

         vorname         xml_gruppe
         character var   xml
    3    Daniel          <name>Beckman</name>
    4    Elfi            <name>Schulz</name>
    5    Erika           <name>Thieme</name>
    6    Hans            <name>Müller</name><name>Wendtland</name>
    7    Julia           <name>Heimann</name>
    8    Peter           <name>Bieber</name>
    9    Petra           <name>Herfert</name>

OK.          Unix      Z 6 Sp 19 Bu 155     10 Zeilen.     109 ms
```

Abb 213 *XML-Gruppe*

5. Betrachten Sie das Ergebnis, das nach *Vorname* aufsteigend sortiert ist. Sie sehen, dass nur bei dem Kunden mit Vornamen 'Hans' eine Gruppe von den Nachnamen 'Müller' und 'Wendtland' vorkommt.
6. Speichern Sie die Abfrage unter dem Namen *XML_Daten_gruppieren* ab.

13.1.6 Beispiel 138: XML-Felder gruppieren

1. Legen Sie eine neue Tabelle *Artikeltyp* mit zwei Spalten an, wobei die erste Spalte (*ArtNr*) vom Typ INTEGER ist und die zweite (*ArtTyp*) den Datentyp XML hat. In einem XML-Datentyp können Sie entweder Dokumente oder Fragmente (Content) abspeichern.
2. Mit CREATE TABLE erzeugen Sie die neue Tabelle *Artikeltyp*.

```
CREATE TABLE Artikeltyp (ArtNr INTEGER, ArtTyp XML);
```

3. Über INSERT legen Sie folgende drei Datensätze an:

```
INSERT INTO Artikeltyp VALUES(111,'SQL-Buch');
INSERT INTO Artikeltyp VALUES(222,'SQL-Skript');
INSERT INTO Artikeltyp VALUES(333,'PostgreSQL-Buch');
```

4. Führen Sie mit SELECT die XMLAGG-Funktion aus und kontrollieren Sie anschließend das Ergebnis der Funktion. Die XMLAGG-Funktion soll nur die XML-Daten (Spalte *ArtTyp*) aggregieren.

```
SELECT XMLAGG(ArtTyp)
FROM   Artikeltyp
```

SQL/XML

Abb 214 *Aggregiertes Ergebnis*

5. Das Ergebnis der Abfrage XMLAGG ist eine Verkettung der Eingabewerte zu einem aggregierten Element.
6. Um die Reihenfolge der Konkatenierung zu bestimmen, können Sie folgendes Statement benutzen.

```
SELECT XMLAGG(ArtTyp)
FROM   (SELECT *
        FROM Artikeltyp
        ORDER BY ArtNr DESC) as Test
```

7. Führen Sie die Abfrage aus und überprüfen Sie das Abfrageergebnis.

Abb 215 *Aggregiertes Ergebnis (absteigend sortiert)*

8. Das Ergebnis ist nach *ArtNr* absteigend sortiert. Sie können angeben, ob die Sortierreihenfolge aufsteigend (ASC) oder absteigend (DESC) erfolgen soll. Da die aufsteigende Sortierung die Voreinstellung ist, kann ASC weggelassen werden.
9. Löschen Sie erneut die Struktur der Tabelle mit dem SQL-Befehl "DROP Table Artikeltyp".

13.1.7 Beispiel 139: Erstellen von Elementwäldern mit XMLFOREST

1. Legen Sie eine neue Abfrage an, welche ein XML-Element Namens 'Kunden_Beschreibung' mit den Elementen *KundenNr* und *Name* aus der Tabelle *Kunden* erzeugt.
2. Berücksichtigen Sie dabei, dass von allen Kunden nur diejenigen ausgewählt werden, deren *Namen* mit 'M' beginnen.

```
SELECT XMLELEMENT(NAME Kunden_Beschreibung,
       XMLFOREST(KundenNr, Name AS Name))
              AS XML_Wald
FROM    Kunden
WHERE   Name LIKE 'M%';
```

3. Führen Sie die Abfrage aus und betrachten Sie das Ergebnis.

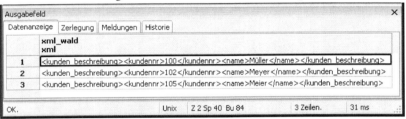

Abb 216 Das Ergebnis XML-Wald

4. Sie sollten eine Sequenz von drei Kunden sehen, deren Nachnamen mit 'M' beginnen.
5. Das Besondere dabei ist, dass Spalten implizit in Elemente umgewandelt werden, die den Spaltennamen (z.B. *KundenNr*) als Elementnamen haben.
6. Speichern Sie dieses Beispiel unter dem Namen *XML_Elementwald*.

SQL/XML

13.1.8 Beispiel 140: Umwandlung von Strings mit XML-PARSE

1. Erstellen Sie folgende Abfrage mit Bezug auf die XMLPARSE-Funktion.

```
SELECT XMLPARSE(document '<?xml version="1.2"?> <content> SQL </
content>')
```

2. Führen Sie die Abfrage aus.

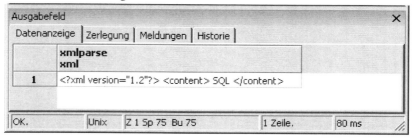

Abb 217 Das Ergebnis XML-Parse

3. Das gelieferte Abfrageergebnis zeigt die Umwandlung des vorgegebenen Eingabestrings '<?xml version="1.2"?>' in ein XML-Dokument.
4. Verwenden Sie nun die Funktion XMLROOT und legen Sie eine weitere Abfrage an.

```
SELECT XMLROOT(XMLPARSE(document
        '<?xml version="1.2"?><content> SQL </content>'),
        version '1.3', standalone yes);
```

5. Bilden Sie das erste XML-Argument mit Hilfe der XMLPARSE-Funktion.
6. Führen Sie die Abfrage aus und überprüfen Sie das Ergebnis.

Abb 218 Das Ergebnis XML-Root

7. Die Version 1.2 wird durch die Version 1.3 ersetzt.

13.2 Übungsaufgaben

Aufgabe 41: Mit der XMLELEMENT-Funktion geschachtelte Elemente generieren
Aufgabe 42: Mit der XMLAGG-Funktion Inhalte aus Spalten einer Tabelle gruppieren

13.2.1 Aufgabe 41: Mit der XMLELEMENT-Funktion geschachtelte Elemente generieren

1. Die Datenbank *Direktbestellung01* ist geöffnet.
2. Erstellen Sie eine Abfrage, die aus den Inhalten der Spalten *Titel* und *Artikelpreis* der Tabelle *Artikel* einen XML-Elementknoten vom Typ XML für jeden Artikelpreis über 30 Euro erzeugt. (Bsp. 133)
3. Durch Erstellen eines <Artikel-Info>-Elements für jeden Artikelsatz soll diese Abfrage geschachtelte XML-Elemente mit Elementen (wie z.B. Buchtitel und Preis) generieren, die die Felder *Titel* und *Artikelpreis* versorgen.
4. Führen Sie die Abfrage aus.

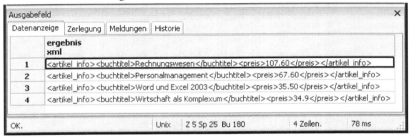

Abb 219 *Die Erstellung von geschachtelten Elementen*

5. Vergleichen Sie Ihr eigenes Ergebnis mit der Abbildung. Sie sollten 4 Datensätze angezeigt bekommen.
6. Speichern Sie die Abfrage unter dem Namen *XML_geschachtelte_Elemente* ab.
7. Die Lösung dieser Aufgabe finden Sie unter *B.41 Lösung Aufgabe 41*.

SQL/XML

13.2.2 Aufgabe 42: Mit der XMLAGG-Funktion Inhalte aus Spalten einer Tabelle gruppieren

1. Die Datenbank *Direktbestellung01* ist geöffnet. Erstellen Sie eine neue Abfrage, welche aus der Tabelle *Adresse* die Namen der Kunden zusammenfassen soll, die den gleichen Ortsnamen haben.
2. Sie können die Abfrage so kodieren, dass zu jedem Ort die dazugehörigen Kundennamen angezeigt werden. (Bsp. 137)
3. Fügen Sie der Abfrage eine Bedingung hinzu, so dass nur Kunden angezeigt werden, die einen Namen besitzen und eine Rechnungsadresse (AdressID = 1) angegeben haben.
4. Gruppieren Sie die Daten nach dem Feld *Ort* und sortieren Sie die gruppierten Daten ebenfalls nach *Ort* aufsteigend.
5. Führen Sie die Abfrage aus.

Abb 220 *Die Gruppierung von Kundendaten*

6. Überprüfen Sie das Ergebnis anhand der Abbildung. Im Ergebnis erscheinen 5 Datensätze sortiert nach *Ort*.
7. Sie sehen, dass nur bei den Ortschaften 'Berlin' und 'Hamburg' eine Gruppe von Namen vorkommt.
8. Speichern Sie die Abfrage unter dem Namen *XML_Daten_gruppieren* ab.
9. Die Lösung dieser Aufgabe finden Sie unter *B.42 Lösung Aufgabe 42*.

13.3 Verständnisfragen

Frage 63: Welche allgemeine Aussagen über SQL/XML treffen zu? (3)
1. SQL/XML beschreibt die funktionale Integration von XML innerhalb der Datenbanksprache SQL.
2. XML ist eine datenbankabhängige Formatierungs- und Datendarstellungssprache.
3. Sie können mit XML definieren, wie Daten strukturiert in Tabellenform gespeichert werden.
4. Die Entwicklung von Datenbankprogrammen wird vom XML-Tool unterstützt, welches in PostgreSQL integriert ist.
5. Die SQL/XML-Kombination ermöglicht uns einerseits Daten aus XML-Dokumenten zu extrahieren und sie in den Datenbanktabellen zu speichern und andererseits Ergebnisse von SQL-Anfragen als XML-Dokumente zurückzugeben.

Frage 64: Welche der folgenden Aussagen über SQL/XML treffen zu? (2)
1. Sie können sehr einfach Daten innerhalb eines XML-Dokuments nur verändern aber nicht suchen.
2. Mit SQL/XML-Funktionen lassen sich aus einer Anfrage heraus beliebige XML-Werte extrahieren.
3. Aus Inhalten einer SQL-Datenbank kann kein XML-Dokument erzeugt werden.
4. Die Ablage eines XML-Dokuments in einer Datenbank ist nicht möglich.
5. Anfrageergebnisse können als XML-Dokumente dargestellt werden.

Frage 65: Welche Aussagen über die XML-Funktionen treffen zu? (2)
1. Die Funktion XMLCOMMENT erstellt eine Liste mit XML-Werten.
2. Die XMLCONCAT-Funktion verkettet eine Liste von angegebenen XML-Werten an einen einzelnen XML-Wert.
3. Die Funktion XMLELEMENT erzeugt einen einzelnen XML-Wert mit den angegebenen Namen, Attributen und Ihalten.
4. XMLELEMENT ergibt aus einer Anfrage einen XML-Elementknoten vom Typ SQL.
5. Die Funktion XMLATTRIBUTES erzeugt einen SQL-Wert.

SQL/XML

Frage 66: Welche Aussagen über weitere XML-Funktionen treffen zu? (3)

1. Die Funktion XMLAGG fasst mehrere XML-Elemente zusammen und erzeugt ein XML-Dokument.
2. XMLFOREST erzeugt aus einer Tabelle eine Folge von XML-Elementknoten.
3. XMLAGG ist beliebig kombinierbar und aggregiert Ergebnisse über eine einzige Tabellenzeile.
4. Die XMLPARSE-Funktion wandelt SQL-Werte in einen XML-Wert um.
5. XMLROOT erzeugt das Ende eines XML-Dokuments.

Frage 67:
Das SQL-Statement
```
SELECT XMLELEMENT(NAME "SQL-Titel",
XMLATTRIBUTES(ArtikelNr, Titel, Statuscode)) AS XML_Titel
FROM Artikel WHERE Titel LIKE '%SQL%'
```
bedeutet:
(1)

1. Es sollen die Titel aller Bücher aus der *Artikel*-Tabelle angezeigt werden.
2. Die Anfrage verkettet die Spalten *ArtikelNr*, *Titel* und *Statuscode* für alle SQL-Bücher.
3. Die Anfrage erstellt aus der Tabelle *Artikel* ein XML-Element für jedes Buch, welches im Feld *Titel* die Zeichenkombination 'SQL' enthält. Das XML-Element umfasst die Felder *ArtikelNr*, *Titel* und *Statuscode*, für die ein XML-Attribut erzeugt wird.
4. Der Tabelle *Artikel* soll ein XML-Element mit dem Buchtitel 'SQL' hinzugefügt werden.
5. SELECT liefert ein einzelnes XML-Element, welches die drei angegebenen Tabellenattribute zu einer Gruppe zusammenfasst.

Anhang A Verwendete Datenbankschemata

A.1 Schema der Datenbank Direktbestellung01

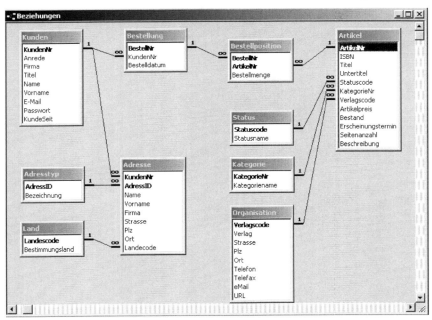

Abb 221 *Datenbankschema der Datenbank Direktbestellung01*

A.2 Tabellen der Datenbank Direktbestellung01

```sql
--Datenbank Direktbestellung01

--Tabelle Kunden
CREATE TABLE Kunden(
  KundenNr            INTEGER         NOT   NULL,
  Anrede              VARCHAR(20),
  Firma               VARCHAR(30),
  Titel               VARCHAR(30),
  Name                VARCHAR(30)     NOT NULL,
  Vorname             VARCHAR(30),
  eMail               VARCHAR(50)     NOT NULL,
  Passwort            VARCHAR(8)      NOT NULL,
  KundeSeit           DATE            NOT NULL,
  CONSTRAINT PK_Kunden PRIMARY KEY (KundenNr)
);

--Tabelle Adresse
CREATE TABLE Adresse(
  KundenNr            INTEGER         NOT NULL,
  AdressID            INTEGER         NOT NULL,
  Name                VARCHAR(30)     NOT NULL,
  Vorname             VARCHAR(30)     NOT NULL,
  Firma               VARCHAR(30),
  Strasse             VARCHAR(30)     NOT NULL,
  Plz                 VARCHAR(10)     NOT NULL,
  Ort                 VARCHAR(30)     NOT NULL,
  Landescode          CHAR(02),
  PRIMARY KEY (KundenNr, AdressID)
);

--Tabelle Adresstyp
CREATE TABLE Adresstyp(
  AdressID            INTEGER         NOT NULL,
  Bezeichnung         VARCHAR(30)     NOT NULL,
  PRIMARY KEY (AdressID)
);
```

```sql
--Tabelle Bestellung
CREATE TABLE Bestellung(
  BestellNr            INTEGER       NOT NULL,
  KundenNr             INTEGER       NOT NULL,
  Bestelldatum         TIMESTAMP     NOT NULL,
  PRIMARY KEY (BestellNr)
);

--Tabelle Kategorie
CREATE TABLE Kategorie(
  KategorieNr          INTEGER       NOT NULL,
  Kategoriename        VARCHAR(30)   NOT NULL,
  PRIMARY KEY (KategorieNr)
);

--Tabelle Status
CREATE TABLE Status(
  Statuscode           CHAR(02)      NOT NULL,
  Statusname           VARCHAR(30)   NOT NULL,
  PRIMARY KEY (Statuscode)
);

--Tabelle Organisation
CREATE TABLE Organisation(
  Verlagscode          VARCHAR(10)   NOT NULL,
  Verlag               VARCHAR(50)   NOT NULL,
  Strasse              VARCHAR(30),
  Plz                  VARCHAR(10),
  Ort                  VARCHAR(30),
  Telefon              VARCHAR(20),
  Telefax              VARCHAR(20),
  eMail                VARCHAR(50),
  URL                  VARCHAR(50),
  PRIMARY KEY (Verlagscode)
);

--Tabelle Land
CREATE TABLE Land(
  Landescode           CHAR(02)      NOT NULL,
```

Verwendete Datenbankschemata

```sql
    Bestimmungsland       VARCHAR(50)    NOT NULL,
    PRIMARY KEY (Landescode)
);

--Tabelle Artikel
CREATE TABLE Artikel(
    ArtikelNr             INTEGER        NOT NULL,
    ISBN                  VARCHAR(17)    NOT NULL,
    Titel                 VARCHAR(64)    NOT NULL,
    Untertitel            VARCHAR(64),
    Statuscode            CHAR(02)       NOT NULL,
    KategorieNr           INTEGER        NOT NULL,
    Verlagscode           VARCHAR(10)    NOT NULL,
    Artikelpreis          NUMERIC        NOT NULL,
    Bestand               INTEGER        NOT NULL,
    Erscheinungstermin    DATE,
    Seitenanzahl          INTEGER        NOT NULL,
    Beschreibung          TEXT,
    PRIMARY KEY (ArtikelNr)
);

--Tabelle Bestellposition
CREATE TABLE Bestellposition(
    BestellNr             INTEGER        NOT NULL,
    ArtikelNr             INTEGER        NOT NULL,
    Bestellmenge          INTEGER        NOT NULL,
    PRIMARY KEY (BestellNr, ArtikelNr)
);
```

```sql
--Definition der Referenzen zwischen den Tabellen
ALTER TABLE Bestellung
  ADD CONSTRAINT FK_BEST_KUNDE FOREIGN KEY (KundenNr)
      REFERENCES Kunden(KundenNr);

ALTER TABLE Bestellposition
  ADD CONSTRAINT FK_BESTPOS_BESTELLUNG FOREIGN KEY (BestellNr)
      REFERENCES Bestellung(BestellNr);
ALTER TABLE Bestellposition
  ADD CONSTRAINT FK_BESTPOS_ARTIKEL FOREIGN KEY (ArtikelNr)
      REFERENCES Artikel(ArtikelNr);
```

```sql
ALTER TABLE Artikel
  ADD CONSTRAINT FK_ARTIKEL_STATUS FOREIGN KEY (StatusCode)
      REFERENCES Status(Statuscode);
ALTER TABLE Artikel
  ADD CONSTRAINT FK_ARTIKEL_KATEGORIE FOREIGN KEY (KategorieNr)
      REFERENCES Kategorie(KategorieNr);
ALTER TABLE Artikel
  ADD CONSTRAINT FK_ARTIKEL_ORGA FOREIGN KEY (Verlagscode)
      REFERENCES Organisation(Verlagscode);

ALTER TABLE Adresse
  ADD CONSTRAINT FK_ADR_KUNDE FOREIGN KEY (KundenNr)
      REFERENCES Kunden(KundenNr);
ALTER TABLE Adresse
  ADD CONSTRAINT FK_ADR_ADRTYP FOREIGN KEY (AdressID)
      REFERENCES Adresstyp(AdressID);
ALTER TABLE Adresse
  ADD CONSTRAINT FK_ADR_LAND FOREIGN KEY (Landescode)
      REFERENCES Land(Landescode);
```

Verwendete Datenbankschemata

A.3 Datensätze für die Tabellen der Datenbank Direktbestellung01

```
--Tabelle Kunden
INSERT INTO Kunden (KundenNr, Anrede, Firma, Titel, Name, Vorname,
eMail, Passwort, KundeSeit)
    VALUES(100, 'Herr', NULL, NULL, 'Müller', 'Hans','hans@yahoo.de',
    'Hannes', '01.01.2006');
INSERT INTO Kunden (KundenNr, Anrede, Firma, Titel, Name, Vorname,
eMail, Passwort, KundeSeit)
    VALUES(101, 'Frau', NULL, 'Dr.', 'Schulz', 'Elfi', 'selfi@gmx.de',
    'Schnee', '06.06.2005');
INSERT INTO Kunden (KundenNr, Anrede, Firma, Titel, Name, Vorname,
eMail, Passwort, KundeSeit)
    VALUES(102,'Herr', NULL, NULL, 'Meyer', 'Richard',
    'richard@gmx.de', 'Fanta', '07.07.2007');
INSERT INTO Kunden (KundenNr, Anrede, Firma, Titel, Name, Vorname,
eMail, Passwort, KundeSeit)
    VALUES(103, NULL, 'Firma', NULL, 'Beta Design', NULL, 'Beta-
Design', 'bede', '07.07.2008');
INSERT INTO Kunden (KundenNr, Anrede, Firma, Titel, Name, Vorname,
eMail, Passwort, KundeSeit)
    VALUES(104,'Frau', NULL,'Prof. Dr.','Lange',
    'Anna','anlange@distel.de', 'Janna','15.07.2007');
INSERT INTO Kunden (KundenNr, Anrede, Firma, Titel, Name, Vorname,
eMail, Passwort, KundeSeit)
    VALUES(105, 'Herr', NULL, NULL, 'Meier', 'Bernd',
    'bernd@yahoo.de', 'Abacus', '04.04.2006');
INSERT INTO Kunden (KundenNr, Anrede, Firma, Titel, Name, Vorname,
eMail, Passwort, KundeSeit)
    VALUES(106, NULL,'Firma', NULL, 'Damaschke', NULL, 'Damaschke-
Kleber', '******', '02.02.2007');
INSERT INTO Kunden (KundenNr, Anrede, Firma, Titel, Name, Vorname,
eMail, Passwort, KundeSeit)
    VALUES(107, 'Herr', NULL, NULL,'Beckman', 'Daniel', 'beda@fhw.de',
    'Tiger', '10.02.2007');
INSERT INTO Kunden (KundenNr, Anrede, Firma, Titel, Name, Vorname,
eMail, Passwort, KundeSeit)
```

```sql
VALUES(108, 'Herr', NULL, 'Prof.', 'Wendtland', 'Hans',
'hans@gmx.de', 'Berth', '25.08.2007');
INSERT INTO Kunden (KundenNr, Anrede, Firma, Titel, Name, Vorname,
eMail, Passwort, KundeSeit)
VALUES(109, 'Frau', NULL, NULL,'Herfert', 'Petra', 'herpe@gmx.de',
'Winwin', '10.10.2007');
INSERT INTO Kunden (KundenNr, Anrede, Firma, Titel, Name, Vorname,
eMail, Passwort, KundeSeit)
VALUES(110,'Herr',NULL,'Dr. Dipl.
Ing.','Bieber','Peter','bieberp@gmx.de','Pitt','10.11.2008');
--Tabelle Adresstyp
INSERT INTO Adresstyp(AdressID, Bezeichnung)
 VALUES(1,'Rechnungsadresse');
INSERT INTO Adresstyp(AdressID, Bezeichnung)
 VALUES(2,'Lieferadresse');
--Tabelle Bestellung
INSERT INTO Bestellung(BestellNr, KundenNr, Bestelldatum)
 VALUES(1001, 100, '03.03.2007');
INSERT INTO Bestellung(BestellNr, KundenNr, Bestelldatum)
 VALUES(1002, 101, '04.04.2007');
INSERT INTO Bestellung(BestellNr, KundenNr, Bestelldatum)
 VALUES(1003, 101, '04.05.2007');
INSERT INTO Bestellung(BestellNr, KundenNr, Bestelldatum)
 VALUES(1004, 102, '07.07.2007');
INSERT INTO Bestellung(BestellNr, KundenNr, Bestelldatum)
 VALUES(1005, 102, '07.07.2008');
INSERT INTO Bestellung(BestellNr, KundenNr, Bestelldatum)
 VALUES(1006, 104, '10.07.2008');
INSERT INTO Bestellung(BestellNr, KundenNr, Bestelldatum)
 VALUES(1007, 104, '15.07.2008');
INSERT INTO Bestellung(BestellNr, KundenNr, Bestelldatum)
 VALUES(1008, 105, '20.08.2007');
INSERT INTO Bestellung(BestellNr, KundenNr, Bestelldatum)
 VALUES(1009, 105, '25.08.2007');
INSERT INTO Bestellung(BestellNr, KundenNr, Bestelldatum)
 VALUES(1010, 107, '10.10.2008');
INSERT INTO Bestellung(BestellNr, KundenNr, Bestelldatum)
 VALUES(1011, 108, '10.11.2008');
```

Verwendete Datenbankschemata

```sql
INSERT INTO Bestellung(BestellNr, KundenNr, Bestelldatum)
 VALUES(1012, 108, '02.02.2009');
INSERT INTO Bestellung(BestellNr, KundenNr, Bestelldatum)
 VALUES(1013, 108, '05.05.2009');
INSERT INTO Bestellung(BestellNr, KundenNr, Bestelldatum)
 VALUES(1014, 109, '06.06.2009');
INSERT INTO Bestellung(BestellNr, KundenNr, Bestelldatum)
 VALUES(1015, 110, '07.07.2009');
```

```sql
--Tabelle Land
INSERT INTO Land(Landescode, Bestimmungsland)
 VALUES('A', 'Östereich');
INSERT INTO Land(Landescode, Bestimmungsland)
 VALUES('B', 'Belgien');
INSERT INTO Land(Landescode, Bestimmungsland)
 VALUES('CH', 'Schweiz');
INSERT INTO Land(Landescode, Bestimmungsland)
 VALUES('D', 'Deutschland');
INSERT INTO Land(Landescode, Bestimmungsland)
 VALUES('DK', 'Dänemark');
INSERT INTO Land(Landescode, Bestimmungsland)
 VALUES('E', 'Spanien');
INSERT INTO Land(Landescode, Bestimmungsland)
 VALUES('F', 'Frankreich');
INSERT INTO Land(Landescode, Bestimmungsland)
 VALUES('GB', 'Großbritanien');
INSERT INTO Land(Landescode, Bestimmungsland)
 VALUES('GR', 'Griechenland');
INSERT INTO Land(Landescode, Bestimmungsland)
 VALUES('I', 'Italien');
```

```sql
--Tabelle Adresse
INSERT INTO Adresse(KundenNr,AdressID, Name, Vorname, Firma,
 Strasse, Plz, Ort, Landescode)
VALUES(100, 1, 'Mueller', 'Hans', ' ', 'Hans-Mueller Str. 3',
 '10432', 'Berlin', 'D');
INSERT INTO Adresse(KundenNr,AdressID, Name, Vorname, Firma,
 Strasse, Plz, Ort, Landescode)
VALUES(100, 2, 'Mueller', 'Hans', ' ', 'Elbchaussee 13',
 '22301','Hamburg', 'D');
```

```sql
INSERT INTO Adresse(KundenNr, AdressID, Name, Vorname, Firma,
Strasse, Plz, Ort, Landescode)
VALUES(101, 1, 'Schulz', 'Elfi', ' ', 'Garilka Str. 5', '8025',
'Zuerich', 'CH');
INSERT INTO Adresse(KundenNr, AdressID, Name, Vorname, Firma,
Strasse, Plz, Ort, Landescode)
VALUES(101, 2, 'Schulz', 'Elfi', ' ', 'Gustaf Str. 3', '8021',
'Zuerich', 'CH');
INSERT INTO Adresse(KundenNr, AdressID, Name, Vorname, Firma,
Strasse, Plz, Ort, Landescode)
VALUES(102, 1, 'Meyer', 'Richard', ' ', 'Bismarkstr. 14', '10584',
'Berlin', 'D');
INSERT INTO Adresse(KundenNr, AdressID, Name, Vorname, Firma,
Strasse, Plz, Ort, Landescode)
VALUES(103, 1, ' ', ' ', 'Beta Design', 'Tirolerstr 3', '6421',
'Tirol', 'A');
INSERT INTO Adresse(KundenNr, AdressID, Name, Vorname, Firma,
Strasse, Plz, Ort, Landescode)
VALUES(103, 2, ' ', ' ', 'Beta Design ', 'Kantstr. 22', '10583',
'Berlin', 'D');
INSERT INTO Adresse(KundenNr, AdressID, Name, Vorname, Firma,
Strasse, Plz, Ort, Landescode)
VALUES(104, 1, 'Lange', 'Anna', ' ', 'Mueller Str. 35', '22345',
'Hamburg', 'D');
INSERT INTO Adresse(KundenNr, AdressID, Name, Vorname, Firma,
Strasse, Plz, Ort, Landescode)
VALUES(105, 1, 'Meier', 'Bernd', ' ', 'Roßstraße 70', '40125',
'Düsseldorf', 'D');
INSERT INTO Adresse(KundenNr, AdressID, Name, Vorname, Firma,
Strasse, Plz, Ort, Landescode)
VALUES(105, 2, 'Meier', 'Bernd', ' ', 'Zossener Str. 49', '12346',
'Berlin', NULL);
INSERT INTO Adresse(KundenNr, AdressID, Name, Vorname, Firma,
Strasse, Plz, Ort, Landescode)
VALUES(106, 1, ' ', ' ', 'Damaschke', 'Meierallee 22', '80000',
'München', 'D');
INSERT INTO Adresse(KundenNr, AdressID, Name, Vorname, Firma,
Strasse, Plz, Ort, Landescode)
```

```
VALUES(107, 1, 'Beckman', 'Daniel', ' ', 'Sculzestr. 30', '20500',
 'Hamburg',NULL);
INSERT INTO Adresse(KundenNr, AdressID, Name, Vorname, Firma,
 Strasse, Plz, Ort, Landescode)
VALUES(107, 2, 'Beckman', 'Daniel', ' ', 'Zuericher Str. 123',
 '8024', 'Zuerich', 'CH');
INSERT INTO Adresse(KundenNr, AdressID, Name, Vorname, Firma,
 Strasse, Plz, Ort, Landescode)
VALUES(108, 1, 'Wendtland', 'Hans', ' ', 'Munich Str. 159',
 '89853', 'Muenchen', 'D');
INSERT INTO Adresse(KundenNr, AdressID, Name, Vorname, Firma,
 Strasse, Plz, Ort, Landescode)
VALUES(109, 1, 'Herfert', 'Petra', ' ', 'Myslowitzer Str. 20',
 '10345', 'Berlin','D');
INSERT INTO Adresse(KundenNr, AdressID, Name, Vorname, Firma,
 Strasse, Plz, Ort, Landescode)
VALUES(109, 2, 'Herfert', 'Petra', ' ', 'An der Ecke 3', '48367',
 'Dortmund', 'D');
INSERT INTO Adresse(KundenNr, AdressID, Name, Vorname, Firma,
 Strasse, Plz, Ort, Landescode)
VALUES(110, 1, 'Bieber', 'Peter', ' ', 'Bismarkstr. 15', '10586',
 'Berlin', NULL);
INSERT INTO Adresse(KundenNr, AdressID, Name, Vorname, Firma,
 Strasse, Plz, Ort, Landescode)
VALUES(110, 2, 'Bieber', 'Peter', ' ', 'Untermarkt 2', '6410',
 'Tirol', 'A');
```

```
--Tabelle Kategorie
INSERT INTO Kategorie(KategorieNr, Kategoriename)
 VALUES(1, 'Internet-Technologie');
INSERT INTO Kategorie(KategorieNr, Kategoriename)
 VALUES(2, 'MS Office');
INSERT INTO Kategorie(KategorieNr, Kategoriename)
 VALUES(3, 'Wirtschaft');
INSERT INTO Kategorie(KategorieNr, Kategoriename)
 VALUES(4, 'Management');
```

```
--Tabelle Status
INSERT INTO Status(Statuscode, Statusname)
 VALUES('AV', 'lieferbar');
```

```sql
INSERT INTO Status(Statuscode, Statusname)
 VALUES('OP', 'vergriffen');
INSERT INTO Status(Statuscode, Statusname)
 VALUES('IP', 'in Vorbereitung');
INSERT INTO Status(Statuscode, Statusname)
 VALUES('OR', 'auf Anfrage');
```

```sql
--Tabelle Organisation
INSERT INTO Organisation (Verlagscode, Verlag, Strasse, Plz, Ort,
 Telefon, Telefax, eMail, URL)
VALUES('Stadtlupe', 'Stadtlupe GmbH Verlag und Redaktion',
 'Pohlstr. 107', '10785', 'Berlin', '030 / 262 528-0',
 '030 / 262 528-99', 'Redaktion@stadtlupe.de', 'http://
www.stadtlupe.de');
```

```sql
--Tabelle Artikel
INSERT INTO Artikel(ArtikelNr, ISBN, Titel, Untertitel,
 Statuscode, KategorieNr, Verlagscode, Artikelpreis, Bestand,
 Erscheinungstermin, Seitenanzahl, Beschreibung)
VALUES(11, '978-3-939520-21-4', 'Word 2007 Basis','An Beispielen
 lernen. Mit Aufgaben üben..', 'AV', 1, 'Stadtlupe', 14.95, 30,
 '01.03.2007', 360, 'Beschreibung des Internets.');
INSERT INTO Artikel(ArtikelNr, ISBN, Titel, Untertitel,
 Statuscode, KategorieNr, Verlagscode, Artikelpreis, Bestand,
 Erscheinungstermin, Seitenanzahl, Beschreibung)
VALUES(12, '978-3-939520-42-9', 'Excel 2007 Basis', 'An Beispielen
 lernen. Mit Aufgaben üben...', 'AV', 1,
'Stadtlupe', 19.95, 35, '02.02.2008', 160, 'Lernen Sie den Umgang
 mit Excel.');
INSERT INTO Artikel(ArtikelNr, ISBN, Titel, Untertitel,
 Statuscode, KategorieNr, Verlagscode, Artikelpreis, Bestand,
 Erscheinungstermin, Seitenanzahl, Beschreibung)
VALUES(13, '978-3-935539-26-5', 'AJAX - Frische Ansätze für das
 Web-Design', NULL, 'OP', 2, 'Stadtlupe', 16.95, 40,
 '10.10.2005', 236, 'Eine neue Technik der Web-Entwicklung. AJAX:
 Asynchronus JavaScript and XML');
INSERT INTO Artikel(ArtikelNr, ISBN, Titel, Untertitel,
 Statuscode, KategorieNr, Verlagscode, Artikelpreis, Bestand,
 Erscheinungstermin, Seitenanzahl, Beschreibung)
```

Verwendete Datenbankschemata

```
VALUES(14, '978-3-939520-00-9', 'My SQL', NULL , 'AV', 3,
'Stadtlupe', 12.95, 20, '07.07.2005', 220,
'Einführung in die offene Datenbanksoftware');
INSERT INTO Artikel(ArtikelNr, ISBN, Titel, Untertitel,
Statuscode, KategorieNr, Verlagscode, Artikelpreis, Bestand,
Erscheinungstermin, Seitenanzahl, Beschreibung)
VALUES(15, '978-3-939520-73-7', 'Rechnungswesen',NULL, 'AV',
1,'Stadtlupe', 107.60, 50, '03.03.2007', 300,
'Ein Buch für den Mittelstand');
INSERT INTO Artikel(ArtikelNr, ISBN, Titel, Untertitel,
Statuscode, KategorieNr, Verlagscode, Artikelpreis, Bestand,
Erscheinungstermin, Seitenanzahl, Beschreibung)
VALUES(16, '978-3-939520-20-7', 'Datenbanken', NULL, 'OP', 1,
'Stadtlupe', 24.95, 60, '15.01.2007', 180,
'Detailerklärung aller Datenbankbegriffe');
INSERT INTO Artikel(ArtikelNr, ISBN, Titel, Untertitel,
Statuscode, KategorieNr, Verlagscode, Artikelpreis, Bestand,
Erscheinungstermin, Seitenanzahl, Beschreibung)
VALUES(17, '978-3-939522-33-5','Personalmanagement', NULL, 'OR', 3,
'Stadtlupe', 67.60, 85, '02.02.2008', 160,
'Die Erläuterung zu allen Wirtschaftsfragen');
INSERT INTO Artikel(ArtikelNr, ISBN, Titel, Untertitel,
Statuscode, KategorieNr, Verlagscode, Artikelpreis, Bestand,
Erscheinungstermin, Seitenanzahl, Beschreibung)
VALUES(18, '978-3-935539-74-6', 'Grundlagen Rechnungswesen', NULL,
'IP', 4, 'Stadtlupe', 9.95, 15, NULL, 130,
'Es wird über Managerlöhne diskutiert und ihr ethisches
Verhalten');
INSERT INTO Artikel(ArtikelNr, ISBN, Titel, Untertitel,
Statuscode, KategorieNr, Verlagscode, Artikelpreis, Bestand,
Erscheinungstermin, Seitenanzahl, Beschreibung)
VALUES(19, '978-3-939520-13-9', 'Grundlagen Rechnungswesen &
Datev', NULL, 'AV', 2, 'Stadtlupe', 24.95, 10,
'15.07.2006', 220, 'Ein Skript für den Schnelldurchlauf zum
Manager');
INSERT INTO Artikel(ArtikelNr, ISBN, Titel, Untertitel,
Statuscode, KategorieNr, Verlagscode, Artikelpreis, Bestand,
Erscheinungstermin, Seitenanzahl, Beschreibung)
```

```sql
VALUES(20, '978-3-939520-50-9','Datenbanken und SQL','An Beispielen
lernen, mit Aufgaben üben.', 'OP',1,'Stadtlupe',
26.50, 8, '05.01.2008',260,'Es werden die neuen Gegebenheiten
erläutert');
INSERT INTO Artikel(ArtikelNr, ISBN, Titel, Untertitel,
Statuscode, KategorieNr, Verlagscode, Artikelpreis, Bestand,
Erscheinungstermin, Seitenanzahl, Beschreibung)
VALUES(21, '987-3-939522-15-9','Word und Excel 2003', 'Im Ansatz
auch Access', 'OP', 4, 'Stadtlupe', 35.50, 80,
'10.10.2007',120,'Lernen Sie den Umgang mit Word & Excel 2003');
INSERT INTO Artikel(ArtikelNr, ISBN, Titel, Untertitel,
Statuscode, KategorieNr, Verlagscode, Artikelpreis, Bestand,
Erscheinungstermin, Seitenanzahl, Beschreibung)
VALUES(23,'987-3-939522-22-7','Was ist Office?','Erklärung im
Detail','IP', 2, 'Stadtlupe', 22.25, 50, NULL, 100,
'Detailerklärung zu Office, wie wird es benutzt');
INSERT INTO Artikel(ArtikelNr, ISBN, Titel, Untertitel,
Statuscode, KategorieNr, Verlagscode, Artikelpreis, Bestand,
Erscheinungstermin, Seitenanzahl, Beschreibung)
VALUES(24,'978-3-939528-23-8','Wirtschaft als Komplexum','Das
grosse Wirtschaftslexikon', 'OR', 2,'Stadtlupe', 34.9, 35,
'05.05.2007', 260,'Ausführliche Erläuterung aller
Wirtschaftsfragen');
INSERT INTO Artikel(ArtikelNr, ISBN, Titel, Untertitel,
Statuscode, KategorieNr, Verlagscode, Artikelpreis, Bestand,
Erscheinungstermin, Seitenanzahl, Beschreibung)
VALUES(25,'978-3-939520-24-4','Acess 2007','Datenbanken für
Profis', 'IP', 4, 'Stadtlupe',20.00, 65, NULL, 200,
'Es wird der Aufbau einer kleinen Datenbank ausführlich geklärt');
INSERT INTO Artikel(ArtikelNr, ISBN, Titel, Untertitel,
Statuscode, KategorieNr, Verlagscode, Artikelpreis, Bestand,
Erscheinungstermin, Seitenanzahl, Beschreibung)
VALUES(28,'987-3-939522-40-5', 'HTML - Mit Aufgaben üben', NULL,
'IP', 1, 'Stadtlupe', 13.50, 60, NULL, 80,
'Ein Buch für Studenten jeder Fachrichtung');
INSERT INTO Artikel(ArtikelNr, ISBN, Titel, Untertitel,
Statuscode, KategorieNr, Verlagscode, Artikelpreis, Bestand,
Erscheinungstermin, Seitenanzahl, Beschreibung)
```

```sql
VALUES(30,'987-3-939522-35-7','Rechnungswesen','Ein Buch für den
 Mitellstand','OR', 2, 'Stadtlupe', 23.00, 100,
 '06.06.08', 300, 'Es werden alle Formeln mit Beispielen
 erläutert');
INSERT INTO Artikel(ArtikelNr, ISBN, Titel, Untertitel,
 Statuscode, KategorieNr, Verlagscode, Artikelpreis, Bestand,
 Erscheinungstermin, Seitenanzahl, Beschreibung)
VALUES(31,'978-3-939522-33-8','Finanzmanagement
 Wirtschaft',NULL,'OP',3,'Stadtlupe',24.95,20,'05.05.07',250,
 'Ein Buch für Profis');
INSERT INTO Artikel(ArtikelNr, ISBN, Titel, Untertitel,
 Statuscode,
 KategorieNr, Verlagscode, Artikelpreis, Bestand,
 Erscheinungstermin, Seitenanzahl, Beschreibung)
VALUES(34,'978-3-939520-44-5','PostgreSQL - Ein relationales
 Datenbanksystem','An Beispielen lernen','IP',4,
 'Stadtlupe', 22.50,200, '12.12.2008',250,
 'Ausführliche Erklärung der wichtigsten SQL-Befehle. Die Aspekte
 der Datenbankprogrammierung werden hier auch erläutert.
 ');
```

```sql
--Tabelle Bestellposition
INSERT INTO Bestellposition(BestellNr, ArtikelNr, Bestellmenge)
 VALUES(1001, 11, 2);
INSERT INTO Bestellposition(BestellNr, ArtikelNr, Bestellmenge)
 VALUES(1004, 11, 5);
INSERT INTO Bestellposition(BestellNr, ArtikelNr, Bestellmenge)
 VALUES(1005, 12, 5);
INSERT INTO Bestellposition(BestellNr, ArtikelNr, Bestellmenge)
 VALUES(1009, 12, 8);
INSERT INTO Bestellposition(BestellNr, ArtikelNr, Bestellmenge)
 VALUES(1002, 13, 3);
INSERT INTO Bestellposition(BestellNr, ArtikelNr, Bestellmenge)
 VALUES(1008, 15, 13);
INSERT INTO Bestellposition(BestellNr, ArtikelNr, Bestellmenge)
 VALUES(1003, 16, 4);
INSERT INTO Bestellposition(BestellNr, ArtikelNr, Bestellmenge)
 VALUES(1007, 17, 1);
INSERT INTO Bestellposition(BestellNr, ArtikelNr, Bestellmenge)
 VALUES(1006, 18, 7);
```

```sql
INSERT INTO Bestellposition(BestellNr, ArtikelNr, Bestellmenge)
 VALUES(1010, 18, 6);
INSERT INTO Bestellposition(BestellNr, ArtikelNr, Bestellmenge)
 VALUES(1011, 20, 12);
INSERT INTO Bestellposition(BestellNr, ArtikelNr, Bestellmenge)
 VALUES(1012, 20, 5);
INSERT INTO Bestellposition(BestellNr, ArtikelNr, Bestellmenge)
 VALUES(1013, 21, 3);
INSERT INTO Bestellposition(BestellNr, ArtikelNr, Bestellmenge)
 VALUES(1014, 24, 2);
INSERT INTO Bestellposition(BestellNr, ArtikelNr, Bestellmenge)
 VALUES(1015, 30, 4);
```

Anhang B Lösungen zu den Aufgaben

B.1 Lösung Aufgabe 1

Abb 222 *Tabellen der Datenbank Direktbestellung02*

B.2 Lösung Aufgabe 2

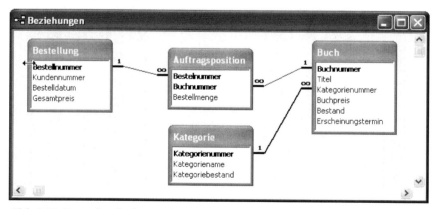

Abb 223 *Datenbankschema der Datenbank Direktbestellung02*

B.3 Lösung Aufgabe 3

```sql
--Tabellen der Datenbank Direktbestbellung02
--Tabelle Bestellung
CREATE TABLE Bestellung
(
  Bestellnummer         INTEGER       NOT NULL,
  Kundennummer          INTEGER       NOT NULL,
  Bestelldatum          TIMESTAMP     NOT NULL,
  Gesamtpreis           NUMERIC       NOT NULL,
  CONSTRAINT bestellung_pkey PRIMARY KEY (Bestellnummer)
);
--Tabelle Kategorie
CREATE TABLE Kategorie
(
  Kategorienummer       INTEGER       NOT NULL,
  Kategoriename         VARCHAR(30)   NOT NULL,
  Kategoriebestand      INTEGER       NOT NULL,
  PRIMARY KEY (Kategorienummer)
);
--Tabelle Buch
CREATE TABLE Buch
(
  Buchnummer            INTEGER       NOT NULL,
  Titel                 VARCHAR(64)   NOT NULL,
  Kategorienummer       INTEGER       NOT NULL,
  Buchpreis             NUMERIC       NOT NULL,
  Bestand               INTEGER       NOT NULL,
  Erscheinungstermin    DATE          NOT NULL,
  PRIMARY KEY (Buchnummer)
);
--Tabelle Auftragsposition
CREATE TABLE Auftragsposition
(
  Bestellnummer         INTEGER,
  Buchnummer            INTEGER,
  Bestellmenge          INTEGER       NOT NULL,
  PRIMARY KEY (Bestellnummer, Buchnummer)
);
```

B.4 Lösung Aufgabe 4

```
--Definitionen der Referenzen zwischen den Tabellen


ALTER TABLE Auftragsposition
  ADD CONSTRAINT FK_AUFTRAGSPOS_BEST FOREIGN KEY (Bestellnummer)
     REFERENCES Bestellung(Bestellnummer);
ALTER TABLE Auftragsposition
  ADD CONSTRAINT FK_AUFTRAGSPOS_BUCH FOREIGN KEY (Buchnummer)
     REFERENCES Buch(Buchnummer);

ALTER TABLE Buch
  ADD CONSTRAINT FK_BUCH_KATEGORIE FOREIGN KEY (Kategorienummer)
     REFERENCES Kategorie(Kategorienummer);
```

```
--Datensätze für die Tabellen der Datenbank Direktbestellung02

--Tabelle Bestellung
INSERT INTO Bestellung(Bestellnummer, Kundennummer, Bestelldatum,
  Gesamtpreis)
VALUES(1001, 100, '10.10.2008', 55.50);
INSERT INTO Bestellung(Bestellnummer, Kundennummer, Bestelldatum,
  Gesamtpreis)
VALUES(1002, 101, '11.10.2008', 40.00);
INSERT INTO Bestellung(Bestellnummer, Kundennummer, Bestelldatum,
  Gesamtpreis)
VALUES(1003, 101, '12.12.2008', 80.65);
INSERT INTO Bestellung(Bestellnummer, Kundennummer, Bestelldatum,
  Gesamtpreis)
VALUES(1004, 102, '06.06.2009', 100.00);
INSERT INTO Bestellung(Bestellnummer, Kundennummer, Bestelldatum,
  Gesamtpreis)
VALUES(1005, 103, '07.07.2009', 60.00);
INSERT INTO Bestellung(Bestellnummer, Kundennummer, Bestelldatum,
  Gesamtpreis)
VALUES(1006, 104, '10.07.2009', 35.20);
INSERT INTO Bestellung(Bestellnummer, Kundennummer, Bestelldatum,
  Gesamtpreis)
VALUES(1007, 104, '15.07.2009', 150.00);
```

```sql
INSERT INTO Bestellung(Bestellnummer, Kundennummer, Bestelldatum,
 Gesamtpreis)
VALUES(1008, 105, '20.08.2009',22.80);

--Tabelle Kategorie
INSERT INTO Kategorie(Kategorienummer, Kategoriename,
 Kategoriebestand)
VALUES(1, 'Internet-Technologie', 100);
INSERT INTO Kategorie(Kategorienummer, Kategoriename,
 Kategoriebestand)
VALUES(2, 'MS Office', 100);
INSERT INTO Kategorie(Kategorienummer, Kategoriename,
 Kategoriebestand)
VALUES(3, 'Wirtschaft', 50);
INSERT INTO Kategorie(Kategorienummer, Kategoriename,
 Kategoriebestand)
VALUES(4, 'Management', 70);

--Tabelle Buch
INSERT INTO Buch(Buchnummer, Titel, Kategorienummer, Buchpreis,
 Bestand, Erscheinungstermin)
VALUES(10, 'Word 2007 Basis', 1, 14.95, 30, '01.03.2007');
INSERT INTO Buch(Buchnummer, Titel, Kategorienummer, Buchpreis,
 Bestand, Erscheinungstermin)
VALUES(11, 'Excel 2007 Basis', 1, 9.95, 35, '02.02.2008');
INSERT INTO Buch(Buchnummer, Titel, Kategorienummer, Buchpreis,
 Bestand, Erscheinungstermin)
VALUES(12, 'My SQL', 3, 12.95, 20, '07.07.2005');
INSERT INTO Buch(Buchnummer, Titel, Kategorienummer, Buchpreis,
 Bestand, Erscheinungstermin)
VALUES(13, 'Rechnungswesen', 3, 57.60, 50, '03.03.2007');
INSERT INTO Buch(Buchnummer, Titel, Kategorienummer, Buchpreis,
 Bestand, Erscheinungstermin)
VALUES(14, 'Datenbanken', 1, 24.95, 60, '15.01.2007');
INSERT INTO Buch(Buchnummer, Titel, Kategorienummer, Buchpreis,
 Bestand, Erscheinungstermin)
VALUES(15, 'Personalmanagement', 4, 67.60, 85, '02.02.2008');
INSERT INTO Buch(Buchnummer, Titel, Kategorienummer, Buchpreis,
 Bestand, Erscheinungstermin)
```

Lösungen zu den Aufgaben

```
VALUES(16, 'Grundlagen Rechnungswesen', 3, 9.95, 15, '03.03.2007');
INSERT INTO Buch(Buchnummer, Titel, Kategorienummer, Buchpreis,
Bestand, Erscheinungstermin)
VALUES(17, 'Datenbanken und SQL-Standard', 1, 26.50, 8,
'05.01.2008');
INSERT INTO Buch(Buchnummer, Titel, Kategorienummer, Buchpreis,
Bestand, Erscheinungstermin)
VALUES(18, 'Finanzmanagement Wirtschaft', 3, 24.95, 20,
'05.05.07');
INSERT INTO Buch(Buchnummer, Titel, Kategorienummer, Buchpreis,
Bestand, Erscheinungstermin)
VALUES(19, 'PostgreSQL - Ein relationales DBS', 4, 22.50, 200,
'12.12.2008');
INSERT INTO Buch(Buchnummer, Titel, Kategorienummer, Buchpreis,
Bestand, Erscheinungstermin)
VALUES(20, 'Access 2007', 2, 20.00, 65, '06.06.2008');

--Tabelle Auftragsposition
INSERT INTO Auftragsposition(Bestellnummer, Buchnummer,
Bestellmenge)
VALUES(1001, 10, 2);
INSERT INTO Auftragsposition(Bestellnummer, Buchnummer,
Bestellmenge)
VALUES(1004, 10, 5);
INSERT INTO Auftragsposition(Bestellnummer, Buchnummer,
Bestellmenge)
VALUES(1002, 11, 5);
INSERT INTO Auftragsposition(Bestellnummer, Buchnummer,
Bestellmenge)
VALUES(1003, 12, 8);
INSERT INTO Auftragsposition(Bestellnummer, Buchnummer,
Bestellmenge)
VALUES(1006, 12, 3);
INSERT INTO Auftragsposition(Bestellnummer, Buchnummer,
Bestellmenge)
VALUES(1007, 14, 13);
INSERT INTO Auftragsposition(Bestellnummer, Buchnummer,
Bestellmenge)
VALUES(1005, 15, 4);
```

```
INSERT INTO Auftragsposition(Bestellnummer, Buchnummer,
    Bestellmenge)
VALUES(1008, 18, 1);
```

B.5 Lösung Aufgabe 5

```
SELECT  ArtikelNr, Titel, KategorieNr, Artikelpreis
FROM    Artikel
WHERE   KategorieNr = 4    OR
        Artikelpreis > 50
ORDER BY Titel
```

B.6 Lösung Aufgabe 6

```
SELECT a.ArtikelNr, Kategoriename, a.Titel, Artikelpreis,
       EXTRACT(year from Erscheinungstermin) as Jahr
FROM   Kategorie k, Artikel a, Status s
WHERE  k.KategorieNr = a.KategorieNr
  AND  a.Statuscode = s.Statuscode
  AND  a.Statuscode = 'AV'
  AND  EXTRACT(year FROM Erscheinungstermin) < 2008
```

B.7 Lösung Aufgabe 7

```
SELECT BestellNr, Titel,
       SUM(Bestellmenge * Artikelpreis) AS
         "Summe(Bestellmenge*Artikelpreis)"
FROM   Bestellposition b, Artikel a
WHERE  b.ArtikelNr = a.ArtikelNr AND BestellNr < 1010
GROUP  BY BestellNr, Titel
ORDER  BY BestellNr
```

B.8 Lösung Aufgabe 8

```
SELECT k.KundenNr, Name
FROM   Kunden k, Bestellung b
WHERE  k.KundenNr = b.KundenNr
GROUP  BY k.KundenNr, Name
HAVING COUNT(BestellNr) >= 2
```

B.9 Lösung Aufgabe 9

```
SELECT   k.KundenNr, k.Name, b.BestellNr, Bestelldatum, Bestellmenge
FROM     Kunden k, Bestellung b, Bestellposition bp
WHERE    k.KundenNr = b.KundenNr
  AND    b.BestellNr = bp.BestellNr
  AND    Bestelldatum > '31.12.2007'
  AND    Bestellmenge > 5
```

B.10 Lösung Aufgabe 10

```
SELECT   ArtikelNr, Artikelpreis, Titel, KategorieNr
FROM     Artikel
WHERE    Artikelpreis < ALL (SELECT Artikelpreis
                             FROM Artikel
                             WHERE KategorieNr = 2)
```

B.11 Lösung Aufgabe 11

```
SELECT   k.KundenNr, Anrede, k.Name, Vorname
FROM     Kunden k
WHERE    EXISTS (SELECT *
                 FROM Adresse
                 WHERE KundenNr = k.KundenNr
                   AND AdressID = 2)
  AND    Anrede = 'Herr'
```

B.12 Lösung Aufgabe 12

```
SELECT   a.ArtikelNr, Titel, KategorieNr, Statuscode,
         Erscheinungstermin
FROM     Bestellung b LEFT OUTER JOIN Bestellposition bp
                              ON b.BestellNr = bp.BestellNr
         RIGHT OUTER JOIN Artikel a ON bp.ArtikelNr = a.ArtikelNr
WHERE    bp.BestellNr IS NULL
```

B.13 Lösung Aufgabe 13

```
SELECT  Name, Vorname, KundeSeit
FROM    Kunden
WHERE   Position('er' IN Name) > 0
```

B.14 Lösung Aufgabe 14

```
SELECT TRANSLATE ('pgsql 9#n', 'sql#n', 'SQL.x'),
       TRANSLATE ('123 123', '1', 'a') AS " 1 in a",
       TRANSLATE ('123 123', '12', 'bb') AS "12 in bb",
       TRANSLATE ('123 123', '123', 'ccc') AS "123 in ccc"
```

B.15 Lösung Aufgabe 15

```
SELECT  Bestelldatum,
        EXTRACT(Month FROM Bestelldatum) AS "Monat",
        EXTRACT(Week FROM Bestelldatum) AS "Woche des Jahres",
        EXTRACT(Doy FROM Bestelldatum) AS "Tag des Jahres",
        AGE('07.07.2008', CURRENT_DATE)
FROM    Bestellung
WHERE   BestellNr = 1005
```

B.16 Lösung Aufgabe 16

```
SELECT  KundenNr, Name, KundeSeit, CURRENT_DATE AS "akt. Datum",
        AGE(KundeSeit, CURRENT_DATE) as Differenz
FROM    Kunden
WHERE   Name LIKE 'M%'
ORDER   BY 5 DESC
```

B.17 Lösung Aufgabe 17

```
BEGIN WORK;
UPDATE  Artikel_Status_Update
SET     Artikelpreis = Artikelpreis - 10.00
WHERE   Artikelpreis = (SELECT Max(Artikelpreis)
                        FROM Artikel_Status_Update)
ROLLBACK
```

B.18 Lösung Aufgabe 18

```
BEGIN WORK;
DELETE FROM Artikel_Status_Update a
WHERE   EXISTS (SELECT *
                FROM Artikel_Status
                WHERE a.ArtikelNr = ArtikelNr
                  AND Artikelpreis > 20)
RETURNING *;
ROLLBACK
```

B.19 Lösung Aufgabe 19

```
CREATE VIEW Datenbankbuch AS
SELECT ArtikelNr, Titel, Artikelpreis
FROM    Artikel
WHERE   Artikelpreis < 30.00
  AND   (Titel LIKE 'D%' OR Titel LIKE '%SQL%')
```

B.20 Lösung Aufgabe 20

```
CREATE VIEW Bestellungen_pro_Kunde AS
SELECT k.KundenNr, Name, KundeSeit, BestellNr, Bestelldatum
FROM    Kunden k, Bestellung b
WHERE   k.KundenNr = b.KundenNr
  AND   EXTRACT(year FROM (Bestelldatum)) > 2007
```

B.21 Lösung Aufgabe 21

```
CREATE RULE Einfuegen_Regel AS
ON INSERT TO Artikel_View
DO INSTEAD
INSERT INTO Artikel01
VALUES(NEW.ArtikelNr, NEW.Artikelpreis, NEW.Artikelmenge,
       NEW.Bemerkung);
```

B.22 Lösung Aufgabe 22

```
CREATE or REPLACE FUNCTION Aktuelle_Bestellungen(Date) RETURNS
                   SETOF Bestellung AS '
 SELECT *
 FROM    Bestellung
 WHERE   Bestelldatum >= $1
'LANGUAGE sql;


CREATE or REPLACE FUNCTION Aktuelle_Bestellungen(Date) RETURNS
                   SETOF Bestellung AS '
 SELECT *
 FROM    Bestellung
 WHERE   Bestelldatum >= $1
   AND   Bestelldatum = (SELECT MAX(Bestelldatum)
                         FROM Bestellung);
'LANGUAGE sql;
```

B.23 Lösung Aufgabe 23

```
CREATE or REPLACE FUNCTION Lieferbare_Artikel(Text) RETURNS
                   SETOF Artikel AS '
 SELECT *
 FROM    Artikel
 WHERE   Statuscode = $1
'LANGUAGE sql;

--Aufruf der Funktion
SELECT ArtikelNr, ISBN, Titel FROM lieferbare_Artikel('AV');
```

B.24 Lösung Aufgabe 24

```
CREATE or REPLACE FUNCTION Gerade_Zahlen_summieren(INT4) RETURNS
                   NUMERIC AS '
DECLARE
 Endwert Alias FOR $1;
 Summe NUMERIC;
 Laufzaehler INT4;
BEGIN
```

```
  Summe := 0;
  Laufzaehler := 0;
  WHILE Laufzaehler < Endwert
  LOOP
    IF MOD(Laufzaehler, 2) = 0 THEN
       Summe := Summe + Laufzaehler;
    END IF;
    Laufzaehler = Laufzaehler + 1;
  END LOOP;
  RETURN Summe;
END;
'LANGUAGE 'plpgsql';
```

B.25 Lösung Aufgabe 25

```
CREATE or REPLACE FUNCTION Laenge_ISBN_und_Titel(INT4) RETURNS
                      TEXT AS '
DECLARE
 Zaehler INT4;
 Ergebnis TEXT;
 Laenge INT4;
 Zielzeile RECORD;
BEGIN
 Zaehler := 0;
 SELECT * INTO Zielzeile
 FROM   Artikel
 WHERE  ArtikelNr = $1;
 IF FOUND THEN
    RAISE NOTICE ''ISBN:% - Titel:% '', Zielzeile.ISBN,
                                        Zielzeile.Titel;
    Ergebnis := ''Länge von ''|| Zielzeile.ISBN || '' + ''
              || Zielzeile.Titel || '' = '';
    Laenge := LENGTH(Zielzeile.ISBN)+LENGTH(Zielzeile.Titel);
    RETURN Ergebnis || Laenge;
 ELSE
    RAISE EXCEPTION ''Artikelummer % nicht vorhanden'', $1;
 END IF;
END;
' LANGUAGE 'plpgsql';
```

B.26 Lösung Aufgabe 26

```
CREATE or REPLACE FUNCTION Kundenzugehoerigkeit_pruefen(INT4,INT4)
                    RETURNS SETOF Text AS '
DECLARE
 KundenNr1 Alias FOR $1;
 KundenNr2 Alias FOR $2;
 Ergebnis Text;
 Zielzeile Kunden%ROWTYPE;
BEGIN
 FOR Zielzeile IN SELECT *
                 FROM Kunden
                 WHERE KundenNr BETWEEN KundenNr1 AND KundenNr2
 LOOP
  IF EXTRACT(Year FROM Zielzeile.KundeSeit) > 2006 THEN
    BEGIN
     IF Zielzeile.eMail LIKE ''%@%''
     THEN
       BEGIN
         Ergebnis := Zielzeile.KundenNr || '' * '' ||
                     Zielzeile.Email;
         RETURN NEXT Ergebnis;
        END;
      END IF;
    END;
  ELSEIF Zielzeile.Vorname IS NOT NULL
  THEN
    BEGIN
     Ergebnis := Zielzeile.KundenNr || '' * '' || Zielzeile.Name
                 || '', '' || Zielzeile.Vorname;
     RETURN NEXT Ergebnis;
    END;
  END IF;
 END LOOP;
END;
'LANGUAGE 'plpgsql';
```

B.27 Lösung Aufgabe 27

```
CREATE or REPLACE FUNCTION Buecher_ueber_15Euro(Text) RETURNS
                    SETOF Text AS '
DECLARE
 Vergleichscode Alias FOR $1;
 Ergebnis Text;
 Zielzeile Artikel%ROWTYPE;
BEGIN FOR Zielzeile IN SELECT *
                   FROM Artikel
                   WHERE Statuscode = Vergleichscode
LOOP
 IF Zielzeile.Artikelpreis > 15.00
 THEN
  BEGIN
   Ergebnis := Zielzeile.Titel;
   RETURN NEXT Ergebnis;
  END;
 END IF;
END LOOP;
END;
'LANGUAGE 'plpgsql';
```

B.28 Lösung Aufgabe 28

```
CREATE or REPLACE FUNCTION ungebundener_Cursor(Text) RETURNS
                                           NUMERIC AS'
DECLARE
 Artikel_Cursor REFCURSOR;
 Ergebnis NUMERIC;
BEGIN
 Ergebnis := 0;
 OPEN Artikel_Cursor FOR SELECT MIN(Artikelpreis)
                  FROM Artikel
                  WHERE Statuscode = $1;
 FETCH Artikel_Cursor INTO Ergebnis;
 IF NOT FOUND
 THEN EXIT;
 END IF;
 CLOSE Artikel_Cursor;
```

```
  RETURN Ergebnis;
END;
' LANGUAGE 'plpgsql';
```

B.29 Lösung Aufgabe 29

```
CREATE or REPLACE FUNCTION parametrisierter_Cursor(INT4) RETURNS
                    SETOF Text AS '
DECLARE
  KundenNr_Cursor CURSOR (Cursor_parameter INTEGER) FOR
                SELECT *
                FROM Kunden
                WHERE KundenNr < Cursor_parameter;
  Temp_Record Kunden%ROWTYPE;
  Temp_KundenNr INT4;
BEGIN
  OPEN KundenNr_Cursor ($1);
  FETCH KundenNr_Cursor INTO Temp_Record;
  WHILE FOUND
   LOOP
    RETURN NEXT Temp_Record.KundenNr || '' | '' ||
                Temp_Record.eMail;
    FETCH KundenNr_Cursor INTO Temp_Record;
   END LOOP;
END;
' LANGUAGE 'plpgsql';
```

B.30 Lösung Aufgabe 30

```
CREATE or REPLACE FUNCTION For_Cursor() RETURNS SETOF TEXT AS '
DECLARE
 Temp_Record RECORD;
 Temp_Name Adresse.Name%TYPE;
 Temp_KundenNr Adresse.KundenNr%Type;
 Temp_AdressID Adresse.AdressID%Type;
 Temp_Landescode Adresse.Landescode%Type;
BEGIN
 FOR Temp_Record IN SELECT Name, KundenNr, AdressID, Landescode
                   FROM Adresse
                   WHERE AdressID = 1
 LOOP
  Temp_Name := Temp_Record.Name;
  Temp_KundenNr := Temp_Record.KundenNr;
  Temp_Landescode := Temp_Record.Landescode;
  IF Temp_Landescode = ''D'' THEN
    RETURN NEXT Temp_KundenNr || '' | '' || Temp_Landescode
                              || '' | '' || Temp_Name;
  END IF;
 END LOOP;
END
' LANGUAGE 'plpgsql';
```

B.31 Lösung Aufgabe 31

```
CREATE or REPLACE FUNCTION benutzerdefinierter_Cursor(REFCURSOR)
                         RETURNS REFCURSOR AS '
DECLARE Referenz_Cursor Alias FOR $1;
BEGIN
 OPEN Referenz_Cursor FOR
      SELECT ArtikelNr, Titel, Artikelpreis, Erscheinungstermin
      FROM Artikel
      WHERE EXTRACT(Year FROM Erscheinungstermin) < 2008
        AND Artikelpreis < 20;
 RETURN Referenz_Cursor;
END
' LANGUAGE 'plpgsql';
```

B.32 Lösung Aufgabe 32

```
CREATE or REPLACE FUNCTION Buch_einfuegen() RETURNS TRIGGER AS '
DECLARE
 Temp_Jahr1 int4;
 Temp_Jahr2 int4;
BEGIN
 Temp_Jahr1 = EXTRACT(Year FROM CURRENT_DATE);
 Temp_Jahr2 = EXTRACT (Year FROM NEW.Erscheinungstermin);
 IF (Temp_Jahr1 - Temp_Jahr2) > 2
 THEN
  RAISE EXCEPTION ''Erscheinungstermin ist nicht aktuell'';
 ELSEIF
  NEW.Kategorienummer = 1
 THEN
  NEW.Buchpreis := ROUND(NEW.Buchpreis - NEW.Buchpreis*0.10,2);
  RAISE NOTICE '' % aktueller Erscheinungstermin,
           Buchpreis mit Rabatt (10 Prozent): %'',
           NEW.Erscheinungstermin, NEW.Buchpreis;
 ELSE
  RAISE EXCEPTION ''ungueltige Kategorienummer'';
 END IF;
 RETURN NEW;
END;
' LANGUAGE 'plpgsql';

--Trigger anlegen
CREATE TRIGGER Trigger_Buch_einfuegen
BEFORE INSERT ON Buch
FOR EACH ROW
EXECUTE PROCEDURE Buch_einfuegen();
```

B.33 Lösung Aufgabe 33

```
CREATE or REPLACE FUNCTION Buchpreis_aendern() RETURNS TRIGGER AS '
DECLARE
 Temp_Preis Numeric;
BEGIN
 IF EXTRACT(Year FROM CURRENT_DATE) -
     EXTRACT (Year FROM NEW.Erscheinungstermin) > 3
     AND NEW.Buchpreis > OLD.Buchpreis
 THEN
   Temp_Preis := NEW.Buchpreis * 0.20;
   NEW.Buchpreis := ROUND(NEW.Buchpreis - Temp_Preis, 2);
   RAISE NOTICE ''Alter Buchpreis: % , Neuer Buchpreis:% '',
                OLD.Buchpreis, NEW.Buchpreis;
 ELSE
   RAISE EXCEPTION ''Für Buchnummer % ist der Buchpreis %
                     ungültig'', NEW.Buchnummer, NEW.Buchpreis;
 END IF;
 RETURN NEW;
END;
' LANGUAGE plpgsql;

--Trigger anlegen
CREATE TRIGGER Trigger_Buchpreis_aendern
AFTER UPDATE ON Buch
FOR EACH ROW EXECUTE PROCEDURE Buchpreis_aendern();
```

B.34 Lösung Aufgabe 34

```
CREATE or REPLACE FUNCTION Buchsatz_einfuegen() RETURNS
                              TRIGGER AS $$
DECLARE
 TempRecord Record;
BEGIN
 SELECT * INTO TempRecord
 FROM   Kategorie
 WHERE Kategorienummer = NEW.Kategorienummer;
 IF (FOUND)
 THEN
   RETURN NEW;
```

```
  ELSE
    RAISE EXCEPTION '* ungültige Kategorienummer: %',
                     NEW.Kategorienummer;
    RETURN NULL;
  END IF;
END;
$$ LANGUAGE plpgsql;

--Trigger anlegen
CREATE TRIGGER Trigger_Buchsatz_einfuegen
BEFORE INSERT ON Buch
FOR EACH ROW EXECUTE PROCEDURE Buchsatz_einfuegen();
```

B.35 Lösung Aufgabe 35

```
CREATE or REPLACE FUNCTION Kategoriebestand_manipulieren() RETURNS
                         TRIGGER AS $$
BEGIN
 UPDATE Kategorie
 SET     Kategoriebestand = Kategoriebestand - OLD.Bestand
 WHERE  Kategorienummer = OLD.Kategorienummer;
 IF (NOT FOUND) THEN
   RETURN NULL;
 ELSE
   RAISE NOTICE 'Trigger von Tabelle % ist aktiv % %
                 für Record %',
                 TG_RELNAME, TG_WHEN, TG_OP, OLD.Buchnummer;
   RETURN NEW;
 END IF;
END;
$$ LANGUAGE plpgsql;

--Trigger anlegen
CREATE TRIGGER Trigger_Kategoriebestand_manipulieren
AFTER DELETE OR UPDATE ON Buch
FOR EACH ROW EXECUTE PROCEDURE Kategoriebestand_manipulieren();
```

B.36 Lösung Aufgabe 36

```
BEGIN TRANSACTION
INSERT INTO Artikel01(ArtikelNr, Titel, Statuscode,
                     Artikelpreis, Erscheinungsjahr)
VALUES(19,'SQL-Datenbanken', 'OP', 35.00, 2009);
INSERT INTO Artikel01(ArtikelNr, Titel, Statuscode,
                     Artikelpreis, Erscheinungsjahr)
VALUES(20,'pgSQL Basic', 'IP', 29.00, 2009);

--Löschen
DELETE FROM Artikel01
WHERE   Statuscode = 'OP'

--Zurücksetzen
ROLLBACK TRANSACTION
```

B.37 Lösung Aufgabe 37

```
BEGIN TRANSACTION
INSERT INTO Artikel01(ArtikelNr, Titel, Statuscode,
                     Artikelpreis, Erscheinungsjahr)
VALUES(20,'pgSQL Basic', 'IP', 29.00, 2009);

--Ändern
UPDATE Artikel01
SET     Statuscode = 'OP'
WHERE   Statuscode = 'AV'
  AND   Erscheinungsjahr < 2008

--Festschreiben
COMMIT TRANSACTION
```

B.38 Lösung Aufgabe 38

```
BEGIN TRANSACTION
UPDATE Artikel01
SET     Artikelpreis = Artikelpreis - 10
WHERE   ArtikelNr = 11;
UPDATE Artikel01
```

```
SET        Artikelpreis = Artikelpreis - 10
WHERE      ArtikelNr = 15;
SAVEPOINT SavepointUpdate;
UPDATE     Artikel01
SET        Artikelpreis = Artikelpreis + 10
WHERE      ArtikelNr = 12;
ROLLBACK TO SavepointUpdate;


--Festschreiben
COMMIT TRANSACTION
```

B.39 Lösung Aufgabe 39

```
CREATE Index Ort_Index ON Adresse (Ort)


EXPLAIN ANALYZE SELECT *
FROM       Adresse
WHERE      Ort = 'Berlin'


SET enable_seqscan = off;


EXPLAIN ANALYZE SELECT *
FROM       Adresse
WHERE      Ort = 'Berlin'
```

Begründung: Ein Vergleich beider Ausführungspläne lässt erkennen, dass die Kostenschätzung für die Indexsuche deutlich höher (8.27 Kosteneinheiten) ausfällt als die der sequentiellen Suche (1.23). Auch die gesamte Ausführungszeit fällt für den Index höher aus (von 0.322 ms auf 0.467 ms). Die restlichen Parameter, *rows* und *width* bleiben unverändert. Der Planer entscheidet sich bei kleinen Datenmengen für eine sequentielle Suche, weil sie kostengünstiger ist als die Indexsuche.

B.40 Lösung Aufgabe 40

```
EXPLAIN SELECT *
FROM     Status s, Artikel a
WHERE    s.Statuscode = a.Statuscode
  AND    ArtikelNr IN (13,17)


SET enable_nestloop = false;
SET enable_hashjoin = true;

EXPLAIN SELECT *
FROM     Status s, Artikel a
WHERE    s.Statuscode = a.Statuscode
  AND    ArtikelNr IN (13,17)
```

Begründung: Der Unterschied zwischen den beiden Kostenschätzungen beträgt 2.84 Kosteneinheiten. Der PostgreSQL-Planer schätzt den Nested-Loop-Join mit 28.56 Kosteneinheiten ein. Dagegen liegt die Kostenschätzung für den Hash-Join um ca. 3 Kosteneinheiten höher, also bei 31.40 Kosteneinheiten. Aus diesen Gründen hat der Planer den Nested-Loop-Join bevorzugt, weil die erwarteten Kosten etwa niedriger sind als bei dem Hash-Join.

B.41 Lösung Aufgabe 41

```
SELECT XMLELEMENT(NAME Artikel_Info,
       XMLELEMENT(NAME Buchtitel, Titel),
       XMLELEMENT(NAME Preis, Artikelpreis)) AS Ergebnis
FROM     Artikel
WHERE    Artikelpreis > 30
```

B.42 Lösung Aufgabe 42

```
SELECT Ort, XMLAGG(XMLELEMENT(NAME Name, Name)) AS XML_Gruppe
FROM     Adresse
WHERE    Adressid = 1 AND Name NOT LIKE ' '
GROUP    BY Ort
ORDER    BY Ort
```

Anhang C Lösungen zu den Verständnisfragen

1) 1, 3
2) 1, 3, 5
3) 1, 3, 4
4) 1, 5
5) 1, 3, 4
6) 1, 2, 4
7) 1, 2, 4
8) 3, 4
9) 1, 3, 4
10) 2, 4
11) 3
12) 3, 4
13) 1, 2
14) 1, 3, 4
15) 1, 5
16) 1, 3, 5
17) 1, 2, 5
18) 1, 4
19) 1, 3, 5
20) 1, 3, 5
21) 2, 4
22) 2, 4
23) 1, 2, 4
24) 1, 3
25) 3, 4
26) 1, 3
27) 2, 4, 5
28) 1, 3, 4
29) 1, 4
30) 2, 4
31) 1, 3
32) 4, 5
33) 1, 4
34) 1, 2, 5
35) 1, 3, 4
36) 1, 3, 5
37) 1, 3
38) 1, 2, 5
39) 1, 2, 4
40) 1, 3
41) 1, 3, 4
42) 1, 2, 4
43) 1, 4
44) 2, 3, 5
45) 2, 3
46) 1, 4
47) 1, 3, 5
48) 1, 5
49) 2, 3, 4
50) 1, 2
51) 1, 4
52) 1, 4, 5
53) 1, 4
54) 1, 2, 5
55) 2, 3
56) 1, 3, 5
57) 1, 3, 5
58) 1, 4, 5
59) 1, 3, 5
60) 1, 3
61) 1, 3, 4
62) 1, 4
63) 1, 4, 5
64) 2, 5
65) 2, 3
66) 1, 2, 4
67) 3

Index

A

Abbruchbedingung, 291, 296
Abfrage Editor, 61
Abfrage über mehrere Tabellen, 147
Abfragefenster, 61
Abfragen,
  analysieren, 370
  auswerten, 365, 367
  über eine Tabelle, 92
  über zwei Tabellen, 123
Abfragesprache, 17
Abhängigkeit, 15
ABS, 165
ABSOLUTE, 311
Absteigend sortieren, 100, 394
ADD, 85
ADD CONSTRAINT, 85
ADD Spalte, 86
Addition von Datumskomponenten, 190
AFTER, 320
AFTER UPDATE, 328
AGE, 182
Aggregatfunktionen, 92, 110, 388
Aggregiertes XML-Ergebnis, 393
Aktionsbereich, 320
Aktivierungszeit des Triggers,
  AFTER, 320, 328, 337
  BEFORE, 320, 324, 327, 329
Aktuelle Parameter, 237, 304
Alias, 121, 125, 127, 138
Alias-Name, 117
Aliasnamen, 204

ALL, 131, 309
Allgemeiner Tabellenausdruck, 150
ALTER ADD CONSTRAINT, 85
ALTER ADD Spalte, 86
ALTER TABLE, 84, 85, 86, 202
Analyse von Tabellendaten, 371
ANALYZE, 370, 371, 373
AND, 96
Anlegen Funktion, 237
Anonymer Cursor, 305
ANSI, 17
Anweisungsblock, 255, 270, 296
ANY, 128
Argument einer Funktion, 241
ASC, 98, 394
ASCII, 169
Attribut, 80
Aufruf Funktion, 235, 299, 304
  mit SELECT, 238, 240, 243, 245
Aufsteigend sortiert, 139
Ausführung einer Funktion, 241, 298
Ausführungsplan, 365, 371, 373
Ausführungszeit, 373
Ausgabeparameter,
  INTEGER, 275, 276
  NUMERIC, 240, 245, 255
  REFCURSOR, 304, 306, 309
  Tabelle, 242, 244
  TEXT, 259, 314
  VOID, 247
Ausnahmeregeln, 82
  CASCADE, 83
  RESTRICT, 83
  SET NULL, 83
AVG, 110

B

Bedingung, 272
  FOUND, 296
  NOT FOUND, 302
Bedingungen, 255
  WHEN, 260
BEFORE, 320
  DELETE, 322, 329
  INSERT, 322, 324
  UPDATE, 322, 327
BEGIN, 239, 256
BEGIN TRANSACTION, 349, 353, 355
BEGIN WORK, 212, 247, 263
Benutzerdefinierte Funktion, 237
Benutzerdefinierte Variablen, 239, 255
Benutzerschnittstelle, 55
Berechnete Spalte, 94
Berechnung mit Datums- und Zeitwerten, 189
Betriebssystem, 55
BETWEEN, 105
Beziehungen,
  1:1-Beziehung, 38
  1:n-Beziehung, 38, 40, 80
  n:m-Beziehung, 38, 41, 81
Beziehungsarten, 38
Beziehungstabelle, 79
BIGINT, 70
Blätternfunktionen, 309
Blockierung,
  Deadlock, 350
BTRIM, 171
Byte, 367

C

CASE, 259
CASE Kurzform, 265
  COALESCE, 265
  NULLIF, 265
CASE-Anweisung, 258
  Einfache Form, 258
  in SELECT, 260
  in SET, 263
  Komplexe Form, 258, 260
  WHEN, 258, 259
CEIL, 167
CHAR, 72, 169
CHARACTER, 72
CHARACTER VARYING, 72
CHECK, 76, 77
Client, 20
Client-Server, 19
CLOSE Cursor, 287
COALESCE, 265, 266
COMMIT, 350, 355
Common Table Expression, 149
Compilierung, 325
Constraints, 76, 85, 202
Constraints in Tabelle, 77
COUNT, 111
  DISTINCT, 111
CREATE, 208
  FUNCTION, 235, 237, 293
  INDEX, 368
  RULE, 227, 232
  TABLE, 77, 80, 81, 208
  TRIGGER, 320, 324, 333
  VIEW, 219, 220, 221, 222, 223, 225
  CREATE or REPLACE FUNCTION, 238
  CREATE SCHEMA, 60

CREATE Script, 61
CREATE TABLE, 65
CREATEDB, 58
CREATEUSER, 58
CTE, 149
  Definition, 150
CURRENT_DATE, 76, 176
CURRENT_TIME, 176
CURRENT_TIMESTAMP, 176
Cursor, 285
  deklarieren, 285
  FOR Schleife, 300
  mit Parameter, 295
  öffnen, 285
  schließen, 285
  verarbeiten, 285
  WHILE Schleife, 297, 298
Cursor in Schleifen, 291
Cursorparameter, 296
Cursorstruktur, 285
Cursortabelle, 288
Cursortechnik, 293

D

Data Control Language, 53
Data Definition Language, 53
Data Dictionary, 67
Data Manipulation Language, 53
DATE, 67, 73
Daten einfügen,
  INSERT, 199
Datenaktualisierung, 199
  DELETE, 210
  INSERT, 199
  UPDATE, 206
Datenaktualisierung überwachen, 335
Datenbank, 21

anlegen, 54, 63
  mit PgAdmin III anlegen, 64
Datenbank anlegen, 53
Datenbankarchitektur, 13, 14
Datenbankmodell, 50
Datenbankobjekt, 320
Datenbankoptimierung, 365
Datenbankschema, 15, 49
Datenbankserver, 19, 57
Datenbanksprache, 17
Datenbanksystem, 13
Datenbankverwaltungssystem, 13
Datendarstellungssprache, 387
Datendefinitionssprache, 13
Dateninkonsistenz, 25
Datenintegrität, 30
Datenintegrität prüfen, 332
Datenkonsistenz, 14
Datenmanipulationssprache, 13, 199
Datenredundanz, 25, 35
Datensatzlänge, 367
Datensatzposition, 295
Datensicherung, 14
Datentyp,
  DATE, 67
  INTEGER, 67
  RECORD, 287
  ROWTYPE, 287
  TEXT, 259
  TIMESTAMP, 69
  TRIGGER, 321
  TYPE, 287
  VARCHAR, 67
  XML, 393
Datentypen, 65, 70
  Fließkommatypen, 70
  für Datums- und Zeitwerte, 72
  für numerische Daten, 70

für Zeichenketten, 72
Datenunabhängigkeit, 14
DATESTYLE, 183
DATE_PART, 182, 259
Datums und Zeit, 165
Datums- und Uhrzeitfunktionen, 176
   CURRENT_DATE, 176
   CURRENT_TIME, 176
   CURRENT_TIMESTAMP, 176
   LOCALTIME, 176
   LOCALTIMESTAMP, 177
   NOW, 177
   TIMEOFDAY, 177
Datumsfunktionen, 189
Datumskomponente, 189
Datumsstil, 183
Datumsteil, 182
Datumswert, 182
Dauerhaftigkeit, 349
DAY, 182
DAYOFYEAR, 182
DBMS, 14
DCL, 53
DDL, 53
DECIMAL, 70
DECLARE, 239, 294
DECLARE Cursor, 285
DEFAULT, 76, 78
Deklaration, 257, 295
Deklaration von Cursor, 286
Deklaration von Variablen, 239
Deklarationsteil, 294
DELETE, 210, 212, 247
DELETE FROM, 210
DESC, 98, 394
Detailtabelle, 77
DISTINCT, 91, 111

Divisionsrestverfahren, 298
DML, 13, 53, 199
DO INSTEAD, 227
DO INSTEAD NOTHING, 228
DOUBLE PRECISION, 70
DROP, 238
   FUNCTION, 325
   INDEX, 368
   RULE, 227
   TABLE, 86
   TRIGGER, 325
   VIEW, 229
Duplikate ausschließen, 91
Durchschnitt, 110, 120

E

Edit Data Werkzeug, 62
Eigentümer, 58
Einbenutzerbetrieb, 349
Einfügeanomalie, 26
Eingabeparameter, 237, 245
   DATE, 249, 259, 260
   INTEGER, 242, 245
   NUMERIC, 245, 255
   Tabelle, 240
ELSE, 255
ELSEIF, 257
END, 239, 256
END LOOP, 267, 268, 291
Ereignis, 319
Ereignistyp, 320, 337
   DELETE, 320
   INSERT, 320
   UPDATE, 320
Ergebnistabelle, 308
   blättern, 308
Events, 320

EXCEPTION, 275
EXECUTE, 287, 290, 320
EXECUTE PROCEDURE, 321
EXISTS, 122, 134, 336
EXIT, 267, 273
　WENN, 273
Exklusives Sperren, 349
EXPLAIN, 365, 366, 377
EXPLAIN ANALYZE, 370, 371, 373
Explizite Transaktion, 349, 352
Extensible Markup Language, 387
Externe Ebene, 15
EXTRACT, 183, 187, 195, 261, 280

F

False, 368
Fehler ausgeben, 323
　RAISE EXCEPTION, 323, 324, 336
Fehlerprotokoll, 275
Feld,
　berechnetes, 51, 94
Felddatentyp, 38, 70, 89
Feldgröße, 38, 87
Feldinhalt, 108, 280
Feldnamen, 65, 81, 188
FETCH, 287, 308
　ABSOLUTE, 311
　ALL, 309
　FIRST, 309
　LAST, 310
　PRIOR, 310
　RELATIVE, 311
FETCH Cursor, 287, 291
FIRST, 309

FLOAT, 70
FLOOR, 167
FOR, 267
FOR EACH ROW, 321, 337
FOR-Schleife, 273
FOREIGN KEY, 69, 77, 80
Formale Parameter, 237, 286, 304
Formate für Datums- und Zeitwerte, 73
Formatierung, 177
Formatierungsfunktionen, 180
　TO_CHAR, 180
　TO_DATE, 180
　TO_TIMESTAMP, 181
Formatierungsmuster, 177
Formatierungssprache, 387
FOUND, 279, 296
Fremdschlüssel, 31, 38, 41, 80
Fremdschlüsselfeld, 69
Fremdschlüsseltabelle, 77, 78
FROM, 91
Funktionale Abhängigkeit, 31
Funktionale Integration, 387
Funktionen, 110
　benutzerdefinierte, 235
　Mathematische, 165
　Zeichenketten, 165
Funktionsaufruf, 241, 316
Funktionskopf, 235, 305
Funktionsname, 237, 240, 246
Funktionsparameter,
　REFCURSOR, 304
Funktionsrumpf, 235

G

Ganzzahltypen, 70
Generate_serials, 371

Generierung einer Meldung, 296
Geschachtelte Schleife, 376
Gespeicherte Funktion, 319
Gespeicherte Prozeduren, 319
Grafische Benutzeroberfläche, 55
Grafische Verwaltungsoberfläche, 55
GRANT, 53
GROUP BY, 92, 114, 115
Gruppierung, 392

H

Hash Join, 376, 379
Hash Tabelle, 379
Hashverknüpfung, 376
HAVING, 92, 116
Hostrechner, 57
HOUR, 182

I

IEEE, 71
IF, 255
IF THEN ELSE, 255
Implizite Transaktion, 352
IN, 103, 126
Index, 76, 368, 369
  anlegen, 368
  CREATE INDEX, 368
  DROP INDEX, 368
  einspaltig, 369, 370
  explizites Anlegen, 368
  implizites Anlegen, 204
  löschen, 86, 368
Index Scan, 368
Indexaktivierung, 368
Indexsuche, 369, 374
Indizierte Spalte, 368

INITCAP, 172
Initialisierung, 272, 294, 298
Inklusionsabfrage, 143
Inkonsistente Datenbank, 199
Inkonsistenter Datenzustand, 349
INNER JOIN, 137
INSERT, 199, 208, 372
  VALUES, 199
INSERT INTO Tabelle, 200
Insertregel, 227
INSTEAD, 227
INSTEAD NOTHING, 228
INSTEAD UPDATE, 229
INTEGER, 67, 70
Integritätsbedingungen, 76
  CHECK, 76
  DEFAULT, 76
  FOREIGN KEY, 76
  NOT NULL, 76
  PRIMARY KEY, 76
  UNIQUE, 76
Integritätsbedingungen in Tabellen, 77
Interne Ebene, 16
INTERVAL, 73, 183, 187
ISO, 17, 183
ISO-8601, 183

J

JDBC, 20
Join Typen, 136
Joins, 136
  ein-, ausschalten, 376
  Full Outer Join, 143
  Inner Join, 136, 140
  Left Outer Join, 142, 145, 148
  Non Equal Join, 139
  Outer Join, 142

Index

Right Outer Join, 142, 145, 148
Self Join, 141
Theta Join, 139
über mehrere Tabellen, 147

K

Kalkulationsschema, 380
Kardinalitäten, 38
Kataloge, 55
KEY, 67
Kodierung, 238
Kompilierung, 238, 296
Konfigurationsdatei, 183
Konsistenter Datenbankzustand, 350
Konsistenz, 349
Kontrollstrukturen, 253
  CASE, 258
  Schleifen, 267
  Verzweigungen, 253
Konzeptionelle Ebene, 15
Kopfbereich, 320
Korrelationsname, 117, 121
Korrelierte Unterabfrage, 121

L

LANGUAGE, 238
  plpgsql, 240
  sql, 238
LAST, 310
Laufzeit, 374
Leerzeichen, 108, 171, 177
LEFT, 143
LEFT OUTER JOIN, 145
LENGTH, 170
Lesezugriff, 366
LIKE, 101

Linux, 55
LOCALTIME, 176
LOCALTIMESTAMP, 177
Logische Bedingung, 268
Logische Datenbankstruktur, 16
Logische Datenunabhängigkeit, 14
Logische Ebene, 16
Logische Operatoren, 95
  AND, 95
  NOT, 95, 97
  OR, 95
Lokale Variable, 333
Lokalhost, 57
LOOP, 267, 268, 291
Löschen von Zeilen, 210
LOWER, 169
LTRIM, 171

M

Mastertabelle, 43, 89, 336, 337
Mathematische Funktionen, 165
  ABS, 165
  CEIL, 167
  FLOOR, 167
  MOD, 167
  PI, 166
  ROUND, 166
  SQRT, 167
MAX, 111
Mehrtabellenabfragen, 139, 147
Meldung anzeigen, 324
Merge Join, 376
MILLISECOND, 182
MIN, 111
MINUTE, 182
Mischverknüpfung, 376
Mittelwert, 112, 238, 239

MOD, 167
Moduloverfahren, 298
MONTH, 182
MVCC, 350
MySQL, 18

N

n:m-Beziehung, 38, 41
Nested Loop Join, 376, 377
Netzwerkverbindung, 20
NEW, 322
Normalformen, 27
  Dritte Normalform, 27
  Erste Normalform, 26, 29
  Zweite Normalform, 26, 30, 33
Normalisierung, 26
NOT,
  EXISTS, 122, 134
  FOUND, 275, 279
  IN, 135
  LIKE, 102
  NULL, 76, 108, 199
NOT NULL, 67
NOTHING, 228
NOTICE, 68, 296
NOW, 177
NULL, 108, 199, 201
NULLIF, 265
Nullwert, 108
NUMERIC, 70, 255

O

Objektbrowser, 55, 64
Objektrelationale Datenbank, 17
ODBC, 20
OLD, 322
ON DELETE, 83
ON INSERT, 227
OPEN,
  Cursor öffnen, 286
OPEN Cursor, 286, 290
Open Source Initiative, 17
Open Source Software, 18
Optimierer, 365
Optimierungsplaner, 366
Optimierungsschema, 365
OR, 96
ORDER, 98
ORDER BY, 92, 98, 99
  ASC, 98
  DESC, 100
OUTER JOIN, 143
Owner, 59

P

Parameter, 72, 237
Parameterübergabe, 240
Parametrisierter Cursor, 295
PgAdmin III, 55
  Benutzer anlegen, 58
  Datenbank anlegen, 58, 64
  Datenbankserver, 57
  Edit Data, 62
  Hauptfenster, 55
  Objektbaum, 63
  Objektbrowser, 55
  Privilegien, 60
  Query Tool, 61
  Schema erstellen, 60
  Script, 61
  Server einfügen, 57
  Spalten, 61
  SQL Editor, 55, 61
  starten, 55
  Statuszeile, 56

Template, 59
Werkzeuge, 55
pg_default, 58
pg_global, 58
Physische Datenunabhängigkeit, 14
PI, 166
PL/pgSQL, 59, 235
PL/pgSQL-Funktionen,
  Aufruf, 235
  Daten aktualisieren, 245
  mit Rückgabewert, 237
  ohne Eingabeparameter, 237, 247
  ohne Rückgabewert, 247
  Tabelle als Eingabeparameter, 240
  Tabelle als Rückgabewert, 242
  Tabellenzeilen lesen, 244
Plattenzugriff, 366
Platzhalter, 294, 296
plpgsql, 238
Port, 58
Portadresse, 20
Portal, 306
POSITION, 170
Positionierung, 308
POSTGRES, 183
PostgreSQL, 21
  PgAdmin III, 63
PostgreSQL Planer, 366, 374
PostgreSQL Server, 19
PostgreSQL Werkzeuge, 55
Postgresql.conf, 183
Primärschlüssel, 31, 35, 38, 79
Primärschlüsselfeld, 69, 79, 81
Primärschlüsseltabelle, 38, 69, 77, 78
PRIMARY KEY, 67, 69, 76, 79

PRIOR, 310
psql, 55

Q

QUARTER, 182
Query, 65
Query Fenster, 61
QUERY PLAN, 366

R

RAISE, 296
RAISE EXCEPTION, 323, 324, 336
RAISE NOTICE, 296, 324
RANDOM, 166, 371
REAL, 70
RECORD, 274, 275, 287, 294
Recordvariable, 300
Recursive Queries, 149
REFCURSOR, 286, 289, 303, 304, 308
  als Funktionsergebnis, 306, 309
  als Funktionsparameter, 308
REFERENCES, 69, 79
Referentielle Integrität, 78, 205
  prüfen, 330
Referentielle Integritätsbedingung, 202
Referenz, 85
Referenzcursor, 304
Referenzierung, 79
Referenzvariable, 304, 304
Regeln, 226
Regeln beim Datenbankentwurf, 25
Rekursion, 150
rekursive Abfrage, 151

rekursiver CTE, 151
Relation, 17, 28
Relationale Datenbank, 17
Relationales Datenbankmodell, 25
Relationales Datenbanksystem, 21
Relationales Datenbankverwaltungssystem, 17
Relationsschema, 27, 30
RELATIVE, 311
RELEASE SAVEPOINT, 356
REPEAT, 172
RETURN, 240, 257
RETURN Cursorname, 304
RETURN NEW, 324, 330
RETURN NEXT, 280, 296, 298
RETURN OLD, 329
RETURNING, 210, 214
RETURNS, 237
   INTEGER, 276
   NUMERIC, 237, 245
   SETOF, 242, 244, 280, 295
   SETOF Tabelle, 244
   Tabelle, 242
   TEXT, 290
   TRIGGER, 323
   VOID, 247
REVERSE, 268, 274
REVOKE, 53
ROLLBACK, 212, 214, 356
ROLLBACK Transaction, 350, 352
ROUND, 94, 166, 168
Rows, 367
ROWTYPE, 275, 287
RTRIM, 172
Rückgabe eines Cursornamens, 304
Rückgabewert, 303, 329
   INTEGER, 295
   NUMERIC, 293
   REFCURSOR, 303, 309
   SETOF, 295
   Tabelle, 242, 244
   TEXT, 259
   TRIGGER, 321
RULE, 227

S

Savepoint, 356
Scan, 367
Schema, 15, 59
   anlegen, 60
Schemata, 56
Schleife, 267
   Cursor FOR, 292
   Cursor WHILE, 292
   durch Anfrageergebnis, 269
   FOR, 268, 276
   LOOP, 267
   WHILE, 268
Schleifenanfang, LOOP, 270
Schleifenbedingung, 298
Schleifendurchlauf, 268, 291, 300
Schleifenende, END LOOP, 270
Schleifenzähler, 298
Schnittstelle, 19
Scriptsprachen, 18
SECOND, 182
SELECT, 91, 238, 244
   DISTINCT, 91
   FROM, 91
   GROUP BY, 92, 114

HAVING, 92, 116
ORDER BY, 92, 98
Unterabfragen, 120
WHERE, 91
Selektion, 117
Self Join, 141
Seq Scan, 367
Sequentielles Suchen, 367, 369, 374
SERIAL, 70
Server, 19
Serverprozess, 20
SET enable_nestloop, 378
SET enable_seqscan, 369
SETOF, 242
SHOW, 183, 381
Sicherungspunkt, 356
  löschen, 356
  setzen, 356
  zurückrollen, 356
Sichten, 219
  ändern, 226, 228
  erstellen, 220, 222, 223
  erweitern, 227
  mit Unterabfragen, 225
Sichtregel, 227
Skalarer Datentyp, 240
SMALLINT, 70
Spalte einfügen, 86
Spaltenfunktionen, 110
  AVG, 110
  COUNT, 111
  MAX, 111
  MIN, 111
  SUM, 111
Spezieller Cursortyp, 303
SQL, 17, 183
  Datendefinitionssprache, 53
  Datenkontrollsprache, 53

Datenmanipulationssprache, 53
sql, 238
SQL Befehl,
  erfassen, 65
SQL Editor, 55
SQL Sprache, 238, 387
SQL/XML, 387
SQL/XML Schema, 387
SQL2003, 18
SQL92, 17
SQL99, 17
SQRT, 167
SSL Verbindung, 58
Standardfunktionen, 165
  Datums- und Uhrzeitfunktionen, 176
  Formatierungsfunktionen, 180
  Mathematische Funktionen, 165
  Zeichenkettenfunktionen, 169
STRING, 170
Structured Query Language, 17
SubSELECT, 117
SUBSTRING, 170
SUM, 111
Systemparameter, 380
Systemtabellen, 365

T

Tabelle,
  erstellen, 67
  erweitern, 85
  löschen, 86
  mit SELECT erstellen, 202
  verknüpfen, 202
Tabelle aus zwei Tabellen erstellen, 203
Tabelle mit PgAdmin anlegen, 65

Tabellen verknüpfen, 79
Tabellenaliasnamen, 121
Tablespace, 58
TCP-IP, 20
Teilfeld, 183
Teilzeichenkette, 173
Template, 59
TEXT, 259
THEN, 255
TIME, 75
TIME ZONE, 183
TIMEOFDAY, 177
TIMESTAMP, 69, 73
Total Runtime, 373
TO_CHAR, 180
TO_DATE, 180
TO_HEX, 172
TO_TIMESTAMP, 181
Transaktion, 349
  Änderungen speichern, 350
  Änderungen stornieren, 350
  beenden, 350
  Eigenschaften, 349
  explizit starten, 350
Transaktion starten, 359
Transaktionskonzept, 349
Transitive Abhängigkeit, 33
TRANSLATE, 172
Trigger, 319
  Aktion, 320, 327, 328, 329, 331, 333
  Aktivierungszeit, 320, 324
  CREATE TRIGGER, 320
  Datenintegrität prüfen, 332
  Ereignisse, 320, 338
  erstellen, 324
  Kontrolle der referentiellen Integrität, 330
  Trigger löschen,

DROP TRIGGER, 325
Triggerfunktion, 319, 321, 337
Triggertabelle, 320, 324, 337
Triggertypen,
  AFTER DELETE, 337
  AFTER UPDATE, 328
  BEFORE DELETE, 329
  BEFORE INSERT, 324
  BEFORE UPDATE, 327
Triggervariablen, 321
  NEW, 322, 324, 326
  OLD, 322, 326
TRIM, 171
True, 368
Tupel, 28
TYPE, 287

U

Umwandlung von Strings, 396
Ungebundener Cursor, 286, 288
UNION, 152
UNION ALL, 150
UNIQUE, 76
Unteilbarkeit, 349
Unterabfragen, 117, 120
  korrelierte, 117, 124
  nicht korrelierte, 118
UPDATE, 206, 228
  SET, 206, 207
UPPER, 169

V

VALUES, 199
VARCHAR, 67, 72
Variable, 257
Verbindung von Tabellen, 79
Verbunde, 136

449

Verkettung, 391
Verknüpfung von Tabellen, 80, 147, 337
Verknüpfungstabelle für eine m:n-Beziehung, 81
Verwaltung von Transaktionen, MVCC, 350
Verweis, 238, 245
Verzweigung, 253
   IF-ELSE, 253
View, 219
   ändern, 228
   aus Tabelle und Sicht erstellen, 223
   aus zwei Tabellen erstellen, 222
   CREATE VIEW, 220
   erstellen, 220
   erweitern, 227
Viewregel, 227
Virtuelle Tabelle, 285
VOID, 247

W

Wahrheitswert, 134, 134
WEEK, 182
Werkzeuge, 55
Wertzuweisung, 239
WHEN, 258, 260
WHERE, 91, 95, 262
   ALL in Unterabfarge, 131
   ANY in Unterabfarge, 128
   BETWEEN, 105
   CASE, 262
   EXISTS, 122
   EXISTS in Unterabfarge, 134
   IN, 103
   IN in Unterabfarge, 126
   LIKE, 101

NOT BETWEEN, 106
NOT EXISTS, 122
NOT EXISTS in Unterabfarge, 134
NOT IN in Unterabfarge, 127, 135
NOT LIKE, 102
NOT NULL, 108
NULL, 108
WHILE,
Bedingung, 272
NULLIF, 267
WHILE FOUND, 296, 302
WHILE Schleife, 268, 272, 296, 298, 302
Width, 367
Windows, 55
WITH, 150
WITH RECURSIVE, 150

X

XML, 387, 393, 399
XML-Argument, 396
XML-Attribute gruppieren, 392
XML-Datentyp, 393
XML-Dokument, 387, 396
XML-Elemente, 389
XML-Elemente verketten, 391
XML-Elementinhalt, 390
XML-Elementknoten, 389
XML-Funktionen, 387
   XMLAGG, 388, 392, 393
   XMLATTRIBUTES, 388
   XMLCOMENT, 388
   XMLCONCAT, 388
   XMLELEMENT, 388, 391
   XMLFOREST, 388, 395
   XMLPARSE, 389, 396

XMLROOT, 389
XML-Werte erzeugen, 391

Y

YEAR, 96, 133, 182

Z

Zählschleife, 270
Zählvariable, 270
Zeichenketten, 75, 165, 177, 189
Zeichenkettenfunktionen, 169
  ASCII, 169
  BTRIM, 171, 173
  CHAR, 169
  INITCAP, 172
  LENGTH, 170
  LOWER, 169
  LTRIM, 171, 173
  POSITION, 170
  REPEAT, 172
  RTRIM, 172, 173
  STRING, 170
  SUBSTRING, 170
  TO_HEX, 172
  TRANSLATE, 172, 174
  TRIM, 171
  UPPER, 169
Zeiger, 287
Zeiteinheit, 183
Zeitfunktionen, 189
Zeitintervall, 180
Zeitstempel, 177
Zeitteil, 182
Zeitwert, 182
Zielvariable, 260
Zufallszahlen, 168
Zugriffskosten, 380